En contacto: Gramática en acción
Ninth Edition

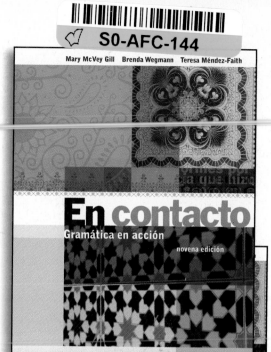

Mary McVey Gill   Brenda Wegmann   Teresa Méndez-Faith

En contacto at a glance:

While *Gramática en acción* emphasizes oral communication and grammar review, its companion *Lecturas intermedias* emphasizes reading, writing, and conversation skills. Along with the Student Activities Manual (SAM) and audio and video material, the components in each chapter are coordinated by theme, grammar topics, and high-frequency core vocabulary. Students will benefit from a complete program that systematically introduces and practices vocabulary and grammar while presenting functional language, cultural points, structures, and reading and writing skills in a consistent fashion. Instructors have a great deal of flexibility in choosing coordinated material from the program to increase students' fluency and ability to comprehend and communicate in Spanish.

Gramática en acción: Grammar, Vocabulary, Communication

En contacto: Gramática en acción emphasizes the importance of communication and is written to put your intermediate Spanish students in touch with contemporary Hispanic culture, people, language, and literature.

Please see the visual walk-through at the beginning of *En contacto: Lecturas intermedias* for more detail on that volume.

Turn the page for more on the latest edition of *En contacto: Gramática en acción*. ▷

New: Clearly Defined Outcomes and a Link to *Lecturas intermedias*

New chapter openers include a list of objectives (**Metas**) consisting of language functions.

CAPÍTULO 5

Vivir y aprender

METAS

En este capítulo vamos a aprender a…

▶ saludar y despedirnos por teléfono

▶ pedir o dar permiso y expresar prohibición

▶ hablar de la vida estudiantil

La enseñanza, como la vida, debe ser una aventura.

METAS

En este capítulo vamos a aprender a…

▶ saludar y despedirnos por teléfono

▶ pedir o dar permiso y expresar prohibición

▶ hablar de la vida estudiantil

LENGUA VIVA

Saludos y despedidas por teléfono

Expresiones para pedir o dar permiso y expresar prohibición

GRAMÁTICA

El tiempo presente del subjuntivo

El uso del subjuntivo con verbos que indican duda; emoción; voluntad, preferencia o necesidad; aprobación, desaprobación, consejos

El subjuntivo y el indicativo

VOCABULARIO

La vida estudiantil

Los altibajos del estudiante

 LECTURAS

«Dos estilos de vida estudiantil»

«Hablan los estudiantes» (encuesta)

«La Academia: el *reality show* latinoamericano» de Armando Sánchez Lona

A mini Table of Contents lists vocabulary and grammar topics, as well as a tie back to the Ninth Edition of the optional accompanying volume, *Lecturas intermedias*.

En contacto: Gramática en acción and **En contacto: Lecturas intermedias**, both now in Ninth Editions, are designed to be used one of two ways: alone, or as a complement to one another. When used together, the two volumes pair grammar and vocabulary with relevant reading and conversation activities. This list of corresponding readings to be found in *Lecturas intermedias* clarifies the connection between the two volumes.

 LECTURAS

«Dos estilos de vida estudiantil»

«Hablan los estudiantes» (encuesta)

«La Academia: el *reality show* latinoamericano» de Armando Sánchez Lona

New: A Streamlined Presentación del tema

Re-written for today's student, the **Presentación del tema** now consists of a streamlined single page with one photo and one activity. It introduces the chapter theme in a succinct and engaging way and presents the chapter vocabulary in context. It also includes applicable online references, such as **Google™** and **YouTube**, to provide opportunities for Internet searches and online enrichment.

High-frequency Vocabulary

Functional vocabulary presentations focus on high-frequency words in a clear sequence so as not to overwhelm students with words they may never need.

Presentación del tema

La vida universitaria

Hay algunas diferencias entre las universidades en Estados Unidos o Canadá y en los países hispanos. En general, es muy común que los estudiantes hispanos se ayuden mutuamente (por ejemplo, que estudien juntos y se intercambien apuntes). En algunas carreras, no es obligatorio que asistan a clase, pero es necesario que aprueben un examen final, que algunas veces es oral. Es raro que haya un *campus*; las diferentes facultades de una universidad pueden estar en varias partes de la ciudad. Si un estudiante se especializa en medicina, por ejemplo, tiene todas sus clases en la facultad de medicina. La gran mayoría de los estudiantes hispanos viven con su familia, no en una residencia estudiantil. Se reúnen, generalmente, en los cafés, las plazas y en otros lugares públicos de la ciudad. No están aislados *(isolated)* ni separados de la comunidad.

Google Busque «Universidad Nacional Mayor de San Marcos Facultades». ¿Qué áreas académicas ofrece esta universidad peruana fundada en 1551? ¿En qué campo de estudio se especializa usted?

5-1 Preguntas

1. ¿Cuáles son algunas de las diferencias entre la vida universitaria en España o Latinoamérica y Estados Unidos o Canadá?
2. ¿Cree usted que en este país los estudiantes se ayudan con los estudios? ¿Hay mucha rivalidad? Dé ejemplos.
3. ¿Qué piensa usted de los exámenes orales? ¿Son más o menos fáciles que los escritos? ¿Por qué?
4. ¿Prefiere vivir en casa con su familia, en una residencia estudiantil o en un apartamento? ¿Por qué?

VOCABULARIO ÚTIL

LA VIDA ESTUDIANTIL

COGNADOS

la carrera
la escuela secundaria
graduarse
la oficina administrativa

OTRAS PALABRAS

los apuntes	notes
la beca	scholarship
el campo	field
la cartera	small purse
los deberes, las tareas	homework
la enseñanza	education, teaching
el liceo	high school
el título	degree, title

LOS CAMPOS DE ESTUDIO

la administración de empresas *(business)*, el comercio	la enfermería *nursing*
la antropología	la estadística
la arquitectura	la farmacia *pharmacology*
el arte	la filosofía
las ciencias (e.g., la biología, la química, la física)	la historia
	la ingeniería
	las letras *literature*
las ciencias de computación (la informática)	las matemáticas
las ciencias políticas	la medicina
las ciencias sociales	la nutrición
la contaduría *accounting*	la psicología
el derecho *law*	la sociología
la economía	la terapia física
la educación	el trabajo social *social work*

VERBOS

aprobar (ue) (un curso o examen)	to pass (a course or exam)
devolver (ue)	to return (something)
especializarse en	to major (specialize) in
fracasar (en un curso o examen)	to fail (a course or exam)

Point out that **ciencias** has no **s** at the beginning, given the phonetic tendency of Spanish. Tell students that many magazines and newspapers now spell **psicología** without the **p**. Point out the **f** in **filosofía** and ask students what other Spanish words have an **f** instead of **ph** as in English (e.g., **teléfono, foto, fotógrafo, fenómeno**). Ask them when the **ph** is used in Spanish for an **f** sound. (Answer: Never.)

La escuela. Los estudios. In Spanish, words do not start with **s** + a consonant, so Spanish speakers have trouble with this sound in English; that's why you might hear them say "eschool" or "estudies" in English.

Use **Selección 2,** an article about the popular TV reality show "La Academia," to comment on Mexico's fascination with student life. Each year 15 to 18 students are sequestered in a place to live, take courses, and compete against each other for a chance to become a star. During the process the public observes their lives and interactions. Ask what can explain this popularity. What similar shows exist in the U.S.? Is this a good way to learn?

Preview
AIE-3

Practical Applications Now Appear Earlier

_____ impresionar a los profesores
_____ tomar buenos apuntes en todas las clases
_____ estudiar mucho para los exámenes finales
_____ dormir ocho horas todas las noches
_____ no participar en los deportes o en otras actividades
_____ no trabajar en otros empleos (es decir, dedicarse solamente a los estudios)

2. ¿Cuáles de estas «reglas» pueden cumplir? ¿Cuáles no consideran importantes?

3. En su opinión, ¿en qué consiste el éxito en la universidad? ¿Consiste en sacar buenas calificaciones? ¿Hay otros factores importantes? Expliquen.

 LENGUA VIVA

Julia Gutiérrez   Jessica Jones

Image © Antroz 2009. Used under license from Shutterstock.com.
© 2009 Jupiterimages

Audioviñetas: Mensajes telefónicos

Conversación 1: Para saludar y despedirse por teléfono; para pedir permiso.
CD 1, Track 11
Jessica Jones vive ahora en Bogotá con su amiga Julia Gutiérrez; las dos asisten a la Universidad de los Andes de esa ciudad. Están en clase o trabajando casi todo el día; cuando llegan a casa, escuchan los mensajes que tienen en el contestador.

5-4 Escuche, en la **Conversación 1**, los mensajes que Jessica recibe. ¿A quién llamará Jessica prime...
Jessica llamará primero a S...

5-5 Escuche la **Conversa...**
expresiones para pedir...

1. ¿Se permite... ?
2. ¿Me permites... ?
3. ¿Es posible que... ?
4. ¿Está bien que... ?

NEW: The **Lengua viva** sections immediately follow the _Vocabulario útil_.

The **Audioviñetas** sections include photos and short descriptions of speakers, providing background information and context of the conversations that your students are about to hear.

Audioviñetas: Mensajes telefónicos

Conversación 1: Para saludar y despedirse por teléfono; para pedir permiso.
CD 1, Track 11
Jessica Jones vive ahora en Bogotá con su amiga Julia Gutiérrez; las dos asisten a la Universidad de los Andes de esa ciudad. Están en clase o trabajando casi todo el día; cuando llegan a casa, escuchan los mensajes que tienen en el contestador.

En otras palabras now includes new video segments of people using the expressions presented in context.

En otras palabras

Para saludar y despedirse por teléfono

The way people answer the phone varies from country to country in the Hispanic world. In Mexico, people say **Bueno.** In Spain, they say **Diga** or **Dígame** or, less formally, **Sí.** In most places, people say **Hola** or **Aló.** If you are calling someone, you can say, **¿Está...** [name], **por favor?** You may hear the response: **¿De parte de quién?** To identify yourself, you can say, **Habla...** [your name]. Here are some ways to say good-bye on the telephone:

Mire el video en el sitio www.cengagebrain.com/shop/ISBN/0495912654 y haga las actividades que lo acompañan.

© Anna Pérez

Rafael decide ir a Toledo y hace varias llamadas. Después de llamar a Sandra, ¿a quiénes llama?

> **Bueno, gracias por llamar.**
> **Te llamo más tarde (mañana,** etc.).
> **Volveré a llamar...** _I'll call back . . ._
> **Adiós. Hasta luego.**

In Cuba, you might hear **Oigo.** In Colombia or Spain, people may say **¿Quién es?**

Para pedir y dar permiso y para expresar prohibición

Here are various ways to ask for and grant or deny permission and to express prohibition. All of these constructions are followed by an infinitive.

1. You want to ask permission to do something.

> ¿Se permite (fumar, sentarse allí, etcétera)?
> ¿Se puede...?   ¿Me permite...?
> ¿Podría (yo)...?   ¿Es posible...?

2. You give someone else permission to do something.

> Sí, puede(s)...
> Sí, se permite...

3. You tell someone that something is not allowed or permitted.

> Se prohíbe...
> No se permite...
> Eso no se hace. _That's not allowed (done)._

There are some common expressions that require the subjunctive for expressing these concepts; for example, **Está bien que..., Está prohibido que...** You'll see these constructions later in the chapter, along with the forms of the subjunctive.

En contacto

New: Streamlined Grammar

Gramática y vocabulario sections have been streamlined in this edition, containing more charts and fewer detailed explanations. The grammar points appear more systematically; there are never more than four grammar topics per chapter.

Up to this point, the indicative mood has been practiced in this book. The indicative is used to state facts or make objective observations—most statements are in the indicative. (Statements in the indicative may or may not be true, but they are stated as truth.) The indicative is also used to ask simple questions. But now the subjunctive mood will be discussed: the mood of doubt, emotion, probability, personal will, arbitrary approval or disapproval. First, look at some examples of the subjunctive versus the indicative.

David **aprueba** el curso.	David is passing the course. (simple statement—indicative)
¿**Aprueba** David el curso?	Is David passing the course? (simple question—indicative)
Es posible que **apruebe**.	It's possible that he may pass. (uncertainty, doubt—subjunctive)
Es estupendo que **apruebe**.	It's great that he's passing. (emotion—subjunctive)
Está bien que **apruebe**.	It's good that he will pass (is passing). (approval—subjunctive)

> **¡OJO!** The word *that* is optional in English, but **que** is always used in Spanish.

Note the various ways to translate the subjunctive into English.

Es posible que David apruebe.	It's possible (that) David may pass.
	It's possible (that) David's passing.
	It's possible (that) David will pass.
	It's possible for David to pass.

You might explain that even though one of the English equivalents contains an infinitive *(It's possible for him to pass)*, the subjunctive has to be used in Spanish because there is a change of subject. This concept will be presented in the next section.

Formation of the Present Subjunctive

Regular Verbs

To form the present subjunctive of nearly all Spanish verbs, the **-o** is dropped from the first-person singular of the present indicative (the **yo** form) and the endings shown in bold are added to the stem.

hablar		comer		vivir	
hable	habl**emos**	coma	com**amos**	viva	viv**amos**
habl**es**	habl**éis**	comas	com**áis**	vivas	viv**áis**
		comas		viva	vivan

PRÁCTICA

5-21 Conversaciones. Haga oraciones con las palabras que siguen.

¿Qué hora es? Mi reloj no anda bien.

1. pienso que / ser las once
2. no estoy seguro, pero / creer que / ser las diez
3. no lo sé; quizás / ser las nueve

¿Dónde está el profesor?

4. es posible / estar en su oficina
5. es probable / estar en una reunión
6. tal vez / estar en la biblioteca
7. estoy seguro / no venir hoy
8. no creo que (nosotros) / deber esperarlo mucho

 5-22 ¿Qué crees? Entreviste a un(a) compañero(a) de clase sobre los siguientes temas, usando **¿Crees que...?** o **¿Piensas que...?** Su compañero(a) le da su opinión.

> **MODELO** Debemos tener clubes exclusivos para diferentes grupos étnicos.
> *¿Crees que debemos tener clubes exclusivos para diferentes grupos étnicos?*
> *Sí, creo que debemos tener clubes exclusivos para diferentes grupos étnicos porque tienen un papel importante en la vida universitaria.*
> *No, no creo que debamos tener clubes exclusivos para diferentes grupos étnicos porque crean divisiones entre los estudiantes.*

1. Todos los estudiantes deben seguir cursos de ciencias y matemáticas.
2. Hay demasiados estudiantes en las clases de esta universidad.
3. Las calificaciones de un(a) estudiante son una indicación de su inteligencia.
4. La mayoría de los estudiantes sabe qué profesión va a escoger cuando entra a la universidad.
5. La educación universitaria debe ser gratuita *(free)*.
6. Es mejor trabajar y estudiar en vez de dedicar cuatro años consecutivos exclusivamente a una carrera universitaria.
7. Una persona con un título universitario tiene más oportunidades de empleo que una persona sin título.

 5-23 Quizás... Cuéntele a un(a) compañero(a) tres o cuatro cosas que piensa hacer en el futuro. Use **tal vez** o **quizás** (+ *subj.*). Puede hablar de las clases, de una actividad social, de un viaje o de cualquier otro plan futuro.

> **MODELO** *Quizás siga un curso de antropología el trimestre que viene.*
> *Tal vez vaya a México en el verano.*

Open-Ended Practice

Typically appearing after each grammar presentation, the **Práctica** sections encourage creative use of the targeted structures through open-ended activities.

New: A Culminating Section with Integrated Multimedia

The final section of each chapter—**En contacto**—now consists of

- ❋ Video activities (**Videocultura**, providing exploration, comparison, and connection)
- ❋ Interpersonal activities (**Síntesis**), and
- ❋ A writing task (**Composición**)

Collectively, this section provides the students with the opportunity to work together, collaborate in the target language, and more effectively communicate.

Síntesis

5-26 Para vivir y aprender el idioma español…

Paso 1. ¿Indicativo o subjuntivo? Complete las oraciones, **nosotros** del verbo.

El año que viene voy con unos amigos a estudiar español e
a, en el sur de España. Mi amiga española recon
_____emos_____ (visitar) la Alhambra, el antiguo palacio
_____emos_____ (ver) los jardines y barrios típicos de la
_____amos_____ (tener) la oportunidad de ir a Córdoba,
_____ istóricas de Andalucía. Ojalá que (4) _____conozcamo_____
_____con quienes podamos juntarnos; así creo que no
_____mucho. Nuestro profesor de español nos aconsej
_____lículas o programas de televisión y que (7) _____as
_____cias en español. Es posible que (8) _____participemos_____
_____ios lingüísticos con estudiantes de habla hispana
_____amos_____ (ir) a aprender mucho y pasar el semest
_____ o dicen los españoles. A veces, ¡la vida estudian

_____ sted está en Granada, estudiando español. Con u
_____ na pequeña conversación. Su compañero(a) lo
_____ sar sus apuntes (**¿Está bien que…?**). Usted sugie
_____ estudiar y que hagan otra cosa después (e.g., ir a
_____ lir con sus «intercambios» o estudiantes de habl

_____nguas Modernas, Granada, España. ¿A usted le gustaría est
_____spaña? ¿Qué hacen los estudiantes de las fotos? ¿Cuáles so
_____ a aprender una lengua extranjera? ¿Cuáles utiliza usted?

EN CONTACTO

▷ Videocultura: Hablan los estudiantes

Elena Fernández, Juan Rivera y Mónica Leblanc hablan de lo que les gusta y de lo que no les gusta de la vida estudiantil. Mire el video y conteste esta pregunta: ¿Cuál es *uno* de los problemas que mencionan?

Vocabulario: el piso *(Spain)* / el departamento *apartment;* madrugar *to get up early;* ramos *subjects (colloquial, Chile);* materia *subject matter;* hace la cimarra *cut class (colloquial, Chile);* no defraudarles *not to disappoint them;* gastos *expenses;* la plata *money (colloquial, L. America);* sus propios apuntes *his or her own notes;* alquileres *rents*

© Anna Pérez

5-24 Comprensión. Conteste las siguientes preguntas después de ver el video.

1. ¿Qué le gusta Mónica de la vida estudiantil?
2. Elena menciona que a ella no le gustan los exámenes («que es una presión *[pressure]* contínua»). ¿Qué otra cosa no le gusta?
3. ¿Cuál es un problema para Juan? ¿Quiénes pagan sus estudios?
4. Mónica recomienda que un nuevo estudiante «se organice bien» y que tenga tiempo para hacer nuevos contactos y comenzar nuevas relaciones. ¿Qué le recomiendan Juan y Elena a un nuevo estudiante?

 5-25 Puntos de vista. Compare sus respuestas con las de dos o tres compañeros.

1. ¿Tiene tendencia a «dejárselo todo para el final»? ¿Le causa problemas a veces? ¿Cómo se puede evitar eso?
2. ¿Va a clase todos los días? ¿Es importante que un(a) estudiante tome sus propios apuntes? ¿Es común que los estudiantes de su universidad compartan sus apuntes?
3. ¿Tiene que «hacer maravillas con la plata»? ¿Qué hace para controlar los gastos?
4. ¿Se lleva bien con su(s) compañero(s) de cuarto (o casa)? Si no, ¿qué se puede hacer para que la situación no llegue a afectar los estudios?

Preview

Review the form of dates in Spanish (e.g., **2 de febrero de** + the year). Mention that this is for an informal letter to a friend, that for a formal letter you could use the salutation **Estimado(a) señor(a)...** and end with **Atentamente** or some other formal closing. Also mention that even in informal letter writing, it is customary for two male friends to address each other using **Estimado...** rather than **Querido....**

Have students write their letters and, if you have time in class, peer edit them. In peer editing, tell them to look for one or two specific things, such as use of the subjunctive. After peer editing, they submit their final letters.

Help students find keypals or e-pals and begin communication. There are various Internet sites that contain information on how to get started and how to explain risks and protocol to students. They also contain lists of potential **ciberamigos**. Search "keypals in Spanish."

Composición

Una carta a un(a) amigo(a)

Escríbale una carta a un(a) amigo(a) hispano(a), describiendo los altibajos de su vida como estudiante. Trate de usar el subjuntivo por lo menos cinco veces. Use las listas de vocabulario de este capítulo y sus respuestas a las actividades 5-13, 5-14, 5-18, 5-27 y 5-28. Siga este plan:

1. Su ciudad, la fecha
2. **Querido(a)/Estimado(a)** [nombre de su amigo o amiga]:
3. el primer párrafo: **¿Qué tal?, ¿Cómo estás?** o algún otro saludo y una o dos expresiones de esperanza sobre la vida de su amigo(a) (**Espero que...,** **Ojalá que...**).
4. el segundo párrafo: **Aunque en general estoy bien, mi vida ahora no es perfecta; tiene algunas desventajas.** Luego, tres o cuatro oraciones sobre los puntos negativos de la vida estudiantil, usando expresiones como **Es horrible (necesario, una lástima, ridículo, terrible) que..., No es posible (probable) que..., Siento (Temo, Tengo miedo de, No me gusta) que....**
5. el tercer párrafo: **Pero mi vida ahora también tiene algunas ventajas.** Luego, tres o cuatro oraciones sobre los puntos buenos de la vida estudiantil, usando oraciones como **Está bien que..., Es bueno (maravilloso, estupendo) que..., Me alegro de que..., Estoy contento(a) de que....**
6. la conclusión: **Espero que (visitar, escribir,** etcétera)**... Sin otra novedad, vuelvo a mis estudios.**
   Con cariño,

Opción: Con la ayuda de su profesor(a), escríbale a un ciberamigo(a) hispano(a). En el primer e-mail, preséntese. Después, en otro e-mail, escríbale algo sobre la vida estudiantil y los altibajos de su vida. NB: En general, un chico utiliza «estimado», no «querido», cuando le escribe a otro chico.

Opción: Con la ayuda de su profesor(a), escríbale a un ciberamigo(a) hispano(a). En el primer e-mail, preséntese. Después, en otro e-mail, escríbale algo sobre la vida estudiantil y los altibajos de su vida. NB: En general, un chico utiliza «estimado», no «querido», cuando le escribe a otro chico.

In order to thoroughly engage today's student, the writing activity often includes **Opción** sections, suggestions for using multimedia modes of presentation.

Instructor and Student Supplements

INTEGRATED ONLINE COMPONENTS

Provide students with any or all of these valuable online components by bundling discounted access with a new textbook. Your students also have the option to visit **cengagebrain.com** *to purchase instant access separately.*

iLrn™ Heinle Learning Center

Printed Access Card ISBN: 978-1-111-30108-8

This audio and video-enhanced learning environment includes an eBook, assignable and integrated textbook activities, assignable and partnered voice-recorded activities, the Student Activities Manual with Audio, companion video, and a diagnostic study tool.

www.cengage.com/spanish/encontacto9e

Printed Access Card ISBN: 978-1-111-30139-2

Offer your students an online suite of digital resources!
All students receive complimentary access to the complete in-text audio program in MP3 format, auto-graded vocabulary and grammar quizzes, and cultural Web search activities.

Password-protected premium content includes the complete SAM audio program, **Videocultura** and **En otras palabras** video segments in MP4 format, audio-enhanced flashcards, links to pronunciation podcasts, a glossary, and games such as Concentration & Crossword Puzzles.

Heinle eSAM, powered by Quia™

Printed Access Card ISBN: 978-1-111-30110-1

 Heinle eSAM is an online **Student Activities Manual**, complete with interactive exercises, audio, and video.

Personal Tutor

Printed Access Card ISBN: 978-1-111-30104-0

Personal Tutor provides students with one-on-one online tutoring and on-demand help in a virtual classroom.

ADDITIONAL STUDENT RESOURCES

Gill / Wegmann / Méndez-Faith

En contacto: Lecturas intermedias, Ninth Edition
ISBN: 978-0-495-90841-8

This second *En contacto* student text focuses on reading, vocabulary, and conversation, and may be used alone or as a companion to *Gramática en acción*, 9/e.

In-text Audio for *Gramática en acción*

ISBN: 978-0-495-90998-9

 Support listening comprehension with reinforcement of structures and vocabulary presented in the text. Student audio available online.

Video on DVD

ISBN: 978-0-495-90967-5

 This integrated program features exciting chapter-related footage tied to comprehension and discussion questions. The new **En otras palabras** video clips model the practical language through an engaging storyline. The **Videocultura** segments provide interviews with native professionals, documentary-style presentations on various cultural topics, and conversations among young people.

Student Activities Manual (SAM)

ISBN: 978-0-495-90855-5

The Student Activities Manual closely follows the organization of the main text to provide additional reading, writing, listening, and pronunciation practice outside of class. Students may complete listening sections with the use of online audio via iLrn™, eSAM, or the Premium Website.

SAM Audio Program

ISBN: 978-0-495-90869-2

 The SAM audio offerings provide listening input for out-of-classroom activities.

FOR INSTRUCTOR USE ONLY

Annotated Instructor's Edition (with Audio CDs) for *En contacto: Gramática en acción*

ISBN: 978-0-495-90970-5

Enhanced on-page notes include suggestions for activities as well as cultural and linguistic information to support instructors with varying levels of experience. The AIE expands on in-text activities, provides cultural insights and special annotations, and also coordinates and cross-references *Gramática en acción* with *Lecturas intermedias*. Included: audio CDs for all in-text audio segments.

PowerLecture™: Instructor's Resource CD-ROM

PowerLecture™ ISBN: 978-0-495-90886-9
The PowerLecture™ CD-ROM provides Word and PDF versions of chapter tests, final exams, and course midterms for *Gramática en acción*. It includes an exam for each chapter as well as two midterms and finals to allow for flexibility in both preparing for and administering exams. The testing program for *En contacto: Lecturas intermedias* contains an exam for every chapter as well as a "Tips on Assessment" document which offers suggestions for various ways of evaluating student progress.

PREFACE

The Program

En contacto is a complete intermediate Spanish program featuring three main components, all of which are coordinated together by theme, grammar topics, and high-frequency core vocabulary:

Gramática en acción: This text includes not only grammar review but also a presentation of language functions (in a section called **Lengua viva**), with audio and video illustrating aspects of language such as asking for directions, ordering in a restaurant, or responding to an invitation. There is a strong emphasis on acquisition of high-frequency vocabulary throughout each chapter. *Gramática en acción* also features **Videocultura**, short videos that present cultural points and related activities. Its annotated teacher's edition provides a wealth of teaching tips, ideas for extra activities, sidelights on Spanish slang, and of course answers to exercises.

This text offers both cultural and literary selections and emphasizes reading, writing, and discussion strategies along with a structured program of vocabulary acquisition. Each chapter opens with a provocative introductory essay called **Enfoque del tema,** followed by two authentic selections and accompanying activities. Towards the end of the chapter there is a process-writing section that breaks a challenging assignment into small steps, for which students can be given credit step by step. Finally, a piece of fine art related to the chapter theme is presented in **En contacto con el arte.**

Student Activities Manual (*Cuaderno de ejercicios y Manual de laboratorio*): The activities in the *Cuaderno de ejercicios* provide additional writing practice, while the lab section and accompanying audio program provide extra oral practice. A QUIA™ on-line version is also available.

Changes in the Ninth Edition of the Program
Linking Experience to Language, Feeling the Difference

The ninth edition presents an improved, more integrated approach to bringing students into real contact with Spanish language, literature, and culture. The books may still be used separately by instructors who choose to do so, as in the past. However, the authors have worked hard in this edition to shorten and integrate the volumes so that they can be used effectively together. Our aim is to immerse students in a complete goal-centered Spanish learning environment.

The Importance of Student Engagement

As a new feature in the ninth edition, chapters of both *Gramática en acción* and *Lecturas intermedias* begin with a list of goals that break up the material into a series of meaningful tasks in order to consciously engage students in the learning process. After the failure of the "fully communicative" texts that attempted to toss away or hide grammar in an appendix, most teachers and researchers now acknowledge the essential need to teach grammar. Nevertheless, grammar is a means, not an end, so students must be shown from the start why they are learning the discrete grammar points in order to feel motivated to participate. Real acquisition of intermediate-level vocabulary is, of course, an essential element. In the reader volume, the goals relate to the mastery of strategies needed for word and sentence building, reading various types of literature, writing, and discussion.

Changes in the Ninth Edition

While the basic scope and sequence of the program is maintained in the ninth edition, the following features are new:

Gramática en acción

- Each chapter begins with a list of goals. Following that are (1) lists of specific contents (language functions, vocabulary, and grammar), and (2) titles of the readings in the corresponding *Lecturas* chapter.

- Twelve new video segments now accompany the **En otras palabras** sections to provide an appealing audio-visual support to learning new expressions. These new segments introduce and practice functional language such as asking for directions, making invitations, or buying things in a store. The videos revolve around a Venezuelan student in Spain who meets other Latin American students as well as local Spanish residents. The language is natural; accents vary according to the region of origin of the actors. The videos are accompanied by new activities on the text web site, which will give students the opportunity to practice the language functions in an authentic context.

- Three of the videos in the **Videocultura** sections are new (Chapters 4, 5, and 6), and several others have been revised (Chapters 1, 2, 8, and 9).

- The **Presentación del tema** sections have all been updated, revised, and are considerably shorter in length.

- Grammar sections have been streamlined where possible for the sake of simplicity. In addition, some of the less important grammatical concepts are presented in marginal notes (signaled by the word **¡Ojo!** and a graphic). There are many revised or new activities in the **Práctica** sections.

- Chapter 10 **Audioviñetas** section is entirely new.

- There are many new photographs, as well as cartoons new to this edition by well-known artists Mauro Entrialgo, "Nani" Mosquera, and Pepe San Martín.

- For all of the composition assignments, **Composición**, there is now an option for technology integration. These "high-tech" options involve audio, video, photographs, cartoons, blogs, wikis, etc. Students who have skills in these areas can be given an opportunity to use them at the instructor's discretion.

- Two or three new Google™ or YouTube™ search boxes have been added to each chapter.

- The **Student Activities Manual** and **Test Bank** were updated and revised.

- New technologies, such as the online course management system **iLrn,** have been integrated into both volumes.

Chapter Organization

Metas

Each chapter begins with **metas**, or goals. Specific topics are provided including those for **Lengua viva** (language functions), **Vocabulario** (theme vocabulary), **Gramática** (structures), and **Lecturas** (readings in the corresponding *Lecturas intermedias* chapter).

Presentación del tema

A short reading, **Presentación del tema,** presents the chapter theme and some of the vocabulary. Discussion questions follow.

Next comes the **Vocabulario útil,** an active vocabulary list. The words listed are used immediately by students in the activities that follow.

Lengua viva

The **Lengua viva** section includes **Audioviñetas** and **En otras palabras** and focuses on the functional language of the chapter. First are the **Audioviñetas,** recorded conversations on the audio CD and also at the text web site that give students practical, functional language and also introduce the chapter's theme, vocabulary, and, in most cases, grammar. The accompanying listening comprehension activities can be done in class or assigned as homework. They consist of global listening (listening for main ideas), followed by more discrete listening tasks to improve students' aural comprehension.

After students have heard some of the functional expressions in the **Audioviñetas,** they see and use them in the **En otras palabras** sections. These sections focus on two or more language functions and provide explanations, examples, and activities. Based on notional-functional methodology, the sections are largely independent of the grammatical syllabus, as they focus on the communicative use of language for specific purposes or functions. After students have read over the explanations, they can view the new videos that illustrate the functions and do the accompanying activities on the text website. The authors hope that the **En otras palabras** sections will be used for fun as well as to help students achieve communicative competence.

Gramática y vocabulario

Grammar explanations are designed to go beyond the grammar presented in a first-year text without introducing too much detail. The Spanish examples reinforce chapter vocabulary and in many cases provide cultural information about the Spanish-speaking world. The following **Práctica** sections contain a wide variety of oral and written activities arranged in order of increasing difficulty; they are based directly on the chapter theme and vocabulary as well as the structures. Instructors are encouraged to use these as pair and small-group activities whenever possible. One or sometimes two **Vocabulario útil** sections are included in each **Gramática y vocabulario** section, and the vocabulary is made immediately active by practice in the activities.

En contacto

The **En contacto** section includes **Videocultura**, **Síntesis**, and **Composición**.

Videocultura. The **Videocultura** section is based on videos that coordinate with the text chapters by theme and content. The majority of the segments consist of interviews with native speakers in Spain, Latin America, and the United States; others are cultural narratives or conversations offering unique insights into the Spanish-speaking world. Each segment begins with a preview question involving a main idea or concept. Post-viewing activities include discrete listening questions on the content of the video and discussion questions that encourage them to express their own opinions.

Síntesis. This section of activities and games is based on the chapter theme, vocabulary, and grammar and serves as a synthesis of the preceding sections.

Composición. A guided writing assignment, **Composición**, concludes the chapter. The assignment draws from the vocabulary and thematic material presented in the chapter and typically involves use of the structures in some way. Many of the preceding activities in the chapter directly prepare students for the composition assignments. The instructor is encouraged in annotated notes to use a process approach, having students brainstorm together and review and peer edit each others' work.

Appendices

Following **Capítulo 12** in the textbook are the appendices, which cover capitalization, punctuation, and word stress; information on numbers, dates, and time; use of prepositions after certain infinitives, and verb charts. In addition, there is a complete Spanish-English end vocabulary.

Pair and Small-Group Activities

Many of the activities in this book lend themselves to pair and small-group work, and the authors encourage instructors to use them as such whenever possible. With group or pair activities, students have more opportunities to practice the language, and shy students in particular benefit tremendously. Also, the instructor has more time to answer questions and help those who need extra attention.

The authors recommend that in using group or pair activities the instructor:

- set very clear time limits, to encourage efficient use of the time by the students

- make sure the directions are absolutely clear to the students, which may involve explicit demonstration, and that students are convinced of the value of the activity

- move around the room to answer questions, listen to what is happening, and occasionally participate in the work

- follow up the activity with a meeting of the class as a whole, preferably with some of the pairs or groups reporting in some way on what they did

The following symbols, or icons, are used throughout this text:

This material is on the audio CDs accompanying the Annotated Instructor Edition and available to students through mp3 files on the Premium Website and in the iLrn Heinle Learning Center.

This material is on the video program accompanying the book.

This material refers to the *Lecturas intermedias.*

This activity works well with pairs.

This activity works well with small groups.

IN-TEXT AUDIO SCRIPT

Capítulo 1

En busca de la felicidad

Audioviñetas: En la fiesta

CD 1, Track 2

Conversación 1: Saludos y presentaciones. Mike Martin, un estudiante norteamericano, va a una fiesta en casa de un amigo colombiano.

MIKE:	¡Hola, Ramón! ¿Qué tal? ¿Cómo estás?
RAMÓN:	¡Qué gusto de verte, hombre! Estoy bien, gracias. ¿Y tú?
MIKE:	Así, así.
RAMÓN:	Mike, quiero presentarte a mi amiga Julia Gutiérrez. Julia, este es mi amigo Mike Martin.
JULIA:	Mucho gusto.
MIKE:	El gusto es mío.
JULIA:	¿Quieren tomar una copa?
RAMÓN:	No, gracias. Tengo que saludar a algunos amigos. Con permiso.
JULIA:	¿Y tú, Mike?
MIKE:	Sí, cómo no.
JULIA:	¿Qué prefieres: vino, cerveza o...?
MIKE:	Agua mineral, por favor. Tengo que manejar después.
JULIA:	¡Qué prudente eres, Mike! Ustedes los gringos son muy prudentes, ¿no?
MIKE:	No siempre, Julia.

CD 1, Track 3

Conversación 2: Para iniciar una conversación. Mike habla con Julia en la fiesta.

MIKE:	¿Eres estudiante, Julia?
JULIA:	Sí, en la Universidad de los Andes. Y tú, ¿qué haces?
MIKE:	También estudio en la universidad.

JULIA:	Y... ¿qué tal los estudios?
MIKE:	Bien. Todo va bien... más o menos.
JULIA:	¡Ah, qué bien toca este grupo! La música es estupenda. ¿Te gusta?
MIKE:	Pues, sí. Me gusta mucho.
JULIA:	¿No piensas bailar?
MIKE:	¿Bailar? Bueno, prefiero mirar... por el momento. Estoy un poco cansado y el ritmo es diferente.
JULIA:	Hombre, es la cumbia. Tiene un ritmo fantástico. ¿Viste la película *La salsa*?

Capítulo 2

Vejez y juventud

Audioviñetas: En el autobús

CD 1,
Track 4

Conversación 1: Expresiones de respeto y cortesía. Jessica Jones, una estudiante norteamericana, viaja de Bucaramanga, Colombia, a Bogotá, la capital, en autobús. En el autobús conoce al señor Miguel Gutiérrez.

JESSICA:	Perdóneme, señor. ¿Está ocupado este asiento?
EL SEÑOR GUTIÉRREZ:	No, señorita.
JESSICA:	¡Uf! Esta maleta...
EL SEÑOR GUTIÉRREZ:	¿Necesita ayuda? Mire, podemos poner su maleta aquí.
JESSICA:	Muchas gracias.
EL SEÑOR GUTIÉRREZ:	De nada.
JESSICA:	Este bus va a Bogotá, ¿no?
EL SEÑOR GUTIÉRREZ:	Sí, señorita. Llega a las cinco. Yo viajo allí a visitar a mi nieta.
JESSICA:	Ah, ¿tiene una nieta en Bogotá?
EL SEÑOR GUTIÉRREZ:	Sí. Estudia allí en la Universidad de los Andes.
JESSICA:	¿Pero usted vive aquí en Bucaramanga?
EL SEÑOR GUTIÉRREZ:	Sí, con la familia... mi esposa, mis hijos, mis hermanos, unos primos, muchos sobrinos... la familia de mi esposa también.
JESSICA:	¿Tiene una familia grande, pues?

EL SEÑOR GUTIÉRREZ:	Sí, somos una familia grande y muy unida. Solo mi hijo Roberto está en Cartagena y, claro, mi nieta Julia está en Bogotá. A propósito, señorita, yo me llamo Miguel Gutiérrez, para servirle. ¿Cómo se llama usted?
JESSICA:	Me llamo Jessica Jones. Mucho gusto.
EL SEÑOR GUTIÉRREZ:	Encantado.

Conversación 2: Despedidas. Jessica habla de su familia al señor Gutiérrez.

CD 1,
Track 5

EL SEÑOR GUTIÉRREZ:	Y usted, señorita Jones, ¿de dónde es?
JESSICA:	Nací en Boston, pero crecí en Canadá. Mis papás viven en la provincia de Alberta. Los dos son profesores.
EL SEÑOR GUTIÉRREZ:	¿Tiene hermanos?
JESSICA:	Sí, tengo uno, Jake. Tiene quince años y está en la escuela secundaria.
EL SEÑOR GUTIÉRREZ:	¿Uno solamente?
JESSICA:	Sí, las familias norteamericanas no son muy grandes, ¿sabe? Aunque en los tiempos de mis abuelos y bisabuelos no era así.
EL SEÑOR GUTIÉRREZ:	¿No?
JESSICA:	No. Por ejemplo, mi abuela tenía nueve hermanos. Todos mis abuelos eran de familias enormes.
EL SEÑOR GUTIÉRREZ:	Para mí, es muy triste ver a una mujer sin hijos.
JESSICA:	¿Triste? Entonces, ¿cree que yo soy una persona triste? Soy soltera.
EL SEÑOR GUTIÉRREZ:	*[Se ríe.]* ¡Claro que no! Usted es muy joven. ¿Tiene novio en Canadá?
JESSICA:	¿Yo? ¡No! Quiero trabajar, ver el mundo, conocer lugares interesantes... Pero me imagino que muchas colombianas piensan como yo, especialmente las jóvenes.
EL SEÑOR GUTIÉRREZ:	No sé. En mis tiempos no era así... Todo era diferente. No había divorcio. La gente no veía películas pornográficas. Los jóvenes no usaban drogas. Me parece que la juventud de hoy tiene muchos problemas.
[NARRADOR:	Varias horas después, el autobús llega a Bogotá.]
JESSICA:	Fue un gusto conocerlo, señor Gutiérrez.
EL SEÑOR GUTIÉRREZ:	Igualmente, Jessica. Le voy a dar el número de teléfono de mi nieta. Llámela si tiene tiempo.
JESSICA:	Gracias. La llamo esta semana, quizás el viernes. Adiós.
EL SEÑOR GUTIÉRREZ:	Hasta pronto, si Dios quiere. ¡Que le vaya bien!

Capítulo 3

Presencia latina

Audioviñetas: Conversaciones con inmigrantes

CD 1,
Track 6

Conversación 1: Para expresar desaprobación. Antes de ir a Colombia, Mike entrevistó a tres inmigrantes hispanoamericanos. Les preguntó por qué vinieron a Estados Unidos, qué extrañaban de sus países y qué pensaban de la vida en Estados Unidos. En la primera conversación, habla Roberto Barragán.

MIKE: ¿Por qué vino a este país?

ROBERTO: Vine por cuestión de trabajo. Soy médico y en mi país, México, hay mucho desempleo en el campo profesional. Las universidades son fábricas de desempleo debido a la gran cantidad de profesionales que salen cada año. Son muy pocas las fuentes de trabajo. La situación económica es terrible... o sea, el sistema no funciona bien.

MIKE: ¿Qué extraña de su país?

ROBERTO: Sentimentalmente siento que no extraño nada quizás porque voy a menudo y por la facilidad que tengo de adaptarme a cada lugar que llego pensando en todas las cosas nuevas por descubrir...

MIKE: ¿Qué piensa de la vida acá?

ROBERTO: La vida en este país es para mí diferente en lo siguiente. Primero en la cultura, ya que cada pueblo tiene su propia cultura... Segundo, en este país hay más oportunidades de empleo para todos y eso hace que la vida sea más fácil. Aquí todo es más organizado laboralmente.

CD 1,
Track 7

Conversación 2: Para expresar admiración. En la segunda conversación, habla Sethy Tomé.

MIKE: ¿Por qué vino a este país?

SETHY: Mi esposo vino porque aquí hay muchas oportunidades de trabajo y yo lo seguí para no estar separada de él. Somos de Honduras y los dos estudiamos informática, pero él tiene su residencia aquí y yo todavía no. Por eso no puedo trabajar.

MIKE: ¿Qué extraña de su país?

SETHY: La familia y la posición profesional conforme a la educación que había adquirido en la universidad. Mis amigos. El ritmo de vida de Honduras, que es más casual y lento... así que tenemos más oportunidades de disfrutar la vida. También el clima de allí, que es magnífico.

MIKE:	¿Qué piensa de la vida acá?
SETHY:	Es un país de oportunidades y sacrificio. Aquí hay gente de muchos países y tenemos la oportunidad de conocer otras culturas.

Conversación 3: Para expresar sorpresa. En la tercera conversación, habla Prudencio Méndez.

MIKE:	¿Por qué vino a este país?
PRUDENCIO:	Bueno, soy paraguayo, y vine por razones políticas, cuando el dictador Stroessner estaba en el poder.
MIKE:	¿Qué extraña de su país?
PRUDENCIO:	Extraño nuestras tradiciones, como nuestra música, nuestras costumbres..., la mayor comunicación que hay entre la gente de los vecindarios. En la noche la gente sale y se sienta afuera. Aquí están adentro mirando televisión o salen en auto. Eso fue una sorpresa para mí.
MIKE:	¿Qué piensa de la vida acá?
PRUDENCIO:	Prácticamente el ritmo de vida acá es más acelerado con relación al nuestro. No esperaba esto. En particular, en Paraguay la vida es más tranquila. Creo que el latino en general no interrumpe su sociabilidad ni en el trabajo. Las relaciones personales son muy importantes para él. Solo que allá no tenemos oportunidades como acá las tenemos.

Capítulo 4

Amor y amistad

Audioviñetas: Dos invitaciones

Conversación 1: Para hacer una invitación; para rehusar una invitación. Julia está en casa cuando recibe una llamada de Alberto, un amigo.

JULIA:	Aló.
ALBERTO:	Hola, Julia. Habla Alberto. ¿Qué tal? ¿Cómo estás?
JULIA:	Bien, gracias.
ALBERTO:	Oye, si estás libre hoy, ¿quieres salir a alguna parte?
JULIA:	Ay, Alberto, me gustaría verte, pero...
ALBERTO:	¿Qué te parece si vamos al cine? En el Cine Alejandro presentan *El día que me quieras,* con Carlos Gardel. Es una película clásica, ¿sabes? Con música de tango y...

JULIA:	Lo siento, Alberto. No tengo tiempo ahora.
ALBERTO:	Bueno, entonces... podríamos cenar juntos, ¿no? ¿Por qué no vamos al restaurante Casa Chile a comer empanadas? De todos modos tienes que comer.
JULIA:	Lo que pasa es que en estos días estoy muy ocupada porque vienen los exámenes. Otro día, quizás.
ALBERTO:	Pues, está bien; no te preocupes. Pero... dime, después de los exámenes, ¿tendrás un poco de tiempo libre?
JULIA:	Bueno, no sé. Es que voy a visitar a mis papás... hace mucho que no los veo.
ALBERTO:	Y... ¿no me puedes decir cuándo vas a regresar para que te vuelva a llamar?
JULIA:	Pues, mira, tengo un mes de vacaciones. ¿Te podría llamar yo cuando regrese?
ALBERTO:	Claro que sí. Llámame cuando quieras. Que te diviertas en tus vacaciones, y hasta pronto. Gracias.
JULIA:	Adiós.
ALBERTO:	Adiós.
JULIA:	[a sí misma] ¿El día que me quieras? ¡Ay, ay, ay! ¡Qué hombre! ¿Por qué me invita cuando ya tiene novia? ¿Cree que yo no lo sé?

Conversación 2: Para aceptar una invitación. Julia recibe otra llamada telefónica.

CD 1, Track 10

JULIA:	Aló.
MIKE:	Hola, Julia. Habla Mike. ¿Cómo estás?
JULIA:	Bien, ¿y tú?
MIKE:	Más o menos. Mira, ¿no te gustaría ir al cine esta noche?
JULIA:	Sí, estoy aburrida de estudiar. ¿Qué películas muestran?
MIKE:	En el Cine Estrella muestran *Camila*, de María Luisa Bemberg.
JULIA:	La vi hace mucho, Mike. ¿Todavía está *Todo sobre mi madre*, de Pedro Almodóvar?
MIKE:	Sí, fui a verla ayer. Me gustó mucho la música.
JULIA:	Pues, ¿qué otra película podríamos ver?
MIKE:	¿Qué te parece la película *La vida sigue igual*, con Julio Iglesias?
JULIA:	Es una película vieja, pero dicen que es buena. Sí, me encantaría verla. ¿A qué hora empieza?
MIKE:	A las ocho. ¿Quieres cenar primero? Hay un buen restaurante allí cerca donde podríamos comer arepas.

JULIA:	¡Qué buena idea!
MIKE:	Entonces, ¿paso por tu casa a las seis y media?
JULIA:	Está bien. No veo la hora de salir. Lo malo es que después de la película, la vida sigue igual... ¡Aún tengo que estudiar para los exámenes!

Capítulo 5

Vivir y aprender

Audioviñetas: Mensajes telefónicos

Conversación 1: Para saludar y despedirse por teléfono; para pedir permiso.
Jessica Jones vive ahora en Bogotá con su amiga Julia Gutiérrez; las dos asisten a la Universidad de los Andes de esa ciudad. Están en clase o trabajando casi todo el día; cuando llegan a casa, escuchan los mensajes en el contestador.

CD 1, Track 11

Hola, Jessica. Soy Tomás, tu compañero de la clase de antropología. Mira, no estuve en clase el jueves pasado. ¿Me permites usar tus apuntes? ¿Está bien que pase por tu casa a hablarte hoy por la noche? Pues... volveré a llamar. Gracias. ¡Hasta luego!

Jessica, habla Consuelo Díaz, de la librería universitaria. Tenemos el libro que usted pidió, *Civilizaciones indígenas de Colombia*. ¿Podría recogerlo aquí o quiere que se lo mandemos? Favor de llamarme. El número es 35-25-68. Hasta luego.

Jessica Jones, habla Silvia Salazar, de la biblioteca. Dejó su cartera aquí. Le aconsejo que la recoja hoy antes de las seis o mañana después de las ocho. Hoy solo estamos aquí hasta las seis.

Conversación 2: Para saludar y despedirse por teléfono; para expresar prohibición. Escuche, en la Conversación 2, los mensajes que Julia recibe.

CD 1, Track 12

¡Hola, Julia! Soy yo, Mike. ¿Está bien que invite a Esteban a cenar con nosotros mañana? Bueno... Volveré a llamar a las ocho. ¡Hasta luego!

Julia, habla mamá. Te extraño mucho... ¿por qué no has llamado esta semana? Tu papá insiste en que vuelvas a casa para el cumpleaños de abuelita el 15 de febrero, ¿oyes? Espero que vengas. Cuídate, hija. Adiós.

Julia, llama muy pronto a tu primo Antonio, por favor. Te llamo porque mamá está enferma y necesitamos que nos ayudes. Llámame, por favor.

Julia, soy Víctor Lara de la agencia «Excursiones Andinas». Su boleto para el quince está listo. Si decide cambiar la fecha del viaje tendrá que pagar una cuota extra. ¿Sería tan amable de llamarme para decirme cuándo va a venir a recogerlo? Gracias.

Capítulo 6

De viaje

Audioviñetas: En Cartagena

Conversación 1: Direcciones y sentidos. Mike y Julia están de viaje en Cartagena con unos amigos.

JULIA:	Oiga, señor. ¿Nos podría decir cómo llegar al Castillo de San Felipe?
EL SEÑOR:	No sé. Soy turista también.
MIKE:	Por favor, señorita, ¿en qué sentido está el Castillo de San Felipe?
LA SEÑORITA:	El Castillo de San Felipe... A ver... Sigan adelante por esta calle. Caminen dos cuadras. Después de pasar por... pues... yo voy en ese sentido también. Si quieren, síganme.
MIKE:	¡Miren! Esas murallas deben tener 50 pies de ancho.
LA SEÑORITA:	Tenían que ser anchas para proteger al pueblo. Muchas veces llegaron piratas de Inglaterra o Francia a atacar la ciudad.
MIKE:	¿Por qué?
LA SEÑORITA:	Porque los españoles guardaban aquí en Cartagena el oro y otras cosas preciosas que habían traído de toda Latinoamérica. De aquí los mandaban a España. Ahora, crucen ustedes esta calle y vayan derecho. Allá está el castillo. ¡No se pueden perder!
JULIA:	Muchas gracias, señorita.
LA SEÑORITA:	De nada. ¡Que les vaya bien!

Conversación 2: Direcciones y sentidos. Mike y Julia deciden visitar el Castillo de San Felipe en Cartagena.

GUÍA:	Sigan derecho, señores. Vamos a doblar a la izquierda allí donde se ven los cañones... Estos cañones se usaron muchas veces para defender la ciudad... por ejemplo, cuando Francis Drake invadió Cartagena en el siglo XVI.
JULIA:	¿Se llevó Drake el oro que los españoles guardaban aquí?
GUÍA:	Sí, se llevó mucho oro y una gran esmeralda; se lo dio todo a la reina Isabel Primera de Inglaterra. Después, los franceses atacaron en el siglo XVII. Los ingleses vinieron otra vez en 1741... con los norteamericanos.
MIKE:	¿Cómo? ¿Los norteamericanos?
GUÍA:	Sí. Por primera vez en su historia, Inglaterra pidió el apoyo de las colonias en América: Rhode Island, Massachusetts, Virginia, etcétera.

MIKE:	Y... ¿vinieron aquí a luchar del lado de los ingleses?
GUÍA:	Sí... unos cuatro mil soldados, incluso Lawrence Washington, medio hermano de George Washington. Había treinta mil hombres del lado de los ingleses. El líder fue el almirante inglés Edward Vernon. Y ahora, doblen a la derecha, por favor...
JULIA:	Mike, ¡mira esa estatua!
MIKE:	¿De quién es?
GUÍA:	Esta es una estatua del comandante Blas de Lezo. Había luchado en muchas batallas en Europa antes de venir a Cartagena. Solo tenía un ojo, una mano y una pierna, porque en cada batalla perdió un pedazo de cuerpo para ganar un poquito de gloria. Pero defendió Cartagena contra los ingleses en 1741.
MIKE:	Es un héroe de Cartagena, pues.
GUÍA:	Pues sí. Si no fuera por él, ahora estaríamos hablando inglés.

Capítulo 7

Gustos y preferencias

Audioviñetas: En Bogotá

CD 2,
Track 2
Conversación 1: Para expresar acuerdo y desacuerdo. Mike y Julia conversan en un lugar céntrico de Bogotá.

JULIA:	Oye, Mike, ¿no te gusta esa música?
MIKE:	Pues... sí, más o menos.
JULIA:	¿Más o menos? A mí me encanta. Tiene un ritmo irresistible.
MIKE:	Sí, es cierto. En eso tienes razón.
JULIA:	Entonces, ¿entramos?
MIKE:	Pero Julia, tú sabes que no sé bailar, que...
JULIA:	Tranquilo, hombre, no tienes que bailar. Puedes tomar una copa y escuchar. Entremos, ¿de acuerdo?
MIKE:	Bueno, como quieras, Julia...

YA LO DIJO CAMPOAMOR Words and Music by Willy Chirino and Marisela Verena

—Oye, Guillermo, te voy a hablar de las cosas de mi pueblo.

—Mentiras...

—No, no, escucha esto.

Willy Chirino:
En mi pueblo sucedían
las cosas más sorprendentes.
Había una burra sin dientes
experta en ortografía...
—No, hombre, no...
... un enano que crecía
cuando había mucha humedad,
un calvo que en Navidad
siempre le nacía pelo,
y un gallo con espejuelos
de noventa años de edad.
Y un gallo con espejuelos
de noventa años de edad.
Álvarez Guedes:
Eso no es nada.
Oye, no quiero menospreciar
a tu pueblo fabuloso
pero en el mío, había un oso
que fue campeón de billar...
—No existe.
... melones da el limonar
y hay un ciempiés con muletas;
Juan, un viejo anacoreta,
tiró un centavo al cantero;
creció un árbol de dinero
donde florecen pesetas.
—¿Cómo?
Creció un árbol de dinero
donde florecen pesetas.
Coro:
Ya lo dijo Campoamor,
todo encoge, todo estira;
que en este mundo traidor

nada es verdad ni es mentira;

todo es según el color

del cristal con que se mira.

Conversación 2: Para expresar desacuerdo. Julia y Mike están manejando por una calle de Bogotá.

CD 2,
Track 3

JULIA: Mike, paremos un momento. ¿Ves ese restaurancito de puertas verdes? Allí se preparan las arepas más ricas de todo Colombia. Me muero por unas arepas calientes.

MIKE: Pero, Julia, ¿de qué hablas, si comiste solo hace un par de horas? ¡Son las diez de la mañana!

JULIA: ¡Exacto! Es la hora que ustedes los güeros del norte llaman la hora del «snack». Para nosotros es la hora perfecta para unas arepas y una buena taza de café negro.

MIKE: ¡Qué tontería! Eso es un almuerzo.

JULIA: No estoy de acuerdo. Unas arepas ahora es solo un «tentempié»: es decir, algo que te tiene de pie, que te da energía por unas horas antes de una comida completa. Ustedes comen barras de chocolate, una dona o un «danish» a media mañana, ¿no es cierto?

MIKE: Sí, es verdad.

JULIA: ¿Y entonces? ¿Qué dices? ¿No te gustaría un plato caliente que te ponga en forma hasta el almuerzo? ¿Sabes qué? Si te portas bien, te invito a comer un plato de rico menudo bien picante, con cebolla... Por la mañana no hay nada mejor.

Capítulo 8

Dimensiones culturales

Audioviñetas: Un panorama cultural

Conversación: Para expresar una falta de comprensión. Jessica habla con su amiga Carmen.

CD 2,
Track 4

JESSICA: ¿Cómo te fue en el viaje, Carmen? Viajaste por toda Latinoamérica, ¿verdad?

CARMEN: Fue una experiencia estupenda, muy especial, Jessica. Me sorprendió mucho descubrir que hay una gran variedad de gente y costumbres en los diferentas países que visité. No sabía yo que nosotros los latinoamericanos éramos tan interesantes.

JESSICA:	¿De veras? Y ¿qué quieres decir con eso, Carmen?
CARMEN:	Bueno, para darte unos ejemplos, me sorprendió mucho encontrar salones de té típicamente ingleses en Chile y barrios japoneses en Perú.
JESSICA:	Carmen, ¿podrías hablar un poco más despacio? No entendí. ¿Barrios japoneses?
CARMEN:	Sí, Jessica. ¿Sabías que en los años recientes Perú ha tenido un presidente de ascendencia japonesa y Argentina, un presidente de ascendencia árabe? Desde hace mucho tiempo ha venido gente de todas partes del mundo a los países latinoamericanos, no solo los españoles y portugueses. Por eso se pueden encontrar colonias alemanas en Chile, restaurantes libaneses en México o escuelas italianas en Argentina.
JESSICA:	¿Es decir que la gente en esas áreas no se mezcla con el resto de la población?
CARMEN:	Se mezclan con el resto de la población, sí. Se han mezclado con las poblaciones indígenas por muchas generaciones. Por eso tenemos una cultura con sabor indio, europeo, africano y asiático.
JESSICA:	Africano, sí. Eso me sorprendió al llegar a Colombia. No sabía que había una influencia africana aquí… sobre todo en la costa. Se nota en la música, el baile, el arte, la literatura… hasta en la comida.
CARMEN:	Hablando de comida, no puedes imaginar la gran variedad de comida que pude probar en el viaje. En Perú, diferentes clases de pescado; en Paraguay, empanadas y carne asada; en México, tacos y enchiladas…
JESSICA:	¿Sabes qué? Antes de venir aquí, yo creía que todos ustedes los latinos comían tacos, se vestían con ponchos, escuchaban música mariachi y bailaban cha cha chá.
CARMEN:	Pues, es cierto que bailamos cha cha chá… y salsa, bolero romántico, cumbia, samba, merengue, reggae, rumba, lambada, vals, tango, ranchera…

Costumbres y tradiciones únicas

CD 2,
Track 5

Habla Luz Sánchez:

En México se celebra el Día de los Muertos, una costumbre que tiene orígenes indígenas pero que coincide con el día de la fiesta católica de Todos los Santos. Según la tradición indígena, cada año los muertos regresan a este mundo. La noche del primero de noviembre vamos todos al cementerio. Llevamos las comidas favoritas de nuestros familiares o amigos muertos y adornamos sus tumbas con flores y velas. Se prepara un pan especial que se llama «pan de muerto». Pobres y ricos, ancianos y jóvenes, toda la comunidad participa.

Habla Néstor Cuba:

En Perú el 31 de diciembre, Noche Vieja, se queman muñecos hechos de ropa vieja rellenos de periódicos que representan el Año Viejo. A veces les ponemos a los muñecos nombres de políticos que no nos gustan. Hay bailes y fuegos artificiales. También se queman los calendarios, que significa la ida del año viejo y la llegada del año nuevo. Se lanzan trece monedas en señal de buena suerte del año que viene y también se comen doce uvas pidiendo una suerte para el año que viene. El día siguiente, Año Nuevo, se dan regalos. Si te dan una maleta vacía, quiere decir que vas a ir de viaje. Y se regala ropa interior de color amarillo para traer buena suerte.

Capítulo 9

Un planeta para todos

Audioviñetas: El ecoturismo y la ecología

🔊 CD 2, Track 6 **Conversación 1: Para dar consejos.** Julia está de visita en el Parque Amacayacu, una reserva en la Amazonia colombiana cerca de la ciudad de Leticia. Un guía habla con un grupo de turistas.

EL GUÍA:	... Es importante que caminemos en grupos pequeños. Recomiendo que no hablen en voz alta o van a asustar a los animales. Y otra cosa: les pido que no tomen nada, ni una planta, ni una flor de recuerdo... ¿Hay alguna pregunta?
JULIA:	Parece que hay muchas clases de pájaros aquí, ¿no? Por ejemplo, ese que está allí arriba, ¿qué es?
EL GUÍA:	Es una guacamaya, señorita. El parque tiene más de 450 especies de pájaros, más de 150 especies de mamíferos, también muchos reptiles...
JULIA:	Ah, sí, ya vimos iguanas y tortugas desde la canoa...
EL GUÍA:	Hay también cocodrilos, anacondas... Y hay una cantidad extraordinaria de mariposas.
UN TURISTA:	¿Podemos pasar la noche aquí en el parque o tendremos que volver a Leticia?
EL GUÍA:	Se pueden quedar en el centro de visitantes, o también en uno de los refugios en la selva.
UNA TURISTA:	¿Hay un lugar aquí para comprar recuerdos del viaje?

| EL GUÍA: | Le recomiendo que vaya a los mercados de Leticia, señora. Son muy interesantes. Solo que le pediría que no comprara regalos hechos con pieles de animales, ni con plumas, ni con mariposas... |

🔊
CD 2,
Track 7

Conversación 2: Para expresar compasión. Jessica habla con Ana, una amiga colombiana.

JESSICA:	¿Hay una conciencia ecológica en Colombia, Ana? Es decir, ¿se preocupan mucho los colombianos por los problemas ecológicos?
ANA:	Bueno, tenemos el Ministerio del Medio Ambiente y hay leyes que protegen el agua, el aire y los recursos naturales. Pero siempre hay contaminación... especialmente la contaminación industrial... por ejemplo, en los ríos. La contaminación de un río afecta no solo a los animales sino también a la gente que vive cerca. Es un gran problema para los indígenas de la Amazonia, ¿sabes? ¡Es una lástima!
JESSICA:	Sí, leí un libro sobre la industria petrolera en la Amazonia y la contaminación que causa. ¡Qué desgracia! Pobre gente indígena, cuando un río se pone negro y no se puede tomar el agua. Parece que las compañías multinacionales son las responsables... o, mejor dicho, las irresponsables.
ANA:	Yo diría que en Colombia estamos empezando a tener una actitud ecológica; por ejemplo, estamos tratando de enseñarles a los jóvenes y a los niños de los colegios a querer la naturaleza, porque si ellos la quieren la van a cuidar.
JESSICA:	Es cierto. Y dime, Ana, ¿hay programas de reciclaje aquí?
ANA:	Sí, los hay, pero también tenemos en Colombia lo que llamamos los cartoneros.
JESSICA:	¿Los cartoneros?
ANA:	Sí. Los cartoneros son gente pobre que van de basurero en basurero sacando cartones, latas y papel. Se los llevan y los venden a las fábricas para que los reciclen... Mucha gente colombiana, hasta el momento, no separa basuras y no les hace la vida fácil a los cartoneros, pero ellos, sin embargo, siguen con su trabajo de ir a los basureros y sacar lo que se puede reciclar.
JESSICA:	¡Pobrecitos! Pero parece que están haciendo mucho para ayudar a proteger el medio ambiente, ¿no?

Capítulo 10

Imágenes y negocios

Audioviñetas: Anuncios comerciales

CD 2,
Track 8

Anuncio 1

Desde Canadá acompáñanos por espacio de dos horas con noticias, comentarios, entrevistas y un repertorio musical iberoamericano. «Sin fronteras» es una producción realizada por voluntarios. Demos inicio a su programa semanal de «Sin fronteras».

CD 2,
Track 9

Anuncio 2

Azúcar Picante Restaurante y Cantina, abierto los siete días de la semana. Descubra su auténtico menú con sabor latino y a la hora del almuerzo aproveche sus especiales a solo $10. Y los fines de semana salga a la pista y disfrute de toda la música tropical con los mejores DJs y bandas tropicales, locales y extranjeras. Azúcar Picante Restaurante y Cantina, el mejor lugar con un ambiente diferente para disfrutar con sus amigos. Visite su página web www.EdmontonAzucarPicante.com. O haga sus reservaciones al número telefónico 780 479 7400. 780 479 7400. Azúcar Picante Restaurante y Cantina, 13062 50 Street, Edmonton.

CD 2,
Track 10

Anuncio 3

Educational Tours and Travel es su agencia de viajes en Edmonton, Alberta, que le ofrece las mejores ofertas a países latinoamericanos y a todo el mundo. Llámenos al número telefónico 780 471 1125 y le entregaremos los especiales de la semana. O visítenos: 9140 Avenida 118, oficina 1. No solo nos especializamos en viajes a Latinoamérica sino donde usted quiera viajar. Ana y Lucy, sus agentes de viaje, le atenderán para que usted tenga un viaje placentero. Obtenga más información visitando www. sinfronteras.ca y presione en Educational Tours and Travel. Precios económicos para un servicio de primera clase. Solamente Educational Tours and Travel.

Capítulo 11

¡Adiós, distancias!

Audioviñetas: En Bucaramanga

CD 2,
Track 11

Conversación 1: Para expresar alivio, gratitud y comprensión. Mike y Julia hablan con la señora Gutiérrez, la mamá de Julia.

LA SEÑORA GUTIÉRREZ:	¡Julia! ¡Por fin llegaste! ¡Qué alivio! Creí que algo te había pasado. ¿No ibas a llegar a las diez?
JULIA:	Lo siento, mamá. El avión tardó mucho. Pero, mira, este es mi amigo Mike.
MIKE:	Mucho gusto, señora Gutiérrez.
LA SEÑORA GUTIÉRREZ:	Mucho gusto, Mike. Bienvenido a Bucaramanga. ¡Cuánto me alegro de verlos!
MIKE:	Gracias. Habrá estado muy preocupada.
LA SEÑORA GUTIÉRREZ:	Está bien, está bien. Pero deben estar cansados. Siéntense. Les traigo refrescos.
MIKE:	Gracias. Muy amable de su parte.
JULIA:	Gracias, mami.
LA SEÑORA GUTIÉRREZ:	Y ahora, cuéntenme, ¿qué tal el viaje?
MIKE:	Muy divertido.
JULIA:	Estuvo bien. Mike trajo su computadora. Mientras esperábamos en el aeropuerto jugábamos «Ciudades perdidas de los mayas». Después, en el avión, leímos unos chistes que un amigo le había mandado a Mike por correo electrónico.
LA SEÑORA GUTIÉRREZ:	Parece que lo pasaron bien, pues. Ah, ¡las maravillas de la tecnología moderna!

🔊 **Conversación 2: Para expresar incredulidad y enojo.** Julia está en el aeropuerto.
Va de regreso a Bogotá, donde tiene que asistir a un congreso. Le da el boleto a un
CD 2, agente de la aerolínea.
Track 12

AGENTE:	¿Va a Bogotá, señorita?
JULIA:	Sí.
AGENTE:	Un momento, por favor. *[Escribe en la computadora.]* Lo siento, pero su nombre no está en la computadora.
JULIA:	¿Cómo? ¡No puede ser! Llamé por teléfono y cambié la reservación para hoy.
AGENTE:	Su boleto ya se venció.
JULIA:	Pero cuando llamé hace dos semanas me dijeron que podía usar el mismo boleto. Cambiaron la fecha en la computadora.
AGENTE:	Como le digo, su nombre no está en el sistema... o sea, no tiene asiento.
JULIA:	¡Qué barbaridad! Pagué el boleto hace meses. Tengo que estar en un congreso en Bogotá hoy por la tarde.

AGENTE:	El vuelo va lleno. Solo que en primera clase...
JULIA:	Entonces déme un asiento en primera clase.
AGENTE:	Le costará... déjeme ver... doscientos mil pesos más.
JULIA:	¡Esto es el colmo! Ustedes cometieron el error. ¡No lo voy a pagar yo! ¿A qué hora sale el próximo vuelo para Bogotá?
AGENTE:	A las seis de la tarde.
JULIA:	¿Habla en serio?
AGENTE:	Señorita, usted no aparece en el sistema. El avión sale en veinte minutos. ¿Quiere comprar un boleto en primera clase o no?
JULIA:	No tengo alternativa. Pero déme el nombre de alguien con quien pueda quejarme mañana.

Capítulo 12

¡Viva la imaginación!

Audioviñetas: El arte y la imaginación

CD 2, Track 13

Conversación: Para disculparse; para expresar vacilación; para cambiar de tema. Mike y Julia se reúnen en la Plaza Bolívar.

MIKE:	Julia, ¡qué gusto de verte! Ven, siéntate. Tengo muchas noticias.
JULIA:	Disculpa que llegue tarde, Mike. ¿Cómo estás? Yo también tengo tantas cosas que contarte.
MIKE:	Mira, acabo de recibir esta carta de un amigo mío que está en Brasil y me invita a ir a trabajar allí con él.
JULIA:	¿Es fotógrafo?
MIKE:	Sí, y quiere hacer un reportaje fotográfico acerca del Amazonas. Es una gran oportunidad, ¿no?
JULIA:	Bueno... pues, sí. Y... a propósito de cartas, yo también recibí una carta de la Universidad de Florencia donde me dicen que me aceptan para cursos de arte y pintura allí. Voy a empezar en el verano.
MIKE:	¿De veras?
JULIA:	No te puedes imaginar lo que representa para mí poder ir a Italia este verano. Lo he soñado toda mi vida. Salgo en dos semanas.
MIKE:	¿Dos semanas? Este... ¿Tan pronto? Julia... ¿nos volveremos a ver?
JULIA:	Tú, ¿qué piensas, Mike? Yo he estado pensando un poco acerca de eso.

DEDICATION

We dedicate this book to our families, our students, and our vivacious Hispanic friends, who provide us with unfailing support, insights and inspiration.

BRIEF CONTENTS

CONTENTS

CAPÍTULO 8 • DIMENSIONES CULTURALES   175

CAPÍTULO 9 • UN PLANETA PARA TODOS   199

CAPÍTULO 10 • IMÁGENES Y NEGOCIOS 223

CAPÍTULO 11 • ¡ADIÓS, DISTANCIAS! 249

CAPÍTULO 12 • ¡VIVA LA IMAGINACIÓN! 271

PREFACE TO THE STUDENT

¡Bienvenido(a)!

As you open this book, we hope you are *excited* about learning Spanish. We can assure you that learning this language will open many doors for you over the course of a lifetime, whether your goal is travel, communication with the many Spanish speakers in the United States and Canada, understanding the superb literature or music or movies in Spanish, professional development, or simply the joy of learning about a vibrant and diverse culture and its people.

So, welcome to the *En contacto* program! This complete intermediate Spanish program features three main components, all of which are coordinated together chapter-by-chapter by theme, grammar topics, and vocabulary to integrate your learning experience and yet provide options for addressing your specific goals.

Gramática en acción: This text includes not only grammar review but also a presentation of language functions (in a section called **Lengua viva**), with audio and video illustrating aspects of language such as asking for directions, ordering in a restaurant, or responding to an invitation. There is a strong emphasis on high-frequency vocabulary throughout each chapter. *Gramática en acción* also features **Videocultura**, short videos that present cultural points and related activities.

This text offers both cultural and literary selections and emphasizes reading, writing, and discussion strategies along with a structured program of vocabulary acquisition. Each chapter opens with a provocative introductory essay called **Enfoque del tema,** followed by two authentic selections and accompanying activities. Towards the end of the chapter there is a process-writing section that breaks a challenging assignment into small steps, for which students can be given credit step by step. Finally, a piece of fine art related to the chapter theme is presented in **En contacto con el arte.**

Student Activities Manual (*Cuaderno de ejercicios y Manual de laboratorio*): The activities in the *Cuaderno de ejercicios* provide additional writing practice, while the lab section and accompanying audio program provide extra oral practice. A QUIA™ online version is available.

Gramática en acción
Chapter Organization

Metas

Each chapter begins with **metas**, or goals, which will give you specific information about what it and the corresponding *Lecturas intermedias* chapter will cover.

Presentación del tema

A short reading, **Presentación del tema**, presents the chapter theme and some of the vocabulary. You can share your views in the discussion questions. Next comes the **Vocabulario útil**, an active vocabulary list. These lists are thematic because it's easier to learn words that are grouped by meaning. You'll use the words immediately in the activities that follow, and the words will be reinforced later on in the chapter and in the book.

Lengua viva

The **Lengua viva** section includes **Audioviñetas** and **En otras palabras** and focuses on the functional language of the chapter (greetings, good-byes, expressing sympathy, and so on). The **Audioviñetas** are recorded conversations on the audio CD and also at the text website that give you practical, functional language (and also present the chapter's theme, vocabulary, and, in most cases, grammar). If you do the accompanying listening comprehension activities at home or in the lab, follow the instructions; for instance, listen all the way through the first time to get the gist.

After you have heard some of the functional expressions in the **Audioviñetas**, you will see and use them in the **En otras palabras** sections. These sections focus on two or more language functions and provide explanations, examples, and activities. After you have read over the section in the book, you can view the videos that illustrate the functions and do the corresponding activities on the text website.

Gramática y vocabulario

Grammar explanations are designed to go beyond the grammar you learned in a first-year text without introducing too much detail. The Spanish examples reinforce chapter vocabulary and in many cases provide cultural information about the Spanish-speaking world. The following **Práctica** sections contain a wide variety of oral and written activities arranged in order of increasing difficulty; they are based directly on the chapter theme and vocabulary as well as the structures. We hope you enjoy working with your peers on the pair and small-group activities.

En contacto

The **En contacto** section includes **Videocultura**, **Síntesis**, and **Composición**.

Videocultura. The **Videocultura** section is based on videos that coordinate with the text chapters by theme and content. The majority of the segments consist of interviews with native speakers in Spain, Latin America, and the United States; others are cultural narratives or conversations offering unique insights into the Spanish-speaking world. Each segment begins with a preview question involving a main idea or concept. We hope you will express your own opinions in the discussion questions that follow.

Síntesis. This section of activities and games is based on the chapter theme, vocabulary, and grammar and serves as a synthesis of the preceding sections.

Composición. A guided writing assignment, **Composición**, concludes the chapter. The assignment draws from the vocabulary and thematic material presented in the chapter and typically involves use of the structures in some way. Many of the preceding activities in the chapter will help prepare you for the composition assignments. If your instructor is using a process approach, you will brainstorm ideas with other students and review and peer edit each others' work.

Appendices/End Vocabulary/Maps

Make sure to look at the appendices after **Capítulo 12**. They provide an important resource, covering capitalization, punctuation, and word stress; information on numbers, dates, and time; use of prepositions after certain infinitives; and verb charts. In addition, there is a complete Spanish-English end vocabulary and a grammar index. See the introduction to the latter to become familiar with how words are listed. Also, note that there are maps of the Spanish-speaking world at the beginning of the book.

Icons

Notice these icons in the program:

🔊 This material is the recorded audio and on the text's Premium Website.

▶ This material is on the video program accompanying the book.

L This material refers to the *Lecturas intermedias*.

Unas recomendaciones

An important part of language learning is vocabulary acquisition. Try various ways of increasing your vocabulary (your instructor can help you with this). Some people listen to their MP3s, make flashcards, put notes on the bathroom mirror, watch television or listen to the radio in Spanish, go to Spanish or Latin American films or restaurants, read magazines, or find a keypal. Most important, if you have the opportunity, practice with native Spanish speakers. Don't be afraid to make errors—the important thing is to try to express yourself. You'll find that, in general, Spanish speakers very much appreciate someone who makes an effort to communicate. Instead of thinking about things you don't know how to say, think of things you *do* know how to say . . . and practice saying them! We hope you have an enjoyable experience.

M.M.G.
B.W.
T.M.F.

ACKNOWLEDGMENTS

We are especially grateful for the assistance of the very talented group of editors with whom we were fortunate to work:

Lara Semones, acquisitions editor at Heinle/Cengage, who initiated and supported the new edition and whose insights and suggestions have been invaluable throughout; Karin Fajardo, developmental editor, who gave us many superb ideas and contributed in countless ways to the creation of the manuscript; Esther Marshall, senior content project manager, who supervised all areas of production including art, editing, and design with amazing dedication and attention to detail; Luz Galante, our native reader, and Margaret Hines, copyeditor, both of whom have eagle eyes and a keen ear for language; Melissa Sacco, PreMediaGlobal project manager, and Lupe Ortiz, proofreader, for their dedicated work; Patrick Brand, of Heinle/Cengage, who edited the testing program and helped in the design of the new video activities.

Special thanks to Anna Pérez for her excellent work on new video for the project and for supplying the photos that accompany the new video segments. We also wish to express our appreciation to Linda Jurras and the Heinle/Cengage art and design team, who created a stunning new look for the ninth edition. Thanks to Ingrid de la Barra, Myriam Castillo, Yolanda Magaña, Luz Sánchez, and Andreu Veà-Baró for help with materials and linguistic advice. We very much appreciate Llanca Letelier's expertise on the literary permissions, Scott Rosen's expertise on photo research, and John Gill's help with computer files for the end vocabularies. We would also like to thank friends who supplied photos from their personal files: Marina Brodskaya, Alana Budak, Edward Faith, Andreu Veà-Baró, Robin and Leslie Webster, and Bogdan Zlatkov.

A debt of gratitude is also owed to the following: Mónica Cañellas Scoscería for giving us permission to reprint the captivating stories of her mother, Lucía Scoscería; Tere Rubio and Dr. Eric Peña for clarifying certain aspects of the Mexican educational system; Naldo Lombardi for technical and linguistic advice; Ray Faith, Edward Faith, and Liz Gill for their artistic contributions to the illustration of certain texts; Daniel Braun, instructional designer from the Learning Engagement Office at the University of Alberta Extension Department for tips on reliable methods of assessment; and Dr. Olenka Bilash, coordinator of Second Languages and International Education at the University of Alberta, for her inspiration and creative suggestions regarding materials that spark motivation.

Our thanks also go to the following contributors: iLrn diagnostics and media grid: Max Ehrsam; Web quizzes: Teresa Arrington; Web activities: Francisco Gago-Jover; Sample syllabi: Elizabeth O'Connell-Inman and Helen Freear-Papio; and Transition Guide: Marisa Garman.

Finally, we are sincerely grateful to the following reviewers whose critiques and suggestions helped shape the ninth edition:

Teresa Arrington, Blue Mountain College

Bárbara Ávila-Shah, *SUNY Buffalo*

Gabriel Barreneche, *Rollins College*

Nancy María Blain, *McNeese State University*

Kristy Britt, *University of South Alabama*

Robert L. Colvin, *Brigham Young University, Idaho*

Deborah A. Dougherty, *Alma College*

Cynthia B. Doutrich, *York College of Pennsylvania*

Deanne Flouton, *Nassau Community College*

Francisco Gago-Jover, *College of the Holy Cross*

Pablo García, *West Virginia University*

Jill R. Gauthier, *Miami University, Hamilton*

Ana Gómez-Pérez, *Loyola University Maryland*

Frederick Langhorst, *Spelman College*

Cecilia Mafla-Bustamante, *Minnesota State University*

Juan Martin, *University of Toledo*

Geoff Mitchell, *Maryville College*

Iani Moreno, *Suffolk University*

Anne Porter, *Ohio University*

Lea Ramsdell, *Towson University*

Albert Shank, *Scottsdale Community College*

Ángel T. Tuninetti, *Lebanon Valley College*

M.M.G.
B.W.
T.M.F.

CAPÍTULO 1

En busca de la felicidad

METAS *(Goals)*

En este capítulo vamos a aprender a...

► saludar, presentarnos, iniciar una conversación e intercambiar datos de contacto

► expresar gustos

► hablar sobre diversiones, pasatiempos y deportes

© Fabrik Studios/Photo Library

La gente baila y se divierte en las calles de La Habana, Cuba.

LENGUA VIVA

Saludos y presentaciones; iniciar una conversación e intercambiar datos de contacto

GRAMÁTICA

Gustar

El tiempo presente

Pronombres reflexivos

Sustantivos y artículos

VOCABULARIO

Fiestas y festivales

Actividades del fin de semana

Deportes y otras diversiones

LECTURAS

«Los tres (¿o más?) secretos de la felicidad»

«San Fermín y los toros» de Carlos Carnicero

«Entrevista a Daddy Yankee» de *El nuevo día*

Presentación del tema

¿Encontramos felicidad en las fiestas?

La mayor expresión de alegría de un pueblo hispano es el Carnaval. El Carnaval es un festival que se celebra, con pasión, en casi todo el mundo hispano. Tiene elementos cristianos y elementos paganos. ¿Qué pasa durante la fiesta? La gente baila, canta, toca o escucha música, bebe, come y disfruta del momento. Para muchas personas, las celebraciones sirven como escape de la rutina y como una forma de renovación espiritual. También reúnen a los miembros de una comunidad, con sus tradiciones y costumbres particulares. ¡Viva la felicidad! ¡Viva el Carnaval!

Background on the **Llamadas**: this was one of the very few times when slaves could freely express themselves, during **Carnaval** (Mardi Gras). The **Llamadas** were calls by drummers to gather and celebrate. This celebration takes place in the **Barrio Sur** of Montevideo. Of course, there has been a lot of mixing of the population throughout the generations.

If you wish, show or assign the **Videocultura** at this point rather than waiting until the end of the chapter. Students will see a **Carnaval** celebration and also learn what makes Madrid the sixth happiest city in the world, according to *Forbes* magazine.

AP Photo/Marcelo Hernandez

You Tube Busque «las Llamadas Montevideo» para ver videos de esta celebración.

Durante el Carnaval en Montevideo, Uruguay, la gente celebra las Llamadas con música afro-americana y bailes exuberantes. La celebración tiene su origen en las tradiciones bantúes de los esclavos *(slaves)* de los siglos XVI a XIX. En la fiesta no importan diferencias de raza, religión o posición económica. ¡Todos gozan juntos!

1-1 Preguntas

1. ¿Dónde se celebra el Carnaval?
2. ¿Qué pasa durante la fiesta?
3. ¿Para qué sirven las celebraciones como el Carnaval? ¿Cree usted que necesitamos este tipo de celebración de vez en cuando? ¿Por qué sí o por qué no?
4. ¿Dónde y cómo se celebran las Llamadas?
5. ¿Hay algunas celebraciones especiales en la ciudad o región donde usted vive? ¿Qué hace para celebrarlas? ¿Encontramos felicidad en estas celebraciones?

VOCABULARIO ÚTIL

FIESTAS Y FESTIVALES

bailar	to dance
beber, tomar	to drink
cantar	to sing
celebrar	to celebrate
charlar	to talk, chat
comer	to eat
el cumpleaños	birthday
el día de fiesta	holiday
disfrutar (de), gozar (de)	to enjoy
escuchar música (del reproductor de MP3); escuchar discos compactos	to listen to music (on the MP3 player); to listen to compact discs
la felicidad; la alegría	happiness; joy, fun
la fiesta	party, celebration
el regalo	present
saludar a los amigos (a la gente)	to greet friends (people)
tocar música (la guitarra, el piano)	to play music (guitar, piano)
tomar una copa (un vino, una cerveza)	to have a drink (a glass of wine, a beer)

OTRAS EXPRESIONES

los ratos libres	free time
Tengo que estudiar (manejar, trabajar).	I have to study (drive, work).

¡OJO!

asistir a *to attend* / ayudar *to help, assist*

saber *to know (facts, something memorized), to know how* / conocer (zc) *to know, be acquainted with (a person, place, etc.); to meet for the first time*

tocar *to play (music), to touch* / jugar (ue) a *to play (a sport or game, to gamble)*

For more work on vocabulary, you can do other kinds of activities here. For instance, hand out slips of paper, each with a word or phrase from the list, to volunteers to act out for the others to guess. The student who guesses correctly draws a new word or phrase and can either act it out or hand it to another student. Or write this title on the board: **La fiesta típica del viernes;** have students work in groups for about four minutes to create sentences about it, using as many of the words and phrases as possible. Then tell each group to read their sentences and decide which group has used the most vocabulary from the list in the best way.

PRÁCTICA

1-2 Sinónimos. Dé un sinónimo de la palabra subrayada *(underlined)*.

1. Hay que <u>disfrutar</u> de la vida. gozar

2. Voy a <u>hablar</u> con ella más tarde. charlar

3. ¿A qué hora vamos a la <u>celebración</u>? fiesta

4. ¿Quieres <u>beber</u> algo? tomar

5. ¡Qué <u>alegría</u>! felicidad

Review the use of the infinitive after verbs such as **querer, deber, tener que,** and so on.

1-3 Opciones. Trabaje con un(a) compañero(a), usando las preguntas que siguen. Escoja el verbo apropiado. Turnándose *(Taking turns)*, una persona hace la pregunta y la otra le contesta con una oración completa.

1. ¿<u>Tocas</u>/Juegas la guitarra, el piano o algún instrumento musical?
2. ¿<u>Conoces</u>/Sabes un buen lugar para escuchar música?
3. ¿Conoces/<u>Sabes</u> bailar la cumbia?
4. ¿Tocas/<u>Juegas</u> al tenis?
5. ¿Asistes/<u>Ayudas</u> a tus compañeros cuando tienen problemas?

LENGUA VIVA

Mike Martin es de Chicago, Illinois. Estudia en la Universidad de los Andes en Bogotá, Colombia.

Julia Gutiérrez es de Bucaramanga, Colombia, pero vive y estudia en Bogotá.

Ramón Fonseca es de Bogotá, Colombia. Es amigo de Mike y de Julia.

© Yuri Arcurs; © Andresr; © CURAphotography; 2009. Used under license from Shutterstock.com

Audioviñetas: En la fiesta

Conversación 1: Saludos y presentaciones. Mike Martin, un estudiante norteamericano, va a una fiesta en casa de un amigo colombiano.

CD 1, Track 2

1-4 Escuche la **Conversación 1** y conteste las preguntas.

1. En la fiesta, Mike conoce a alguien por primera vez. Esta persona es…
   a. Ramón.
   b. la madre de Ramón.
   c. Julia.

2. Parece que Ramón es…
   a. simpático.
   b. indiferente a los invitados *(guests)*.
   c. insociable.

1-5 Escuche la **Conversación 1** otra vez. ¿Qué cosas se mencionan *(are mentioned)*?

____ **1.** un disco   ✓ **4.** una cerveza
____ **2.** una mesa   ____ **5.** un radio
✓ **3.** una copa   ✓ **6.** un vino

1-6 Escuche la **Conversación 1** una vez más. Escoja la mejor respuesta.

1. Para saludar, Ramón y Mike usan la forma...
  (a.) tú.
  b. usted.
  c. vosotros.

2. Mike no acepta cerveza o vino porque...
  a. ya está borracho *(drunk).*
  (b.) tiene que manejar.
  c. no le gustan las bebidas alcohólicas.

3. Julia cree que los gringos son...
  (a.) prudentes.
  b. pacientes.
  c. prácticos.

🔊 CD 1, Track 3

Conversación 2: Para iniciar una conversación. Mike habla con Julia en la fiesta.

1-7 Escuche la **Conversación 2** y conteste las preguntas.

1. En esta conversación, Julia parece...
  a. aburrida.
  (b.) contenta.
  c. preocupada por sus clases.

2. Parece que a Julia le gusta...
  a. cantar.
  b. tomar mucho.
  (c.) bailar.

1-8 Escuche la **Conversación 2** otra vez. ¿Qué personas o qué cosas se mencionan?

✓ **1.** los estudios   ____ **5.** un amigo mutuo
✓ **2.** la música   ✓ **6.** la cumbia
____ **3.** la economía   ____ **7.** un programa de televisión
____ **4.** el libro *Voces de Colombia*   ✓ **8.** la película *La salsa*

Audioviñetas: If you are doing this in class, make sure students understand the instructions for each conversation before playing it. Tell them they don't need to understand everything. Play the conversation all the way through without stopping. If they have trouble with the first activity, play the conversation again, all the way through. Tell them to listen just for the information they need to complete the activity. If you assign this section as homework, give specific instructions and/or make sure students listen to the instructions in the introduction to this section. In addition to introducing the chapter theme, vocabulary, and language functions (covered in the section **En otras palabras**), the **Audioviñetas** will help students learn to listen, get main ideas, make inferences, and develop a tolerance for ambiguity. Students should focus on the information they need to know to do the activities and learn to disregard nonessential parts of a message. If you assign this section as homework, you may want to go over the answers in class.

En otras palabras

Para saludar a la gente, presentarse, iniciar una conversación, intercambiar datos de contacto

Here are some expressions for greeting someone, making introductions, starting a conversation, and asking for and giving personal information.

Mire el video en el sitio **www.cengagebrain.com/shop/ISBN/0495912654** y haga las actividades que lo acompañan.

1. You meet a friend on the street.

> **¡Hola! ¿Qué tal? ¿Qué pasa? ¿Qué hay de nuevo? ¿Qué hay?**
>
> **¡Qué alegría verte! ¡Cuánto gusto de verte!**
>
> **¿Cómo te va?** *How's it going?*
>
> **¡Qu' húbole! ¿Qué onda?** *Hi! What's up? (colloquial, most of Latin America)*
>
> **¿Cómo estás? ¿Cómo has estado?**

Rafael es un nuevo estudiante. ¿Dónde está y a quiénes conoce?

(Or for someone older or someone to whom you do not feel close enough to use the **tú** form: **¿Cómo le va? ¿Cómo está usted? ¿Cómo ha estado?**) When someone says, **¿Qué tal?**, you don't always have to say **¡Muy bien, gracias!** You can say:

> **Bastante bien. Más o menos. Regular.**
>
> **(Muy) Mal.**
>
> **Estoy cansado(a).** *I'm tired.*
>
> **Por aquí (estudiando, trabajando).** *(I'm) Just here (studying, working).*

Note that **¿Qué tal... ?** is very useful for starting conversations. Besides its general meaning of *How are things?* it can be used to ask about almost anything, singular or plural: **¿Qué tal el concierto? ¿Qué tal los estudios?**

2. You pass a stranger on the street.

> **Buenos días. Buenas tardes. Buenas noches.**

From noon until about sunset, you can use **Buenas tardes,** often heard as simply **Buenas.**

3. You meet someone at a party for the first time.

> **Hola. Me llamo…**
>
> **Mucho gusto. Encantado(a). ¡Qué gusto conocerlo(la)!**
>
> **El gusto es mío.**

Assign the **En otras palabras** section before you have students do the activities on the video, which is on the Cengage web site.

In Mexico or Ecuador you might hear **¿En qué patín andas?** (literally, "What skate are you on?"). In Mexico and in Spain people say: **¿Cómo lo llevas?** In Cuba, you might hear **¿Qué bolá?** and in Chile **¿Qué se teje?** ("What's being knitted?"). In various parts of Latin America, you might hear **¿Cómo está la movida?** ("How's the action?")

4. You introduce one person to another.

> **Esta es..., una amiga mía.**
> **Déjeme (Déjame) presentarle(te) a...**
> **Quiero que conozca(s) a...** *I want you to meet . . .*

5. You welcome someone to your home.

> **Bienvenido(a).** **Está en su casa. (Estás en tu casa.)**

6. You ask for someone's e-mail address and phone number and give him or her yours.

> **¿Cuál es su (tu) dirección electrónica?**
> **Si me das tu número de teléfono, te llamo más tarde. (tú** *form*)
> **Mi número de teléfono es…**
> **Mi dirección electrónica es** johnsmith@account.com.
> The symbol @ = **arroba** and *dot* = **punto**. The above address would be said as: John Smith **arroba** account **punto** com.

According to the new rules of the **Real Academia Española**, demonstrative pronouns (**este, esta,** etc.) should follow general accent rules and therefore not take written accent marks. In older publications, however, students will see demonstrative pronouns with accent marks (**éste, ésta,** etc.), which were used to distinguish them from demonstrative adjectives.

PRÁCTICA

 1-9 Mi compañero(a). Preséntese a un(a) compañero(a) y pregúntele cómo se llama. Hágale por lo menos una pregunta a su compañero(a) y conteste la pregunta que su compañero(a) le hace. Intercambien direcciones de correo electrónico (verdaderas o ficticias). Después, en grupos de cuatro personas, preséntele a su compañero(a) al grupo.

 1-10 Saludos y presentaciones. Mire los tres dibujos. ¿En cuál se necesita un saludo informal? ¿un saludo formal? ¿la forma plural del saludo? Trabajando solo(a) o con un(a) compañero(a), invente usted un pequeño diálogo (de tres o cuatro preguntas y respuestas) para cada dibujo.

Some colloquial expressions for answering **¿Qué tal?: Tirando** (Spain, Argentina, Uruguay; literally "Pulling," meaning *Okay, hanging in there*), **Dos que tres** (Mexico, Guatemala, El Salvador; literally, "Two that three," meaning *So-so*), **Siempre pa'alante** (Colombia, Venezuela, Puerto Rico, the Dominican Republic; literally, "Always forward," *Just plugging along*). In Chile, people say **No llueve, pero gotea** ("It's not raining, but it's dripping," meaning that things could be worse). In Mexico and parts of Central America, you might hear **Arrastrando la cobija** ("Dragging the blanket," *Dragging along, not too well*).

1.

El señor   Mario
Prieto   Vargas

2.

Natalia   Teresa
Bartoli   Mendoza

3.

Alonso y Estela   Eduardo
Benavides   Díaz

GRAMÁTICA Y VOCABULARIO
Gustar

¿A ti…	A mí…	A él/ella/usted…
…te gusta bailar?	…(no) me gusta la música rap.	…(no) le gusta cantar.
…te gustan los ratos libres?	…(no) me gustan los bailes.	…(no) le gustan los chocolates.

1. **Gustar** (*to please, be pleasing*) will be covered more completely in Chapter 7 along with other verbs that are used similarly. For now, just remember that **gustar** is normally used in the third person (**gusta/gustan**) with an indirect object pronoun (**me, te, le…**).

Indirect object pronoun		Verb		Subject
Me	+	gustan	+	los chocolates.

2. Although the sentence above is translated as "I like chocolates," it literally means, "Chocolates are pleasing to me"; the verb agrees with the subject (the person or thing that pleases), not with the indirect object (the person who is pleased).

Me gusta el regalo.	*I like the present. (The present pleases me.)*
Me gusta bailar.	*I like to dance. (Dancing is pleasing to me.)*
Me gustan las flores.	*I like flowers. (Flowers are pleasing to me.)*

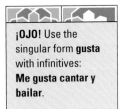

¡OJO! Use the singular form **gusta** with infinitives: **Me gusta cantar y bailar**.

3. Notice that **a** is used in front of the name of the person who likes something because **gustar** means that it is pleasing *to* him or her.

A Roberto le gustan las fiestas.   *Roberto likes parties. (Parties are pleasing to Roberto.)*

VOCABULARIO ÚTIL

ALGUNAS ACTIVIDADES DEL FIN DE SEMANA

Aprenda este vocabulario para usarlo en la práctica que sigue. Véase también el **Vocabulario útil** de la página 3.

caminar (una cuadra, unas millas)	*to walk (a block, a few miles)*
descansar; dormir tarde	*to rest, relax; to sleep late, sleep in*
tomar una siesta	*to take a nap*
escribir una carta (un mensaje de texto, un e-mail)	*to write a letter (a text message, an e-mail)*
leer (el periódico, revistas, una página de la Red, una novela)	*to read (the newspaper, magazines, a Web page, a novel)*
manejar (*Spain:* **conducir**)	*to drive (a vehicle)*
ver/mirar televisión	*to watch television*

PRÁCTICA

1-11 Gustos. Haga oraciones sobre los gustos de las personas indicadas.

> ⚙ **MODELO** yo / escuchar audiolibros, pero no / las novelas románticas
> *A mí me gusta escuchar audiolibros, pero no me gustan las novelas románticas.*

1. usted / ver televisión, pero no / los programas violentos
2. Carlos / las fiestas, pero no / tomar mucho
3. Sandra / dormir tarde, pero no / tomar una siesta
4. mi amigo Ernesto / los videojuegos, pero no / «Golfmania»
5. tú / Daddy Yankee, pero no / el reguetón en general
6. yo / manejar, pero no / el tráfico

 1-12 ¡Cumpleaños, feliz! ¡Cumpleaños, feliz! Entreviste a un(a) compañero(a), usando las preguntas que siguen. Después, su compañero(a) lo (la) entrevista a usted.

1. En tu cumpleaños, ¿te gusta recibir flores? ¿libros? ¿ropa?
2. En general, ¿te gustan los dulces? ¿los chocolates?
3. ¿Te gusta más recibir dinero o abrir regalos?
4. ¿Te gusta más ir a cenar con tu familia el día de tu cumpleaños o asistir a una fiesta con tus amigos?

The Present Indicative Tense

The present tense expresses an action happening now, a current situation, or an event that happens regularly. It can have several meanings in English.

Mi compañero de cuarto toca el piano.	*My roommate plays (is playing, does play) the piano.*

The present tense is also frequently used to express the immediate future or a future event.

El baile termina a medianoche.	*The dance will end (is ending) at midnight.*

ANS 1-11
1. A usted le gusta ver televisión, pero no le gustan los programas violentos.
2. A Carlos le gustan las fiestas, pero no le gusta tomar mucho. 3. A Sandra le gusta dormir tarde, pero no le gusta tomar una siesta. 4. A mi amigo Ernesto le gustan los videojuegos, pero no le gusta «Golfmania».
5. A ti te gusta Daddy Yankee, pero no te gusta el reguetón en general.
6. A mí me gusta manejar, pero no me gusta el tráfico.

Selección 1 offers good reading practice at this point since it is an article about the famous Spanish festival of San Fermín and is written almost entirely in the present tense with regular verbs.

Put a similar sentence on the board and have students give three meanings in English.

Put a sentence on the board and have students give the English, eliciting a future tense in English.

Regular Verbs

To form the present tense of regular verbs, the **-ar**, **-er**, or **-ir** ending is dropped from the infinitive, and the endings shown in bold in the following charts are added to the stem.

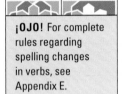

¡OJO! Tú is used with family, close friends, or children. **Usted** is used with strangers, people much older than you, or to express respect. Since the **vosotros(as)** form is not widely used except in Spain, it is not practiced here, but you should be able to recognize it.

Subject Pronouns	hablar	leer	escribir
yo	habl**o**	le**o**	escrib**o**
tú	habl**as**	le**es**	escrib**es**
él, ella, usted	habl**a**	le**e**	escrib**e**
nosotros(as)	habl**amos**	le**emos**	escrib**imos**
vosotros(as)	habl**áis**	le**éis**	escrib**ís**
ellos, ellas, ustedes	habl**an**	le**en**	escrib**en**

Spelling-Changing Verbs

Some verbs are regular in the present tense except for minor spelling changes (mostly in the **yo** form). Here are some of the common ones.

¡OJO! For complete rules regarding spelling changes in verbs, see Appendix E.

1. In the **yo** form: Verbs that end in **-cir** or **-cer** (preceded by a vowel) have a change from **c** to **zc**. Verbs that end in **-guir** have a change from **gu** to **g**. Verbs that end in **-ger** or **-gir** have a change from **g** to **j**.

c → zc	gu → g	g → j
cono**cer** → cono**zco**	se**guir** → si**go**	esco**ger** → esco**jo**
conducir, producir, traducir, ofrecer, parecer	conseguir	exigir

2. In all but the **nosotros(as)** and **vosotros(as)** forms: Verbs that end in **-uir** have a change from **i** to **y** since an unstressed **i** between two vowels becomes a **y**.

i → y

constr**uir** → constr**uyo**, contr**uyes**, constr**uye**, constr**uimos**, constr**uís**, constr**uyen**

¡OJO! Remember that in Spanish, the personal **a** must be used before a direct object that is a person.

Conozco a los músicos, pero no conozco la canción que cantan.   *I know the musicians, but I don't know the song they're singing.*

Stem-Changing Verbs

Certain verbs show a change in the stem (the part that is left after dropping **-ar**, **-er**, or **-ir**) when the stem is stressed. These verbs have regular endings, but notice the pattern of stem changes: The changes occur in all but the **nosotros** and **vosotros** forms. Read the conjugations aloud and listen to how the stem does not receive the spoken stress in these two forms. Other verbs that follow these patterns are given in vocabulary lists with the vowel change in parentheses—for example, **pensar (ie)**.

Play the game **¡Avalancha!** to practice irregular verbs. Divide the class into two teams and give them a verb. A person from each team goes to the board to conjugate the verb starting with the **yo** form. If correct, the next two people from each team write the **tú** form above that, then another two write the **él/ella/usted** form, etc. When there is an error, you say **¡Avalancha!** and all the entries from that team are erased. When a team gets the conjugation correct, they get a point.

e → ie pensar		e → i pedir		o → ue poder		u → ue jugar	
pienso	pensamos	pido	pedimos	puedo	podemos	juego	jugamos
piensas	pensáis	pides	pedís	puedes	podéis	juegas	jugáis
piensa	piensan	pide	piden	puede	pueden	juega	juegan
Other e → ie		**Other e → i**		**Other o → ue**			
empezar	perder	seguir		contar	encontrar		
entender	preferir	servir		dormir	recordar		
sentir	querer			volver			

Mario quiere dormir, pero Elena y yo queremos charlar.

Mario wants to sleep, but Elena and I want to chat.

Verbs That Are Irregular in the First-Person Singular Only

dar: **doy**   poner: **pongo**   salir: **salgo**   ver: **veo**
hacer: **hago**   saber: **sé**   traer: **traigo**

¿Qué haces? —Hago ejercicio y veo televisión.

What are you doing? —I'm exercising and watching television.

¡OJO! Subject pronouns are often omitted in Spanish because the verb form indicates person: **haces (tú)**, **hago (yo)**.

Common Irregular Verbs

estar		ser		ir	
estoy	estamos	soy	somos	voy	vamos
estás	estáis	eres	sois	vas	vais
está	están	es	son	va	van
decir		**tener**		**venir**	
digo	decimos	tengo	tenemos	vengo	venimos
dices	decís	tienes	tenéis	vienes	venís
dice	dicen	tiene	tienen	viene	vienen

Tengo un amigo que es muy alegre.   *I have a friend who is very cheerful.*

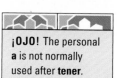

¡OJO! In Appendixes D and E are conjugations for regular, stem-changing, spelling-changing, and irregular verbs.

¡OJO! The personal **a** is not normally used after **tener**.

VOCABULARIO ÚTIL

LOS DEPORTES Y OTRAS DIVERSIONES

Aprenda este vocabulario para usarlo en la práctica que sigue.

COGNADOS

el actor (la actriz)	el fútbol americano
el básquetbol	el programa de televisión
el béisbol	el tenis
el concierto	el video (*Spain:* el vídeo)
esquiar	el vólibol
el fútbol (*soccer*)	

LOS DEPORTES

el/la aficionado(a)	*fan*
correr	*to run*
hacer ejercicio(s)	*to exercise (do exercises)*
hacer snowboard	*to snowboard*
el jugador (la jugadora)	*player*
jugar (ue) a	*to play*
nadar	*to swim*
el partido	*match, sports event*
patinar, patinar sobre hielo	*to skate, to ice skate*

OTRAS DIVERSIONES

asistir a un concierto	*to attend a concert*
contar (ue) chistes	*to tell jokes*
dar un paseo	*to take a walk*
ir al cine	*to go to the movies*
ir de compras	*to go shopping*
jugar a los videojuegos (a las cartas)	*to play video games (cards)*
navegar (por) la Red (Internet)	*to surf the Web (Internet)*

For fun, you might have the students try to guess your favorite sport or game. Other sports: **el esquí nórdico** *cross-country skiing*, **el esquí alpino** *downhill skiing*, **el esquí acuático** *waterskiing*.

Notice that **asistir** takes the preposition **a** before a noun. After **jugar,** the **a** is optional; e.g., **jugar tenis** or **jugar al tenis.** Other verb-preposition combinations are discussed in Appendix C.

PRÁCTICA

1-13 ¿Qué hace usted para sentirse bien? Conteste las preguntas con una oración *(sentence)* completa, usando una de las siguientes expresiones.

ANS 1-13
Possible answers: 1. Sí, a veces compro flores. 2. No, casi nunca les escribo e-mails a mis amigos que hablan español. 3. Sí, charlo por Skype a menudo con mi amiga Ana. 4. No, casi nunca tomo una siesta por la tarde. 5. Sí, a menudo como chocolates. 6. Sí, a veces leo revistas y libros chistosos. 7. Sí, a menudo hago ejercicio. 8. No, casi nunca voy de compras.

a menudo *(often)*   a veces *(sometimes)*
nunca *(never)*   casi nunca *(almost never)*

⚙ MODELO ¿Mira películas cómicas?
Sí, a veces miro películas cómicas.
No, casi nunca miro películas cómicas.

1. ¿Compra flores?
2. ¿Escribe e-mails a amigos que hablan español?
3. ¿Charla por Skype o por teléfono con amigos que viven lejos?
4. ¿Toma una siesta por la tarde?
5. ¿Come chocolates?
6. ¿Lee revistas o libros chistosos *(humorous)*?
7. ¿Hace ejercicio?
8. ¿Va de compras?

1-14 En busca de la felicidad en Barcelona. Complete el siguiente párrafo con las formas apropiadas del tiempo presente de los verbos entre paréntesis. (Cognados: monte, auditorio, Orquesta Sinfónica, mimos.)

© iStockphoto.com/Nikada

En Barcelona, España, la gente (1) __disfruta__ (disfrutar) de una gran variedad de diversiones y actividades culturales o deportivas. Los aficionados al arte (2) __pueden__ (poder) ir a Montjuïc, donde hay varios museos de arte importantes. En el monte Tibidabo los barceloneses (3) __encuentran__ (encontrar) un parque de atracciones; allí (4) __almuerzan__ (almorzar) o (5) __cenan__ (cenar), (6) __dan__ (dar) paseos y (7) ___miran___ (mirar) la vista de la ciudad. El Parque Güell, creación del famoso arquitecto Antoni Gaudí, también (8) ___ofrece___ (ofrecer) unas magníficas vistas; sus jardines y edificios (9) ___son___ (ser) obras de arte. Las personas que (10) ___quieren___ (querer) ver teatro pueden ir al famoso Teatro Griego. También hay muchos grupos de variedades, como «Els comediants». Muchos jóvenes (11) ___asisten___ (asistir) a conciertos de música popular. Para las personas que (12) ___prefieren___ (preferir) la música clásica, el Auditorio de Barcelona le (13) ___sirve___ (servir) de sede *(home)* a la Orquesta Sinfónica. Como una diversión muy interesante que no (14) ___cuesta___ (costar) mucho dinero, los habitantes de Barcelona (15) ___cuentan___ (contar) con una caminata por las Ramblas, un paseo sin automóviles, donde (ellos) (16) ___admiran___ (admirar) a los actores o mimos en la calle, o (17) ___toman___ (tomar) una copa en un café. (18) ___Es___ (ser) imposible estar aburrido en esta ciudad, tan llena de vida día y noche.

 1-15 ¿Cómo pasas los fines de semana? Trabaje con un(a) compañero(a). Turnándose *(Taking turns),* cada persona entrevista a la otra para averiguar *(to find out)* qué hace los fines de semana. Tome apuntes *(notes).*

> ☼ **MODELO** si escucha música alegre, si baila, si canta
> A: *¿Escuchas música alegre? ¿Bailas? ¿Cantas?*
> B: *A veces escucho música alegre y bailo, pero no canto.*

Podría preguntarle a su compañero(a):

1. si sale con los amigos, si va al cine, si asiste a un concierto
2. qué lee generalmente los fines de semana (¿periódicos, revistas, novelas?)
3. qué tipo de música escucha (¿jazz, rock, rap, clásica, folklórica, hip hop, reguetón?)
4. si maneja su auto a todas partes o si camina o anda en bicicleta
5. si hace un deporte (¿cuándo y con quién?)
6. cuántas horas de televisión mira; qué programas ve

1-16 Chismes *(Gossip).* Cuéntele *(Tell)* a un(a) compañero(a) por lo menos cinco cosas sobre su compañero(a) de la actividad 1-15.

> ☼ **MODELO** *A menudo Susana sale con sus amigos y va al cine, pero casi nunca asiste a un concierto.*

1-17 ¿Qué hacen ustedes? Conteste las preguntas, usando palabras y expresiones del **Vocabulario útil** (u otras palabras que usted sepa). Si puede, trate de dar tres o cuatro posibilidades diferentes.

> ☼ **MODELO** ¿Qué hacen ustedes en las fiestas?
> *Jugamos a los videojuegos, contamos chistes, comemos y bebemos...*

¿Qué hacen ustedes...

1. en casa?

2. en el cine?

3. en el gimnasio?

4. en el lago (en el verano)?

5. en las montañas (en el invierno)?

6. en los centros comerciales?

7. en el parque?

 1-18 Busco a... Hable con sus compañeros. Hágale solo una pregunta a cada persona. Busque un(a) compañero(a) que haga las siguientes cosas.

⚙ **MODELO** ver tres o más películas por semana
A: *¿Ves tres o más películas por semana?*
B: *Sí, veo... (No, no veo...)*

(Si la respuesta es afirmativa, el o la estudiante B firma *[signs]* abajo.)

	Firma
1. ver tres o más películas por semana	
2. patinar sobre hielo	
3. jugar al tenis una vez por semana	
4. salir a comer casi todos los días	
5. esquiar o hacer snowboard por lo menos tres veces al año	
6. tener un disco compacto de música de Carlos Santana	
7. saber bailar tango	
8. tocar el clarinete	
9. asistir a conciertos de música rock	
10. correr por lo menos tres veces por semana	

ANS 1-17
Possible answers:
1. Descansamos, jugamos a «Guitar Hero», navegamos por la Red... 2. Miramos una película, comemos dulces, contamos chistes... 3. Jugamos al vólibol, hacemos ejercicios aeróbicos, jugamos al básquetbol... 4. Nadamos, patinamos, escuchamos música... 5. Patinamos sobre hielo, esquiamos, hacemos snowboard... 6. Vamos de compras, comemos en restaurantes de comida rápida, miramos las cosas en las tiendas... 7. Corremos, damos un paseo, vemos a los amigos...

Let students move around the room to ask each other questions. Set a time limit. Then reconvene the class. If there is time, ask them questions, such as **¿Quién ve tres o más películas por semana?** You can have them elaborate by asking other related questions, such as **¿Qué clase de películas ve?**

The Reflexive (1)

1. Verbs that end in **-se** (**divertirse**, **sentirse**) are called reflexive verbs and take a reflexive pronoun when they are conjugated. The reflexive pronoun refers to the subject. Reflexive pronouns in English end in *-self* or *-selves*.

Me divierto mucho.   *I'm enjoying myself a lot.*

Reflexive Pronouns		divertirse (ie)			
me	**nos**	(yo)	**me** divierto	(nosotros)	**nos** divertimos
te	**os**	(tú)	**te** diviertes	(vosotros)	**os** divertís
se	**se**	(él, ella, usted)	**se** divierte	(ellos, ellas, ustedes)	**se** divierten

The translation in English does not necessarily contain *-self* or *-selves*; that is, the English does not necessarily imply any reflexive action.

Se llama José.   *His name is José. ("He calls himself José.")*

Se reúnen cada mes.   *They get together every month.*

¿Cómo te sientes hoy?   *How do you feel today?*

2. Reflexive pronouns precede a conjugated verb or follow and are attached to an infinitive.

Nos vamos a reunir en el café. ⎫
Vamos a reunirnos en el café. ⎭   *We're going to get together in the café.*

3. The reflexive is discussed further in Chapter 8.

VOCABULARIO ÚTIL

ALGUNOS VERBOS REFLEXIVOS

aburrirse (ie)	to get bored
divertirse (ie)	to enjoy oneself, have a good time
reunirse	to get together, meet
sentirse (ie)	to feel

PRÁCTICA

1-19 Unos momentos felices. Complete el párrafo con las formas apropiadas de los verbos entre paréntesis.

© Imapress/The Image Works

La fiesta de la foto (1) <u>se llama</u> (llamarse) «la Tomatina›› y tiene lugar en Buñol, España, la última semana de agosto. Los participantes (2) <u>se reúnen</u> (reunirse) en la plaza principal por la mañana. (Ellos) (3) <u>se divierten</u> (divertirse) lanzándose *(throwing)* tomates maduros *(ripe)* los unos a los otros. Después, hay bailes, conciertos y fuegos artificiales *(fireworks)*. Cada año llega más gente. Nadie (4) <u>se aburre</u> (aburrirse) durante este festival tan original. ¡Qué alegría!

 1-20 Entrevista. Entreviste a un(a) compañero(a) para averiguar...

1. cómo se llama Me llamo…

2. cuándo se divierte (¿qué hace?) Me divierto cuando…

3. cuándo se aburre (¿por qué?) Me aburro cuando…

4. cuándo se reúne con los amigos (¿dónde? ¿se divierten?) Nos reunimos…

5. qué hace para sentirse bien Para sentirme bien…

If you want to introduce additional reflexive verbs at this point, you can skip ahead to Chapter 8. The purpose of this section is to practice the reflexive pronouns.

Nouns and Articles

Nouns: Gender and Number

1. In Spanish, all nouns are either masculine or feminine. Although most nouns ending in **-a** are feminine and most nouns ending in **-o** are masculine, here are a few important exceptions: **el día** *(day)*, **el problema, el mapa, el clima, el programa, el tema**, **el poema, la mano** *(hand)*, **la foto(grafía).**

2. Nouns referring to people that end in **-ista** can be masculine if they refer to a male (**el artista**) or feminine if they refer to a female (**la artista**).

Many nouns that end in **-ma** have Greek roots and are masculine. Other examples: **dilema, síntoma**.

3. Nearly all nouns that end in -**dad**, -**tud**, -**ión**, -**umbre**, and -**z** are feminine. Nouns that end in -**r** and -**l** are masculine.

la activi**dad**   el colo**r**
la acti**tud** (attitude)   el pape**l** (paper; role)
la televis**ión**
la cost**umbre**
la vo**z**

4. To form the plural of a noun that ends in a vowel, add -**s**. If the singular noun ends in a consonant, add -**es**.

el disco ➔ los disco**s**   el rey ➔ los rey**es**
la cantante ➔ las cantante**s**   el papel ➔ los papel**es**

5. To form the plural of a noun ending in -**z**, change the **z** to **c** and add -**es**.

la actriz ➔ las actri**ces**   la luz ➔ las lu**ces** (lights)

6. Remember that in forming the plural of nouns it is sometimes necessary to add or delete an accent to maintain the stressed syllable of the singular form.

el joven ➔ los jóvenes   la canción ➔ las canciones

Definite and Indefinite Articles

1. Articles must agree in gender and number with the nouns they modify.

Definite Articles		Indefinite Articles	
el concierto	**los** conciertos	**un** deportista	**unos** deportistas
la película	**las** películas	**una** revista	**unas** revistas

¡OJO! Remember the only contractions used in Spanish.

a + el ➔ al
de + el ➔ del
Vamos al Café del Sol.

Note that **unos** or **unas** can mean some or several.

¡Cuidado! Hay unos ciclistas en el camino.

Watch out! There are some bikers on the road.

You might tell students that before a number, **unos** or **unas** can mean approximately. **Hay unos 20 estudiantes en la clase.**

2. Definite articles are used more in Spanish than in English. Here are four cases.
   - To refer to an abstract noun or a noun used in a general sense. The noun may be singular or plural, concrete or abstract.

   ¿Te gusta el fútbol?   Do you like soccer?
   El amor es como la niebla: Love is like fog; it covers
      lo cubre todo.   everything.

   - In place of a possessive adjective for parts of the body and articles of clothing when it is obvious who the possessor is.

   Julio tiene el sombrero en la mano.   Julio has his hat in his hand.
   No pongas los pies en la mesa.   Don't put your feet on the table.

   - With days of the week, when on can be used in English.

   Voy a visitar a mis padres   I am going to visit my parents on
      el domingo.   Sunday.
   Vamos al cine los viernes.   We go to the movies on Fridays.

- With names of languages or fields of study, except after the verbs **estudiar**, **aprender, enseñar, hablar**, and **leer** (when it is usually omitted) and after the preposition **en**.

El español es la lengua materna de unos 350 millones de personas.	*Spanish is the native language of about 350 million people.*
Estudio música y química; **la** química es muy difícil.	*I'm studying music and chemistry; chemistry is very difficult.*
¿Cómo se dice «Te quiero» en inglés?	*How do you say "I love you" in English?*

3. The indefinite article is used less in Spanish than in English. In Spanish it is omitted:

- Before an unmodified noun that indicates profession or occupation, religion, nationality, or political affiliation, following the verb **ser**. The indefinite article is used, however, if the noun is modified. Compare:

Yo soy músico. Soy un músico profesional.	*I'm a musician. I'm a professional musician.*
Enrique es chileno. Es un chileno que sabe esquiar bien: vive cerca de los Andes.	*Enrique is Chilean. He's a Chilean who knows how to ski well: he lives near the Andes.*

- Before the words **medio(a)** and **otro(a)**. (These expressions agree with the nouns they modify in gender and number.)

Llegamos a otra fiesta y media hora más tarde él tiene ganas de irse.	*We get to another party, and a half hour later he wants to leave.*

- Before the numbers **cien** and **mil**. (For a discussion of numbers, see Appendix B.)

Hay mil gramos en un kilogramo.	*There are a thousand grams in a kilogram.*

PRÁCTICA

1-21 Para ser feliz

Paso 1. Complete la siguiente lista con los artículos definidos apropiados: **el (al/del), la, los** o **las**.

1. ir a __el__ mar y descansar en __la__ playa
2. llamar a __los__ amigos y hacer una fiesta
3. dormir bajo las estrellas y contemplar __la__ luz de __la__ luna
4. cambiar __el__ color de tu pelo (*hair*) o de las paredes (*walls*) de tu cuarto
5. mirar __las__ fotos de tus últimas vacaciones
6. olvidar __los__ problemas y recordar que __la__ verdadera felicidad viene de __el__ interior

Write a sentence such as **Voy al cine el sábado** on the board and ask students what it means. Then change **el sábado** to **los sábados** and again ask for meaning. Explain that the first example is **el sábado que viene**, while the second one is **todos los sábados**.

You might also mention that definite articles are used with titles except in direct address (**la señora García**), with surnames to refer to a family (**los García**), and with nouns in a series: **El tango, la rumba y la cumbia son tres bailes de origen hispano.**

Make sure students are familiar with Appendix B. You might want to review numbers with them quickly.

If you plan to assign the **Composición** for this chapter, tell students about the topic at this point and get them to start thinking about it. This activity will serve as a brainstorming exercise. If you want to have them work on the topic in class, assign it fairly early. See additional suggestions by **Composición** at the end of the **En contacto** section.

Paso 2. Complete esta segunda lista de actividades con los artículos indefinidos apropiados: **un, una, unos** o **unas.**

1. escribir _____un_____ poema o _____un_____ artículo en un blog (en Facebook)

2. jugar con _____un_____ perro o _____un_____ gato

3. cantar o tocar _____una_____ canción alegre

4. pasar _____unos_____ días en las montañas

5. adoptar _____una_____ actitud positiva, aprender de los errores y mirar hacia el futuro

6. ir a _____un_____ grupo de autoayuda o asistir a _____unas_____ sesiones de yoga (meditación, aromaterapia, masaje)

Paso 3. Busque (o dé) el plural de las siguientes palabras: **estrella, pared, foto, vacación, error, sesión.** Busque el singular de: **luces, colores, felicidades, poemas, canciones, actitudes.**

Paso 4. En parejas, conversen: ¿Qué actividades de las listas les gustan? ¿Cuáles no les gustan?

1-22 Alberto Contador. Complete el siguiente párrafo con artículos definidos o indefinidos. Cuando no sea necesario, deje el espacio en blanco.

Alberto Contador es (1) _____un_____ deportista español muy importante, pero no es (2) _____ futbolista. Es (3) _____ ciclista. Empieza su carrera a (4) __la__ edad de dieciséis años en 1998. En 2003 gana su primera victoria en la Vuelta a Polonia. En 2004, Alberto sufre convulsiones en medio de la Vuelta a Asturias y lo llevan (5) a _____ hospital con un cavernoma (aneurysm) cerebral. Después de varios meses de rehabilitación, vuelve a la competición. Alberto es (6) __el__ primer español en ganar el Tour de Francia, el Giro de Italia y la Vuelta a España. En 2009 gana (7) _____ otra victoria importante: el Tour de Francia (¡por segunda vez!) y un premio de casi (8) _____ medio millón de euros. Dice Alberto: «Aunque ahora con (9) __las__ victorias estoy muy en el boom, en ningún momento quiero (10) __la__ vida de glamour de (11) __las__ estrellas. Quiero ser querido por la gente, pero sin tener (12) __la__ obligación de vivir mi vida como un show….» A Alberto le gustan (13) __los__ animales, salir con (14) __los__ amigos al cine o a cenar y, cuando tiene (15) __un__ poco de tiempo libre, «no hacer nada… con (16) __los__ pies encima de la mesita». El joven ciclista dice que (17) __el__ día más feliz de su vida fue en enero de 2005 cuando ganó una carrera en Australia pocos meses después de salir (18) de _____ hospital. «Aprendí a valorar (appreciate, value) todo mucho más, y no solo en (19) __el__ ciclismo, sino en (20) __la__ vida».*

---

*De: «Nunca dejaré de ser una persona para hacerme personaje», Carlos Arribas, *El País Semanal,* 23 de agosto, 2009. http://www.albertocontador.es/noticias.detalle.php?id=80

1-23 ¿Qué va a llevar...? Usando artículos indefinidos, menciónele a un(a) compañero(a) tres o cuatro cosas que podría llevar a los siguientes lugares. Use las sugerencias que están entre paréntesis o sus propias ideas.

> ⚙ **MODELO** a la fiesta (botella de vino, flores, discos compactos…)
> *Voy a llevar una botella de vino, unas flores y unos discos compactos.*

1. a la playa (sombrero, sandalias, toalla…)

2. al centro comercial (dólares, tarjetas de crédito, calculadora…)

3. a clase (lápices, cuaderno, libro…)

4. al gimnasio (raqueta de tenis, reloj, mochila…)

5. a México para las vacaciones (mapa, cámara, zapatos cómodos…)

 1-24 Juego de memoria. Diez estudiantes le dan algún objeto personal al (a la) profesor(a). El (La) profesor(a) pone los objetos en una bolsa *(bag)* y después le pregunta a la clase: «¿Qué hay en la bolsa? ¿De quién es?».

> ⚙ **MODELOS** *Hay unas llaves.*
> *Las llaves son de Eric.*
>
> *Hay un espejo* (mirror).
> *El espejo es de Elizabeth.*

ANS 1-23
1. Voy a llevar un sombrero, unas sandalias, una toalla (y una crema protectora). 2. Voy a llevar unos dólares, unas tarjetas de crédito, una calculadora (y una bolsa). 3. Voy a llevar unos lápices, un cuaderno, un libro (y una mochila). 4. Voy a llevar una raqueta de tenis, un reloj, una mochila (y unas zapatillas de deporte).
5. Voy a llevar un mapa, una cámara, unos zapatos cómodos (y un diccionario).

Say the name of the object with its article as you put it in the bag. If no one remembers certain items, let students feel the contents of the bag or give them hints.

EN CONTACTO

Videocultura: Madrid, una ciudad alegre

Según la revista *Forbes*, Madrid, capital de España, es una de las diez ciudades más felices del mundo. Mire el video y conteste esta pregunta: ¿Cuáles son algunas diversiones típicas de los madrileños, o sea, las causas de su felicidad?

Vocabulario: chocolatería *chocolate shop or stand*; la madrugada *dawn, early morning*; la noche de parranda *night of partying*; la tapería *small restaurant-bar that serves* tapas, *appetizers*

> Google Busque «tapas madrileñas» para ver ejemplos de típicas tapas (y taperías) de Madrid.

© Heinle, Cengage Learning

1-25 Comprensión. Conteste las siguientes preguntas después de ver el video.

1. ¿Cuál es una de las razones por la cual Madrid se considera una ciudad feliz?
2. ¿Qué deporte es muy importante en la capital española?
3. ¿Cómo es la vida nocturna de Madrid? ¿A qué hora cenan los españoles? ¿Qué relación hay entre la hora de la cena y las tapas?
4. ¿Qué pasa en la Plaza Mayor durante Carnaval?
5. Explique la importancia de las chocolaterías.

1-26 Puntos de vista. Compare sus opiniones con las de dos o tres compañeros.

1. De las diversiones que se ven en el video, ¿cuáles le gustan más?
2. ¿Qué significa la afirmación del escritor Benito Pérez Galdós: «Ir de paseo cuenta como un oficio *(counts as a job)*»? ¿A usted le gusta ir de paseo? ¿Le gustan las noches de parranda?
3. Compare las calles madrileñas con las de su ciudad. ¿Cuál de las dos ciudades es más «feliz», en su opinión?

Síntesis

 1-27 Encuesta. Con un(a) compañero(a), mire los resultados de una encuesta *(poll)* chilena y conteste las preguntas que siguen.

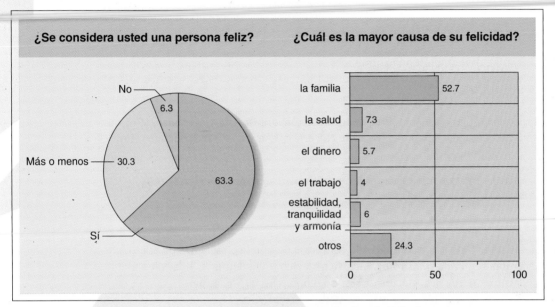

¿Se considera usted una persona feliz?

No — 6.3
Más o menos — 30.3
63.3
Sí

¿Cuál es la mayor causa de su felicidad?

la familia	52.7
la salud	7.3
el dinero	5.7
el trabajo	4
estabilidad, tranquilidad y armonía	6
otros	24.3

Resultados de la encuesta a 300 hombres y mujeres de Santiago de Chile ejecutada por el Centro de Estudios Sociales y Opinión Pública de la Universidad Central

1. ¿Qué porcentaje de los chilenos se consideran felices? ¿Cuántos se consideran «más o menos feliz»?
2. ¿Cuál es la causa más importante de la felicidad de los chilenos?
3. ¿Cómo contestaría usted a las preguntas de la encuesta?
4. ¿Qué otros factores que no aparecen en la encuesta le hacen feliz a usted?

 1-28 Entrevista. Entreviste a un(a) compañero(a), usando las preguntas que siguen. Después, su compañero(a) lo (la) entrevista a usted.

1. Después de un largo día de trabajo y tensiones, ¿qué haces? ¿Adónde vas?
2. Cuando no tienes dinero pero quieres divertirte, ¿qué haces? Y ¿cuando tienes dinero?
3. Si no te sientes bien, ¿con quién hablas? ¿Te ayuda esta persona a olvidar los problemas y disfrutar de la vida?
4. Si las cosas van mal y te quieres dar algún premio, ¿con qué te premias *(reward yourself)*?
5. Cuando te quieres sentir bien, ¿qué música escuchas?
6. ¿Cuál es un lugar donde siempre te sientes feliz?

Composición

La felicidad

Usando las listas de vocabulario de este capítulo y sus respuestas a las actividades 1-21 y 1-28, escriba un párrafo de seis a ocho oraciones sobre las cosas y actividades que le hacen feliz. Siga estas instrucciones:

1. Escriba una oración que comience: **Me siento feliz cuando... (estoy en la playa [mi café favorito/una fiesta]; ...bailo [toco música, celebro mi cumpleaños])**, etcétera.

2. Escriba cinco o seis oraciones para describir dónde está y qué hace. ¿Por qué le gusta esa actividad o el lugar donde está? ¿Qué ve? ¿Qué escucha? ¿Hay alguien con usted?

3. Escriba una conclusión. Por ejemplo: **En fin, siempre me siento muy contento(a) cuando...**

Opción: Saque o busque fotos para ilustrar su párrafo; hay sitios en Internet donde puede subir (upload) y compartir la composición con la clase. Otra posibilidad: hacer una remezcla (mash-up). Incluya un video (del teléfono celular o de una videocámara), música, efectos de sonido o un archivo (file) audio.

CAPÍTULO 2

Vejez y juventud

METAS

En este capítulo vamos a aprender a...

▸ expresar respeto y cortesía; a despedirnos

▸ hablar de la familia, la vejez y la juventud

▸ describir situaciones o eventos en el pasado

▸ expresar la duración de una situación o evento

© Bob Daemmrich/The Image Works

Tres generaciones de una familia colombiana

LENGUA VIVA
Expresiones de respeto y cortesía
Despedidas

GRAMÁTICA
El pretérito
El imperfecto
Contraste entre el pretérito y el imperfecto
Hace + expresiones temporales

VOCABULARIO
La familia
La vida y la muerte

LECTURAS
«La familia: tradición, cambios y nuevos retos»
«Las vecinas» de Ana Alomá Velilla
«La última despedida» de Ana María Salazar

Presentación del tema

Pequeño perfil de la juventud española

Siempre hay diferencias entre las generaciones, y el mundo hispano no es excepción. ¿Qué dicen los jóvenes españoles acerca de sus padres y abuelos? A continuación hay algunos ejemplos.

SILVIA R: «Los mayores pueden ser muy intolerantes. Creen que poseen la verdad absoluta».

DANIEL G: «En la publicidad, hay un concepto de que la juventud es buena, que todo debe ser joven y bello, pero la realidad es otra. Cuando vas a una entrevista de trabajo, te dicen que no tienes experiencia».

CARLOS V: «En la generación de mis padres, hay muchos divorcios. Pero nos critican a nosotros porque nos casamos muy tarde o ni nos casamos».

MARICRUZ M: «Tenemos una responsabilidad moral de cuidar a nuestros abuelos. Los abuelos están muy presentes en la familia. Lo que pasa es que cada vez estamos más ocupados y no tenemos mucho tiempo para atenderlos».

© Nessi/AgeFotostock

Google Busque «INJUVE valores e identidades» para aprender más sobre la juventud española.

Según un estudio español del 2008*, los valores y actitudes de los jóvenes están cambiando. Son más liberales que sus padres o abuelos y solo uno de cada diez va a la iglesia regularmente. Como es difícil encontrar trabajo, son más pragmáticos con respecto a los estudios y viven con sus padres hasta una edad más avanzada. En general, los españoles de hoy se casan más tarde y tienen menos hijos. Pero una cosa no cambia: según el estudio, para los jóvenes el aspecto más importante de la vida es la familia.

If you wish, show or assign the **Videocultura** at this point rather than waiting until the end of the chapter. Students will see three generations of a very close-knit Ecuadorian family.

2-1 Preguntas.

1. Según lo que dicen los jóvenes españoles, ¿están contentos con todas las ideas y actitudes de sus padres y abuelos? Explique.

2. ¿Qué comentarios pueden referirse también a las diferencias entre jóvenes y mayores en este país? Explique.

3. Para los jóvenes españoles, ¿es muy importante la religión, en general? ¿Van muchos a la iglesia regularmente? Y ¿la gente joven que usted conoce?

4. ¿Por qué viven los jóvenes españoles con sus padres hasta una edad más avanzada? ¿Existe la misma costumbre ahora en este país? Para usted, ¿es buena o mala esta costumbre? ¿Por qué?

*Instituto de la Juventud Española (INJUVE), Sondeo de opinión y situación de la gente joven: Valores e identidades. Madrid, 2008.

VOCABULARIO ÚTIL

LA FAMILIA

COGNADOS

el esposo (la esposa)	
divorciarse (de)	
el divorcio	

LA FAMILIA NUCLEAR

el hermano (la hermana)	*brother (sister)*
el hijo (la hija)	*son (daughter)*
el marido	*husband*
el padre (la madre); los padres	*father (mother); parents*
el pariente (la parienta)	*relative*

LA FAMILIA EXTENSA

el abuelo (la abuela)	*grandfather (grandmother)*
el bisabuelo (la bisabuela)	*great-grandfather (great-grandmother)*
el nieto (la nieta)	*grandson (granddaughter)*
el primo (la prima)	*cousin*
el sobrino (la sobrina)	*nephew (niece)*
el tío (la tía)	*uncle (aunt)*

VERBOS

casarse (con)	*to get married (to)*
crecer (zc)	*to grow, grow up*
morir (ue)	*to die*
nacer (zc)	*to be born*

OTRAS PALABRAS

casado(a)	*married*
joven	*young*
la juventud	*youth*
los mayores, la gente mayor	*older people, elders*
la muerte	*death*
el nacimiento	*birth*
la niñez	*childhood*
unido(a)	*close, united*
el valor	*value; valor*
la vejez	*old age*
viejo(a)	*old*

The term **viejos** is often used colloquially to refer to one's parents (e.g., **Mis viejos no quieren que salga**). However, **viejo(a)** is also used in the vernacular to refer to a spouse (**Voy a preguntarle a mi vieja**). Sometimes **jefe** is used for a parent also: **Mis jefes no están.**

According to the new rules of the **Real Academia Española, solo** meaning *only* should follow general accent rules and not take a written accent mark unless there is ambiguity (e.g., **Viajó sólo dos días**). In older publications, however, students will see *only* written as **sólo**.

> **¡OJO!**
>
> **la boda, el casamiento** *wedding (celebration, party)* / **el matrimonio** *matrimony, marriage; married couple*
>
> **estar embarazada** *to be pregnant* / **estar avergonzado(a)** *to be embarrassed*
>
> **pedir** *to ask for, request (something)* / **preguntar** *to ask (a question); (with **por**) to inquire about*
>
> **soltero(a)** *single* / **solo(a)** *alone* / **solo, solamente** *only* / **único(a)** *unique; only*

Note that, in Spanish, **el esposo de mi madre** or **la esposa de mi padre** are usually preferred to **el padrastro** (*stepfather*) or **la madrastra** (*stepmother*).

PRÁCTICA

For Activity **2-2**, appoint one of the students or choose a volunteer to read the sentences and be the "teacher."

2-2 Antónimos. Dé el antónimo de la palabra o expresión subrayada.

1. El señor Martínez está <u>divorciado</u>.
2. Para mucha gente la <u>niñez</u> no es la mejor época de la vida.
3. Miguel de Unamuno <u>nació</u> en España.
4. Me voy a <u>divorciar</u>.
5. Nuestro gato es muy <u>viejo</u>.
6. Hay mucha gente <u>soltera</u> aquí.
7. Todo cambió después <u>del nacimiento</u> de su hija.
8. Juan siempre está <u>con mucha gente</u>.
9. ¿Carmen se siente <u>orgullosa</u> después de todo? No creo.
10. No sé nada del <u>casamiento</u> de Juan y Ana.

Optional activity: Have students prepare family trees (real or imaginary), placing the names of the members on the tree but not their relationships. Then have students use the trees to narrate their family's history with the new vocabulary. You may want to demonstrate first with your own model, checking comprehension with true/false questions. This activity is one of several that students may start using as a basis for the writing assignment; students will be writing a paragraph about a family photo or a photo of a family scene.

2-3 Hablando de la familia. Entreviste a un(a) compañero(a) sobre su familia. Después, su compañero(a) lo (la) entrevista a usted. (Puede inventar una familia ficticia si prefiere.) Esté preparado(a) para hacer un comentario sobre la familia de su compañero(a).

1. ¿Viven tus padres? ¿tus abuelos? ¿tus bisabuelos? Si es así *(If so)*, ¿dónde viven?
2. ¿Tienes hermanos o eres hijo(a) único(a)? Si tienes hermanos, ¿cómo se llaman? (Si no tienes hermanos, ¿tienes primos? ¿Cómo se llaman?)
3. ¿Eres padre o madre? Si es así, ¿cuántos hijos tienes? ¿Cómo se llaman? (Si no tienes hijos, ¿tienes sobrinos? ¿Cómo se llaman?)
4. ¿Qué hacen tus hermanos (o primos)? ¿Dónde viven? ¿Están casados?
5. ¿A qué parientes ves a menudo? ¿Dónde?
6. ¿Crees que tu familia es una familia unida o no? ¿Son muy independientes las personas de tu familia? Explica.

LENGUA VIVA

Jessica Jones es una estudiante
norteamericana que está en Colombia.

Miguel Gutiérrez es un señor mayor
de Bucaramanga, Colombia.

Audioviñetas: En el autobús

CD 1,
Track 4

Conversación 1: Expresiones de respeto y cortesía. Jessica Jones, una estudiante norteamericana, viaja de Bucaramanga, Colombia, a Bogotá, la capital, en autobús. En el autobús conoce al señor Miguel Gutiérrez.

¡OJO! You don't have to understand every word of the conversation. Listen all the way through the first time and try to get the gist.

2-4 Escuche la **Conversación 1.** Describa al señor Gutiérrez. Indique **V** (verdad) o **F** (falso).

El señor Gutiérrez...

__F__ **1.** es un joven de unos treinta años.

__V__ **2.** tiene una familia grande.

__F__ **3.** está divorciado.

2-5 Escuche la **Conversación 1** otra vez. Escoja la mejor respuesta.

1. La familia del señor Gutiérrez es...
   a. grande y unida.   c. de Bogotá.
   b. pequeña pero unida.

2. La nieta del señor Gutiérrez...
   a. vive en Cartagena.   c. vive en Canadá.
   b. vive en Bogotá.

3. Casi todos los otros familiares del señor Gutiérrez...
   a. están en Bucaramanga.   c. están en Bogotá.
   b. están en Medellín.

4. Otra expresión para **No hay de qué** es...
   a. No hay permiso.   c. De nada.
   b. No, gracias.

Make sure students understand the directions for each activity. Play the CD all the way through without stopping. If they have trouble, play the CD all the way through again.

🔊 **Conversación 2: Despedidas.** Jessica habla de su familia al señor Gutiérrez.

2-6 Escuche la **Conversación 2.** Describa a Jessica. Indique **V** (verdad) o **F** (falso).

Jessica...

__V__ **1.** nació en Boston pero creció en Canadá.

__F__ **2.** tiene varios hermanos y hermanas.

__F__ **3.** quiere casarse con su novio canadiense.

You may want to have
students give their
opinions about the points
discussed.

2-7 Escuche la **Conversación 2** otra vez. Escoja la mejor respuesta.

1. El hermano de Jessica tiene quince años y estudia...

   ⓐ en la escuela secundaria.

   b. en la Universidad de Alberta.

   c. en la Universidad de Bogotá.

2. Jessica opina que en tiempos pasados las familias norteamericanas eran más...

   a. independientes.

   b. ricas.

   ⓒ grandes.

3. Para el señor Gutiérrez, es triste ver a una mujer...

   a. sin dinero.

   b. sin padres.

   ⓒ sin hijos.

4. Según el señor Gutiérrez, en sus tiempos todo era diferente y los jóvenes...

   ⓐ no tenían tantos problemas.

   b. no tomaban tanto alcohol.

   c. no eran corteses.

5. Al final de la conversación, el señor Gutiérrez le dice a Jessica...

   ⓐ Hasta pronto, si Dios quiere.

   b. Hasta el viernes.

   c. Hasta mañana.

En otras palabras

Para expresar respeto y cortesía

In Hispanic society, it is important to show respect for someone ~~considerably older than oneself.~~ The forms **don** and **doña** are used with a first name to indicate respect (**don Miguel, doña Carmen**); they are generally used with people you know well. The words **señor, señora,** and **señorita** are used in direct address to show respect or deference, and the **usted** form is normally used with these titles.

Another very important way to indicate respect is to use polite expressions. Here are a few very common polite expressions useful in interaction with people of all ages:

> **Con permiso.** (*when passing in front of someone, breaking away from a conversation temporarily, eating something in front of someone, and so forth; used when asking someone's permission to do something*)
>
> **Perdón. Perdóneme. Disculpe. Discúlpeme.** (*formal, when you've said or done something for which you are apologizing*)
>
> **¡Salud!** *Cheers! or Gesundheit! (literally, Health!)*
>
> **¡Buen provecho!** *Enjoy your meal!*
>
> **Por favor. Gracias. Mil (Muchas) gracias. De nada. No hay de qué.**

Despedidas

Here are some ways to end a conversation; as you will see, some are more polite, or formal, than others.

1. on the street, at school, and so forth

> **Adiós. Hasta luego. Hasta la vista. Hasta la próxima (vez). Hasta mañana (otro día, el viernes, la semana que viene,** etc.**).**
>
> **¡Chau!** (*used mainly in the Southern Cone of South America*)
>
> **Bueno, nos vemos.** *Well, see you (informal).*
>
> **Feliz fin de semana.**
>
> **Tengo que irme, pero te llamo mañana (la semana que viene,** etc.**). (tú** form**)**
>
> **¡Que le (te) vaya bien!** (*to someone who is leaving*)

2. at a party

> **Fue un gusto conocerlo(la). Fue un gusto hablar con usted.** (*formal*)
>
> **Gracias por venir.**
>
> **Con permiso, necesito tomar algo (tengo que ir a preparar el café,** etc.**).**

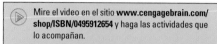

Rafael y Javier están en casa de Javier. A la hora de irse, ¿qué dicen?

Selección 2 describes the immense respect of a Mexican family from New Mexico for their aged parents and grandparents in a time of crisis.

Mire el video en el sitio **www.cengagebrain.com/ shop/ISBN/0495912654** y haga las actividades que lo acompañan.

Assign the **En otras palabras** section before you have students do the activities on the video.

Some colloquial expressions: **Ahí nos vidrios** (instead of **Nos vemos**, used in many parts of Latin America; **vidrios** are panes or pieces of glass), **Nos watchamos** (Mexican-American), **Chao, pesca'o** (Venezuela, similar to "See you later, alligator"), **Te pillo mañana** ("Catch you tomorrow," Cuba).

PRÁCTICA

2-8 Situaciones. ¿Qué dicen las personas representadas en los siguientes dibujos?

1.

2.

3.

4.

5.

6.

 2-9 ¿Qué se dice? Inventen una breve conversación para cada situación.

1. **Estudiante A:** You are racing home because an important football game is starting soon. You see **Estudiante B** on the street. Try to have a short conversation and explain that you don't have time to talk. Excuse yourself politely.

   Estudiante B: You see **Estudiante A** on the street and you want to have a chat. (You aren't interested in football.)

2. **Estudiante A:** You are sitting next to **Estudiante B** on the plane. **B** tells you about himself (herself) and you do the same. The plane arrives. Tell **B** it was a pleasure meeting him or her and end the conversation politely.

   Estudiante B: Chat with **Estudiante A** for a while. When the plane lands, wish **A** a pleasant trip and end the conversation.

GRAMÁTICA Y VOCABULARIO
The Preterit Tense

The preterit is used for completed past actions, in general. It expresses a past act, state, or series of acts viewed as a completed unit in time.

Mi mamá nació y creció en Guatemala. Pero pasó la mayor parte de su vida en El Salvador.	*My mother was born and grew up in Guatemala. But she spent most of her life in El Salvador.*
El año pasado mi bisabuelo cumplió ochenta años y tuvimos una gran celebración.	*Last year my great-grandfather was eighty years old (turned eighty) and we had a big celebration.*

Regular Verbs

Here are the preterit forms of regular verbs. Notice that the endings for -**er** and -**ir** verbs are the same. Also, notice that the **nosotros** forms of -**ar** and -**ir** verbs are the same in the preterit as in the present.

hablar		comer		vivir	
hablé	hablamos	comí	comimos	viví	vivimos
hablaste	hablasteis	comiste	comisteis	viviste	vivisteis
habló	hablaron	comió	comieron	vivió	vivieron

Stem-Changing Verbs

1. Stem-changing -**ar** and -**er** verbs in the present are regular in the preterit (**encuentro** but **encontré; pierdes** but **perdiste,** etc.).

2. Stem-changing -**ir** verbs show the following changes in the third-person singular and plural of the preterit. The other forms are regular.

e to i: pidió, pidieron	o to u: durmió, durmieron
prefirió, prefirieron	murió, murieron
siguió, siguieron	
sintió, sintieron	
sirvió, sirvieron	

Spelling-Changing Verbs

Some verbs have spelling changes in the preterit.

1. Changes in the first-person singular only (to preserve the sound of the infinitive), for verbs ending in **-gar, -car, -zar:**

    g to **gu:** lle**gu**é, pa**gu**é, ju**gu**é

    c to **qu:** to**qu**é, bus**qu**é, expli**qu**é

    z to **c:** empe**c**é, go**c**é, comen**c**é

2. Changes in the third-person singular and plural (for verbs that have stems ending in vowels):

    a. a **y** is inserted between two vowels

leyó, leyeron	creyó, creyeron
oyó, oyeron	construyó, construyeron

    b. the stem **e** is dropped, as in the verbs **reír** *(to laugh)* and **sonreír** *(to smile)*

rio, rieron	sonrió, sonrieron

For other examples of these kinds of verbs, see Appendix E.

Irregular Verbs

The following verbs are irregular; they all take the same endings, however.

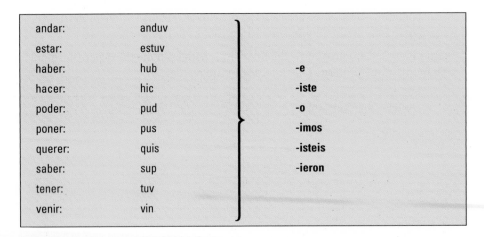

andar:	anduv	
estar:	estuv	
haber:	hub	-e
hacer:	hic	-iste
poder:	pud	-o
poner:	pus	-imos
querer:	quis	-isteis
saber:	sup	-ieron
tener:	tuv	
venir:	vin	

Conducir, decir, and **traer** are also irregular and use the same endings as those above except in the third-person plural:

conducir:	conduj		**-e**
decir:	dij	}	**-iste**
traer:	traj		**-o**
			-imos
			-isteis
			-eron

The irregular form **hay** is from the verb **haber** and becomes **hubo** in the preterit.

Hay muchos accidentes en esa calle.	*There are many accidents on that street.*
Hubo un accidente grave ayer.	*There was a serious accident yesterday.*

The third-person singular of **hacer** is **hizo**. **Ser, ir,** and **dar** are also irregular. Notice that **ser** and **ir** have exactly the same forms in the preterit.

Ask students why the verb form is spelled with a **z**: **hizo.** (Answer: to preserve the **s** sound.) Give an example or two of **ir** and **ser** in the preterit: **Cristóbal Colón fue un explorador importante. Fue a América en 1492.**

ser, ir		dar	
fui	fuimos	di	dimos
fuiste	fuisteis	diste	disteis
fue	fueron	dio	dieron

...Y SE CASARON Y FUERON FELICES...

¿EN QUÉ GALAXIA?

Núria Pompeia

VOCABULARIO ÚTIL

LA VIDA Y LA MUERTE

LA EDAD

anciano(a)	elderly
cumplir (veinte) años	to turn (twenty) years old
¿Qué edad tienes (tiene usted)?	What is your age?
tener (veinte) años	to be (twenty) years old
¿Cuántos años tienes (tiene usted)?	How old are you?

LA MUERTE

el antepasado (la antepasada)	ancestor
el cementerio	cemetery
el entierro	burial, funeral
la memoria, el recuerdo	memory
el velorio	wake, vigil
el viudo (la viuda)	widower (widow)

OTRAS PALABRAS

llorar	to cry
reír(se)	to laugh
rezar	to pray
el vecino (la vecina)	neighbor

You might mention the expression **tener abriles** *to be a certain age:* **Tiene unos cincuenta abriles** or **Tiene sus abriles.** Another such euphemism is **entrado(a) en años** *getting along in years.* To stress age, sometimes the **-ón** ending is added to a number: **cuarentón, cuarentona**.

In Mexico and Central America, death (personified) is often called **la calva** or **la pelona** *(the bald one)* and there are many humorous expressions that mean something like *to kick the bucket:* **estirar la pata, colgar los tenis** or, in Costa Rica, **cerrar el paraguas.**

PRÁCTICA

ANS 2-10
1. construyó, mandó
2. nació, murió, pintó
3. creció, fue 4. exploró, conoció, se casó 5. hizo, descubrió

2-10 Personajes famosos. Haga oraciones acerca de los siguientes personajes famosos, usando el pretérito.

⚙ **MODELO**   Miguel de Cervantes: escribir el *Quijote* y ser pobre toda la vida
Miguel de Cervantes escribió el Quijote y fue pobre toda la vida.

1. Felipe II: construir El Escorial; mandar la Armada Invencible a Gran Bretaña
2. El Greco: nacer en Grecia; morir en Toledo; pintar *Vista de Toledo*
3. Cristóbal Colón: crecer en Italia; ir a las Américas en 1492
4. Hernán Cortés: explorar la costa de México; conocer a doña Marina y casarse con ella
5. Vasco Núñez de Balboa: hacer un viaje a través del istmo de Panamá y descubrir el océano Pacífico

2-11 De la cuna a la tumba *(From cradle to grave).* El autor mexicano Octavio Paz observó que mientras el tema de la muerte «quema los labios *(burns the lips)*» del norteamericano, es un tema frecuente entre los hispanoamericanos: ... «[la vida y la muerte] son inseparables. La civilización que niega *(denies)* la muerte niega la vida».

Paso 1. Complete las siguientes oraciones, usando los verbos entre paréntesis en el pretérito. Después, conteste las preguntas.

Cuando (1) _____ (morir) don Esteban, padre de mi mejor amiga, (2) _____ (ir/nosotros) a su casa por la noche para asistir al velorio. (3) _____ (tener/yo) que ayudar a mi amiga a servirles café y dulces a los amigos. Todos (4) _____ (hablar/ellos) y (5) _____ (recordar) bien a don Esteban pues (6) «_____ (ser/él) un hombre que jamás (7) _____ (hacer) mal a nadie». Al amanecer *(At dawn),* la gente (8) _____ (empezar) a irse. Al día siguiente, los amigos (9) _____ (volver) a reunirse para ir al cementerio. El día después del entierro, (10) _____ (comenzar) el novenario. Durante nueve noches nos reunimos en casa de doña Esperanza, la viuda, y (11) _____ (rezar) por el alma *(soul)* de su marido. Al noveno día, fin del novenario, (12) _____ (hacer/nosotros) una gran cena y (13) _____ (venir) vecinos y amigos. Algunos (14) _____ (traer) a sus hijos, a quienes, como es costumbre en los novenarios, doña Esperanza les (15) _____ (dar) dulces y caramelos. Ayer (16) _____ (ser) dos de noviembre. Yo (17) _____ (ir) con mi familia a visitar a una tía que había pasado a mejor vida *(who had "gone to a better life")* y allí (18) _____ (ver/nosotros) a doña Esperanza y su familia. Ellos, como nosotros, (19) _____ (llegar) al cementerio muy temprano, (20) _____ (llevar) flores para sus muertos y (21) _____ (estar) allí todo el día. Después, (22) _____ (volver) a sus casas contentos y consolados *(consoled).*

Paso 2. Conteste las preguntas.

1. ¿Qué pasa durante un velorio?
2. ¿Qué es un novenario?
3. ¿Qué hace mucha gente hispana el 2 de noviembre?
4. ¿Qué piensa usted de la observación de Octavio Paz que la civilización que niega la muerte niega la vida?

 2-12 Descripción de una vida. Trabaje con un(a) compañero(a). Descríbale la vida de una persona que conoce o de una persona famosa (consultando la Internet o algún libro de referencia si es necesario). Use el tiempo pretérito.

⚙ **MODELOS**   *Mi abuela Elizabeth nació en Ohio. Se casó con mi abuelo en 1959. Fue pintora...*

El actor Martin Sheen nació en 1940 como Ramón Estévez. Hizo Apocalypse Now *en 1979. Tuvo cuatro hijos, entre ellos Charlie Sheen y Emilio Estévez. En el año 2000 ganó el premio Golden Globe al mejor actor para la serie de televisión* The West Wing. *En 2008 hizo* The Way . . .

2-13 ¿Qué hiciste ayer? Entreviste a un(a) compañero(a). Averigüe *(Find out)* por lo menos cinco cosas que hizo ayer. Después su compañero(a) lo (la) entrevista a usted.

The Imperfect Tense

Formation of the Imperfect

To form the imperfect of regular verbs, drop **-ar, -er, -ir** from the infinitive and add the following endings.

¡OJO! Notice that the irregular form **hay** (from the verb **haber**) is regular in the imperfect: **Había muchos jóvenes en la fiesta.**

hablar		comer		vivir	
habl**aba**	habl**ábamos**	com**ía**	com**íamos**	viv**ía**	viv**íamos**
habl**abas**	habl**abais**	com**ías**	com**íais**	viv**ías**	viv**íais**
habl**aba**	habl**aban**	com**ía**	com**ían**	viv**ía**	viv**ían**

There are only three irregular verbs in the imperfect: **ser, ir,** and **ver.**

ser		ir		ver	
era	éramos	iba	íbamos	veía	veíamos
eras	erais	ibas	ibais	veías	veíais
era	eran	iba	iban	veía	veían

Uses of the Imperfect

The imperfect emphasizes duration of time in the past. It is used:

- to describe a state of events that existed for some time in the past or for actions that occurred repeatedly (habitual past actions)

    Mi papá y mi abuelo siempre me decían que la vida era dura.

    My father and grandfather always told me that life was hard.

- to tell that something *used to happen* or *was happening* (even though the action may have ended later)

    Íbamos a la casa de mis primos todos los veranos.

    We would (used to) go to my cousins' house every summer.

- to describe mental or emotional states, including plans or intentions

    Isabel estaba contenta porque su tía Maribel iba a visitarlos.

    Isabel was happy because her Aunt Maribel was going to visit them.

- to describe what was going on when another action occurred (The latter action is usually in the preterit.)

Tomaba una siesta cuando llegó tío Jorge.	*I was taking a nap when Uncle Jorge arrived.*

- to tell time in the past or the age of a person

Eran las nueve de la mañana cuando me dieron la noticia del nacimiento de mi hija.	*It was nine o'clock in the morning when they gave me the news of my daughter's birth.*
Paula, tenías dieciocho años cuando te conocí, ¿no?	*Paula, you were eighteen years old when I met you, right?*

Expressions often used with the imperfect include: **siempre**, **todos los días** (**todos los meses**, etc.), **frecuentemente**, and **a menudo**.

PRÁCTICA

2-14 «Hija, esposa, madre y abuela». Mire los siguientes dibujos humorísticos, de la revista *Vanidades** y conteste las preguntas.

1. En general, ¿trabajaban las mujeres de ayer fuera de la casa?
2. ¿Compraban comida preparada o cocinaban?
3. Después de ir a la escuela, ¿adónde iban los niños?
4. ¿Jugaban Nintendo los niños? ¿Veían muchos programas de televisión? ¿Pasaban más tiempo afuera?
5. ¿Cómo eran las abuelas? ¿Qué hacían?

---

*Elizabeth Subercaseaux, «Hija, esposa, madre y abuela», *Vanidades*, 24 de mayo de 1994, páginas 76–77. Dibujo por Marcy Grosso.

2-15 ¿Qué hacías en tu niñez?

Paso 1. Entreviste a un(a) compañero(a) leyéndole en voz alta *(out loud)* las preguntas de la columna A. Turnándose, su compañero(a) lo (la) entrevista a usted leyéndole, en voz alta, las preguntas de la columna B. Tome apuntes *(notes)*.

⚙ **MODELO** A: *En tu niñez, ¿con quiénes jugabas? ¿Con tus primos? ¿con los otros niños que vivían cerca? ¿Dónde jugaban generalmente?*
B: *No tengo primos. En mi niñez, jugaba mucho con mi hermana Lisa. Jugábamos en el parque.*

A	B
1. En tu niñez, ¿con quiénes jugabas? ¿Con tus primos? ¿con los otros niños que vivían cerca? ¿Dónde jugaban generalmente?	**1.** ¿Vivías en un pueblo o en una ciudad? ¿Cómo se llamaba el lugar? ¿Te gustaba?
2. ¿A qué parientes considerabas interesantes o importantes? ¿Por qué? ¿Cuántos años tenían?	**2.** ¿Tenías contacto con personas muy mayores? ¿Qué pensabas de ellas?
3. ¿Qué edad tenías cuando saliste por primera vez con un(a) muchacho(a)? ¿Adónde fueron? ¿Al cine? ¿a un restaurante? ¿a un baile?	**3.** ¿Adónde ibas generalmente los sábados por la tarde cuando tenías diez u once años? ¿Con quiénes? ¿Qué hacían allí?
4. ¿Tenías un perro o un gato? ¿Cómo se llamaba? ¿Cómo era?	**4.** ¿Te gustaba ir a la escuela? ¿Cómo se llamaba tu maestro(a) favorito(a)? ¿Cómo era?

Paso 2. Escriba un breve resumen sobre estos aspectos del pasado de su compañero(a).

⚙ **MODELO** *Amy no tiene primos. Cuando era niña jugaba mucho con su hermana Lisa en el parque...*

Preterit versus Imperfect

Contrast between the Preterit and the Imperfect

1. The choice between the preterit and the imperfect may depend upon how the speaker or writer views a situation. If he or she is focusing on just the beginning or end of an action or sees it as definitely completed, the preterit is used. But to emphasize its duration, the imperfect is used. Compare:

José llamó a Juana y empezó a decirle algo.

José called Juana and began to tell her something. (beginning of an action that is viewed as completed)

José llamó a Juana y, cuando entré, empezaba a decirle algo.	*José called Juana and, when I came in, was beginning to tell her something. (incomplete action; something else is going to happen)*

2. In general, the preterit is used to narrate and the imperfect to describe. Often when telling a story, the speaker or writer sets the stage with the imperfect, describing what was going on, then switches to the preterit to relate the action. For example:

> **Había** mucha gente en la fiesta. Gustavo y sus amigos **estaban** contentos. **Bailaban** y **tomaban** cerveza. De repente *(Suddenly),* **se abrió** la puerta y **entraron** los padres de Gustavo, furiosos.

Even though two of the first four verbs are action verbs, they are all in the imperfect because the intention of the writer is obviously to describe the scene. Why are the last two verbs in the preterit?

3. The imperfect is always used to tell time or the age of a person in the past (and usually to express emotional or mental states), since these are description, not narration of action:

Eran las tres en punto cuando salimos.	*It was exactly three o'clock when we left.*
Abuelita tenía veinte años cuando se casó.	*Grandma was twenty when she got married.*
Marta salía con José pero realmente quería a Adolfo.	*Marta was dating José but really loved Adolfo.*

4. To express a repeated or habitual action in the past, the imperfect is generally used.

Visitábamos a mis abuelos todos los veranos.	*We visited my grandparents every summer.*

5. However, when there is a reference to a specific number of times, the preterit is used since it is clear that the action is completed. Compare:

Cuando vivía cerca de Santiago, iba al centro (todos los días, mucho).	*When I was living near Santiago, I used to go downtown (every day, a lot).*
Cuando vivía cerca de Santiago, solo fui al centro tres veces.	*When I lived near Santiago, I only went downtown three times.*

> **¡OJO!** It is possible, however, to use the preterit in the first example if the repeated action is considered complete: **¿Fuiste al centro el mes pasado? —Sí, fui al centro muchas veces.**

¡OJO! Notice that in the examples the preterit refers to a specific, limited time in the past, while the imperfect refers to a general time frame in the past.

Verbs with Different Meanings in the Preterit and Imperfect

Some verbs have distinct differences in meaning depending upon whether they are used in the preterit or imperfect. The meaning intended determines which of the two tenses must be used.

Verb	Imperfect	Preterit
conocer	**to know, be acquainted with** Conocíamos a la familia Toruño.	**to meet for the first time** Conocimos a la familia Toruño (el mes pasado).
saber	**to know** Sabía que mi esposa estaba embarazada. ¡Era obvio!	**to find out** Ayer supe que mi esposa estaba embarazada. ¡Qué alegría!
querer	**to want** Querían adoptar un niño.	**to try** Quisieron adoptar un niño.
no querer	**not to want** No querían adoptar un niño.	**to refuse** No quisieron adoptar al niño.
poder	**to be able** Cuando era joven, tío Pepe podía correr cuatro kilómetros sin problemas.	**to manage or succeed in** Después de mucha práctica, tío Pepe pudo correr cuatro kilómetros.
no poder	**to not be able** El año pasado tío Pepe no podía correr cuatro kilómetros.	**to try and fail** El pobre tío Pepe no pudo correr cuatro kilómetros.

PRÁCTICA

2-16 Una abuela cuenta la historia de su vida. Escoja el pretérito o el imperfecto de los verbos.

Provided by Teresa Faith, author

Soy Victoria González, del Paraguay, y tengo noventa y cinco años. Mi niñez fue muy triste. Mi mamá (1) <u>murió</u> / moría cuando yo (2) tuve / <u>tenía</u> unos cuatro años, y mi hermano y yo (3) <u>fuimos</u> / íbamos a vivir con una amiga de ella. (4) Fuimos / <u>Éramos</u> muy pobres. (5) Supimos / <u>Sabíamos</u> que (6) hubo / <u>había</u> una escuela cerca de la casa, pero no (7) <u>podíamos</u> / pudimos ir porque (8) tuvimos / <u>teníamos</u> que trabajar. Cuando yo (9) tuve / <u>tenía</u> unos once o doce años (10) trabajé / <u>trabajaba</u> por tres años en casa de unos señores ricos. Allí me (11) <u>trataron</u> / trataban muy mal. Recuerdo que todas las noches lloraba y pedía consuelo a Dios. Un día (12) <u>conocí</u> / conocía a José, un joven alegre y muy bueno. (13) <u>Decidí</u> / Decidía dejar la casa donde (14) viví / <u>vivía</u>

y me (15) <u>escapé</u> /escapaba con él. (16) <u>Vivimos</u> / Vivíamos diez años juntos.
(17) <u>Tuvimos</u> / Teníamos tres hijos. Esos (18) <u>fueron</u> / eran los años más felices
de mi vida.

2-17 Recuerdo de la niñez. Complete el siguiente párrafo con las formas
apropiadas del pretérito o del imperfecto.

Cuando yo (1) _____ (ser) pequeña, frecuentemente (2) _____ (pasar)
los fines de semana con mis abuelos. Generalmente los domingos nosotros
(3) _____ (ir) a una plaza y allí ellos siempre me (4) _____ (contar) historias
acerca de su juventud. Un día mi abuela me (5) _____ (decir) que ellos
prácticamente (6) _____ (crecer) juntos, porque sus padres (7) _____ (ser)
vecinos y amigos. Ella solo (8) _____ (tener) dieciocho años cuando se
(9) _____ (casar), pero ya (10) _____ (saber) cocinar muy bien. Me
(11) _____ (explicar) que en aquellos días muy pocas mujeres (12) _____ (ir)
a la universidad o (13) _____ (trabajar) fuera de casa. Las mujeres casi no (14)
_____ (salir) excepto para ir al mercado o a la iglesia. Yo (15) _____ (nacer)
cincuenta años más tarde, y eso fue una suerte.

2-18 Sor Juana. Cambie al pasado el siguiente párrafo sobre la vida de la poeta de
la Nueva España (hoy México), Sor Juana Inés de la Cruz. (Cambie solamente los
verbos en negrilla [*in bold*].)

Sor Juana Inés de la Cruz, la gran poeta mexicana, (1) **nace** en 1651 cerca de
la Ciudad de México. (2) **Es** hija natural (*illegitimate*) de padres españoles.
(3) **Aprende** a leer a los tres años. A los siete años (4) **quiere** (*she wanted*) ir a la
universidad vestida de muchacho porque las muchachas no (5) **pueden** entrar,
pero su mamá no le (6) **da** permiso y no (7) **puede** hacerlo. Poco después (8) **va**
a la capital a vivir con unos parientes y a los catorce años estos la (9) **hacen** dama
de compañía (*lady in waiting*) en la corte del virrey (*viceroy's court*). En esa época,
las mujeres (10) **tienen** dos opciones: casarse o entrar en el convento. Aunque
(11) **es** brillante, hermosa y muy popular por su personalidad carismática, Juana
(12) **decide** dejar la vida social y entrar en un convento. Allí (13) **escribe** prosa y
poesía, y su fama de intelectual (14) **crece** por el mundo entero. Cuando el obispo
(*bishop*) de Puebla la (15) **critica** porque (16) **pasa** mucho tiempo estudiando
y escribiendo, Sor Juana (17) **escribe** una brillante defensa del derecho (*right*)
de la mujer a participar en actividades intelectuales y culturales. Sin embargo
(*However*), pocos años antes de su muerte Sor Juana (18) **tiene** una profunda
crisis espiritual. Entonces (19) **abandona** sus estudios, (20) **vende** su biblioteca de
cuatro mil libros y (21) **empieza** a dedicarse a los estudios religiosos. (22) **Muere**
en 1695 durante una epidemia, pero sus obras siguen viviendo y proclamando su
imaginación, su valentía (*courage*) y su brillantez.

Have students demonstrate
their understanding of
verbs that change meaning
in the preterit and imperfect by writing two or three
pairs of sentences, using
the verbs in each tense.

You Tube
Busque «Sor Juana Inés de
la Cruz» para ver ejemplos
de su poesía.

ANS 2-18
1. nació 2. Era 3. Aprendió
4. quería 5. podían 6. dio
7. pudo 8. fue 9. hicieron
10. tenían 11. era
12. decidió 13. escribió
14. creció 15. criticó
16. pasaba 17. escribió
18. tuvo 19. abandonó
20. vendió 21. empezó
22. Murió

© Andreu Veà-Baró

Cuando Joaquín cumplió ochenta años, salió a comer con sus hijos; después, cuando llegó a casa, unos cien amigos y familiares lo esperaban allí. ¡Qué sorpresa!

2-19 Buenas intenciones. Muchas veces tenemos la buena intención de hacer algo que al final no hacemos; por ejemplo, ayudar a un(a) amigo(a), estudiar para un examen o terminar algún trabajo. ¿Tenía usted la semana pasada la intención de hacer algo que al final no hizo? ¿Qué? ¿Por qué no lo hizo?

⚙ **MODELOS** *Pensaba llamar a mi abuela, pero no llevaba mi teléfono celular.*
Quería empezar un programa de karate, pero perdí la información sobre las clases.

 2-20 Cuéntame, amigo(a)... Cuéntele a un(a) compañero(a):

1. algo bueno o valiente o inteligente que hizo alguna vez, o
2. algo muy tonto que hizo alguna vez, o
3. algo muy arriesgado *(risky)* o peligroso que hizo alguna vez

Después, su compañero(a) le va a hacer dos o tres preguntas; por ejemplo: ¿Qué edad tenías cuando pasó eso? ¿Supieron tus padres (profesores) que lo hiciste?

Hacer + Time Expressions

1. To indicate that an action began in the past and continues into the present, use:

---

hace + time period + **que** + clause in present tense

or

clause in present tense + (**desde**) **hace** + time period

Hace muchos años que viven en Lima. ⎫ *They have been living in Lima for*
Viven en Lima desde hace muchos años. ⎭ *many years (they still are).*

Hace seis meses que no como carne. ⎫ *I haven't eaten meat for six months*
No como carne desde hace seis meses. ⎭ *(and do not eat meat now).*

You can have students report the information to the class if there is time. Alternatively, you could have them write a short paragraph to turn in for homework or extra credit.

Additional or alternative assignment: Have students bring in family photos if they have them. They can work in groups and make sentences in the past about family members.

¡OJO! The verb is in the present tense in Spanish because the situation is viewed as current (they are still living in Lima, I still do not eat meat).

2. To ask how long an action or situation has (had) been going on, use:

¿Cuánto tiempo hace que (no)...?

or

~~**¿Hace mucho tiempo que (no)...?**~~

¿Cuánto tiempo hace que está casado?	*How long has he been married?*
¿Hace mucho tiempo (unos años) que está casado?	*Has he been married for a long time (for a few years)?*
¿Cuánto tiempo hace que no trabajas?	*How long have you not been working?*

3. Hace can also mean *ago* when the main verb is in the past tense.

Mi sobrino nació hace tres meses. } Hace tres meses que nació mi sobrino. }	*My nephew was born three months ago.*
¿Cuánto tiempo hace que se divorciaron?	*How long ago did they get divorced?*

PRÁCTICA

 2-21 Entrevista. Entreviste a un(a) compañero(a). Averigüe *(Find out)* cuánto tiempo hace que su compañero(a) hace las siguientes cosas. Siga el modelo.

> ⚙ **MODELO**   saber usar una computadora
> A: *¿Cuánto tiempo hace que sabes usar una computadora?*
> B: *Hace unos quince años que sé usar una computadora.*

1. conocer a su mejor amigo(a)
2. vivir en esta ciudad
3. manejar un automóvil
4. saber hablar español
5. asistir a la universidad

 2-22 Hace mucho que no... Trabaje con un(a) compañero(a). Averigüe varias cosas que su compañero(a) no hace desde hace mucho tiempo. Use la imaginación.

> ⚙ **MODELOS**   A: *¿Patinas sobre hielo?*
> B: *Sí, hace una semana patiné sobre hielo.*
> A: *¿Hablas a menudo con tu abuelo?*
> B: *No, hace mucho tiempo que no hablo con mi abuelo.*

Ideas: jugar al Wii con tu hermano(a) o primo(a), sacar fotos de tu familia, ver a tus tíos, ir a una reunión familiar (a una boda, a un entierro), visitar a tus abuelos, bailar, ver una película con tu familia...

You may want to present this same structure with the imperfect tense also: **Hacía dos años que mis padres estaban casados cuando yo nací. / Mis padres estaban casados (desde) hacía dos años cuando yo nací.** *This construction generally implies that the action or event was interrupted by something else (that it had been going on when . . .). The later event (in the clause with* **cuando**) *is usually in the preterit.*

To practice **hace** + *time period meaning* ago, *ask students a few simple questions such as* ¿Hace cuántos años que nació usted? ¿Hace cuántos meses que empezamos las clases (que nos reunimos por primera vez)? ¿Hace cuánto tiempo que celebramos el Día de la Raza (el Día del Trabajo)? *Or choose an outgoing student and make a timeline about him or her, including when he or she was born, learned some skill or a sport, came to the university, etc. and write the dates on the board. Ask questions to elicit the structure. Have someone write the answers on the board (e.g.,* **Martín aprendió a nadar hace diez años. Llegó aquí hace un mes**).

If there is time, have volunteers report to the class about their partner.

EN CONTACTO

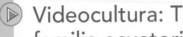 Videocultura: Tres generaciones de una familia ecuatoriana

La familia Cruz Barahona vive y trabaja en la Hostería San Jorge, cerca de Quito, Ecuador. Mire el video y conteste esta pregunta: ¿Por qué funciona bien esta hostería?

Vocabulario: dedicarse a *to dedicate oneself to, do for a living*; en vivo *live (e.g., a performance)*; la hostería *resort hotel, inn*; marcado(a) *noticeable*; ser partícipe en *to take part in, be partners in*

> You Tube Busque «negocios familiares». ¿Qué productos o servicios son presentados?

© Heinle, Cengage Learning

2-23 Comprensión. Conteste las siguientes preguntas después de ver el video.

1. ¿Quién es Jorge Cruz Barahona?
2. ¿Cómo participa su esposa en la hostería?
3. ¿Qué trabajo le corresponde a su padre? ¿a su madre?
4. ¿Qué diferencias piensa Jorge que hay entre las familias ecuatorianas y las familias norteamericanas?

 2-24 Puntos de vista. Compare sus opiniones con las de dos o tres compañeros(as).

1. ¿Está usted de acuerdo con las observaciones de Jorge sobre la familia norteamericana? Explique.
2. ¿A usted le gustaría pasar una semana en esta hostería? ¿Por qué sí o por qué no?

3. ¿Conoce usted a alguien que participe en un negocio *(business)* familiar? Si es así, ¿cómo funciona?

4. ¿A usted le gustaría tener un negocio con su familia? ¿Por qué sí o por qué no?

Síntesis

 2-25 Familias famosas. Trabaje con dos o tres compañeros. Su profesor(a) les va a dar (¡en secreto!) el nombre, una foto o una página de Internet de una familia famosa. Los otros estudiantes de la clase deben adivinar *(guess)* cuál es la familia, haciendo preguntas que puedan contestarse con sí o no.

> ⚙ **MODELO** *¿Es grande la familia? ¿Es de Estados Unidos?*
> *¿Trabajan juntos los miembros de la familia?*

 2-26 Mentiras inocentes. Trabaje con varios compañeros. Cada persona debe escribir cuatro afirmaciones *(statements)*; tres son verdaderas y una es una mentirita *(small or harmless lie)*. Escriba sobre su pasado: cosas que usted o su familia hicieron o que hacían ayer, la semana pasada, hace un año... Los otros compañeros tratan de adivinar la mentira. Mencione algunos parientes o celebraciones familiares.

> ⚙ **MODELO** *Nací en Tokio. Mi hermano se casó con una española*
> *hace dos años y celebramos la boda en Granada. El semestre*
> *pasado hablaba con mi abuela por teléfono todos los días.*
> *Fui a África con mis padres el verano pasado.*

 2-27 Celebración familiar. Descríbale a un(a) compañero(a) una celebración o reunión familiar (por ejemplo, una boda, un aniversario o una cena). Puede hablar de su familia o de una familia que usted conoce. Incluya las respuestas a las siguientes preguntas:

1. ¿Qué celebraron o por qué se reunieron?
2. ¿Dónde estaban?
3. ¿Quiénes fueron o asistieron?
4. ¿Qué hicieron? ¿Bailaron? ¿Sacaron fotos? ¿Comieron alguna comida especial?
5. ¿Estaban contentos todos?
6. ¿Ocurrió algo extraño? ¿bueno? ¿malo? ¿Qué pasó?

Google Busque «tarjetas virtuales» para ver tarjetas en español para celebraciones familiares, como bodas, cumpleaños o bautismos.

Give each group a picture or Internet page of a famous family e.g., Bush, Obama, Clinton, Jackson, Windsor (the royal family of Great Britain), a family currently in the news, or any TV family that your students are likely to know. The rest of the class should ask yes/no questions of the group until they guess the name of the family. Set a time limit. Alternatively, have students do some research on the royal family of Spain and the relationships among the various members.

Composición

Una foto familiar

Busque una fotografía de una escena de familia, de la suya *(yours)* si es posible. Va a escribir un párrafo sobre la foto. Podría usar algunas de sus respuestas a las actividades 2-3 y 2-27. Utilice las listas de vocabulario de este capítulo y siga estas instrucciones:

1. Escriba una oración que describa la escena. Si lo prefiere, ¡invente los contextos! ¿Dónde estaban las personas de la foto? ¿Quiénes son? (Si no es su foto, use la imaginación.)
2. ¿Cuándo ocurrió la escena? Por ejemplo, ¿en qué día? ¿Qué pasaba ese día?
3. ¿Qué cosas veían esas personas que no se pueden ver en la foto? ¿Qué escuchaban?
4. ¿Quién sacó la foto?
5. Escriba una oración final. Si usted está en la foto o sacó la foto, ¿cómo se sentía ese día? ¿Estaba contento(a)? ¿aburrido(a)? Si no es su foto, use la imaginación para describir cómo se sentían las personas que se ven.

Opción: Hay sitios en Internet donde puede subir *(upload)* la foto y compartir la composición con la clase. Otra posibilidad: describa un video corto. Puede ser un video que usted encontró en Internet o que hizo con el teléfono celular o una videocámara.

CAPÍTULO 3

Presencia latina

METAS

En este capítulo vamos a aprender a...

- ► expresar admiración, desaprobación y sorpresa
- ► hablar de los hispanos de Estados Unidos y Canadá
- ► describir personas, lugares y cosas

© Kelly-Mooney Photography/Corbis

Un grupo de mexicano-americanas presenta un baile tradicional de México en el Festival de Old Pecan Street en Austin, Texas.

LENGUA VIVA

Expresiones de admiración, desaprobación y sorpresa

GRAMÁTICA

Adjetivos

Ser y **estar**

Pronombres y adjetivos demostrativos

Pronombres y adjetivos posesivos

VOCABULARIO

La inmigración y el trabajo

Palabras descriptivas

 LECTURAS

«Los hispanos en América del Norte»

«La casa en Mango Street» de Sandra Cisneros

«Ay, papi, no seas coca-colero» de Luis Fernández Caubí

Presentación del tema

Una comunidad diversa

En un sondeo (*poll*) de CNN de personas no hispanas en Estados Unidos, una de cada cinco creía que todos los latinos eran inmigrantes indocumentados. La periodista María Elena Salinas opina que esta falta de conocimiento se debe a los medios de comunicación que perpetúan los estereotipos, presentando a los latinos como «sirvientes y matones (*thugs*)». Dice: «La gente necesita saber que entre los hispanos hay muchos profesionales, empresarios (*business people*), artistas con talento, miles de funcionarios (*officials*) elegidos y una latina muy sabia (*wise*) en la Corte Suprema. Venimos en todos los colores...»*.

> «Ser latino en el mundo artístico es difícil. Hay pocos roles para nosotros; en general somos bandidos, inmigrantes ilegales, traficantes de drogas. A menudo, cuando me ofrecían esos trabajos, me preguntaba: '¿Y para eso estudié?'»
> —John Leguizamo, actor y comediante de ascendencia colombiana

¿Verdadero o falso? ¿Qué sabe usted sobre la comunidad latina de Estados Unidos? Lea las siguientes afirmaciones. ¿Son verdaderas o falsas? (Las respuestas están abajo.)

_____ **1.** Seis de diez latinos de Estados Unidos nacieron en este país.

_____ **2.** Cada inmigrante a Estados Unidos paga entre $10 000 y $20 000 más en impuestos (*taxes*) de lo que recibe en beneficios durante su vida.

_____ **3.** El único país con más gente latina que Estados Unidos es España.

_____ **4.** En Estados Unidos hay casi 50 millones de ciudadanos o residentes legales hispanos: blancos y negros, ricos y pobres.

_____ **5.** Unos 35 millones de hispanos hablan español en casa, y la gran mayoría de estos son bilingües.

3-1 Preguntas.

1. ¿Cómo se podría explicar que entre cada cinco personas no hispanas, una creía que todos los latinos eran inmigrantes indocumentados? ¿Le sorprende esto?

2. ¿Está de acuerdo en que hay estereotipos de los latinos en la televisión y en el cine? Explique, dando ejemplos específicos.

AP Photo/J. Scott Applewhite

Sonia Sotomayor, jueza de la Corte Suprema de Estados Unidos, es de ascendencia puertorriqueña. Creció en Nueva York, donde hay grandes comunidades de puertorriqueños y dominicanos.

Google Busque «Sonia Sotomayor» para saber más sobre la primera persona hispana en la Corte Suprema.

1. V 2. F (Paga entre $20 000 y $80 000 más en impuestos de lo que recibe, según el «Immigration Policy Center» de Estados Unidos.) 3. F (Es México.) 4. V 5. V

*María Elena Salinas, «Ser latino en Estados Unidos», Univisión.com, 2 de noviembre de 2009. http://www.univision.com/content/content.jhtml?cid=2150009

VOCABULARIO ÚTIL

LA INMIGRACIÓN Y EL TRABAJO

COGNADOS

adaptarse (a)	hispano(a) *(preferred in Texas, Florida)*
la asimilación	indocumentado(a)
el clima	latino(a) *(preferred in California, Chicago)*
comunicarse	la oportunidad
la comunidad	el origen
el estereotipo	sufrir discriminación

LOS INMIGRANTES

la adaptación	*adjustment*
la ascendencia	*ancestry, descent, origin*
el barrio, el vecindario	*neighborhood*
bilingüe	*bilingual*
el ciudadano (la ciudadana)	*citizen*
de habla hispana	*Spanish-speaking*
extrañar	*to miss, feel nostalgia for*
extranjero(a)	*foreign*
la frontera	*border*
salir adelante (con)	*to get ahead, to manage or cope (with)*

EL TRABAJO

el (des)empleo	*(un)employment*
la fábrica	*factory*
el, la jefe (*also,* la jefa)	*boss*
poner un negocio	*to start a business*
el puesto	*job, position*
tener éxito	*to be successful (literally, "to have success")*
trabajador(a)	*hard-working*

¡OJO!

la lengua *language* / **el idioma** *language* / **el modismo** *idiom*

la mayoría *majority* / **la mayor parte** *most*

la minoría *minority* / **el grupo minoritario** *minority (group)*

Review the vowels with **g** by writing **ga, ge, gi, go, gu** on the board and pronouncing them. Explain that a **diéresis** is used in words like **bilingüe** and **vergüenza** because the **u** is pronounced (as opposed to words like **merengue** or **llegue**).

The term **chicano(a)**, referring to Mexican-Americans, tends to have a somewhat political connotation, so some Mexican-Americans avoid its use, while others prefer it.

PRÁCTICA

3-2. You can appoint a "teacher" to give the items and ask for synonyms or antonyms. You might give students clues about certain words and have them "play detective." Examples: **En muchas partes de Latinomérica se dice «chance», usando la palabra inglesa: oportunidad. Una persona que habla dos lenguas es: bilingüe.**

 Selección 2 uses humor to show what one Cuban man loses and gains as an immigrant.

According to the Immigration Policy Center, immigrants pay $20,000 to $80,000 more in taxes than they receive in benefits over their lifetimes and will contribute to the retirement of seniors. Immigrant labor also helps reduce prices and inflation.

3-2 Sinónimos y antónimos. Dé el sinónimo de cada palabra o expresión.

1. el idioma   la lengua
2. el barrio   el vecindario
3. la expresión (e.g., «salir adelante»)   el modismo
4. el grupo minoritario   la minoría
5. el origen   la ascendencia

Dé el antónimo de cada palabra o expresión.

1. el empleo   el desempleo
2. el indocumentado   el ciudadano
3. la marginalización   la asimilación
4. nacional, local   extranjero
5. la minoría   la mayoría

3-3 Factores positivos y negativos. Usando el **Vocabulario útil** como base, dé por lo menos cuatro factores positivos y cuatro negativos en la adaptación de un inmigrante.

1. Factores que generalmente contribuyen al éxito de un inmigrante:

   ⚙ **MODELO**   *tener dinero para poner un negocio*

2. Factores que generalmente no contribuyen al éxito de un inmigrante:

   ⚙ **MODELO**   *vivir en un vecindario pobre*

✦ LENGUA VIVA

Mike Martin

Roberto Barragán

Audioviñetas: Conversaciones con inmigrantes

🔊 CD 1, Track 6

Conversación 1: Para expresar desaprobación. Antes de ir a Colombia, Mike entrevistó a tres inmigrantes hispanoamericanos. Les preguntó por qué vinieron a Estados Unidos, qué extrañaban de sus países y qué pensaban de la vida en Estados Unidos. En la primera conversación, habla Roberto Barragán.

3-4 Escuche la **Conversación 1** y conteste las siguientes preguntas.

1. ¿De dónde es Roberto? Roberto es de México.

2. ¿Por qué vino a Estados Unidos? Roberto vino a Estados Unidos por cuestión de trabajo.

3-5 Escuche la **Conversación 1** otra vez. Escoja la mejor respuesta.

1. Roberto es...
   a. ingeniero.
   b. estudiante.
   c. médico.

2. Cuando Mike le pregunta qué extraña de su país, Roberto dice que...
   a. extraña a su familia y el clima.
   b. extraña las fábricas.
   c. no extraña nada.

3. Para Roberto, las universidades en su país son...
   a. fábricas de desempleo.
   b. fuentes de trabajo.
   c. muy pequeñas.

4. Para Roberto, la vida en Estados Unidos es...
   a. más difícil que la vida en su país.
   b. más fácil que la vida en su país.
   c. más aburrida que la vida en su país.

Conversación 2: Para expresar admiración.

CD 1,
Track 7

3-6 En la segunda conversación, habla Sethy Tomé. Escuche la **Conversación 2** y conteste las siguientes preguntas.

1. ¿De dónde es Sethy? Sethy es de Honduras.

2. ¿Por qué vino a Estados Unidos? Sethy siguió a su esposo a Estados Unidos; él vino por las oportunidades de trabajo.

Sethy Tomé

3-7 Escuche la **Conversación 2** otra vez. Escoja la mejor respuesta.

1. Sethy extraña...
  a. el clima de su país.
  b. la comida de allí.
  c. la universidad de allí.

2. Sethy estudió informática *(computer science)* en la universidad, pero no puede trabajar porque...
  a. no tiene su [tarjeta de] residencia.
  b. tiene niños pequeños en casa.
  c. su esposo no quiere que trabaje.

3. Según Sethy, Estados Unidos es un país de oportunidades y...
  a. educación.   b. sacrificio.   c. democracia.

4. Según Sethy, en Estados Unidos...
  a. hay muchas oportunidades de conocer otras culturas.
  b. la vida es muy fácil.
  c. el clima es magnífico.

CD 1,
Track 8

Conversación 3: Para expresar sorpresa.

3-8 En la tercera conversación, habla Prudencio Méndez. Escuche la **Conversación 3** y conteste las siguientes preguntas.

1. ¿De dónde es Prudencio? Prudencio es de Paraguay.

2. ¿Por qué vino a Estados Unidos? Prudencio vino a Estados Unidos por razones políticas.

3-9 Escuche la **Conversación 3** otra vez. Escoja la mejor respuesta.

1. ¿Qué extraña Prudencio de su país?
  a. las costumbres en general
  b. la organización laboral
  c. el sistema legal

2. Para Prudencio, fue una sorpresa ver que el ritmo de vida en Estados Unidos es más...
  a. tranquilo.   b. personal.   c. acelerado.

3. Dice Prudencio, «El latino en general no interrumpe su sociabilidad ni en el trabajo». Quiere decir que...
  a. a los latinos no les gusta trabajar.
  b. las relaciones personales son muy importantes para los latinos.
  c. a los latinos no les gustan las interrupciones.

4. No solo Prudencio, sino también Roberto y Sethy, creen que en Estados Unidos hay más...
  a. universidades.   b. oportunidades.   c. crímenes.

Prudencio Méndez

En otras palabras

Para expresar admiración, desaprobación y sorpresa

There are always some things you admire, some things you dislike, and some things that surprise you. Here are some ways to express your feelings about the people or things you see around you, about gifts you are given, things you buy that don't work, and so forth.

Admiración

¡Qué persona más admirable (generosa, dinámica, paciente, alegre)!

¡Qué impresionante *(impressive)***!**

¡Qué ciudad más bonita (hermosa)!

¡Súper! ¡Es magnífico (muy útil, lo máximo)!

¡Esto es perfecto! ¡Es un sueño! ¡Es lo que quería (lo que necesitaba)!

Desaprobación

¡Qué terrible (injusto, ridículo)! ¡Es fatal! *(It's awful!)*

Esto no es aceptable. Es demasiado…

¡Qué persona más pesimista (impaciente, aburrida)!

Esto no funciona *(doesn't work)*. **No sirve.** *(It's no good.)*

Sorpresa

¡Qué sorpresa! ¡Qué maravilla!

¡Fíjese! / ¡Fíjate! ¡Imagínese! / ¡Imagínate! *(Just look! Just imagine!)*

¡Hombre! ¡Caramba! ¡Caray! ¡Dios mío!

¡Qué increíble! ¡No esperaba esto! *(I didn't expect this!)*

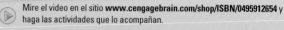

Mire el video en el sitio **www.cengagebrain.com/shop/ISBN/0495912654** y haga las actividades que lo acompañan.

© Anna Pérez

Jorge, un inmigrante colombiano, habla de lo que extraña de su país. ¿A qué se refiere cuando dice «¡Es fatal!»?

Some slang expressions for *Great! Super!:* **¡Qué guay!** (Spain), **¡Qué padre!** (Mexico), **¡De película!** (Spain and most of Latin America). People also say that something is **buena onda** (literally, "good sound wave" meaning "cool," used for people and things in Spain and Latin America). In Cuba, Colombia, Ecuador, Peru, and the Southern Cone, people say **bacán,** and in many parts of Latin America (especially near the Caribbean coast) it's **chévere.**

PRÁCTICA

3-10 ¿Qué dicen? ¿Qué cree usted que están diciendo las personas que están en los siguientes dibujos *(drawings)*?

1.

2.

3.

4.

5.

6.

3-11 Reacciones. Reaccione a las siguientes afirmaciones con expresiones de admiración, desaprobación o sorpresa.

1. El explorador Juan Ponce de León descubrió Florida en 1513, casi un siglo antes de la fundación de Jamestown.

2. A Desi Arnaz le dijeron que el público norteamericano no lo aceptaría en el papel del esposo de Lucille Ball (Ricky Ricardo) en «I Love Lucy».

3. Más de 5 000 personas murieron al intentar cruzar la frontera entre México y Estados Unidos en los últimos quince años.

4. En 1835, la frontera entre México y Estados Unidos corría por Wyoming.

5. En memoria de su hija Paula, la escritora Isabel Allende estableció y financió una fundación que ayuda a mujeres y niños pobres.

ANS 3-11
Possible answers:
1. ¡Imagínese! ¡Qué impresionante! 2. ¡Eso es increíble! 3. ¡Caramba! ¡Qué terrible! 4. ¡Fíjese! ¡Qué interesante! 5. ¡Qué persona más generosa!

3-12 Reacciones. Después de una fiesta, usted abre los siguientes regalos. ¿Qué diría al abrirlos?

ANS 3-12
Possible answers: 1. ¡Qué bonito! Esto es perfecto. 2. ¡Qué lástima! No sirve. 3. ¡Qué maravilla! (¡Qué aburrido! ¡Es fatal!) 4. ¡Súper! Es lo máximo. 5. ¡Qué divertido! 6. ¡Qué bonito! ¡Qué hermoso!

⚙ **MODELO** un diccionario bilingüe
¡Es muy útil! No esperaba esto.

1. un suéter que lleva el nombre de su universidad
2. un reproductor de MP3 que no funciona
3. un disco compacto de una ópera de Wagner
4. un disco compacto de Carlos Santana
5. un libro de chistes
6. un calendario con fotos de arte folklórico de Latinoamérica

GRAMÁTICA Y VOCABULARIO
Adjectives

Agreement of Adjectives

1. Adjectives agree with the nouns they modify in gender and number. Most adjectives end in **-o** in the masculine and **-a** in the feminine. If they do not end in **-o** in the masculine singular, the adjective form is usually the same for both genders.

un inmigrante indocumentad**o**	una inmigrante indocumentad**a**
un vecindario idea**l**	una ciudad idea**l**
un niño corté**s**	una niña corté**s**

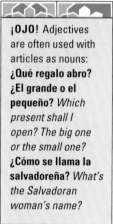

¡OJO! Adjectives are often used with articles as nouns: **¿Qué regalo abro? ¿El grande o el pequeño?** *Which present shall I open? The big one or the small one?* **¿Cómo se llama la salvadoreña?** *What's the Salvadoran woman's name?*

2. Adjectives of nationality that end in consonants and adjectives that end in **-or, -ín, -án,** or **-ón** require an **-a** in the feminine. The feminine form does not normally require a written accent.

de origen español (inglés, alemán)	de ascendencia español**a** (ingles**a**, aleman**a**)
un hombre trabajador	una mujer trabajador**a**

3. The plurals of adjectives are formed in the same way as the plurals of nouns: add **-s** to an adjective that ends in a vowel or **-es** to an adjective that ends in a consonant (if the final consonant is **z,** change it to **c** first).

largo, largo**s**	breve, breve**s**
difícil, difícil**es**	feliz, feli**ces**

The masculine plural adjective is used to modify two or more nouns if one of them is masculine: **queridos muchachos y muchachas.**

Position of Adjectives

1. In general, descriptive adjectives (which specify nationality, size, shape, color, and so forth) follow the nouns they modify, while adjectives that specify quantity precede the nouns.

mucha (poca) gente extranjera	cuatro personas trabajadoras
la segunda vez	ciento un hombres (ciento una mujeres)

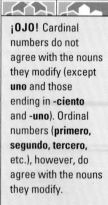

¡OJO! Cardinal numbers do not agree with the nouns they modify (except **uno** and those ending in **-ciento** and **-uno**). Ordinal numbers (**primero, segundo, tercero,** etc.), however, do agree with the nouns they modify.

2. When two adjectives follow a noun, they are joined by **y: tres hombres altos y guapos.**

3. When two adjectives are used to modify a noun, the shorter of the two or the one considered less distinguishing or important often precedes the noun.

un famoso cuadro moderno	*a famous modern painting*
una joven inmigrante puertorriqueña	*a young Puerto Rican immigrant*

4. Some adjectives are shortened when placed immediately before a noun: **un, buen, mal, primer,** and **tercer** are used instead of **uno, bueno, malo, primero,** and **tercero** before masculine singular nouns; **gran** is used instead of **grande** before either a masculine or a feminine singular noun.

un buen (mal) día	el primer (tercer) capítulo
un gran éxito	una gran idea

5. Some adjectives have different meanings depending on whether they precede or follow a noun:

Adjective	Before the Noun	After the Noun
antiguo(a)	*former:* la antigua capital	*ancient:* la capital antigua
gran, grande	*great:* una gran nación	*large:* una nación grande
pobre	*deserving of pity:* el pobre hombre	*needy:* el hombre pobre
nuevo(a)	*new to owner:* el nuevo coche	*brand new:* el coche nuevo
único(a)	*only:* la única oportunidad	*unique:* una oportunidad única
viejo(a)	*longtime:* una vieja amiga	*elderly:* una amiga vieja

Político pobre, pobre político.
—dicho mexicano

Poor politician (with no money), unfortunate politician. —Mexican saying

VOCABULARIO ÚTIL

PALABRAS DESCRIPTIVAS (Y SUS ANTÓNIMOS)

agradable *pleasant*	**desagradable** *unpleasant*
estupendo(a) *great*	**horrible** *horrible*
extraño(a) *strange*	**típico(a)** *typical*
guapo(a) *handsome*	**feo(a)** *ugly*
maravilloso(a) *marvelous*	**insoportable** *unbearable*
paciente *patient*	**impaciente** *impatient*
simpático(a) *nice, likeable*	**antipático(a)** *unlikeable*

¡OJO!

bajo(a) *short (not tall)* / **corto(a)** *short (not long)* / **breve** *short, brief* / **alto(a)** *tall*
largo(a) *long* / **grande** *large, great*

PRÁCTICA

3-13 Carmen Lomas Garza. Complete el siguiente párrafo con las formas apropiadas de las palabras entre paréntesis. Tenga cuidado con la forma y la posición de los adjetivos. ¿Cuál de los dos adjetivos precede el sustantivo *(noun)*?

© Bob Hsiang

Carmen Lomas Garza es una (1) ____famosa____ pintora _mexicano-americana_ (mexicano-americano / famoso). Vive en San Francisco, California, una ciudad con una (2) ____gran____ presencia ____latina____ (grande / latino). Sus cuadros muestran (3) ____muchos____ recuerdos ____felices____ (mucho / feliz) de su niñez en Kingsville, Texas. En la foto se ve con una de sus pinturas, que se llama «Una tarde». Cuando Lomas Garza era niña, una (4) ____«buena»____ chica ____chicana____ («bueno» / chicano) no salía sola con su novio. En el cuadro se ven (5) ____varios____ artículos ____religiosos____ (religioso / varios), como una cruz y una imagen de la Virgen. También se ven (6) ____dos____ fotos ____antiguas____ (dos / antiguo). Cerca de la cama hay una niña y una gata con (7) ____tres____ gatitos ____pequeños____ (pequeño / tres). Es una escena típica de la vida diaria en una comunidad mexicano-americana.

3-14 El español en Estados Unidos.

Paso 1. Complete el párrafo con las formas apropiadas de los adjetivos entre paréntesis.

Según las estadísticas más (1) ____recientes____ (reciente) de la Oficina del Censo, hay 35 millones de personas mayores de cinco años de edad de habla

(2) _____española_____ (español) en Estados Unidos. En su libro *La ola latina,* el reportero y escritor Jorge Ramos dice que la televisión, la radio y los periódicos en español tienen una (3) _____gran_____ (grande) influencia en la comunidad (4) _____hispana_____ (hispano): «La televisión en español es mucho más internacional, más abierta al mundo y esto tiene consecuencias (5) _____directas_____ (directo) en el aumento *(increase)* de la teleaudiencia *(viewing audience)*». Si una persona latina quiere saber qué pasa en México o El Salvador o Ecuador, dice Ramos, ve las noticias *(news)* en español porque los programas en inglés tienen (6) _____poca_____ (poco) información internacional. «Los medios de comunicación hispanos están revitalizando todos los días a (7) _____todas_____ (todo) horas el español y la cultura (8) _____latinoamericana_____ (latinoamericano)». Afirma: «Estados Unidos es el (9) _____único_____ (único) país que conozco donde hay gente que cree que hablar un (10) _____solo_____ (solo) idioma es mejor que dominar dos o tres... Cuatro de cada cinco latinos se pueden expresar en inglés, es decir, son (11) _____bilingües_____ (bilingüe) o pueden comunicarse parcialmente en inglés. Es la americanización de los hispanos». Dice que muchos hispanos de la (12) _____segunda_____ (segundo) generación no hablan bien el español y que los movimientos «English only» no tienen sentido *(don't make sense)* porque el inglés es muy importante mundialmente y: «...resulta absurdo que dentro de Estados Unidos lo quieran proteger *(protect)* como si se tratara de una lengua en peligro *(danger)* de extinción».*

Google

Busque «Hispanic television» o «Spanish language television». ¿Qué canales tienen programas de noticias? ¿Qué otro tipo de programación tienen?

Paso 2. Preguntas.

1. ¿Conoce usted a alguien que hable español en casa? ¿De dónde es esa persona?

2. ¿Ve o escucha usted las noticias en español a veces? ¿Por Internet, televisión o radio? ¿Qué diferencias nota entre las noticias en español y las noticias en inglés?

3. ¿Hay un movimiento «English only» en el estado donde usted vive? ¿Qué piensa de los movimientos «English only»?

3-15 Juego de descripciones. Trabaje con un(a) compañero(a).

1. Estudiante A menciona un sustantivo (e.g., **novio, ciudad, profesor, lugar, amiga, restaurante**).

2. Estudiante B da tres adjetivos que podrían modificar el sustantivo (e.g., **rico, joven, inteligente**).

3. Estudiante A pone los adjetivos en orden de preferencia (e.g., **novio: inteligente, joven, rico**). (Otro ejemplo: **lugar: tranquilo, emocionante, cómodo**.)

4. Intercambien papeles (**B** menciona un sustantivo; **A** da tres adjetivos; **B** los pone en orden). Tomen apuntes *(notes)*. Al final, hagan una oración acerca de su compañero(a); por ejemplo, **Juanita prefiere un novio rico, un lugar emocionante...**

3-14. Ask students some questions about the grammar here: Item 6: **¿Por qué el adjetivo precede el sustantivo? (Porque se trata de una cantidad: poca.)** Item 9: **¿Se podría decir «el país único»? (No. No quiere decir** *unique.* **Quiere decir** *only.***)** Item 12: **¿Por qué el adjetivo precede el sustantivo? (Porque se trata de un número: segunda.)**

Have students watch a half-hour news show on TV or over the Internet and report back about it for extra credit. Ask them what the key stories were and where they took place, and have them compare the program with a news program in English on the same day. Is Jorge Ramos correct—is the news in Spanish more international?

3-15. Set a time limit. Ask for volunteers to read their sentences to the class.

_____

*Jorge Ramos, *La ola latina,* New York: HarperCollins Publishers, 2004, páginas 89, 73, 74.

3-16 Reunión de amigos. Conozca a sus compañeros de clase.

Give students a time limit to write their questions. They should move around the room and talk to various people. Instead of having them ask and answer a set number of questions, you can give them a certain amount of time and stop them when the time is up. Ask for volunteers to read some of the questions and tell the answers they received.

1. Haga una pregunta que se pueda contestar con un adjetivo o con una descripción y escríbala en una tarjeta. (Por ejemplo, **¿Cómo es tu compañero de cuarto?** o **¿Cómo era la última película que viste?**)

2. Levántese y hágale la pregunta a un(a) compañero(a). Su compañero(a) le hace una pregunta a usted. Intercambien las tarjetas.

3. Busque a un(a) nuevo(a) compañero(a) y hágale la pregunta que recibió de su primer(a) compañero(a).

4. Haga y conteste por lo menos seis preguntas. ¿Cuál es la pregunta más interesante de todas?

Ser and *Estar*

Ser versus *Estar*

Ser is used:

1. to link the subject to a noun

   Yo soy mexicano (pintor, demócrata, un amigo de Enrique).

   I am Mexican (a painter, a Democrat, a friend of Enrique).

   Remember that if the noun is unmodified and indicates a religion, occupation, nationality, or political affiliation, the indefinite article is omitted, as discussed in Chapter 1, page 19.

2. with **de** to indicate origin

   ¿De dónde era Simón Bolívar? —Era de Venezuela.

   Where was Simón Bolívar from? —He was from Venezuela.

   Esta tarjeta postal es de Puerto Rico.

   This postcard is from Puerto Rico.

3. with **de** to tell what something is made of

   ¿Son de maíz estas tortillas?

   Are these tortillas (made of) corn?

   Este reloj es de plata.

   This watch is (made of) silver.

4. with **de** to indicate possession

   El coche nuevo es de mi jefe.

   The new car is my boss's.

5. to express time of day or date of the month

   ¿Son las dos? —No, es la una y media.

   Is it two o'clock? —No, it's one-thirty.

   ¿Qué fecha es hoy? —Es el primero de diciembre.

   What is the date today? —It's December 1.

If students need review of how to tell time, make sure to either go over this in class or have them look at Appendix B. Remind them that days and dates are not capitalized in Spanish.

¡OJO! For a review of how to tell time in Spanish, see Appendix B.

6. to indicate where an event takes place

La boda fue en la catedral de Guadalupe.	*The wedding was in the Cathedral of Guadalupe.*
La fiesta será en casa de Ana.	*The party will be at Ana's house.*

Estar is used:

1. to express location or position of people, places, or objects (but not of events)

Mis padres están en Honduras.	*My parents are in Honduras.*
Cuzco, la antigua capital inca, está en Perú.	*Cuzco, the former Inca capital, is in Peru.*
¿En qué calle está el Teatro Colón?	*What street is Colón Theater on?*

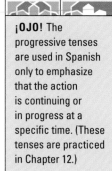

¡OJO! Most weather expressions use **hacer**; many of them are reviewed in Chapter 9.

2. with certain weather expressions

Está nublado (claro).	*It's cloudy (clear).*

3. with a present participle (-**ando** or -**iendo**) to form the progressive tenses

¿Qué estás leyendo, Ricardo?	*What are you reading, Ricardo?*
A pesar de la economía, estamos saliendo adelante.	*In spite of the economy, we are managing (moving ahead).*

¡OJO! The progressive tenses are used in Spanish only to emphasize that the action is continuing or in progress at a specific time. (These tenses are practiced in Chapter 12.)

Ser and *Estar* with Adjectives

1. **Ser** is used with an adjective to express a quality considered to be normal or characteristic of the subject.

¿Cómo es mi abuelo? —Es amable y trabajador.	*What's my grandfather like? —He's kind and hardworking.*
El agua de este río es fría.	*The water in this river is (usually) cold.*
Mi jefa es muy simpática.	*My boss is very nice.*

2. **Estar** is used with an adjective to express the state or condition that the subject is in.

¿Cómo está mi abuelo? —Está deprimido. No puede adaptarse a este clima.	*How's my grandfather? —He's depressed. He can't adapt to this climate.*
¡Uy! El agua del baño está fría.	*Wow! The bathwater is cold (now).*
Mi jefa está enferma.	*My boss is sick.*

3. Often the use of **estar** emphasizes that the state or condition is different from the normal or expected. So it sometimes means *to have become* or *to look, appear, feel,* or *taste,* and frequently implies an emotional reaction. Compare:

Tu hijo es alto.	*Your son is tall.*
¡Qué alto está tu hijo!	*How tall your son is (looks, has become)!*
El guacamole es delicioso.	*Guacamole is delicious (in general).*
¡Felicitaciones! Este guacamole está delicioso.	*Congratulations! This guacamole is (tastes) delicious.*

4. Some adjectives have one meaning when used with **ser** and another when used with **estar**.

	Con **ser**	Con **estar**
aburrido(a)	*boring*	*bored*
despierto(a)	*bright, alert*	*awake*
divertido(a)	*amusing*	*amused*
listo(a)	*smart, clever*	*ready*
loco(a)	*silly, crazy (by nature)*	*insane, crazy (by illness)*
malo(a)	*bad, evil*	*sick, in poor health*
nuevo(a)	*newly made, brand new*	*unused, like new*
verde	*green (color)*	*green (unripe)*

PRÁCTICA

Warm-up: Ask students questions before you begin the first activity: about the time, the weather, how they are feeling. Examples: ¿Qué hora es? ¿Está nublado hoy? ¿Cómo está el tiempo? ¿Está cansado(a) ahora? ¿Está realmente despierto(a)?

3-17 «Sin fronteras» en Canadá. «Sin fronteras» es un programa de radio en español que se transmite desde Edmonton, Canadá. Escoja el verbo correcto para cada oración.

«Sin fronteras» (1. es / está) un programa en español que Ingrid de la Barra y Sergio Muñoz comenzaron para transmitirle a la comunidad de habla hispana música, noticias y comentarios relacionados con su cultura. El programa no (2. es / está) nuevo, pero tiene un nuevo nombre. Al principio, el nombre del programa (3. era / estaba) «Onda hispánica», pero lo cambiaron a «Sin fronteras» para representar una idea importante: los latinos de diferentes países están unidos por sus tradiciones, música e historia. Dice Ingrid: «Mi marido y yo (4. somos / estamos) chilenos, pero junto con nosotros participa un equipo de latinoamericanos muy dedicados. Ellos (5. son / están) de Argentina, Chile, Colombia, El Salvador y Venezuela. Todos (6. son / están) voluntarios, y no reciben pago *(pay)*. Sin embargo, todos los sábados por la tarde llegan a nuestra casa para grabar *(record)* y (7. son / están) allí hasta las 10:00 u 11:00 de la noche. Al terminar, (8. somos / estamos) bien cansados, pero felices, porque es un trabajo muy útil y al mismo tiempo creativo».

Provided by Ingrid de la Barra

¡OJO! Desde 1999, es posible escuchar «Sin fronteras» en un sitio Web durante toda la semana, algo muy útil para los estudiantes de español.

3-18 Punto de vista hispano.

Paso 1. El siguiente mapa, basado en un mapa de un libro de texto puertorriqueño, muestra la historia de Estados Unidos desde una perspectiva hispana. Complete el párrafo con las formas apropiadas de ser o estar. Use el tiempo presente.

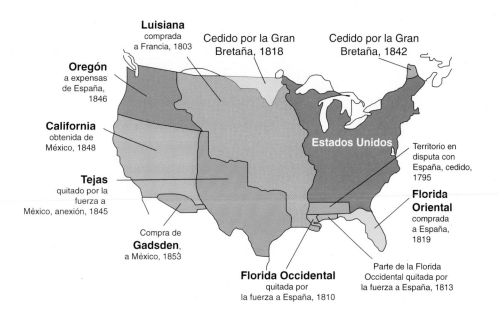

Vamos a imaginarnos que (1) ___es___ el año 1802. James Monroe y Robert Livingston, representantes del presidente Jefferson, (2) ___están___ en París; (3) ___están___ negociando la compra de Luisiana de Francia. Los territorios de Texas y California (4) ___son___ inmensos y en este momento (5) ___están___ en manos de los españoles. Los estados actuales *(present)* de Nevada, Arizona y Utah (6) ___están___ en el territorio de California. El territorio de Oregón incluye Idaho y Washington; España (7) ___es___ uno de los países que lo ocupan (también hay rusos e ingleses en esa región). Pronto empezará una guerra de independencia entre España y sus colonias americanas; Texas y California pasarán a (8) ___ser___ territorios de México.

Paso 2. Preguntas.

1. ¿De qué país compró Estados Unidos Luisiana?

2. Según el mapa, ¿cuándo obtuvo Estados Unidos el territorio de Florida Occidental? ¿de Texas?

3. ¿En qué territorio estaba el estado actual de Utah? ¿de Idaho?

4. En su opinión, ¿qué trataban de mostrar los autores del texto?

ANS 3-18, Paso 2
1. Estados Unidos compró Luisiana de Francia.
2. Estados Unidos obtuvo el territorio de Florida Occidental en 1810 y el de Texas en 1845.
3. El estado actual de Utah estaba en el territorio de California. El estado actual de Idaho estaba en el territorio de Oregón.
4. Possible answer: Los autores del texto trataban de mostrar la influencia histórica de España en lo que es hoy Estados Unidos.

En general, Carlos es una persona alegre y paciente.

Pero ahora está cansado y frustrado... ¡otro problema con el coche!

3-19 Entrevista. Use las siguientes ideas para entrevistar a un(a) compañero(a) y conocerlo(la) mejor. Hagan y contesten preguntas con **ser** o **estar**, según el contexto.

⚙ **MODELOS** enojado(a) con alguien ahora
A: *¿Estás enojado con alguien ahora?*
B: *No, no estoy enojado con nadie.*

una persona divertida, en general
A: *¿Eres una persona divertida?*
B: *Sí, soy una persona divertida.*

1. listo(a) para trabajar ahora
2. una persona paciente o impaciente
3. alegre hoy (¿deprimido[a]?) (¿por qué?)
4. generoso(a), en general
5. cansado(a) ahora (¿por qué?)
6. un(a) estudiante típico(a) o único(a) (¿en qué sentido?)
7. nervioso(a) a veces (¿cuándo?)
8. de buen (mal) humor ahora (¿por qué?)

3-20 ¡Qué pesado(a)! Trabaje con un(a) compañero(a). Descríbale a su compañero(a) a una persona que a usted no le gusta para nada. ¿Quién es? ¿Cómo es? ¿Qué está haciendo ahora, probablemente?

Vocabulario coloquial: pesado *boring, dull;* fatal *awful;* no estar en nada *to be out of it;* un nerdo *nerd;* creerse el (la) muy muy *to think he's (she's) hot stuff;* ser un cero a la izquierda *to be a jerk, a real zero*

Demonstratives

Singular			Plural		
Masculine	**Feminine**		**Masculine**	**Feminine**	
este	esta	this (one)	estos	estas	these
ese	esa	that (one)	esos	esas	those
aquel	aquella	that (one)... over there	aquellos	aquellas	those... over there

Make sure that students do not confuse these forms with the verb **estar**.

1. Demonstratives are words that point out persons and objects. In English, one's perspective is divided into *this* and *that, these* and *those,* distinguishing between things close to and things far away from the speaker. In Spanish, **este, ese,** and **aquel** divide one's perspective into things close to the speaker, things close (or relating) to the person spoken to, and things far away from both.

¿Quiere usted comprar esas revistas?	*Do you want to buy those magazines?*
—Sí, y deme aquella también.	*—Yes, and give me that one over there, too.*
¿Cómo se llama este barrio?	*What's the name of this neighborhood?*
—¿Este? Pilsen.	*—This one? Pilsen.*

As you can see, demonstrative adjectives generally precede the nouns they modify and agree with them in gender and number. Demonstrative pronouns agree with the nouns they replace in gender and number. In older publications, you will see the pronouns with accent marks (**éste, ésta**, etc.), which is how they were formerly written to distinguish them from demonstrative adjectives.

2. **Esto, eso,** and **aquello** are used to refer to statements, abstract ideas, or something that has not been identified. They are neuter forms; there are no plurals.

¿Qué es esto?	*What is this?*
¿Cómo puede usted decir eso?	*How can you say that?*

PRÁCTICA

3-21. Review the use of **¿cuál(es)?**, which is used when the questioner asks for a selection from a list of possibilities.

ANS 3-21

1. esa taza, ¿Cuál? ¿Esta? / esos vasos, ¿Cuáles? ¿Estos? / esas cucharas, ¿Cuáles? ¿Estas? 2. estos son mis..., Son / estas son mis..., Son / este es mi..., Es 3. esos discos, ¿Estos? / esos lápices, ¿Estos? / esa revista, ¿Esta?

3-21 Situaciones. Haga nuevas oraciones con las palabras entre paréntesis.

1. Enrique, pásame **ese plato,** por favor. (taza, vasos, cucharas)
—**¿Cuál? ¿Este?**

2. José, **esta es mi amiga Ana. Es** de Madrid. (tíos, primas Juana y Silvia, amigo Pablo)
—Mucho gusto.

3. Felipe, dame **ese libro,** por favor. (discos compactos, lápices, revista)
—**¿Este?** Cómo no.

3-22 Como una banana en Noruega (*Norway*). El vicepresidente de una empresa *(company)* muy grande habla de sus experiencias de cuando fue a trabajar en una fábrica en Michigan.

Paso 1. Complete el párrafo con los adjetivos o pronombres demostrativos indicados.

La primera vez que enfrenté *(I faced)* la realidad de ser diferente, me sentí como una banana en Noruega. Hasta (1) ___ese___ *[that]* momento había vivido *(I had lived)* en medios mucho más protegidos, en una universidad. Hacía diez años que vivía en Estados Unidos. Jamás escuché que nadie me llamara con un nombre insultante en cuanto a mi origen étnico. (2) ___Esta___ *[This]* resultó ser la primera situación que me obligó a enfrentar la realidad. [Yo] Era alguien diferente. Escuché toda clase de insultos raciales. Era parte de la vida en (3) ___ese___ *[that]* sitio. «¿Qué rayos *(What the devil)* haces aquí quitándole el puesto a otro?» «¿Por qué no regresas a tu país de porquería *(garbage)* donde te necesitan?» (4) ___Esos___ *[Those]* eran algunos de los comentarios que escuchaba. (5) ___Esa___ *[That]* fría recepción resultó ser una gran motivación. No le recomendaría a nadie que lo recibieran de (6) ___esa___ *[that]* manera, pero (7) ___ese___ *[that]* tipo de desafío *(challenge)* puede ser una gran motivación. En mi caso lo fue.*

Paso 2. Conteste las preguntas.

1. ¿Qué opina usted de lo que dice el ejecutivo hispano?
2. ¿Conoce a algún (alguna) inmigrante que haya sufrido discriminación? Explique.
3. ¿Cree usted que hay mucha discriminación en este país? Si la respuesta es sí, ¿qué podemos hacer para cambiar la situación?

 3-23 Por pura curiosidad. Trabaje con un(a) compañero(a). Hagan y contesten tres o cuatro preguntas, usando adjetivos y pronombres demostrativos.

⚙ **MODELOS** A: *¿Dónde compraste esa mochila?*
B: *¿Esta? En la tienda de la universidad.*

A: *¿Cómo se llama aquella chica de suéter azul?*
B: *Aquella se llama Michele.*

Before putting students in pairs, write more examples on the board, getting ideas from the class as a whole. As further preparation, you may wish to have students write their questions beforehand.

---

*Augusto Failde y William Doyle, *Éxito latino*, New York: Simon & Schuster, 1996, página 112.

Possessives

Adjectives: Short Forms

mi(s) *my*	**nuestro(a, os, as)** *our*
tu(s) *your*	**vuestro(a, os, as)** *your*
su(s) *his, her, its, their, your*	

Possessive adjectives in Spanish agree with the nouns they modify, not with the possessor. Short forms precede the nouns they modify.

sus llaves   *his (her, their, your) keys*

nuestra comunidad   *our community*

Adjectives: Long Forms; Pronouns

mío(a, os, as) *my, of mine*	**nuestro(a, os, as)** *our, of ours*
tuyo(a, os, as) *your, of yours*	**vuestro(a, os, as)** *your, of yours*
suyo(a, os, as) *his, of his; her, of hers; their, of theirs; your, of yours*	

1. When the speaker or writer wishes to emphasize the possessor (e.g., *you*), rather than the thing possessed (e.g., *car*), long forms of the possessive adjectives are used. These are called "stressed forms" and are emphasized in speech. They follow the nouns they modify.

    El coche tuyo es pequeño y eficiente.   *Your car is small and efficient.*

    The long forms are used much less frequently than the short forms.

2. Since both **su(s)** and **suyo(a, os, as)** can have several meanings, depending on the possessor, a prepositional phrase with **de** may be used for clarification instead of the possessive adjective.

su vecindario	} el vecindario de él (ella, ellos, ellas, usted, ustedes)
el vecindario suyo	

3. The long forms of the possessive adjectives can be used as pronouns. They take the place of a noun and are normally preceded by a definite article.

    Extraño a mi familia. ¿Tú también   *I miss my family. Do you miss*
    extrañas a la tuya?   *yours too?*

    After the verb **ser**, the definite article (**el, la, los, las**) is usually omitted.

    ¿Es tuya esta maleta?   *Is this suitcase yours?*

    No es mía. Tal vez es suya.   *It's not mine. Maybe it's his (hers, theirs).*

PRÁCTICA

3-24 Historia verdadera. Un salvadoreño habla de cómo llegó a Estados Unidos y de lo que extraña de El Salvador. Complete las oraciones con los adjetivos o pronombres posesivos apropiados.

Extraño (1) ____nuestro____ pueblo [de nosotros] y a la gente de allí. En El Salvador, nunca me metí (*I never got involved*) en la política. Pero en 1990 los escuadrones de la muerte mataron a unos vecinos (2) ____nuestros____ [de nosotros], y fui a (3) ____su____ casa a enterrarlos (*bury them*). Desde ese día en adelante, (4) ____mi____ vida no valía nada allí. Me acusaron de ser comunista. Trataron de matarme dos veces. Me escapé y fui a México con (5) ____mi____ familia. Allí nos pusieron en un campamento para refugiados, donde no había qué comer y donde la vida era prácticamente imposible. Allí (6) ____mi____ esposa tuvo (7) ____nuestro____ tercer hijo, y casi se muere. Por fin alguien nos ayudó a venir aquí. Algún día, si Dios quiere, vamos a regresar a (8) ____nuestra____ tierra.

3-25 Intercambios. Trabaje con un(a) compañero(a). Túrnense para expresar sus preferencias y preguntar cuáles son las de su compañero(a).

⚙ **MODELO** Mi escritora favorita es...
   A: *Mi escritora favorita es Isabel Allende. ¿Y la tuya?*
   B: *La mía es Julia Álvarez.*

1. Mi actor favorito es...
2. Mis cantantes favoritas son...
3. Mi atleta favorita es...
4. Mis vacaciones de verano fueron...
5. Mi ciudad favorita es...
6. Mi videojuego favorito es...

Warm-up: Ask some students who you know live away from their families what they miss most and draw out possessives. Possible cues: ¿**Extraña a sus padres? ¿hermanos? ¿abuelos? ¿a su gato o perro? ¿Extraña su casa o su cuarto? ¿la comida que su madre le prepara?**

ANS 3-25
Possible answers: 1. ¿y el tuyo? —Mi actor favorito es Gael García Bernal. 2. ¿y las tuyas? —Mis cantantes favoritas son Mariah Carey y Shakira. 3. ¿y la tuya? —Mi atleta favorita es Brenda Villa. 4. ¿y las tuyas? —Mis vacaciones de verano fueron estupendas. 5. ¿y la tuya? —Mi ciudad favorita es Buenos Aires. 6. ¿y el tuyo? Mi videojuego favorito es «Rock Band».

EN CONTACTO

▷ Videocultura: En San Antonio, «quien habla dos lenguas vale por dos»

San Antonio, Texas, a unas 150 millas de la frontera mexicana, tiene una gran comunidad hispana. Para muchos habitantes de esta ciudad, es necesario dominar o manejar (*master*) dos idiomas (el inglés y el español) en la vida profesional. En San Antonio, como dice el proverbio, «Quien habla dos lenguas vale por dos (*is worth two people*)».

Vocabulario: fundar *to found*; el nivel *level*; el noticiero *news program*; por temor a que *for fear that*

3-26 Comprensión. Conteste las siguientes preguntas después de ver el video.

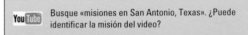
Busque «misiones en San Antonio, Texas». ¿Puede identificar la misión del video?

Image © Brandon Seidel. Used under license from Shutterstock.com.

1. Patty Elizondo dice que en las décadas de 1940 y 1950 en San Antonio muchos padres hispanos no quisieron enseñarles español a sus hijos. ¿Por qué no? ¿Ha cambiado esa actitud?

2. ¿Por qué estudió español Chris Marrous? ¿Dónde trabajaba él? ¿Qué lo hizo más valioso (*valuable*) para sus jefes?

3. Para trabajar en el periódico *La prensa*, ¿qué hay que saber?

4. ¿Dónde estudió español Brent Gilmore? ¿Qué ventajas (*advantages*) le da el español?

3-27 Puntos de vista. Compare sus opiniones con las de dos o tres compañeros.

1. ¿Es importante el español en la región donde usted vive? Por ejemplo, ¿es útil saber hablar y escribir en español para conseguir un buen trabajo?

2. ¿Hay otros idiomas extranjeros importantes en su región? ¿Cuáles? ¿Son útiles para tener éxito en la vida profesional? Explique.

3. ¿Cómo demuestra el video la importancia de la cultura hispana en San Antonio?

4. ¿Cree usted que Estados Unidos va a ser un país bilingüe algún día? Explique.

Síntesis

3-28 Latinos famosos. Trabajen en grupos de tres o cuatro personas. Cada grupo escoge a un(a) latino(a) famoso(a) y escribe una descripción de la persona, incluyendo por lo menos dos adjetivos. Un miembro del grupo escribe la oración en la pizarra. Si las formas de los adjetivos son correctas, el grupo gana un punto. Cuando el (la) profesor(a) termina el juego, el grupo con más puntos gana.

3-28. If possible, bring in interesting photos to augment this activity and put them around the room. *People en español* is a very good source. Give students a time limit and provide help with vocabulary if necessary. This activity could also be done with the class as a whole; ask for volunteers to write sentences on the board.

❂ MODELOS

Marc Anthony es un cantante neoyorkino de ascendencia puertorriqueña.

Cameron Díaz es una actriz dinámica de padre cubano-americano.

Opción: En vez de escribir las descripciones en la pizarra, un miembro del grupo puede leérselas en voz alta a la clase, omitiendo el nombre de la persona latina; la clase trata de adivinar quién es.

Algunos latinos famosos

Arte: Judy Baca, Carmen Lomas Garza

Deportes: Alex Rodríguez, Brenda Villa, Oscar de la Hoya

Literatura: Junot Díaz, Sandra Cisneros, Oscar Hijuelos, Julia Álvarez, Gary Soto, Richard Rodríguez, Nilo Cruz, Isabel Allende

Música: Daddy Yankee, Ricky Martin, Christina Aguilera, Carlos Santana, Mariah Carey, Marc Anthony

Cine/Televisión: Jennifer López, Cameron Díaz, Jessica Alba, América Fererra, George López, Edward James Olmos, Andy García, Rosie Pérez, Jimmy Smits, Judy Reyes, Paul Rodríguez, John Leguizamo

Otros: Sonia Sotomayor, Bill Richardson

3-29 Entrevista. Si es posible, entreviste a una persona hispana. Vaya al departamento de inglés para extranjeros de su universidad o visite una clase de inglés para inmigrantes de su comunidad. Pídale a la persona que entreviste que describa las siguientes cosas en una o dos palabras. Esté preparado(a) para presentarle la información a la clase.

1. la comida de su país / la comida de aquí
2. el trabajo que tenía en su país (si tenía trabajo) / el trabajo que tiene aquí (si tiene trabajo)
3. el sistema de transporte público de su país / el sistema de transporte público de aquí
4. el clima de su país / el clima de aquí
5. el lugar donde vivía en su país / el lugar donde vive aquí
6. las celebraciones de su país / las celebraciones de aquí

Composición

Una familia de inmigrantes / Mis antepasados

Usando las listas de vocabulario de este capítulo y sus respuestas a las actividades 3-3 y 3-29, escriba una breve descripción de una familia de inmigrantes que llegaron a este país. Puede describir a sus antepasados o a una familia que conoce.

1. En dos o tres oraciones, explique dónde vivían estos inmigrantes antes y cómo era su situación allí (con la familia, con el trabajo, con la política, etcétera).
2. Escriba dos o tres oraciones sobre su viaje a este país (por qué vinieron, cómo viajaron, los problemas que tuvieron).
3. Escriba dos o tres oraciones de conclusión (qué pasó después, cómo están ahora, cómo es el barrio en que viven, etcétera).
4. Invente un título interesante para su composición.

Opción: En vez de escribir una composición, filme una entrevista con un(a) inmigrante latino(a). Primero, trabaje con varios compañeros para pensar en las preguntas que le va a hacer. ¿Dónde va a filmar? ¿Cómo podría ser más interesante el video visualmente? Si es posible, edite el video y haga una narración en un archivo audio.

CAPÍTULO 4

Amor y amistad

METAS

En este capítulo vamos a aprender a…

▶ hacer, aceptar o rehusar *(decline)* una invitación

▶ hablar de amigos, novios, reuniones y citas

▶ expresar intenciones o planes futuros

▶ comparar personas, lugares y cosas

© eStock Photo/Alamy

«Son ricos los que tienen amigos». —proverbio

LENGUA VIVA
Invitaciones

GRAMÁTICA
El tiempo futuro
El condicional
Comparaciones
El superlativo

VOCABULARIO
Amor y amistad
Características personales

L LECTURAS
«Los altibajos de la vida humana»
«Primer e-mail» de Lucía Scosceria
«El contrato nupcial» de Aleida

Presentación del tema

Nuevas tendencias y viejas costumbres

Como en otras partes del mundo, hay cambios recientes en las relaciones humanas —el amor y la amistad— en el mundo hispano. Hay más igualdad entre los sexos que en tiempos pasados. Muchas mujeres trabajan en una variedad de profesiones, aunque las profesiones tradicionalmente femeninas tienen menos prestigio y pagan *(pay)* peor. En un sondeo reciente de jóvenes de España, el 81 por ciento dijo que acepta a los amigos homosexuales cercanos y el 76 por ciento apoya el matrimonio entre homosexuales (legalizado en España en 2005).* También,

como en otros lugares, mucha gente se comunica por redes sociales como Facebook o MySpace: se puede hacer amistades, buscar pareja, hacer citas o compartir pasatiempos o intereses por Internet. Sin embargo, los jóvenes siguen saliendo en grupos, chicos y chicas juntas, en la misma clase de «red social» de antes. Sigue la costumbre de la tertulia, una reunión de amigos en un lugar determinado a una hora determinada. Y los cafés son instituciones sagradas *(sacred)*: parece que siempre hay tiempo para «tomar un cafecito» con un amigo.

© Anna Pérez

You Tube Busque «amor y amistad» para ver videos musicales sobre este tema.

In 2005 Spain legalized same-sex marriages. The law gave same-sex couples the same rights that heterosexual couples have; they can adopt children, inherit their spouses' estates, collect retirement pensions, and have the same work or economic-related benefits as heterosexual couples.

4-1 Preguntas.

1. ¿Existe una total igualdad profesional entre hombres y mujeres ahora en España y Latinoamérica? ¿en Estados Unidos o Canadá? ¿Tienen las mujeres los mismos derechos que los hombres aquí ahora? ¿Tienen los homosexuales o «gays» los mismos derechos que los heterosexuales?

2. ¿Han cambiado las relaciones humanas en la sociedad estadounidense o canadiense? Apoye sus respuestas con algunos ejemplos.

3. ¿Qué redes sociales en Internet utiliza usted? ¿Cómo las utiliza: para comunicarse con los amigos? ¿para compartir pasatiempos o intereses? ¿Las utiliza a menudo?

---

*Instituto de la Juventud Española (INJUVE), Sondeo de opinión y situación de la gente joven: Valores e identidades. Madrid, 2008.

LENGUA VIVA

Julia Gutiérrez, estudiante colombiana de la Universidad de los Andes

Alberto García, joven de Bogotá, Colombia

Mike Martin, estudiante estadounidense en Bogotá, Colombia

Image copyright Andresr, 2009; Image copyright Andresr 2010; Image copyright Yuri Arcurs, 2009. Used under license from Shutterstock.com

Audioviñetas: Dos invitaciones

CD 1,
Track 9

Conversación 1: Para hacer una invitación; para rehusar *(decline)* una invitación. Julia está en casa cuando recibe una llamada de Alberto, un amigo.

4-4 Escuche la **Conversación 1**. Conteste esta pregunta: ¿Va Julia a llamar a Alberto después de las vacaciones, según su opinión? ¿Por qué sí o por qué no?

No, Julia no va a llamar a Alberto después de las vacaciones porque ella sabe que él tiene novia.

4-5 Escuche la **Conversación 1** otra vez. ¿Qué expresiones se usan para hacer una invitación?

____ **1.** ¿Te gustaría ir a…?   ____ **4.** ¿Quieres ir a…?

✓ **2.** ¿Qué te parece si vamos a…?   ____ **5.** ¿Quisieras ir a…?

✓ **3.** Si estás libre hoy…   ____ **6.** ¿Me querrías acompañar a…?

4-6 Escuche la **Conversación 1** una vez más. Escoja la mejor respuesta.

1. Alberto quiere…

   a. ir al cine.   b. ir al teatro.   c. ir a una ópera.

2. *El día que me quieras* es…

   a. una película con Carlos Gardel.

   b. una película con música rock.

   c. una ópera.

3. El mes que viene Julia va a…

   a. seguir con los exámenes.

   b. ir a la playa.

   c. visitar a sus papás.

4. Una manera cortés de rehusar una invitación es…

   a. Otro día, quizás.   b. No tengo tiempo para ti.   c. No quiero ir.

L For a written example of an invitation for a date and an acceptance, students can look at e-mails 4 and 5 in the short story **"Primer e-mail."**

Conversación 2: Para aceptar una invitación: Julia recibe otra llamada telefónica.

CD 1,
Track 10

4-7 Escuche la **Conversación 2.** Conteste esta pregunta: ¿Está contenta Julia por la llamada? *Sí, Julia está contenta por la llamada de Mike.*

Ask students if they have seen any of these films or other movies in Spanish. You might want to recommend sources (such as the school library, local public library, local video rental places, or online sources).

4-8 Escuche la **Conversación 2** otra vez. ¿Qué cosas o qué personas se mencionan?

    ____ **1.** Salma Hayek

    ✓ **2.** *Camila*

    ✓ **3.** María Luisa Bemberg

    ____ **4.** *Bodas de sangre*

    ____ **5.** Alfonso Cuarón

    ____ **6.** *El norte*

    ✓ **7.** Pedro Almodóvar

    ✓ **8.** *La vida sigue igual*

4-9 Escuche la **Conversación 2** una vez más. ¿Qué expresiones se usan para aceptar una invitación?

    ____ **1.** Sí, con mucho gusto.

    ✓ **2.** Sí, me encantaría.

    ✓ **3.** ¡Qué buena idea!

    ____ **4.** Encantado.

    ____ **5.** De acuerdo. Tengo todo el día libre.

    ✓ **6.** No veo la hora de salir.

En otras palabras

Invitaciones

In Mexico, *to go dutch* is **salir a la americana**; in Peru, Bolivia, Chile, and Argentina it's **salir a la inglesa.** In Spain, it's **salir al escote.**

Everyone has different tastes and preferences, so when you invite someone to do something with you, sometimes they accept and sometimes not. There are many ways to extend, accept, and decline invitations.

Mire el video en el sitio **www.cengagebrain.com/shop/ISBN/0495912654** y haga las actividades que lo acompañan.

¿Adónde quiere ir Rafael? ¿A quiénes invita?

Para hacer una invitación

¿Le (Te) gustaría ir a… (conmigo)? *Would you like to go to . . . (with me)?*

¿Qué le (te) parece si vamos a…? *How about if we go to . . . ?*

Si esta(s) libre hoy, vamos a… *If you're free today, let's go to . . .*

¿Quiere(s) ir a…?

¿Quisiera(s) ir a…? *Would you like to go to . . . ? (slightly formal)*

¿Me querría acompañar a…? *Would you like to go with me to . . . ? (formal)*

The conditional will be practiced in this chapter. Tell students that **quisiera** is an imperfect subjunctive form of **querer**, to be discussed in Chapter 9.

Para aceptar una invitación

Sí, ¡con mucho gusto!

Sí, me encantaría. *Yes, I'd love to (literally, "It would delight me").*

Encantado(a). *I'd love to (literally, "Delighted").*

¡Cómo no! ¿A qué hora?

¡Listo(a)! ¡Gracias por la invitación!

Ah sí, ¡qué buena idea!

¡No veo la hora de salir! *I can't wait (to go out)!*

De acuerdo, ¡tengo todo el día libre!

Para rehusar *(decline)* una invitación

Lo siento, pero tengo mucho que hacer esta semana. La semana que viene, tal vez.

¡Qué lástima! Ya tengo otros planes.

Me encantaría (gustaría), pero no voy a poder ir.

¡Qué pena! *(What a shame!)* **Esta tarde tengo que estudiar (ir de compras, etcétera).**

Otro día tal vez; estoy muy ocupado(a) hoy.

cibernovio *Internet boyfriend;* **ausente** *absent*

4-10 Entre amigos. Escoja a un(a) compañero(a) de clase e invítelo(la) a hacer las siguientes cosas. Su compañero(a) debe aceptar o rehusar como lo haría cualquier amigo(a).

1. ¿Quieres acompañarme a ver la nueva película de Pedro Almodóvar (o la película _____)?
2. ¿Te gustaría ir a jugar al tenis (o _____) esta tarde?
3. ¿Quisieras ir a ver una ópera de Wagner el viernes?
4. ¿Quieres ir a un concierto de Daddy Yankee conmigo?

You may want to ask students to use their own ideas instead of the ones given. Have students act out their role plays for the class.

4-11 Breves encuentros. Inicie breves conversaciones relacionadas con las siguientes situaciones.

1. **Estudiante A:** Usted invita a un(a) amigo(a) a tomar una copa o un café.
   Estudiante B: Usted acepta la invitación y sugiere una hora.

2. **Estudiante A:** Usted invita a un(a) amigo(a) a una fiesta que empieza a las diez de la noche.
   Estudiante B: Usted quiere ir pero tiene que trabajar al día siguiente y no acepta la invitación.

GRAMÁTICA Y VOCABULARIO
The Future Tense
Formation of the Future Tense
Regular Verbs

To form the future tense of regular verbs, the endings shown in bold in the following chart are added to the infinitive.

hablar		comer		vivir	
hablar**é**	hablar**emos**	comer**é**	comer**emos**	vivir**é**	vivir**emos**
hablar**ás**	hablar**éis**	comer**ás**	comer**éis**	vivir**ás**	vivir**éis**
hablar**á**	hablar**án**	comer**á**	comer**án**	vivir**á**	vivir**án**

Irregular Verbs

The regular endings **-é, -ás, -á, -emos, -éis,** and **-án** are added to the following irregular verb stems to form the future tense.

Infinitive	Stem		Ending
caber	cabr-		
decir	dir-		
haber	habr-		
hacer	har-		**é**
poder	podr-		**ás**
poner	pondr-		**á**
querer	querr-		**emos**
saber	sabr-		**éis**
salir	saldr-		**án**
tener	tendr-		
valer	valdr-		
venir	vendr-		

Use of the Future Tense

1. The future tense refers to an action that *will, shall,* or *is going to* take place.

¿Crees que Alberto cambiará?	*Do you think Alberto will (is going to) change?*
¿Saldrás con Felipe?	*Will you go out with Felipe?*

2. The future tense is also used to express possibility or probability in the present. Notice some of the different English translations.

El esposo de Gloria tendrá unos cincuenta años, ¿verdad?	*Gloria's husband must be (probably is) about fifty years old, isn't he?*
¿Dónde estarán mis llaves?	*Where are my keys? (Where can they be?)*
¿Cuál es la fecha de hoy? —Será el primero.	*What's the date today? —It must be the first.*

Selección 1 is an e-mail love story with many examples of the future tense when a man and a woman make arrangements to meet each other.

Up to this point in the book, **ir a** + infinitive has been used for the future, in general. You might want to point this out and give students sentences such as **Hoy vamos a hablar de las relaciones humanas** and have them change them to the future tense as a warm-up.

PRÁCTICA

4-12. The ideas students generate in this activity (especially to the follow-up questions asking for further details) can be used as part of the brainstorming for the alternative composition topic.

4-12 La cita ideal. Vamos a imaginar que usted puede tener una cita ideal con alguien muy especial. Tiene todo el dinero que necesita. ¿Qué hará en esa cita?

Paso 1. Haga preguntas, usando el tiempo futuro y la forma **usted** del verbo.

> ☼ **MODELO** con quién salir
> *¿Con quién saldrá?*

1. comprar ropa nueva ¿Comprará ropa nueva?
2. estar nervioso(a) ¿Estará nervioso(a)?
3. tener lista una limusina ¿Tendrá lista una limusina?
4. ir a cenar ¿Irá a cenar?
5. ver una película o una obra teatral ¿Verá una película o una obra teatral?
6. decir algo al final de la noche ¿Dirá algo al final de la noche?
7. hacer una cita para otro día ¿Hará una cita para otro día?
8. ¿…?

Paso 2. Trabaje con un(a) compañero(a). Túrnense para hacer y contestar las preguntas anteriores, usando la forma **tú** del verbo. Haga preguntas adicionales.

> ☼ **MODELO** con quién salir
> *¿Con quién saldrás? ¿Cómo es él/ella? ¿Por qué escogiste a esa persona?*

4-13 Los buenos amigos. A veces es difícil saber quiénes son los verdaderos amigos. ¿Quiénes son aquellos que nos apoyarán en las buenas y en las malas *(in good times and bad)*? Con un(a) compañero(a), haga una descripción del amigo verdadero, usando el tiempo futuro. Un buen amigo o una buena amiga…

> ☼ **MODELO** aceptarme como soy
> *…me aceptará como soy.*

Ideas: decirme siempre la verdad, escuchar mis problemas, perdonar mis errores, querer lo mejor para mí, lamentar mis fracasos *(failures)*, saber celebrar mis éxitos, ser sincero(a) conmigo, no hablar mal de mí o hacerme sentir mal, estar a mi lado para apoyarme, hacerme compañía y comprenderme, ¿…?

4-14 «Cosas que (nunca) haremos».

Paso 1. En grupos de cinco o seis personas, cada persona menciona cinco cosas que hará en el futuro y cinco cosas que nunca hará.

> ⚙ **MODELOS** *Compraré un jeep (una casa en Hawai, un helicóptero), aprenderé a tocar el piano, tendré un robot para hacer las tareas del hogar… Nunca compraré cosméticos caros (un Winnebago, muebles para el patio), nunca aprenderé a jugar al golf, nunca tendré un perro pitbull…*

Ideas: casarme con…, vivir en…, ir a…, trabajar de…, aprender a…, leer…, tener…, usar…, ver…

Paso 2. En los mismos grupos, hagan una lista de tres cosas que harán y tres cosas que nunca harán. Comparen sus respuestas con las respuestas de los otros grupos.

Mirando los resultados, ¿pueden hacer algunas generalizaciones sobre su generación? ¿Creen que su generación será como la generación de sus padres? Por ejemplo, ¿creen que los jóvenes de hoy serán más o menos materialistas que sus padres? ¿tolerantes? ¿religiosos? ¿Se casarán más tarde? ¿Tendrán más niños? ¿Disfrutarán de más libertad? ¿Sufrirán más violencia? ¿Vivirán más?

The Conditional

Formation of the Conditional

Regular Verbs

To form the conditional of regular verbs, the endings shown in bold in the following chart are added to the infinitive.

hablar		comer		vivir	
hablar**ía**	hablar**íamos**	comer**ía**	comer**íamos**	vivir**ía**	vivir**íamos**
hablar**ías**	hablar**íais**	comer**ías**	comer**íais**	vivir**ías**	vivir**íais**
hablar**ía**	hablar**ían**	comer**ía**	comer**ían**	vivir**ía**	vivir**ían**

Irregular Verbs

The regular endings **-ía, -ías, -ía, -íamos, -íais,** and **-ían** are added to the stems of the same verbs that are irregular in the future tense (see p. 83).

Use of the Conditional

1. The conditional usually conveys the meaning *would* in English.

Vamos a ir a comer. ¿Te gustaría acompañarnos?	*We're going to go eat. Would you like to go with us?*
¿Qué harías tú? ¿Romperías con él?	*What would you do? Would you break up with him?*

2. The conditional often refers to a projected action in the future, viewed or thought of from a time in the past.

Juan dijo que cuidaría a su hermanito.	*Juan said he would take care of his little brother.*
Ella prometió que iría conmigo al baile.	*She promised she'd go to the dance with me.*

   Notice that if the present tense had been used in the first clauses of the preceding examples, the future would probably have been used in the second clauses:

Juan dice que cuidará a su hermanito.	*Juan says he will take care of his little brother.*
Ella promete que irá conmigo al baile.	*She promises she'll go to the dance with me.*

3. The conditional can express possibility or probability in the past.

¿Qué hora sería cuando entraron? —Serían por lo menos las cuatro de la mañana.	*What time was it (probably, could it have been) when they came in? —It must have been (was probably) at least four in the morning.*

4. The conditional is sometimes used to show politeness or deference.

¿Podrían ustedes ayudarme, señores?	*Could you help me, gentlemen?*
Señora, ¿podría decirme usted dónde está el correo?	*Ma'am, could you tell me where the post office is?*
¿Nos podría traer dos cafés?	*Could you bring us two cups of coffee?*

5. The conditional is also used with *if* clauses, which will be discussed in Chapters 9 and 11.

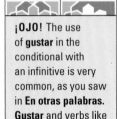

¡OJO! The use of **gustar** in the conditional with an infinitive is very common, as you saw in **En otras palabras. Gustar** and verbs like it will be practiced in Chapter 7.

¡OJO! Remember, however, that the imperfect can also convey the idea of *would,* but in the sense of *used to,* describing repeated action in the past: **Cuando era joven, iba al cine todos los sábados.** *When I was young, I would go to the movies every Saturday.*

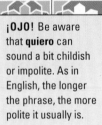

¡OJO! Be aware that **quiero** can sound a bit childish or impolite. As in English, the longer the phrase, the more polite it usually is.

PRÁCTICA

4-15 ¡Más cortesía, por favor! Siga los modelos.

> **MODELOS** Quiero un vaso de agua. (Deme un vaso de agua.)
>> *¿Me podría traer (dar) un vaso de agua, por favor?*
>> *¿Qué hora es?*
>> *¿Me podría decir qué hora es?*

1. Quiero más pan.
2. ¿Dónde está el baño?
3. Páseme el agua mineral.
4. Quiero un café.
5. ¿Podemos pasar?

4-16 Parejas famosas. ¿Qué promesas hicieron estas personas antes de casarse?

> **MODELO** Gabriel García Márquez a Mercedes / tratarla con mucho cariño siempre
>> *Le prometió que la trataría con mucho cariño siempre.*

1. Julieta a Romeo / amarlo hasta la muerte
2. Marc Anthony a Jennifer López / cantarle canciones de amor
3. Lucy a Ricky Ricardo / hacerlo reír todos los días
4. Odiseo a Penélope / regresar de todos sus viajes
5. George Washington a Martha / no mentirle nunca
6. Don Quijote a Dulcinea / defender su honor siempre

4-17 El sexo opuesto. ¿Cuáles son las ventajas y las desventajas de ser miembro del sexo opuesto?

Paso 1. Trabajen en grupos. Cada uno de los hombres completa esta frase: **Si yo fuera mujer…** Cada una de las mujeres completa esta frase: **Si yo fuera hombre…** Vocabulario: corbata *tie*, tacones *heels*, arreglar *to fix*

> **MODELO** (no) llorar en el cine
>> *Si yo fuera mujer, no lloraría en el cine (podría llorar en el cine).*

Ideas:

1. (no) pagar cuando saliera con un(a) chico(a)
2. (no) usar ropa incómoda (corbata, zapatos con tacones altos, etcétera)
3. (no) aprender a cocinar, arreglar un coche, hacer las tareas del hogar
4. (no) quedarse en casa y (no) salir a trabajar
5. (no) ser amoroso(a) (discreto[a], lógico[a])
6. (no) mirar tantas películas románticas (de terror, de ciencia ficción)

Paso 2. Después, describan al hombre (a la mujer) ideal: **Él (Ella) sería… (Tendría… Nunca… Sabría…).**

Comparisons

Comparisons of Equality

1. Tan + adjective or adverb + **como** means *as . . . as.*

Miguelito es tan bueno como el pan.	*Miguelito is as good as gold (literally, "bread").*
Llegaré tan pronto como sea posible.	*I'll get there as soon as possible.*

Notice the agreement of the adjective with the noun(s) before **tan**; the adjective agrees with the first noun(s) mentioned:

Marisa es tan extrovertida como Eduardo.	*Marisa is as extroverted as Eduardo.*
Eduardo y Paco no son tan optimistas como Marisa.	*Eduardo and Paco are not as optimistic as Marisa.*

2. Tanto(a, os, as) + noun + **como** means *as much (many) as.* **Tanto(a, os, as)** agrees with the noun it modifies.

¡Nadie hace tantas preguntas como tú!	*No one asks as many questions as you do!*
Tú tienes tantos amigos como yo.	*You have as many friends as I do.*

3. Verb + **tanto como** means *as much as.*

Nadie habla tanto como él.	*No one talks as much as he does.*

Comparisons of Inequality

1. Más/menos + adjective or adverb + **que:**

Es más claro que el agua: deben tener los mismos derechos que nosotros.	*It's crystal clear (clearer than water): they should have the same rights we have.*
Natalia sale más a menudo que su hermana.	*Natalia goes out more often than her sister.*
Soy menos generoso que tú, cariño.	*I'm less generous than you are, dear.*

2. Más (+ noun +) **que** means *more* (+ noun +) *than;* **menos** (+ noun +) **que** means *less/fewer* (+ noun +) *than:*

Mi compadre José gana más (menos) dinero que su esposa.	*My good friend José earns more (less) money than his wife does.*

3. Before a number, **de** is used instead of **que** to mean *than*:

Hay más de dos libras en un kilogramo.

There are more than two pounds in a kilogram.

You might want to point out that **no... más que** before a number, however, means *only*: **¿No tienes más que cincuenta pesos?**

4. Negatives (not affirmatives as in English) are used after **que** in comparisons:

Te quiero ahora más que nunca.

I love you now more than ever.

Lo admiramos más que a nadie.

We admire him more than anyone.

Nùria Pompeia

You might want to mention some of the many terms of endearment in Spanish, such as **mi amor** in the cartoon: **mi cielo, cariño, mi rey (reina), mi tesoro.** Ask students if they've ever heard of the cartoon strip *Gordo* and tell them sometimes physical characteristics are used as terms of affection: **gordito(a), flaquito(a), chato** *(pug-nosed).* **Mamacita,** common in Latin America to indicate affection to a girl or woman, can also be used by a man to get a woman's attention. In Mexico, most of Central America, and the Caribbean, **papi** is used by women to address men.

CARACTERÍSTICAS PERSONALES

El siguiente cuadro gráfico apareció en la revista peruana «Debate». Está basado en una encuesta *(survey)* de 401 amas de casa de Lima, Perú. Los números representan porcentajes del total. Nota: **optimista, pesimista** y **moralista** se usan con sustantivos masculinos o femeninos: **un hombre optimista / una mujer optimista.**

AUTOPERCEPCIÓN DEL AMA DE CASA %

49 Moderna · 45 Tradicional	76 Activa · 21 Pasiva	
61 Extrovertida · 26 Introvertida	75 Independiente · 22 Dependiente	
97 Responsable · 1 Irresponsable	87 Optimista · 7 Pesimista	
50 Sin prejuicios · 44 Moralista	84 Pacífica · 11 Agresiva	
83 Cariñosa · 10 Seca	87 Alegre · 7 Triste	

© José San Martín Escobar

PRÁCTICA

4-18 Comparaciones tradicionales. Complete las oraciones con las palabras que faltan.

MODELO Es __*tan*__ celoso __*como*__ Otelo.

1. Es ___tan___ fuerte ___como___ Hércules.

2. Es ___tan___ triste ___como___ la Llorona.

3. Tiene ___tantos___ hijos ___como___ la viejita que vivía en un zapato.

4. Es ___tan___ viejo ___como___ Matusalén.

5. Tiene ___tanto___ dinero ___como___ el rey Midas.

6. Tiene pies ___tan___ pequeños ___como___ los pies de Cenicienta *(Cinderella)*.

7. Tiene ___tanta___ paciencia ___como___ Job.

8. Duerme ___tanto como___ la Bella Durmiente.

4-19 En nuestra clase… Su profesor(a) escoge a dos estudiantes de la clase. Con toda la clase, hagan por lo menos cinco comparaciones entre los estudiantes. Háganle preguntas a cada uno(a); por ejemplo, **¿Cuántas clases tienes este semestre? ¿Cuántos hermanos tienes? ¿Cuántas horas estudiaste anoche?**

MODELOS *Martín tiene menos clases que Ana. Ana cenó más temprano anoche.*

4-20 Comparaciones. De acuerdo con el modelo, haga oraciones comparativas.

MODELO solteros / casados
Los solteros son más (menos) felices que los casados.

1. la ciudad donde vivimos / Los Ángeles

2. jóvenes / ancianos

3. América Ferrara / Jessica Alba

4. hacer snowboard / esquiar

5. Estados Unidos / México

6. gatos / perros

7. un galón / dos litros

8. un día / veinticinco horas

4-21 Amigos famosos. En las películas para niños hay muchos amigos (o enemigos) famosos: mire, por ejemplo, las listas que siguen. Haga por lo menos cinco oraciones, usando comparaciones.

⚙ **MODELOS** Bob Esponja y Patricio Estrella
Patricio no es tan inteligente como Bob.
Tom y Jerry
Tom es más oportunista que Jerry.

Amigos:

Bob Esponja (*Sponge)* y Patricio Estrella

Pinocho y Pepe Grillo (*Jiminy Cricket)*

Blancanieves y los Siete Enanitos (*Dwarves)*

el Oso Yogi y Boo Boo

el Conejo Bugs y el Pato Lucas (*Daffy)*

Enemigos:

el gato Silvestre y Piolín (*Tweety)*

el Correcaminos y el Coyote

Peter Pan y el capitán Garfio (*Hook)*

Tom y Jerry

Harry Potter y Voldemort

Superman y Lex Luther

 4-22 Cuéntame, compañero(a). Mire el gráfico en la sección de **Vocabulario útil** en la página 90. Cuéntele a un(a) compañero(a) cuatro o cinco cosas sobre su familia o sus amigos y usted, usando oraciones comparativas y los adjetivos del gráfico.

⚙ **MODELOS** *Soy más extrovertido(a) que mi mamá.*
Soy menos agresivo(a) que mi hermano.
No soy tan trabajador(a) como mi compañero(a) de cuarto.

Irregular Comparative Forms; The Superlative

Irregular Comparative Forms

Mejor *(better)* and **peor** *(worse)* are used as comparative forms of **bueno** and **malo** and of **bien** and **mal.**

De las dos películas, ¿cuál es mejor? *Of the two films, which is better?*

¿Te sientes mejor hoy? —No, peor. *Do you feel better today? —No, worse.*

Mayor and **menor** are often used to describe people to mean *older* and *younger,* respectively; **más grande (pequeño)** usually refers to size rather than age. The feminine forms of **mejor, peor, mayor,** and **menor** are the same as the masculine forms; the plurals are formed by adding **-es.**

Cristina es mayor que su hermano pero es más pequeña. *Cristina is older than her brother but she's smaller.*

¡Mis hermanas menores ya son más grandes que mi mamá! *My younger sisters are already bigger than my mother!*

The Superlative

Adjective	Comparative	Superlative
bonito	más bonito	el más bonito
inteligentes	más inteligentes	las más inteligentes

1. To form the superlative of adjectives, the following construction is used.

Definite Article	Noun	*más/menos*	Adjective
los	hombres	más	importantes
la	mujer	menos	tradicional

2. De is used to express English *in* or *of* after a superlative.

Es la decisión más importante de todas. — *It's the most important decision of all.*

Ella es la menos responsable del grupo. — *She's the least responsible one in the group.*

The noun is not always expressed, as in the preceding example: **la (persona) menos responsable.**

3. Mejor and **peor** usually precede, rather than follow, the nouns they modify.

El viernes es el mejor (peor) día de la semana. — *Friday is the best (worst) day of the week.*

4. The ending **-ísimo(a, os, as)** is used with adjectives or adverbs for the "absolute superlative."

¿Llegaron muy tarde? —Sí, tardísimo. — *Did they arrive very late? —Yes, extremely late.*

Esas rosas fueron carísimas. — *Those roses were very expensive.*

www.nanicartoons.com

DE LAS NOVIAS QUE TUVISTE, ¿CUÁL FUE LA MÁS DIVERTIDA?

RECUERDO A REBECA, ME REÍA MUCHO CON ELLA, AUNQUE PILAR TAMBIÉN, Y LOLA, BUENO, NO PUEDO OLVIDAR A...

¡PERO NINGUNA COMO TÚ!

nani

For a visual of the superlative draw three simple stick figures on the board varying their physical characteristics as much as you wish. Give each a name and an age and tell what grade each received on their last science exam. Give students three minutes to come up with as many comparative and superlative sentences as they can. Discuss their answers.

¡OJO! If the -ísimo ending is added to a word ending in a vowel, the final vowel is dropped. If the word ends in **z**, change the **z** to **c**. A **c** may change to **qu** and a **g** to **gu** before a final **o** or **a** to preserve the **c** or **g** sound.

feliz **felicísimo** (z → c)
poco **poquísimo** (c → qu)
largo **larguísimo** (g → gu)

You may want to expand this discussion by telling students that (1) the definite article (**el, la, los, las**) is not used with superlative adverbs: **¿Quién respondió más rápidamente?** (2) the neuter **lo** precedes a superlative adverb followed by a phrase expressing possibility: **Te mandaré un e-mail lo más pronto posible. Salimos lo más temprano que pudimos.** If you choose to present the latter, illustrate word order with a chart on the board: **lo + más/menos + adverb + posible** (or: **+ que + poder**).

Comprehension check: Ask students questions to elicit the superlative: **¿Quién es el chico más alto de la clase? ¿Cuál es el mejor equipo de fútbol del país?**

PRÁCTICA

4-23 Deducciones. Haga sus propias deducciones, usando las terminaciones -ísimo(a, os, as).

⚙ **MODELO** Esa casa es una mansión.
Es grandísima.

1. Él no tiene ni un centavo. ¡Es pobrísimo!
2. Este libro cuesta doscientos dólares. ¡Es carísimo!
3. Esta ópera nunca va a terminar. ¡Es larguísima!
4. Ella tiene un millón de dólares. ¡Es riquísima!
5. Ese tren corre a 350 kilómetros por hora. ¡Es rapidísimo!

ANS 4-24
1. la capital más alta del mundo 2. el restaurante más viejo del mundo 3. la persona más anciana/vieja de la historia 4. la persona más alta de la historia 5. el noviazgo más largo de la historia 6. la paella más grande de la historia 7. más de

4-24 Según Guinness. La siguiente información se encuentra en el *Guinness Book of World Records* y está basada en hechos históricos documentados. Complete las oraciones con la información indicada.

1. La Paz, Bolivia, es _____ *(the highest capital city in the world)*.
2. Casa Botín, en Madrid, es _____ *(the oldest restaurant in the world)*. (Se abrió en 1725.)
3. Jeanne Louise Calment, de Francia, tenía 122 años cuando murió; era _____ *(the oldest person in history)*.
4. Robert Wadlow, de Illinois, Estados Unidos, tenía casi nueve pies de altura; era _____ *(the tallest person in history)*.
5. Octavio Guillén y Adriana Martínez tuvieron _____ *(the longest engagement in history)*: 67 años. Se casaron a la edad de 82 años.
6. Juan Carlos Galbis hizo _____ *(the biggest paella in history)* en Valencia, España, en 1992 (cien mil personas la compartieron).
7. Después de escuchar la canción «Bésame mucho», _____ *(more than)* 39 000 personas se besaron *(kissed)* simultáneamente en la Plaza de la Constitución de Ciudad de México el Día de San Valentín de 2009.

👥 **4-25 Categorías.** Comparen a las siguientes personas o las siguientes cosas, haciendo por lo menos una oración superlativa en cada caso.

⚙ **MODELO** tu madre, tu padre y otro pariente
Mi madre es más estricta que mi padre. Mi padre tiene menos prejuicios. Mi abuelo es el más estricto de todos.

1. los Volkswagens, los Jaguares, los Toyotas, (los _____)
2. el fútbol americano, el béisbol, el golf, (el _____)
3. *Los piratas del Caribe, La señora Doubtfire, Frida,* (_____)
4. un viaje a Europa, un viaje a Hawai, un viaje al Gran Cañón, (un viaje a _____)

4-26 La envidia. Según Verónica Rodríguez, una trabajadora social peruana, la envidia es una emoción que todos compartimos. Para dar un ejemplo concreto y personal, ella describe a su prima y actual amiga Angélica María. Trabaje con un(a) compañero(a) para completar las siguientes oraciones.

Vocabulario: monja *nun*, calificaciones *grades*, duré *lasted*, habían mejorado *had improved*, rulos de alambre *wire rollers curlers*

Tengo muchos hermanos y muchos primos, y nos veíamos a menudo en las reuniones familiares. Mi prima Angélica María era (1) _____ *(the most intelligent of all)*. A las dos nos mandaron a una escuela religiosa en otro pueblo. Angélica María estudiaba mucho (2) _____ *(less than I did)* y se divertía (3) _____ *(much more)*. Se convirtió en la favorita de todas las monjas y de las personas (4) _____ *(most important of the town)* porque no solamente era linda, sino que también sabía bailar, recitar poesía, escribir y expresarse (5) _____ *(better than anyone)*. Todo el mundo decía que ella era (6) _____ *(the best student in the school)*. Como tenía las calificaciones (7) _____ *(highest)*, ella podía salir los sábados a bailar y a reunirse con sus primos y amigos. Yo solo duré en ese lugar tres meses porque mis calificaciones eran (8) _____ *(very, very bad)*. En una ocasión pensé que habían mejorado y que podría salir con mi prima. Pasé toda una noche con rulos de alambre en la cabeza, un verdadero tormento. Pero al día siguiente una de las monjas me dijo que mis calificaciones eran (9) _____ *(as bad as)* siempre y que no me permitirían salir. Lloré durante todo el fin de semana. La envidia me mataba.

ANS 4-26
1. la más inteligente de todos 2. menos que yo 3. mucho más 4. más importantes del pueblo 5. mejor que nadie 6. la mejor estudiante de la escuela 7. más altas 8. malísimas (muy, muy malas) 9. tan malas como

Ask students about a time when they felt envious of someone; if a student volunteers a story, encourage others to ask questions so he or she will elaborate.

 4-27 Entre nosotros… Trabajen en grupos y hagan por lo menos seis oraciones acerca de la gente de su grupo, siguiendo el modelo. Usen las siguientes ideas y otras de su propia invención. Estén preparados para presentarle la información a la clase.

⚙ **MODELO**   tener / trabajo bueno (malo)
Susan tiene el mejor trabajo del grupo.

Ideas

tener / apellido largo (corto)
tener / pelo largo (corto)
ser / alto (delgado, joven)
llevar / zapatos (in)cómodos
vivir / lejos de la universidad
viajar / lejos para ver a su familia
ver / película buena (mala) este mes

If there is time, have students use information from the group reports to make statements about the class as a whole. For example, ask **¿Quién tiene el apellido más largo de la clase?** and help them determine the answer.

EN CONTACTO

 ## Videocultura: Las amistades

Paula Castillo, Martín Pérez y Maribel Guzmán, tres jóvenes de Barcelona, España, hablan del tema de la amistad y del amor. Mire el video y conteste estas preguntas: ¿Qué hacen los amigos para divertirse? ¿Cómo encuentran el amor?

Vocabulario: es más difícil quedar *it's harder to agree (to get together)*; si el presupuesto lo permite *if the budget allows for it*; se te ha echado la mañana encima *the morning has flown by*; no lo pinten tan bien *don't make it look so nice*; aunque te duela *although it may be painful for you*; me metí a un chat *I joined a chat group*; ligar *to pick up, get a date (colloquial)*

> **Google** Busque «Barcelona ocio» (**ocio** quiere decir *leisure time*) para ver algunas cosas que los tres amigos podrían hacer juntos este fin de semana.

© Anna Pérez

4-28 Comprensión. Conteste las siguientes preguntas después de ver el video.

1. ¿Qué hacen los amigos los viernes, en general? ¿los sábados por la noche? ¿Se ven mucho entre semana?

2. El chico dice que estuvo de novio (que tenía una novia) en el pasado pero que hubo un problema. ¿Cuál fue el problema?

3. ¿Tienen mucho en común los tres amigos? ¿De qué temas hablan? ¿Comparten los problemas? ¿Por qué no vieron al chico las dos chicas durante un tiempo (cuando «le veíamos poco el pelo»)?

 4-29 Puntos de vista. Compare sus opiniones con las de dos o tres compañeros.

1. Comparen un típico fin de semana de los tres jóvenes con uno de ustedes.

2. ¿Están de acuerdo con Paula en que es mejor hablar directamente a un(a) amigo(a), ser sincero(a) con él o con ella, aunque le duela lo que le diga? ¿Puede tener consecuencias negativas, a veces? Den ejemplos.

3. ¿Se ha metido en un chat para buscar pareja alguien del grupo? Si es así, describa la experiencia que tuvo. ¿Cómo le fue?

Síntesis

4-30 El sábado que viene. Su profesor(a) le dará una tarjeta y escribirá tres
preguntas en la pizarra; por ejemplo:

1. ¿Qué hará este fin de semana?
2. ¿Dónde estará este domingo?
3. ¿A quién verá ese día?

Conteste con oraciones completas las preguntas de su profesor(a). Devuélvale la
tarjeta a su profesor(a). Él (Ella) le dará la tarjeta de otro(a) estudiante. Busque al
(a la) dueño(a) de la nueva tarjeta, haciéndoles preguntas a los otros estudiantes de
la clase.

4-31 Las amistades. Trabaje con un(a) compañero(a). Haga y conteste las
preguntas que siguen. Esté preparado(a) para presentarle la información a la clase.

1. Entre tus amigos, ¿cuál es el (la) más generoso(a) y el (la) menos egoísta? ¿el
(la) más alegre? ¿ el (la) más optimista?
2. ¿Cuál es el amigo o la amiga que ves más frecuentemente? ¿A cuál te gustaría
ver más frecuentemente?
3. Entre tus amigos, ¿hay uno(a) que sea un poco irresponsable? ¿Cuál es la cosa
más irresponsable que ha hecho?
4. Entre tus amigos, ¿hay uno(a) que sea muy inteligente y práctico(a)? ¿Cuál es
el mejor consejo *(piece of advice)* que te ha dado?
5. ¿Cuál fue el momento más feliz que pasaste con tu mejor amigo(a)? ¿el
momento más desagradable que pasaste con él o con ella?
6. De tus amigos de la escuela primaria, ¿quién era el (la) más simpático(a)? ¿el
(la) más divertido(a)? ¿Por qué?
7. ¿Cuál fue el mejor regalo que recibiste de un amigo el año pasado? ¿el peor?

4-32 Comparando a los famosos. Su profesor(a) les mostrará fotos de varias
personas (o pueden mirar fotos que aparecen a lo largo de *[throughout]*
En contacto). En grupos de tres personas, hagan por lo menos dos oraciones
comparativas y dos oraciones superlativas acerca de las personas que ven. Usen
el **Vocabulario útil** de la página 90 o algunos de los adjetivos que siguen: **joven,
viejo(a), rico(a), famoso(a), atleta.**

⚙ MODELOS *Carmen Lomas Garza es mayor que Marc Anthony.*
Cameron Díaz es la más famosa de todos.

4-30. Write any three
questions you like,
perhaps including
current activities or
information, using
the future tense. Give
students a time limit for
answering them. Collect
and shuffle the cards,
then hand them back out
to the class. Students
ask questions until they
find the person who
wrote the answers to
the card they have. If
there is time, have some
of the students report
the answers that their
partners supplied.

4-31. If there is time,
relate a personal
anecdote in which you
answer one of these
questions.

4-32. Split the class
into groups of three.
Bring in photos and put
them around the room.
Anyone in the news or
anyone your students
know is good, but funny
photos of different kinds
of people (with names
labeled) also work well.
Allow students to get
up and look at them.
Set a time limit. If you
do not have time to
bring in photos, you
could tell students to
use any photos from the
En contacto reader or
grammar.

Composición

Los buenos amigos

¿Cuáles son las cualidades de los buenos amigos? Piense en una persona que es o era un(a) buen(a) amigo(a). Puede referirse a las actividades 4-13 y 4-31.

1. Escriba una oración para presentar a su amigo(a). ¿Cómo se llama? ¿Dónde lo (la) conoció?

2. Escriba por lo menos cuatro oraciones para describir a esta persona. ¿Cómo es (era)? ¿Le hace reír y olvidarse de los problemas? ¿Qué tienen en común? ¿En qué se diferencian? Use tantas formas comparativas y superlativas (e.g., **más**, **menos**, **tan**, **tanto**, **mejor**, **peor**, etcétera) como le sea posible.

3. Escriba una conclusión. ¿Se lleva bien con esta persona ahora? ¿Ya no la ve? ¿La verá en el futuro?

Opción: Saque o busque fotos para ilustrar su párrafo; hay sitios en Internet donde puede subir (*upload*) y compartir la composición con la clase. Otra posibilidad: hacer una remezcla (*mash-up*). Incluya un video de su amigo(a) (del teléfono celular o de una videocámara) o una pequeña entrevista con él o ella.

Tema alternativo: Una cita ideal. Describa una cita ideal, usando el modo condicional y algunas ideas de la actividad 4-12. Incluya: con quién salir, adónde ir, qué hacer, qué llevar, qué decir al final de la cita. Opción: una remezcla con fotos, música, el menú de un restaurante, etcétera.

CAPÍTULO 5

Vivir y aprender

METAS

En este capítulo vamos a aprender a...

▸ saludar y despedirnos por teléfono

▸ pedir o dar permiso y expresar prohibición

▸ hablar de la vida estudiantil

© Pedro Coll/age fotostock

La enseñanza, como la vida, debe ser una aventura.

LENGUA VIVA
Saludos y despedidas por teléfono

Expresiones para pedir o dar permiso y expresar prohibición

GRAMÁTICA
El tiempo presente del subjuntivo

El uso del subjuntivo con verbos que indican duda; emoción; voluntad, preferencia o necesidad; aprobación, desaprobación, consejos

El subjuntivo y el indicativo

VOCABULARIO
La vida estudiantil

Los altibajos del estudiante

LECTURAS
«Dos estilos de vida estudiantil»

«Hablan los estudiantes» (encuesta)

«La Academia: el *reality show* latinoamericano» de Armando Sánchez Lona

Presentación del tema

La vida universitaria

Hay algunas diferencias entre la vida universitaria en Estados Unidos o Canadá y en los países hispanos. En general, es muy común que los estudiantes hispanos se ayuden mutuamente (por ejemplo, que estudien juntos y se intercambien apuntes). En algunas carreras, no es obligatorio que asistan a clase, pero es necesario que aprueben un examen final, que algunas veces es oral. Es raro que haya un *campus*; las diferentes facultades de una universidad pueden estar en varias partes de la ciudad. Si un estudiante se especializa en medicina, por ejemplo, tiene todas sus clases en la facultad de medicina. La gran mayoría de los estudiantes hispanos viven con su familia, no en una residencia estudiantil. Se reúnen, generalmente, en los cafés, las plazas y en otros lugares públicos de la ciudad. No están aislados *(isolated)* ni separados de la comunidad.

© Anna Pérez

Google — Busque «Universidad Nacional Mayor de San Marcos Facultades». ¿Qué áreas académicas ofrece esta universidad peruana fundada en 1551? ¿En qué campo de estudio se especializa usted?

5-1 Preguntas

1. ¿Cuáles son algunas de las diferencias entre la vida universitaria en España o Latinoamérica y Estados Unidos o Canadá?

2. ¿Cree usted que en este país los estudiantes se ayudan con los estudios? ¿Hay mucha rivalidad? Dé ejemplos.

3. ¿Qué piensa usted de los exámenes orales? ¿Son más o menos fáciles que los escritos? ¿Por qué?

4. ¿Prefiere vivir en casa con su familia, en una residencia estudiantil o en un apartamento? ¿Por qué?

VOCABULARIO ÚTIL

LA VIDA ESTUDIANTIL

COGNADOS

la carrera

la escuela secundaria

graduarse

la oficina administrativa

OTRAS PALABRAS

los apuntes	*notes*
la beca	*scholarship*
el campo	*field*
la cartera	*small purse*
los deberes, las tareas	*homework*
la enseñanza	*education, teaching*
el liceo	*high school*
el título	*degree, title*

LOS CAMPOS DE ESTUDIO

la administración de empresas *(business),* el comercio	la enfermería *nursing*
la antropología	la estadística
la arquitectura	la farmacia *pharmacology*
el arte	la filosofía
las ciencias (e.g., la biología, la química, la física)	la historia
	la ingeniería
las ciencias de computación (la informática)	las letras *literature*
	las matemáticas
las ciencias políticas	la medicina
las ciencias sociales	la nutrición
la contaduría *accounting*	la psicología
el derecho *law*	la sociología
la economía	la terapia física
la educación	el trabajo social *social work*

VERBOS

aprobar (ue) (un curso o examen)	*to pass (a course or exam)*
devolver (ue)	*to return (something)*
especializarse en	*to major (specialize) in*
fracasar (en un curso o examen)	*to fail (a course or exam)*

Point out that **ciencias** has no **s** at the beginning, given the phonetic tendency of Spanish. Tell students that many magazines and newspapers now spell **psicología** without the **p.** Point out the **f** in **filosofía** and ask students what other Spanish words have an **f** instead of **ph** as in English (e.g., **teléfono, foto, fotógrafo, fenómeno**). Ask them when the **ph** is used in Spanish for an **f** sound. (Answer: Never.)

La escuela. Los estudios. In Spanish, words do not start with **s** + a consonant, so Spanish speakers have trouble with this sound in English; that's why you might hear them say "eschool" or "estudies" in English.

Use **Selección 2,** an article about the popular TV reality show "**La Academia,**" to comment on Mexico's fascination with student life. Each year 15 to 18 students are sequestered in a place to live, take courses, and compete against each other for a chance to become a star. During the process the public observes their lives and interactions. Ask what can explain this popularity. What similar shows exist in the U.S.? Is this a good way to learn?

hacer un examen (*also, in Mexico and parts of L. America,* **presentar un examen**)	*to take an exam*
pagar la matrícula	*to pay tuition*
recoger	*to pick up, collect*
seguir (i) un curso	*to take a course*

¡OJO!

la biblioteca *library* / **la librería** *bookstore*

el colegio *elementary or secondary school (usually private)*

la conferencia *lecture* / **la lectura** *reading* / **el congreso** *conference or congress*

la escuela *elementary school (usually public)* / **la facultad** *school (department) of a university*

las calificaciones *grades;* **las notas** *grades (or notes);* **sacar buenas (malas) notas** *to get good (bad) grades* / **los apuntes** *notes;* **tomar apuntes** *to take notes*

la residencia estudiantil *dorm* / **el dormitorio** *bedroom*

PRÁCTICA

5-2 ¿Adónde va? ¿Adónde va el estudiante cuando...?

⚙ **MODELO** quiere cambiar de una carrera a otra
Va a la oficina administrativa.

1. necesita devolver un libro que sacó

2. desea comprar un libro de texto

3. termina la escuela primaria

4. quiere dormir (no vive con su familia y no tiene apartamento)

5. tiene que pagar la matrícula

6. desea hablar con el profesor que enseña el curso sobre literatura latinoamericana

7. necesita recoger algo en el laboratorio de química

 5-3 La fórmula para sacar buenas calificaciones. Discutan las siguientes preguntas. Estén preparados para compartir sus respuestas con la clase.

1. ¿Qué piensan de las siguientes «reglas» *(rules)* para sacar buenas notas? En su opinión, ¿cuáles son las tres recomendaciones más importantes? Pónganlas en orden, con el número 1 como la más importante, etcétera.

_____ pasar mucho tiempo estudiando en la biblioteca o en algún lugar sin distracciones

_____ escribir todas las fechas importantes (de los exámenes, etcétera) en el calendario

_____ siempre hacer las tareas a tiempo (leer las lecturas, hacer el trabajo escrito, etcétera); no dejarlo todo para el último momento

_____ asistir a todas las clases sin falta

_____ impresionar a los profesores

_____ tomar buenos apuntes en todas las clases

_____ estudiar mucho para los exámenes finales

_____ dormir ocho horas todas las noches

_____ no participar en los deportes o en otras actividades

_____ no trabajar en otros empleos (es decir, dedicarse solamente a los estudios)

2. ¿Cuáles de estas «reglas» pueden cumplir? ¿Cuáles no consideran importantes?

3. En su opinión, ¿en qué consiste el éxito en la universidad? ¿Consiste en sacar buenas calificaciones? ¿Hay otros factores importantes? Expliquen.

LENGUA VIVA

Julia Gutiérrez

Jessica Jones

Audioviñetas: Mensajes telefónicos

CD 1,
Track 11

Conversación 1: Para saludar y despedirse por teléfono; para pedir permiso.
Jessica Jones vive ahora en Bogotá con su amiga Julia Gutiérrez; las dos asisten a la Universidad de los Andes de esa ciudad. Están en clase o trabajando casi todo el día; cuando llegan a casa, escuchan los mensajes que tienen en el contestador.

5-4 Escuche, en la **Conversación 1,** los mensajes que Jessica recibe. ¿A quién llamará Jessica primero? ¿Por qué?
Jessica llamará primero a Silvia Salazar de la biblioteca porque allí dejó su cartera.

5-5 Escuche la **Conversación 1** otra vez. En el primer mensaje para Jessica, ¿qué expresiones para pedir permiso se usan? (Hay dos.)

1. ¿Se permite... ?

2. ¿Me permites... ?

3. ¿Es posible que... ?

4. ¿Está bien que... ?

5-6 Escuche los mensajes otra vez y llene los formularios con la información que falta.

Mensaje 1:

Llamó: _Tomás, su compañero de la clase de antropología_

_____ Favor de llamar   _X_ Volverá a llamar

Quiere usar _sus apuntes._

Quiere llegar _a su casa más tarde._

_____

Mensaje 2:

Llamó: _Consuelo Díaz de la librería universitaria_

_____ Favor de llamar   _X_ Volverá a llamar

Tienen _el libro que pidió, Civilizaciones indígenas de Colombia._

Quiere saber si _quiere recogerlo allí o si quiere que_

se lo manden.

Mensaje 3:

Llamó: _Silvia Salazar_

_____ Favor de llamar   _____ Volverá a llamar

Dejó _su cartera allí._

Puede recogerla _hoy antes de las seis o mañana_

después de las ocho.

🔊 CD 1, Track 12

Conversación 2: Para saludar y despedirse por teléfono; para expresar prohibición

5-7 Escuche, en la **Conversación 2,** los mensajes que Julia recibe. ¿A quién llamará Julia primero? ¿Por qué?

Julia llamará primero a su primo Antonio porque dice que su mamá está enferma y eso es algo urgente.

5-8 Escuche los mensajes otra vez y llene los formularios con la información que falta.

Mensaje 1:

Llamó: _Mike_

_____ Favor de llamar   _X_ Volverá a llamar

Pide permiso para _invitar a Esteban a cenar._

_____

_____

Mensaje 2:

Llamó: _su mamá_

_X_ Favor de llamar   _____ Volverá a llamar

La extraña mucho. Quiere que Julia vuelva _____ _a casa_

para el cumpleaños de su abuelita el 15 de enero.

Mensaje 3:

Llamó: _su primo Antonio_

_X_ Favor de llamar   _____ Volverá a llamar

Hay un problema: _su mamá está enferma._

_____

_____

Mensaje 4:

Llamó: _Víctor, de la agencia Excursiones Andinas_

_X_ Favor de llamar   _____ Volverá a llamar

Quiere saber _cuándo va a recoger su boleto._

_____

_____

En otras palabras

Para saludar y despedirse por teléfono

The way people answer the phone varies from country to country in the Hispanic world. In Mexico, people say **Bueno.** In Spain, they say **Diga** or **Dígame** or, less formally, **Sí.** In most places, people say **Hola** or **Aló.** If you are calling someone, you can say, **¿Está...** [name], **por favor?** You may hear the response: **¿De parte de quién?** To identify yourself, you can say, **Habla...** [your name]. Here are some ways to say good-bye on the telephone:

> **Bueno, gracias por llamar.**
> **Te llamo más tarde (mañana,** etc.).
> **Volveré a llamar...** *I'll call back . . .*
> **Adiós. Hasta luego.**

Mire el video en el sitio **www.cengagebrain.com/ shop/ISBN/0495912654** y haga las actividades que lo acompañan.

© Anna Pérez

Rafael decide ir a Toledo y hace varias llamadas. Después de llamar a Sandra, ¿a quiénes llama?

In Cuba, you might hear **Oigo.** In Colombia or Spain, people may say **¿Quién es?**

Para pedir y dar permiso y para expresar prohibición

Here are various ways to ask for and grant or deny permission and to express prohibition. All of these constructions are followed by an infinitive.

1. You want to ask permission to do something.

> **¿Se permite (fumar, sentarse allí,** etcétera)?
> **¿Se puede...?**   **¿Me permite...?**
> **¿Podría (yo)...?**   **¿Es posible...?**

2. You give someone else permission to do something.

> **Sí, puede(s)...**
> **Sí, se permite...**

3. You tell someone that something is not allowed or permitted.

> **Se prohíbe...**
> **No se permite...**
> **Eso no se hace.** *That's not allowed (done).*

There are some common expressions that require the subjunctive for expressing these concepts; for example, **Está bien que...**, **Está prohibido que...** You'll see these constructions later in the chapter, along with the forms of the subjunctive.

PRÁCTICA

5-9 ¿Qué dicen? ¿Qué cree usted que están diciendo las personas que están en los siguientes dibujos? Invente dos oraciones para cada dibujo.

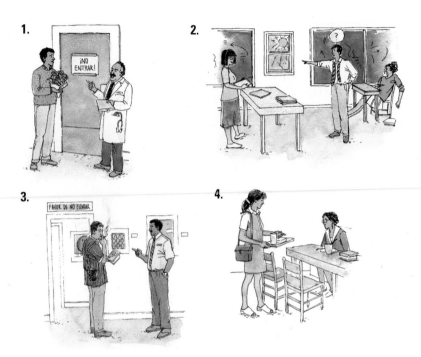

1.

2.

3.

4.

 5-10 Conversaciones por teléfono. Con un(a) compañero(a), invente conversaciones telefónicas para las siguientes situaciones. Un(a) estudiante hace el papel del (de la) estudiante A, y su compañero(a) hace el papel del (de la) estudiante B.

Conversación 1

Estudiante A: You call a friend to see if he or she wants to go to the library to study with you. You can't remember what time the library closes. You think a good place to meet would be upstairs, on the second floor **(en el primer piso)**. Together, you agree on a time and place to meet.

Estudiante B: Your friend calls to see if you want to go to the library to study with him or her. You remember that the library closes at 9:00. You think a good place to meet would be by the elevator **(cerca del ascensor)**. Together, agree on a time and place to meet.

Conversación 2

Estudiante B: You call a friend but he or she is not home. Your friend's roommate answers and asks who is calling. You give your name and say you'll call back later.

Estudiante A: You answer the phone when someone calls for your roommate. You take the caller's name and number to leave a message. You say your roommate will be home at around 10:00.

GRAMÁTICA Y VOCABULARIO
The Present Subjunctive Mood

Up to this point, the indicative mood has been practiced in this book. The indicative is used to state facts or make objective observations—most statements are in the indicative. (Statements in the indicative may or may not be true, but they are stated as truth.) The indicative is also used to ask simple questions. But now the subjunctive mood will be discussed: the mood of doubt, emotion, probability, personal will, arbitrary approval or disapproval. First, look at some examples of the subjunctive versus the indicative.

David **aprueba** el curso.	*David is passing the course. (simple statement—indicative)*
¿**Aprueba** David el curso?	*Is David passing the course? (simple question—indicative)*
Es posible que **apruebe**.	*It's possible that he may pass. (uncertainty, doubt—subjunctive)*
Es estupendo que **apruebe**.	*It's great that he's passing. (emotion—subjunctive)*
Está bien que **apruebe**.	*It's good that he will pass (is passing). (approval—subjunctive)*

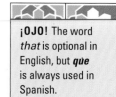

¡**OJO!** The word *that* is optional in English, but *que* is always used in Spanish.

Note the various ways to translate the subjunctive into English.

Es posible que David apruebe.
$\left\{\begin{array}{l}\text{\textit{It's possible (that) David may pass.}}\\\text{\textit{It's possible (that) David's passing.}}\\\text{\textit{It's possible (that) David will pass.}}\\\text{\textit{It's possible for David to pass.}}\end{array}\right.$

You might explain that even though one of the English equivalents contains an infinitive *(It's possible for him to pass)*, the subjunctive has to be used in Spanish because there is a change of subject. This concept will be presented in the next section.

Formation of the Present Subjunctive

Regular Verbs

To form the present subjunctive of nearly all Spanish verbs, the **-o** is dropped from the first-person singular of the present indicative (the **yo** form) and the endings shown in bold are added to the stem.

hablar		comer		vivir	
habl**e**	habl**emos**	com**a**	com**amos**	viv**a**	viv**amos**
habl**es**	habl**éis**	com**as**	com**áis**	viv**as**	viv**áis**
habl**e**	habl**en**	com**a**	com**an**	viv**a**	viv**an**

Verbs that have irregular **yo** forms carry this irregularity over to the stem of the present subjunctive; the endings are the same.

tener		hacer		decir	
teng**a**	teng**amos**	hag**a**	hag**amos**	dig**a**	dig**amos**
teng**as**	teng**áis**	hag**as**	hag**áis**	dig**as**	dig**áis**
teng**a**	teng**an**	hag**a**	hag**an**	dig**a**	dig**an**

Reiterate that the stem is the **yo** form of the present indicative; write some infinitives on the board and ask students to give the stems.

Stem-Changing Verbs

1. **-ar** and **-er**. The **nosotros** and **vosotros** forms follow the same pattern in the indicative and so do not have a stem change.

encontrar (o → ue)		querer (e → ie)	
enc**ue**ntre	enc**o**ntremos	qu**ie**ra	qu**e**ramos
enc**ue**ntres	enc**o**ntréis	qu**ie**ras	qu**e**ráis
enc**ue**ntre	enc**ue**ntren	qu**ie**ra	qu**ie**ran

2. **-ir**. In the **nosotros** and **vosotros** forms, the infinitive stem **e** becomes **i** and the infinitive stem **o** becomes **u**.

sentir (e → ie)		pedir (e → i)		dormir (o → ue)	
s**ie**nta	s**i**ntamos	p**i**da	p**i**damos	d**ue**rma	d**u**rmamos
s**ie**ntas	s**i**ntáis	p**i**das	p**i**dáis	d**ue**rmas	d**u**rmáis
s**ie**nta	s**ie**ntan	p**i**da	p**i**dan	d**ue**rma	d**ue**rman

Irregular Verbs

There are four verbs that do not follow these patterns: **haber, ir, ser,** and **saber.**

haber		ir		ser		saber	
haya	hayamos	vaya	vayamos	sea	seamos	sepa	sepamos
hayas	hayáis	vayas	vayáis	seas	seáis	sepas	sepáis
haya	hayan	vaya	vayan	sea	sean	sepa	sepan

- **Estar** takes accents on the same syllables in the present subjunctive as in the indicative (**esté, estés, esté, estemos, estéis, estén**).
- There are accents on the first- and third-person singular forms of the verb **dar** so that they can be distinguished from the preposition **de** (**dé, des, dé, demos, deis, den**).

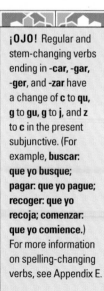

¡OJO! Regular and stem-changing verbs ending in **-car, -gar, -ger,** and **-zar** have a change of **c** to **qu**, **g** to **gu**, **g** to **j**, and **z** to **c** in the present subjunctive. (For example, **buscar: que yo busque; pagar: que yo pague; recoger: que yo recoja; comenzar: que yo comience.**) For more information on spelling-changing verbs, see Appendix E.

Impersonal Expressions That Take the Subjunctive

Es importante que Ernesto vaya a la oficina de administración hoy si no quiere perder su beca.

An impersonal expression is one that has an impersonal subject (usually *it* in English): e.g., **Es importante..., Es estupendo...** *It is important . . .*, *It is great . . .*

Main clause   Dependent clause

Es importante   **que Martín llegue a tiempo para hacer el examen.**

The subjunctive is used for the verb in the dependent clause when the main clause expresses:

1. Emotion (hope, surprise, happiness, sadness, and so forth)

Es una lástima que no vengan al congreso.	*It's a shame that they aren't coming to the conference.*
Es sorprendente que Pablo no asista a esta conferencia.	*It's surprising that Pablo isn't attending this lecture.*
Es terrible que te hable así.	*It's terrible that he (she) talks to you that way.*

2. Will, preference, or necessity

Es importante (necesario, preferible) que pensemos en el futuro.	*It's important (necessary, preferable) that we think about the future.*

3. Approval, disapproval, or advice

Está bien que hagas el examen el jueves en vez del martes.	*It's okay for you to take the exam Thursday instead of Tuesday.*
Es mejor que Juan no siga el curso de física todavía.	*It's better for Juan not to take the physics class yet.*

In Spain and many countries of Latin America, people say **hacer un examen** and this term is understood everywhere. In Mexico, Central America, and Colombia **presentar un examen** is often used. In the Southern Cone, **dar un examen** is common.

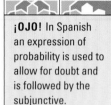
4. Doubt, denial, or uncertainty

Es posible (probable) que Enrique fracase.	*It's possible (probable) (that) Enrique will fail.*
Es imposible que sigan ese curso.	*It's impossible for them to take that course.*

The subjunctive is also required after these impersonal expressions in the negative or interrogative.

No es posible que Enrique fracase.	*It's not possible that Enrique will fail.*
¿Está bien que hagan el examen el jueves en vez del martes?	*Is it okay for them to take the exam Thursday instead of Tuesday?*

Impersonal Expressions That Take the Indicative

There are some impersonal expressions that take the indicative because they imply truth or certainty:

Es verdad (cierto, obvio, claro, evidente) que...	*It's true (certain, obvious, clear, obvious) that . . .*

In the negative these expressions require the subjunctive, since untruth or disbelief is expressed. Compare:

Es evidente que el sol es el centro del universo.	*It's evident (obvious) that the sun is the center of the universe.*
¡No es verdad que el sol sea el centro del universo!	*It's not true that the sun is the center of the universe!*

There are many slang expressions for *to fail (an exam or class).* In Mexico and Central America, you might hear **tronar: Me tronaron.** In Spain, it's **catear: Me catearon.** In Argentina and Uruguay, it's **bochar: Me bocharon.** In Venezuela, it's **raspar: Me rasparon.** In Puerto Rico it's **colgar: Me colgaron.** In Mexico, Guatemala, Cuba, and the Dominican Republic, you might hear **ponchar: Me poncharon.**

VOCABULARIO ÚTIL

LOS ALTIBAJOS DEL ESTUDIANTE

los altibajos	*ups and downs*
las cuotas altas (bajas)	*high (low) fees*
la depresión	*depression*
la esperanza	*hope*
exigente	*demanding (referring to people)*
el requisito	*requirement*
el ruido	*noise*
la tensión, el estrés	*tension, stress*
la ventaja (la desventaja)	*advantage (disadvantage)*

MODISMOS

estar deprimido(a)	*to be depressed*
estar en la gloria	*to be on top of the world*
estudiar a la carrera	*to cram*
hacer cola	*to stand in line*
hacer huelga	*to go on strike*
hacer trampa	*to cheat*
Ojalá (que) *(+ subj.)...*	*I hope (that) . . . (from the Arabic "May Allah grant . . .")*

You may want to give students some of the many shortened forms of words they may hear in Spanish. Examples: **las mates (las matemáticas), la u** or **la uni (universidad), el** o **la profe (profesor** o **profesora), la compu (la computadora), la tele (televisión), el boli (bolígrafo).** Also, **depre** rather than **depresión (Tengo una depre** or **Estoy con la depre).**

PRÁCTICA

5-11 Una clase fatal. Las clases de su nuevo profesor de historia tienen fama de ser «fatales». Describa cómo cree que va a ser el profesor y qué deben hacer usted y sus compañeros.

1. Es probable que el profesor...
estar desorganizado, ser muy exigente, darnos muchas tareas, criticarlo todo

2. Es importante que nosotros...
trabajar juntos, asistir a todas las clases, hacer los trabajos a tiempo, tomar el asunto con calma

3. Es mejor que tú...
conseguir ayuda si la necesitas, no perder tiempo en clase, recordar las fechas de los exámenes, tomar buenos apuntes

ANS 5-11
1. ... esté desorganizado, sea muy exigente, nos dé muchas tareas, lo critique todo. 2. ... trabajemos juntos, asistamos a todas las clases, hagamos los trabajos a tiempo, tomemos el asunto con calma. 3. ... consigas ayuda si la necesitas, no pierdas tiempo en clase, recuerdes las fechas de los exámenes, tomes buenos apuntes.

5-12 En el colegio. Conteste las preguntas.

1. Cuando usted era chico(a), ¿tenía que llevar uniforme al colegio o a la escuela? ¿Cuáles son las ventajas y desventajas de llevar uniforme? Por ejemplo, ¿es bueno que no haya diferencias en el costo de la ropa que los estudiantes llevan?

2. ¿Había mucha diversidad étnica o religiosa en la escuela a la que usted asistió? Para usted, ¿es importante que haya diversidad?

3. ¿Estudiaban las chicas en las mismas clases que los chicos? ¿Es mejor que las chicas estén en clases o escuelas distintas? Si estudian juntos, ¿es probable que los chicos reciban más atención que las chicas?

4. Muchos padres de adolescentes no quieren que sus hijos tengan novio(a) y no les gusta que haya bailes escolares. ¿Qué edad tenía usted cuando fue a su primer baile escolar?

5. ¿Está bien que haya reglas sobre los tatuajes *(tattoos)* y piercings (para que una persona menor de edad no los pueda obtener)?

ANS 5-13

Possible answers: 1. No es cierto que los años de liceo sean los mejores de la vida. 2. No es verdad que en esta universidad los deportes sean demasiado importantes. 3. Es verdad que los mejores profesores son muy exigentes. 4. Es una lástima que en esta universidad haya demasiados requisitos para la graduación. 5. No es verdad que las cuotas universitarias sean bajas este año. 6. Es bueno que en la cafetería de nuestra universidad casi nunca haya que hacer cola. 7. Es una lástima que en esta universidad muchos estudiantes hagan trampa. 8. Es cierto que hay mucho estrés en la vida estudiantil.

5-13 Reacciones. Exprese sus reacciones ante las siguientes ideas, usando expresiones como **Es verdad que…, No es cierto que…, Es bueno que…** o **Es una lástima que…** y el subjuntivo o el indicativo.

1. Los años de liceo o escuela secundaria son los mejores de la vida.

2. En esta universidad, los deportes son demasiado importantes.

3. Los mejores profesores son muy exigentes.

4. En esta universidad, hay demasiados requisitos para la graduación.

5. Las cuotas universitarias son bajas este año.

6. En la cafetería de nuestra universidad, casi nunca hay que hacer cola.

7. En esta universidad, muchos estudiantes hacen trampa en los exámenes.

8. Hay mucho estrés en la vida estudiantil.

5-14 Entrevista. Trabaje con un(a) compañero(a). Túrnense para hacer y contestar las siguientes preguntas.

1. ¿Qué cualidades son importantes en un(a) compañero(a) de cuarto? Por ejemplo, ¿es importante que ayude a limpiar el cuarto? ¿que tenga buen humor? ¿que comparta sus cosas?

2. ¿Qué características son indeseables en un compañero(a) de cuarto? Por ejemplo, ¿es malo que fume? ¿que haga ruido de noche? ¿que lleve a mucha gente al cuarto?

3. ¿Es necesario o importante, a veces, que los estudiantes hagan huelgas o protesten? ¿Cuándo?

4. ¿Hay muchos altibajos en la vida del estudiante? ¿Es común que los estudiantes estén deprimidos? ¿que estén en la gloria? ¿De qué depende?

5-15 Los nuevos estudiantes. Algunos estudiantes acaban de llegar a su universidad. En grupos de tres o cuatro, hagan una lista de preguntas o preocupaciones que tendrán. Después, denles consejos. Usen **Es importante (necesario, mejor, preferible,** etcétera) **que + el subjuntivo.**

⚙ **MODELOS** *Para comprar boletos para el teatro, es mejor que vayan a la cooperativa estudiantil, donde costarán menos.*
Si quieren comer un buen plato mexicano, es preferible que vayan a Casa Lupe.

Ideas: Antes de escoger sus clases, es necesario que (ustedes) / hablar con... (leer...). Si quieren matricularse en las clases más populares, es importante que (ustedes) / llegar.... Para bailar (nadar, jugar al tenis, ver películas extranjeras...), es preferible que (ustedes) / ir a.... Si quieren escuchar conciertos de música clásica, es importante que (ustedes) / saber que.... Para conseguir ropa (zapatos, libros...) de buena calidad, es mejor que (ustedes) / hacer las compras en....

5-15. First have students brainstorm things new university students will want to know. Complete sentences are not necessary. Make sure as students write down their advice that they answer the concerns they just brainstormed. Then they form sentences. Try to get them to use several different impersonal expressions plus the subjunctive.

Verbs That Take the Subjunctive

¿Es posible que Anita salga? Dudo que Anita salga ahora. Estoy seguro que tiene que estudiar.

Anita quiere que salgamos a celebrar el fin del semestre. ¡Me alegro que estemos de vacaciones!

Have students scan **Selección 1** for authentic examples of the subjunctive after impersonal expressions and the indicative after expressions of certainty and belief. Then ask students why the verb is subjunctive or indicative in each case.

	Main clause	Dependent clause	
Impersonal subject	Es posible	que Anita salga.	Subject
Subject	[Yo] Dudo	que Anita salga.	Subject

Write some similar examples on the board and label the parts of the sentences; for example: **Dudo** (main clause, subject: **yo**; indicative) **que Alejandra esté en casa** (dependent clause, subject: **Alejandra**, subjunctive).

1. Just as certain impersonal expressions take the subjunctive in a following dependent clause (the clause with **que**), certain verbs function in the same way. They include:

¡OJO! Insistir en and decir are followed by the subjunctive to express will but the indicative to express facts: ¿**Insistes en que ella esté allí?** *Do you insist that she be there?* ¿**Insistes en que ella está allí?** *Do you insist that she is there?* **Me dicen que (yo) siga un curso de economía.** *They tell me to take an economics course.* **Me dicen que (ellos) siguen un curso de economía.** *They tell me they're taking an economics course.*

alegrarse de	*to be happy*	emotion
esperar	*to hope*	
sentir (ie)	*to be sorry; to feel*	
sorprender	*to surprise*	
temer	*to fear*	
tener miedo de	*to be afraid of*	
decir (i)	*to tell (someone to do something)*	
desear	*to wish, want*	
exigir (j)	*to demand*	
insistir en	*to insist on*	will, preference, or necessity
mandar	*to order*	
necesitar	*to need*	
pedir (i)	*to ask (someone to do something), request*	
preferir (ie)	*to prefer*	
querer (ie)	*to want*	
rogar (ue)	*to request, beg*	
aconsejar	*to advise, counsel*	approval, disapproval, or advice
gustar	*to please*	
permitir	*to permit*	
prohibir	*to prohibit*	
recomendar (ie)	*to recommend*	
dudar	*to doubt*	doubt or denial
negar (ie)	*to deny*	

Siento que Manuel no esté aquí. *I'm sorry that Manuel's not here.*

¡Te ruego que no dejes todo para la semana que viene! *I'm begging you not to leave everything for next week!*

2. When the main clause contains one of these verbs in the negative or interrogative, the subjunctive is also normally used.

¡OJO! If the main clause contains a verb expressing doubt, the indicative will be required in a negative sentence if the idea of doubt is "cancelled out": **No dudo que saben la respuesta.** *I don't doubt that they know the answer.*

A mis papás no les gusta que salga sola de noche. *My parents don't like me to go out by myself at night.*

¿Temes que la matrícula sea demasiado cara? *Are you afraid tuition will be too expensive?*

3. **Estar seguro(a)** normally takes the indicative in a following clause with **que,** but **no estar seguro(a)** takes the subjunctive because doubt is implied.

Estoy segura de que tiene un título universitario.	*I'm sure she has a university degree.*
No están seguros de que ella tenga un doctorado.	*They aren't sure (certain) that she has a doctorate.*

4. The subjunctive is used in a dependent clause when the subject of that clause is different from the subject of the main clause. If the subject is the same, the infinitive is used.

Prefiero vivir en una residencia estudiantil, mamá.	*I prefer to live in a dorm, Mom. (subject: **yo**)*
¿Cómo? Tu papá y yo preferimos que vivas en casa.	*What? Your father and I prefer that you live at home. (subjects: **tu papá y yo / tú**)*
Tengo miedo de fracasar en el examen.	*I'm afraid of failing the exam. (subject: **yo**)*
Tengo miedo de que mi novio fracase en el examen.	*I'm afraid my boyfriend will fail the exam. (subjects: **yo / mi novio**)*

PRÁCTICA

5-16 Opiniones. Complete las oraciones con una de las ideas entre paréntesis o con sus propias palabras.

⚙ **MODELO** A los profesores no les gusta que los estudiantes... (comer en clase)
A los profesores no les gusta que los estudiantes coman en clase.

1. A los profesores no les gusta que los estudiantes... (contar chistes tontos en clase, leer durante una conferencia, salir antes de que termine la clase, ¿...?)
2. Para impresionar a una chica de esta universidad, es necesario que un chico... (tener coche, ser romántico [inteligente, rico], saber conversar sobre una variedad de temas, ¿...?)
3. Tengo miedo de que mi mejor amigo... (cambiar de universidad, tener problemas con su novia, fracasar en su clase de historia, ¿...?)
4. No me gusta que mi mamá... (protestar en voz alta en un lugar público, regalar mi ropa sin decirme, hablar de mí con sus amigas, ¿...?)
5. Mis papás (o mis familiares) me aconsejan que... (estudiar administración de empresas, aprender karate, no perder el tiempo con los videojuegos, ¿...?)
6. Mis papás (o mis familiares) me prohíben que... (fumar en casa, tomar demasiado, manejar muy rápidamente, ¿...?)

5-17. Remind students that according to Hispanic tradition, Tuesday the 13th (rather than Friday the 13th) is considered unlucky.

5-17 Una clase de folklore. Marisa asiste a una clase de folklore y tiene que escribir una composición acerca de las supersticiones. Su abuela es muy supersticiosa y le da las siguientes recomendaciones, que Marisa escribe en un cuaderno. Complete las oraciones que Marisa ha escrito; use el subjuntivo, el indicativo o el infinitivo de los verbos entre paréntesis, de acuerdo con lo que sea necesario en cada caso.

1. «Te pido que no ___abras___ (abrir) el paraguas *(umbrella)* dentro de la casa. Si lo haces, estoy segura de que ___vas___ (ir) a tener una disputa con alguien».

2. «No es bueno que ellos ___beban___ (beber) del mismo vaso; significa que podrán adivinarse los *(guess each other's)* secretos».

3. «Prefiero que (nosotras) no ___subamos___ (subir) al autobús número 13; tengo miedo de que ___haya___ (haber) un accidente».

4. «No es bueno que una persona se ___levante___ (levantar) con el pie izquierdo, ni que ___salga___ (salir) de casa con el pie izquierdo. Eso le ___va___ (ir) a traer mala suerte durante el día».

5. «Mucha gente no empieza ningún negocio el martes 13 porque teme ___fracasar___ (fracasar)».

6. «Ojalá ___haya___ (haber) lluvia el día de la boda de tu prima, porque eso significa abundancia».

7. «M'hija, es muy mala suerte derramar sal *(to spill salt)*. Recomiendo que [tú] la ___tires___ (tirar) *(throw it)* por sobre el hombro *(shoulder)* izquierdo tres veces para evitar algo desagradable».

ANS 5-18
Possible answers: Queremos que los profesores escuchen más a los estudiantes. Esperamos que la administración haga construir más lugares de estacionamiento. No nos gusta que la comida de la cafetería sea tan cara. Esperamos que más estudiantes consigan becas. Queremos que las residencias estudiantiles tengan wifi en cada dormitorio. Necesitamos que la administración haga construir un nuevo estadio.

5-18 ¿Cómo podemos mejorar la vida estudiantil? Hagan por lo menos seis oraciones, usando elementos de las tres columnas o sus propias ideas.

⚙ **MODELO** *Necesitamos que las residencias estudiantiles tengan computadora en cada dormitorio.*
No nos gusta que los profesores nos den tareas durante las vacaciones.

querer que	la administración	escuchar más a los estudiantes
esperar que	los profesores	hacer construir un nuevo estadio,
necesitar que	todos los estudiantes	teatro, piscina, más lugares de
(nos) gustar que	la cafetería (clínica, librería) estudiantil	estacionamiento *(parking)*
	las residencias estudiantiles	dar menos tareas
	las vacaciones	conseguir becas
		protestar contra...
		ser más (menos)...
		servir comida...
		tener wifi en cada dormitorio

5-19 Mi compañero(a) de cuarto. Complete las siguientes oraciones. Si no tiene compañero(a) de cuarto, hable de un(a) buen(a) amigo(a).

Me alegro que mi compañero(a) de cuarto... y que también...
Prefiero que... porque no me gusta que...
No dudo que...
Me sorprende que...
Siempre le pido que...

5-20 ¿De veras? Haga tres oraciones, diciendo algo acerca de usted en el tiempo presente. Dos deben ser verdaderas; una debe ser falsa. Dígaselas a un(a) compañero(a) de clase. Su compañero(a) trata de adivinar cuál de las tres es falsa.

> ⚙ **MODELO** *Sé hablar chino. Me especializo en ingeniería. Mi madre es policía.*
> *¿De veras? Dudo que sepas hablar chino (que te especialices en ingeniería, que tu madre sea policía).*

The Subjunctive versus the Indicative

Some expressions in the main clause can take either the subjunctive or the indicative in the following dependent clause, depending on the point of view expressed.

1. **Tal vez, quizá(s),** and **acaso** normally take the subjunctive and imply doubt; however, they may take the indicative if the speaker or writer wants to imply a degree of certainty.

Tal vez sea una historia verdadera.	*Perhaps it's a true story (it's doubtful).*
Tal vez es una historia verdadera.	*Perhaps it's a true story (speaker believes it is).*

2. When asking a question with a verb or impersonal expression that states truth or certainty, the indicative is generally used in the dependent clause. However, the speaker or writer may choose to use the subjunctive to imply doubt. Compare the following:

¿Estás seguro de que este restaurante es bueno?	*Are you sure this restaurant is good? (simple question)*
¿Estás seguro de que este restaurante sea bueno?	*Are you sure this restaurant is good? (doubt implied)*

3. Similarly, **creer que...** and **pensar que...** take the indicative in affirmative statements and the subjunctive in negative statements. In interrogatives, they take either the subjunctive or the indicative, depending on whether doubt is implied.

Creo que la universidad me va a dar una beca.	*I think the university is going to give me a scholarship.*
No creo que la universidad me dé una beca.	*I don't think the university is going to give me a scholarship.*
¿Cree usted que esa carrera tiene futuro?	*Do you think that career has a future? (simple question)*
¿Cree usted que esa carrera tenga futuro?	*Do you think that career has a future? (doubt implied)*

To model these structures in a spontaneous way, bring in some surrealist art and ask students questions about what it means. For instance, the famous Dalí painting *La persistencia de la memoria:* **¿Qué representa el reloj?** After you have some answers, ask questions (e.g., **¿Cree / Piensa que el reloj representa / represente...?**) Or **¿Tal vez representa / represente...?**) There is a painting by Dalí in Chapter 11 of the reader, with a broken telephone that probably represents the inability to communicate. Similarly, you could invent some other questions about your school or things in the news, get opinions, and then ask questions with **creer / pensar que.** Point out that rising intonation at the end of a question often indicates doubt, just as it does in English.

PRÁCTICA

5-21 Conversaciones. Haga oraciones con las palabras que siguen.

¿Qué hora es? Mi reloj no anda bien.

1. pienso que / ser las once
2. no estoy seguro, pero / creer que / ser las diez
3. no lo sé; quizás / ser las nueve

¿Dónde está el profesor?

4. es posible / estar en su oficina
5. es probable / estar en una reunión
6. tal vez / estar en la biblioteca
7. estoy seguro / no venir hoy
8. no creo que (nosotros) / deber esperarlo mucho

 5-22 ¿Qué crees? Entreviste a un(a) compañero(a) de clase sobre los siguientes temas, usando **¿Crees que...?** o **¿Piensas que...?** Su compañero(a) le da su opinión.

> ⚙ **MODELO** Debemos tener clubes exclusivos para diferentes grupos étnicos.
> *¿Crees que debemos tener clubes exclusivos para diferentes grupos étnicos?*
> *Sí, creo que debemos tener clubes exclusivos para diferentes grupos étnicos porque tienen un papel importante en la vida universitaria.*
> *No, no creo que debamos tener clubes exclusivos para diferentes grupos étnicos porque crean divisiones entre los estudiantes.*

1. Todos los estudiantes deben seguir cursos de ciencias y matemáticas.
2. Hay demasiados estudiantes en las clases de esta universidad.
3. Las calificaciones de un(a) estudiante son una indicación de su inteligencia.
4. La mayoría de los estudiantes sabe qué profesión va a escoger cuando entra a la universidad.
5. La educación universitaria debe ser gratuita *(free)*.
6. Es mejor trabajar y estudiar en vez de dedicar cuatro años consecutivos exclusivamente a una carrera universitaria.
7. Una persona con un título universitario tiene más oportunidades de empleo que una persona sin título.

 5-23 Quizás... Cuéntele a un(a) compañero(a) tres o cuatro cosas que piensa hacer en el futuro. Use **tal vez** o **quizás** (+ *subj.*). Puede hablar de las clases, de una actividad social, de un viaje o de cualquier otro plan futuro.

> ⚙ **MODELO** *Quizás siga un curso de antropología el trimestre que viene.*
> *Tal vez vaya a México en el verano.*

EN CONTACTO

▷ Videocultura: Hablan los estudiantes

Elena Fernández, Juan Rivera y Mónica Leblanc hablan de lo que les gusta y de lo que no les gusta de la vida estudiantil. Mire el video y conteste esta pregunta: ¿Cuál es *uno* de los problemas que mencionan?

Vocabulario: el piso *(Spain)* / el departamento *apartment;* madrugar *to get up early;* ramos *subjects (colloquial, Chile);* materia *subject matter;* hace la cimarra *cut class (colloquial, Chile);* no defraudarles *not to disappoint them;* gastos *expenses;* la plata *money (colloquial, L. America);* sus propios apuntes *his or her own notes;* alquileres *rents*

© Anna Pérez

5-24 Comprensión. Conteste las siguientes preguntas después de ver el video.

1. ¿Qué le gusta Mónica de la vida estudiantil?
2. Elena menciona que a ella no le gustan los exámenes («que es una presión *[pressure]* contínua»). ¿Qué otra cosa no le gusta?
3. ¿Cuál es un problema para Juan? ¿Quiénes pagan sus estudios?
4. Mónica recomienda que un nuevo estudiante «se organice bien» y que tenga tiempo para hacer nuevos contactos y comenzar nuevas relaciones. ¿Qué le recomiendan Juan y Elena a un nuevo estudiante?

 5-25 Puntos de vista. Compare sus respuestas con las de dos o tres compañeros.

1. ¿Tiene tendencia a «dejárselo todo para el final»? ¿Le causa problemas a veces? ¿Cómo se puede evitar eso?
2. ¿Va a clase todos los días? ¿Es importante que un(a) estudiante tome sus propios apuntes? ¿Es común que los estudiantes de su universidad compartan sus apuntes?
3. ¿Tiene que «hacer maravillas con la plata»? ¿Qué hace para controlar los gastos?
4. ¿Se lleva bien con su(s) compañero(s) de cuarto (o casa)? Si no, ¿qué se puede hacer para que la situación no llegue a afectar los estudios?

Síntesis

5-26 Para vivir y aprender el idioma español…

Paso 1. ¿Indicativo o subjuntivo? Complete las oraciones, utilizando la forma **nosotros** del verbo.

El año que viene voy con unos amigos a estudiar español en la Universidad de Granada, en el sur de España. Mi amiga española recomienda que (1) ____visitemos____ (visitar) la Alhambra, el antiguo palacio de los moros, y que (2) ____veamos____ (ver) los jardines y barrios típicos de la ciudad. Espero que (3) ____tengamos____ (tener) la oportunidad de ir a Córdoba, Sevilla y Málaga, otras ciudades históricas de Andalucía. Ojalá que (4) ____conozcamos____ (conocer) a jóvenes españoles con quienes podamos juntarnos; así creo que nos (5) ____vamos____ (ir) a divertir mucho. Nuestro profesor de español nos aconseja que (6) ____miremos____ (mirar) películas o programas de televisión y que (7) ____asistamos____ (asistir) a conferencias en español. Es posible que (8) ____participemos____ (participar) en intercambios lingüísticos con estudiantes de habla hispana. Estoy seguro que (9) ____vamos____ (ir) a aprender mucho y pasar el semestre «en grande» (muy bien), como dicen los españoles. A veces, ¡la vida estudiantil tiene ventajas!

Paso 2. Usted está en Granada, estudiando español. Con un(a) compañero(a), inventen una pequeña conversación. Su compañero(a) lo (la) llama y le pregunta si puede usar sus apuntes (**¿Está bien que…?**). Usted sugiere que se reúnan más tarde para estudiar y que hagan otra cosa después (e.g., ir a ver una película en español, salir con sus «intercambios» o estudiantes de habla hispana, etcétera).

Centro de Lenguas Modernas, Granada, España. ¿A usted le gustaría estudiar español en España? ¿Qué hacen los estudiantes de las fotos? ¿Cuáles son algunas técnicas para aprender una lengua extranjera? ¿Cuáles utiliza usted?

5-27 El semestre (trimestre) que viene...

¿Qué va a hacer el semestre (trimestre) que viene? Hable con un(a) compañero(a) y describa sus planes. Use expresiones como **Es posible (probable) que...,** **Quizás..., Creo que..., No creo que....** Su compañero(a) le hará algunas preguntas.

5-27. This activity will prepare students for the **Composición** assignment.

⚙ **MODELO**   A: *El trimestre que viene es posible que cambie de compañero(a)*
              de cuarto.
              B: *¿Es que ustedes no se llevan bien?*
              A: *No, tenemos un problema...*

Ideas
seguir más (menos) cursos
estudiar más (menos)
trabajar en...
ir a algún lugar interesante
cambiar de residencia
hacer algún deporte
comprar o vender algo
hacer algún cambio en la vida
casarse
graduarse

5-28 Confesiones. Un(a) estudiante menciona un problema o preocupación que tiene. Podría hablar de cualquier problema o preocupación acerca de los estudios, las notas, el (la) novio(a), los padres o familiares, el dinero, los compañeros de cuarto... (Por ejemplo: **No tengo amigos. Mi novio(a) no me quiere. Mi clase de física es un desastre y no entiendo nada allí.**) Cada estudiante tiene que hacer una confesión. Los otros estudiantes le dan consejos, empezando con: **Te aconsejo que..., Espero que...** o **Es importante que....**

⚙ **MODELO**   A: *Creo que no voy a aprobar mi clase de química.*
              B: *Te recomiendo que vayas a clase y que tomes apuntes.*
              C: *Espero que consigas ayuda.*
              D: *Es importante que le hables al profesor.*

Review the form of dates in Spanish (e.g., **2 de febrero de** + the year). Mention that this is for an informal letter to a friend, that for a formal letter you could use the salutation **Estimado(a) señor(a)…** and end with **Atentamente** or some other formal closing. Also mention that even in informal letter writing, it is customary for two male friends to address each other using **Estimado…** rather than **Querido….**

Have students write their letters and, if you have time in class, peer edit them. In peer editing, tell them to look for one or two specific things, such as use of the subjunctive. After peer editing, they submit their final letters.

Help students find keypals or e-pals and begin communication. There are various Internet sites that contain information on how to get started and how to explain risks and protocol to students. They also contain lists of potential **ciberamigos.** Search "keypals in Spanish."

Composición

Una carta a un(a) amigo(a)

Escríbale una carta a un(a) amigo(a) hispano(a), describiendo los altibajos de su vida como estudiante. Trate de usar el subjuntivo por lo menos cinco veces. Use las listas de vocabulario de este capítulo y sus respuestas a las actividades 5-13, 5-14, 5-18, 5-27 y 5-28. Siga este plan:

1. Su ciudad, la fecha
2. **Querido(a)/Estimado(a)** [nombre de su amigo o amiga]:
3. el primer párrafo: **¿Qué tal?, ¿Cómo estás?** o algún otro saludo y una o dos expresiones de esperanza sobre la vida de su amigo(a) (**Espero que…, Ojalá que…**).
4. el segundo párrafo: **Aunque en general estoy bien, mi vida ahora no es perfecta; tiene algunas desventajas.** Luego, tres o cuatro oraciones sobre los puntos negativos de la vida estudiantil, usando expresiones como **Es horrible (necesario, una lástima, ridículo, terrible) que…, No es posible (probable) que…, Siento (Temo, Tengo miedo de, No me gusta) que….**
5. el tercer párrafo: **Pero mi vida ahora también tiene algunas ventajas.** Luego, tres o cuatro oraciones sobre los puntos buenos de la vida estudiantil, usando oraciones como **Está bien que…, Es bueno (maravilloso, estupendo) que…, Me alegro de que…, Estoy contento(a) de que….**
6. la conclusión: **Espero que (visitar, escribir,** etcétera)**… Sin otra novedad, vuelvo a mis estudios.**

   Con cariño,

Opción: Con la ayuda de su profesor(a), escríbale a un ciberamigo(a) hispano(a). En el primer e-mail, preséntese. Después, en otro e-mail, escríbale algo sobre la vida estudiantil y los altibajos de su vida. NB: En general, un chico utiliza «estimado», no «querido», cuando le escribe a otro chico.

De viaje

METAS

En este capítulo vamos a aprender a…

▶ pedir y dar direcciones

▶ hablar de viajes y vacaciones

▶ darle consejos a alguien que viene de visita

▶ expresar mandatos *(commands)* y sugerencias

© Robin and Leslie Webster

Todos los años, miles de turistas llegan a Machu Picchu, Perú, «la ciudad perdida de los incas».

LENGUA VIVA
Direcciones y sentidos

GRAMÁTICA
Los pronombres de complemento *(object)* directo e indirecto
Los mandatos
Los mandatos con pronombres

VOCABULARIO
Las vacaciones
En el banco o la casa de cambio
Algunas actividades turísticas

Ⓛ LECTURAS
«Cinco consejos para el viajero norteamericano»
«Cuando conoces a un auténtico trotamundos» *(globetrotter)* de Yasmina Jiménez
«Vuelva usted mañana» de Mariano José de Larra

Presentación del tema

El espíritu de aventura

El mundo hispano ofrece una gran variedad de atracciones para cualquier persona de espíritu aventurero. Hay hermosas playas caribeñas, donde se puede nadar en el mar o en las piscinas,

Busque «canopy Perú amazónico» para ver videos de la Amazonia peruana.

hacer deportes, tomar sol o simplemente descansar. Mucha gente esquía o hace snowboard en las majestuosas montañas de Sudamérica en el invierno o van de campamento en el verano. En el Amazonas y en las zonas tropicales de México y Centroamérica hay una gran diversidad de flora y fauna; se puede caminar, sacar fotos o hacer excursiones en canoa. Las grandes ciudades como Madrid y Buenos Aires ofrecen innumerables actividades culturales: conciertos, exposiciones, cine, teatro. Pero quizás la mayor atracción de cualquier país hispano es su gente: la combinación de culturas y tradiciones y la gran diversidad de costumbres. ¿Tiene usted un espíritu de aventura?

6-1 Preguntas

Mire los mapas que están en las primeras páginas del libro (o busque los países hispanos en Google Earth™) y conteste estas preguntas.

1. La línea del ecuador pasa por tres países sudamericanos. ¿Cuáles son? ¿Cómo será el clima allí? Por ejemplo, ¿habrá muchos cambios de temperatura según las distintas estaciones del año?
2. ¿Cuáles son los únicos países de Sudamérica que no tienen salida al mar (es decir, que no tienen costa marítima)?
3. ¿Cómo se llama la cordillera *(mountain chain)* más larga de Latinoamérica (y del mundo)? ¿Está en el este o en el oeste del continente?
4. Si usted quiere ir a Chile para esquiar, ¿es mejor ir en julio o en enero? ¿Por qué?
5. Describa la geografía de España. ¿Qué separa España del resto de Europa? ¿de África?
6. ¿Conoce algunos de los países hispanos? ¿Cuáles? ¿Cuáles le gustaría conocer?

Opción: Utilice Google Earth™ para contestar las siguientes preguntas.

7. Busque Iquitos, Perú. ¿Qué actividades puede hacer cerca de allí?
8. Busque una playa en España que esté muy cerca de África. ¿Cómo se llama y cómo es?
9. Busque Chichén Itzá, México. ¿Qué comunidades con hoteles o pensiones hay cerca?
10. Busque una ciudad en Argentina que le gustaría conocer. ¿Qué sitios de interés hay para explorar?

photolibrary.com

VOCABULARIO ÚTIL

LAS VACACIONES

COGNADOS

la estación	**el itinerario**
la excursión	**el, la recepcionista**

EN EL HOTEL

el albergue para jóvenes (para la juventud)	*youth hostel*
el camarero (la camarera) *(Spain)*, **el mesero (la mesera)** *(L. Am.)*, **el mozo (la moza)** *(Peru, Southern Cone)*	*waiter (waitress)*
el cuarto, la habitación	*room*
doble / sencillo(a) (individual)	*double / single*
el, la gerente	*manager*
el hotel de lujo	*luxury hotel*
el, la huésped	*guest*
la llave	*key*
la pensión	*small and usually economical hotel that may offer meals*
la piscina (la alberca)	*swimming pool*

VERBOS

cruzar (la calle)	*to cross (the street)*
dejar (dar) propina	*to leave (give) a tip*
girar *(Spain)*, **doblar (a la derecha, a la izquierda)**	*to turn (right, left)*
guardar	*to keep*
hacer (preparar) las maletas (las valijas)	*to pack the suitcases*
hacer un viaje	*to take a trip*
ir de campamento	*to go camping*
llevar una mochila	*to take (carry) a backpack*
pagar la cuenta	*to pay the bill*
pasar por la aduana	*to go through customs*
quedar	*to remain, be located*
quedarse (en)	*to stay (at)*
sacar fotos	*to take pictures (photographs)*
tomar sol	*to sunbathe*

You might want to point out to students that many words that start with **al-** come from Arabic (**al** means *the*): **alberca, almohada, algodón, álgebra.**

EL IR Y VENIR	
adelante, derecho	forward, straight (ahead)
el billete (Spain), el boleto	ticket
en el extranjero	abroad
el equipaje	luggage, baggage; equipment
la esquina	(street) corner
la gira	tour
la manzana (Spain), la cuadra	block
la parada	stop (e.g., bus)

¡OJO!	
dejar to leave (something or someone) behind / **partir o salir (para)** to leave (for) somewhere / **marcharse** to leave	
la dirección address; direction / **el sentido** direction, way	
el extranjero (la extranjera) foreigner / **el desconocido (la desconocida)** stranger	
el, la guía guide / **la guía** guidebook	
el mapa map / **el plano** city map	
tardar (en) to take (so long, so much time) to / **durar** to take, last (expressing duration)	

PRÁCTICA

ANS 6-2
1. la habitación 2. la maleta
3. la gira 4. la piscina
5. marcharse 6. la aduana
7. la propina 8. la pensión

6-2 ¿Qué es? Dé un equivalente para cada palabra o expresión.

1. el cuarto
2. la valija
3. la excursión
4. la alberca
5. irse

6. lugar en la frontera o en un aeropuerto donde revisan (they check) el equipaje
7. dinero que se deja para el (la) mesero(a)
8. pequeño hotel que normalmente ofrece una o dos comidas diarias

6-3 Opiniones sobre los viajes. Entreviste a un(a) compañero(a), usando las siguientes preguntas. Después, su compañero(a) lo (la) entrevista a usted. Esté preparado(a) para compartir la información con la clase.

1. En general, ¿te gusta que un viaje tenga itinerario fijo? ¿O prefieres que sea más espontáneo? ¿Por qué?
2. ¿Cuáles son las ventajas y desventajas de viajar en avión? ¿en tren? ¿en autobús? ¿Cuál es más económico, en general? ¿más seguro? ¿Has tomado unas vacaciones largas alguna vez? ¿Cómo viajaste? ¿Cuánto tiempo duró el viaje? ¿Adónde fuiste?
3. Cuando viajas, ¿dónde te quedas? ¿Vas de campamento? ¿Te quedas con amigos o haces «couch-surfing»? ¿Vas a albergues para jóvenes o a hoteles? ¿En qué tipo de hotel prefieres quedarte?
4. ¿Cuántas maletas llevas usualmente? ¿O llevas una mochila? ¿Por qué?
5. ¿Guardas muchos recuerdos de los viajes que haces? ¿Tienes algún recuerdo especial de uno de tus viajes?
6. ¿Conociste a alguien muy especial cuando estabas de viaje alguna vez? ¿Quién? ¿Aprendiste algo importante o interesante de esa persona?

To further practice vocabulary, make false statements using the words from the list and have students correct them. Examples:
Un cuarto en un hotel de lujo no cuesta mucho. Es normal darle una buena propina al gerente de un hotel. Un cuarto doble es para una persona. Una pensión es un hotel muy grande. Al marcharse de un hotel, es necesario pasar por la aduana.

LENGUA VIVA

Julia Gutiérrez

Mike Martin

Audioviñetas: En Cartagena

CD 1,
Track 13

Conversación 1: Direcciones y sentidos. Mike y Julia están de viaje en Cartagena con unos amigos.

6-4   Escuche la **Conversación 1.** ¿Cuál es la foto que muestra el lugar donde están?

a.

Jeremy Horner/Corbis

b.

© Robin and Leslie Webster

6-5   Escuche la **Conversación l** otra vez. Escoja la mejor respuesta.

1. Mike y Julia buscan...
   a. el Castillo de San Felipe.   **c.** el parque de Cartagena.
   b. la calle Francia.

2. Cuando Julia quiere llamarle la atención al señor para hacerle una pregunta, le dice:
   a. Gracias, señor.   **c.** Oiga, señor.
   b. Hola, señor.

3. Las murallas de la ciudad son anchas (*wide*)...
   a. para que no se oiga el ruido (*noise*) del puerto.
   b. para servir de camino.
   c. para proteger (*protect*) la ciudad.

4. La señorita usa una expresión que un turista va a oír muchas veces. ¿Cuál es?
   a. ¡No se pueden perder!   **c.** ¿Por qué?
   b. ¿Por dónde se va a...?

Conversación 2: Direcciones y sentidos. Mike y Julia deciden visitar el Castillo de San Felipe en Cartagena.

6-6 Escuche la **Conversación 2.** ¿Cuál es el tema principal de la conversación?

1. los ataques de los piratas, de los ingleses y de los franceses contra Cartagena

2. el almirante inglés Edward Vernon

3. la reina Isabel I de Inglaterra

6-7 Escuche la **Conversación 2** otra vez. Escoja la mejor respuesta.

1. ¿Cuál es la foto de la estatua del comandante Blas de Lezo?

a.

Dave G. Houser/Corbis

b.

Garry Adams/Photolibrary.com

2. Francis Drake le mandó el oro de Cartagena y una gran esmeralda a...

a. Edward Vernon.

b. George Washington.

c. la reina Isabel I de Inglaterra.

3. En 1741, los ingleses atacaron Cartagena con la ayuda de...

a. los franceses.

b. los aztecas.

c. los norteamericanos.

4. Edward Vernon fue...

a. medio hermano de George Washington.

b. el líder de los ingleses que atacaron Cartagena en 1741.

c. un soldado norteamericano.

5. Dice el guía: «En cada batalla perdió un pedazo de cuerpo para ganar un poquito de gloria». Habla de...

a. Francis Drake.

b. Edward Vernon.

c. Blas de Lezo.

En otras palabras

Direcciones y sentidos

 Mire el video en el sitio **www.cengagebrain.com/shop/ ISBN/0495912654** y haga las actividades que lo acompañan.

© Anna Pérez

Rafael busca el parque Güell. Después de visitar el parque, ¿adónde quiere ir?

One of the most essential language functions you will want to be able to use while traveling in a Hispanic country is asking for and understanding directions. Here are some ways to ask for directions:

> **¡Disculpe, señor(a) / señorita! ¡Oiga...! (Perdón... / Perdone...) Dígame, por favor,...**
>
> **¿Me podría usted decir cómo llegar a...?**
>
> **¿Dónde está...?**
>
> **¿Hay un banco (una farmacia,** etcétera) **cerca de aquí?**
>
> **Por favor, ¿está muy lejos (está cerca) el...?**

Busco la calle...	**¿En qué sentido (dirección) está...?**
¿Cómo llego a...?	**¿Sabe usted dónde queda...?**

To say that something is far away, people in Spain and the Southern Cone might say **donde el diablo perdió el poncho**. In many parts of Latin America, the expression is **en el quinto infierno** (*in the fifth hell*).

And here are some possible responses:

Siga por la calle...	**Está al norte (sur, este, oeste) de...**
Siga adelante (derecho).	**Queda en la esquina de...**
Sígame hasta llegar a...	**Está frente a** (*across from*)**...**
Vaya derecho hasta llegar a...	**Tome la calle (avenida)...**
Camine dos cuadras hasta llegar a...	**¡No se puede perder!** *You can't miss it (get lost)!*
Cruce la calle y...	
Gire (*Spain*)/**Doble a la izquierda (derecha).**	

PRÁCTICA

6-8 ¿Cómo llego a...? Pregunte cómo llegar a los siguientes lugares. Pida la información, usando una expresión diferente cada vez.

 MODELO el banco

Señor, por favor, ¿hay un banco cerca de aquí?

1. el museo de arte moderno

2. el restaurante Casa Sandra

3. el hotel Miraflores

4. la calle San Martín

5. una pensión o un hotel que no sea muy caro

6-9 En Madrid. Trabaje con un(a) compañero(a). El (La) estudiante A mira el plano de Madrid que está en la siguiente página. El (La) estudiante B mira el plano de Madrid en la página 132. Pregúntele a su compañero(a) cómo llegar a los siguientes lugares. Su compañero(a) le dice cómo llegar allí, empezando desde la Puerta del Sol. Escuche y escriba el nombre del lugar cerca de los puntos de interrogación (¿_____?) apropiados del plano. Entonces su compañero(a) le pregunta cómo llegar a uno de los lugares de su lista. Dele la información, empezando cada vez desde la Puerta del Sol.

La Gran Vía, Madrid

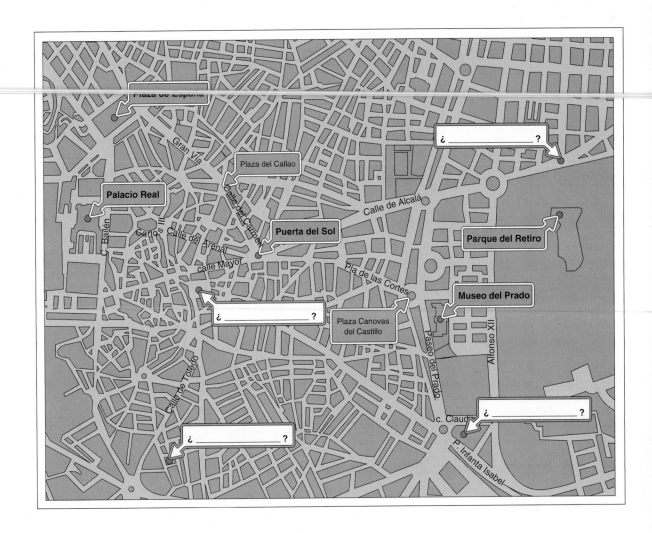

Plaza de España

Plaza del Callao

¿ _____ ?

Palacio Real

Calle del Carmen

Gran Vía

Bailén

Carlos Calle del Arenal

Calle Mayor

Puerta del Sol

Calle de Alcalá

Parque del Retiro

Museo del Prado

¿ _____ ?

Pla de las Cortes

Plaza Canovas
del Castillo

Paseo del Prado

Alfonso XII

Calle de Toledo

¿ _____ ?

c. Claud

¿ _____ ?

P. Infanta Isabel

Estudiante A:

¿Me podría decir cómo llegar...

1. a la Puerta de Alcalá?
2. a la Plaza Mayor?
3. al Rastro?
4. al Jardín Botánico?

Set a time limit. Make sure
students understand the
instructions: They have to
listen carefully as well as
give directions. Each time
they start from the **Puerta
del Sol.**

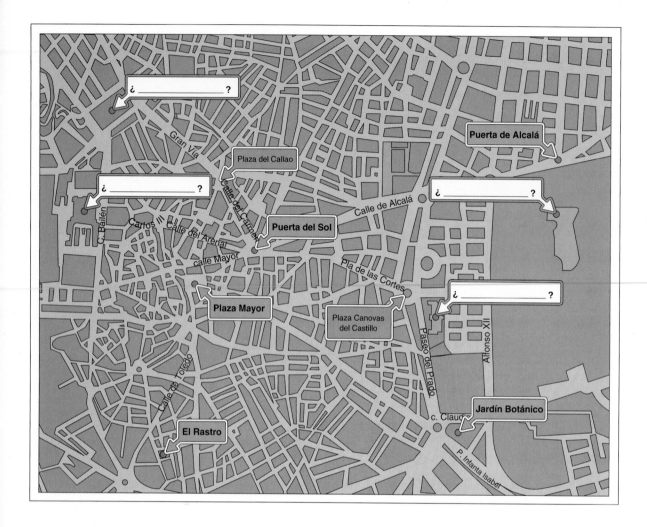

6-9 En Madrid. (Continúa de la página 130.)

Estudiante B:

¿Me podría decir cómo llegar...

1. al Parque del Retiro?
2. a la Plaza de España?
3. al Museo del Prado?
4. al Palacio Real?

 6-10 ¡No se puede perder! Dele indicaciones a un(a) compañero(a) de clase sobre cómo llegar a cada uno de los siguientes lugares. Comience desde un punto determinado en el centro del campus.

1. su restaurante favorito
2. una tienda muy interesante
3. un lugar muy bonito para dar un paseo

GRAMÁTICA Y VOCABULARIO
Direct Object Pronouns

me	me	nos	us
te	you	os	you
lo	him, it, you (usted)	los	them, you (ustedes)
la	her, it, you (usted)	las	them, you (ustedes)

1. Direct objects receive the action of the verb and usually answer the question *What?* or *Whom?* In Spanish, direct object pronouns correspond to the direct object nouns they replace in gender, person, and number.

direct object noun   No tengo <u>los boletos</u>. No <u>los</u> tengo.   *direct object pronoun*

direct object noun   Llamaron a <u>Paula</u>. <u>La</u> llamaron.   *direct object pronoun*

2. Direct object pronouns normally precede a conjugated verb.

Nos esperan en la aduana.   *They're waiting for us at customs.*

Carlos me acompañó a la estación.   *Carlos went with me to the station.*

3. In a construction containing both a conjugated verb and an infinitive or present participle (-**ando** or -**iendo** form), direct object pronouns can either precede the conjugated verb or follow and be attached to the infinitive or present participle.

¿El mapa? No lo puedo encontrar.   *The map? I can't find it.*
(No puedo encontrarlo.)

¿Los boletos? ¿Están buscándolos?   *The tickets? Are you looking for them?*
(¿Los están buscando?)

4. The neuter pronoun **lo** can refer to an idea or quality already mentioned. It is often used with the verb **ser** when the verb stands alone.

Esta habitación doble es   *This double room is very pretty.*
muy bonita. —Sí, lo es.   *—Yes, it is.*

El tren tarda mucho en   *The train is taking a long time to come.*
llegar. —Sí, lo sé.   *—Yes, I know.*

Give students more examples and make sure they understand what a direct object pronoun is.

To illustrate why direct object pronouns are important, create a short dialogue in which there is a lot of repetition of objects and write it on the board. Ask students why it sounds odd and have them fix it by substituting direct object pronouns. Example: A (name of student): **¿Tienes el boleto?** B (name of student): **Sí, tengo el boleto.** A: **¿Tienes la cartera?** B: **Sí, tengo la cartera.** A: **¿Y los pasaportes?** B: **¿Los pasaportes? ¡Caramba! No tengo los pasaportes. ¡Tenemos que buscar los pasaportes!**

¡OJO! Notice in the first example that the word **no** precedes the object pronoun. In the second example, an accent is required over **buscándolos** to maintain the stressed syllable of the verb.

Point out that in some regions of Spain, **le** and **les** are normally used as direct object pronouns referring to people: **Les llamé ayer.** *I called them yesterday.* **Le llevamos a casa.** *We took him home.*

PRÁCTICA

The two students should stand in front of the class for this warm-up exercise. Give them whatever you have at hand, preferably objects students know the Spanish names of (supply vocabulary if necessary), or have them hold up things of their own (watch, book, pencil, etc.). If you have travel-related items (passport, tickets, film, money) or pictures of such items, so much the better—bring them in a small suitcase.

6-11 ¿Quién tiene...? Su profesor(a) les va a dar unos objetos (o fotos de objetos) a dos estudiantes de la clase. Contesten las preguntas que les hace.

⚙ **MODELO** ¿Quién tiene las llaves?
Rachel las tiene.
¿Quién tiene la mochila?
Martín la tiene.

6-12 El (La) turista desorganizado(a). Trabaje con un(a) compañero(a). Haga el papel de un(a) turista desorganizado(a) y conteste las preguntas.

⚙ **MODELO** ¿Olvidaste hacer las reservaciones?
Sí, olvidé hacerlas.
¿Llevas la dirección?
No, no la llevo.

ANS 6-12

1. Sí, lo perdí. 2. Sí, las olvidé. 3. No, no la traje. 4. No, no los puedo encontrar. o No, no puedo encontrarlos. 5. Sí, la dejé en la pensión. 6. No, no la tengo. 7. No, no lo sé. 8. No, no la puedo pagar. o No, no puedo pagarla.

1. ¿Perdiste el pasaporte?
2. ¿Olvidaste las sandalias?
3. ¿Trajiste la guía?
4. ¿Puedes encontrar los boletos?
5. ¿Dejaste la cámara en la pensión?
6. ¿Tienes la llave?
7. ¿Sabes el número de nuestra habitación?
8. ¿Puedes pagar la cuenta?

ANS 6-13

1. Sí, puedo esperarte. Sí, te puedo esperar. 2. Sí, puedo ayudarlos. Sí, los puedo ayudar. 3. Sí, voy a llamarlos. Sí, los voy a llamar. 4. Sí, lo quiero usar. Sí, quiero usarlo. 5. Sí, te puedo oír. Sí, puedo oírte. 6. Sí, las estoy buscando. Sí, estoy buscándolas. 7. Sí, la puedo cuidar. Sí, puedo cuidarla.

6-13 De viaje. Unos amigos suyos salen de viaje y le hacen algunas preguntas. Conteste afirmativamente, usando pronombres.

⚙ **MODELO** Vamos al aeropuerto. ¿Nos vas a acompañar?
Sí, voy a acompañarlos. (Sí, los voy a acompañar.)

1. Tengo que hacer una llamada primero. ¿Me puedes esperar?
2. Necesitamos ayuda con las maletas. ¿Nos puedes ayudar?
3. Llegamos al hotel a las cinco. ¿Nos vas a llamar allí?
4. Vamos a dejar el coche aquí. ¿Lo quieres usar?
5. Hay mucho ruido aquí. ¿Me puedes oír?
6. Te di mis llaves. ¿Estás buscándolas?
7. La gata necesita comida todos los días. ¿La puedes cuidar?

6-14 ¿Qué necesitas hoy? Con un(a) compañero(a), haga y conteste preguntas. Averigüe dos cosas que su compañero(a) va a necesitar hoy y dos cosas que no va a necesitar.

> ⚙ **MODELO** ¿Necesitas tu reproductor de MP3 hoy?
>
> *Sí, lo necesito. (No, no lo necesito.)*

Ideas: celular, bicicleta, esquíes, pasaporte, cámara, sandalias, cuadernos, mochila,...

 6-15 Entrevista. Entreviste a un(a) compañero(a), usando complementos *(objects)* directos cuando sea posible. Después, su compañero(a) lo (la) entrevista a usted.

> ⚙ **MODELO** A: *¿A quién o a quiénes admiras?*
> B: *Admiro a Juan Luis Guerra y los 4.40 (Cuatro Cuarenta).*
> A: *¿Por qué los admiras?*
> B: *Porque cantan bien.*

1. ¿A quién o a quiénes admiras? ¿Por qué... admiras?
2. ¿A quién o a quiénes ves a menudo? ¿Dónde... ves?
3. ¿Tienes alguna cosa muy especial, algo que valoras mucho? ¿Qué es? ¿Desde cuándo... tienes? ¿Quién te... dio?
4. ¿Qué comida preparas muy a menudo? ¿Por qué... preparas?
5. ¿A quién o a quiénes conoces hace mucho tiempo? ¿Cuándo... conociste?
6. ¿A quién o a quiénes detestas? ¿Por qué... detestas?

Indirect Object Pronouns; Two Object Pronouns

Indirect Object Pronouns

me	*(to, for) me*	nos	*(to, for) us*
te	*(to, for) you*	os	*(to, for) you*
le	*(to, for) him, her, you* (usted)	les	*(to, for) them, you* (ustedes)

1. Indirect object pronouns in Spanish have the same forms as the direct object pronouns except the third-person **le** and **les.** They tell *to whom* or *for whom* something is done, made, said, or whatever action the verb indicates.

   indirect object pronoun **Le** mandó la información a **Pablo.** *indirect object noun*

2. Like direct object pronouns, indirect object pronouns precede conjugated verbs: **El guía nos explicó el itinerario.** They may also follow and be attached to infinitives or present participles.

   Les voy a escribir una carta sobre la gira. (Voy a escribirles una carta sobre la gira.)

   I'm going to write them a letter about the tour.

First have students brainstorm things they need and why. Next, have them ask and answer questions using their own lists.

You might point out that in the last example there are two ways to translate this in English: *I'm going to write them a letter* or *I'm going to write a letter to them.*

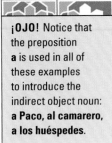

3. While indirect object pronouns usually answer the question *to whom?*, they sometimes answer the question *for whom?* or *from whom?*

Te reservé un cuarto sencillo.	*I reserved a single room for you.*
Le compré la bicicleta a Paco.	*I bought the bicycle for Paco. (Or: I bought the bicycle from Paco.)*

4. Third-person indirect object pronouns (**le, les**) are generally used even when the indirect object is expressed as a noun.

Le pedí la cuenta al camarero.	*I asked the waiter for the check.*
El gerente les dio la llave a los huéspedes.	*The manager gave the guests the key.*

Two Object Pronouns

1. When both an indirect and a direct object pronoun are in the same sentence, the indirect object pronoun (which usually refers to a person) always precedes the direct object pronoun (which usually refers to a thing).

Te voy a dar la dirección y el número de teléfono.	*I'm going to give you the address and phone number.*
Te los voy a dar. (Voy a dártelos.)	*I'm going to give them to you.*
Nos contaron la historia.	*They told us the story.*
Nos la contaron.	*They told it to us.*

2. Object pronouns are placed directly before a conjugated verb or auxiliary. Negative or affirmative words precede object pronouns.

¡No me lo dijeron!	*They didn't tell me about it!*
¿Las cuentas? Papá siempre me las paga.	*The bills? Dad always pays them for me.*

3. A third-person indirect object pronoun (**le** or **les**) used with a third-person direct object pronoun (**lo, la, los, las**) is replaced by **se**.

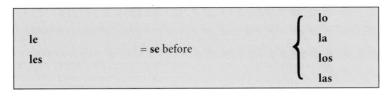

¿Las llaves? Se las dimos al gerente.	*The keys? We gave them to the manager.*
Se lo explico a usted, señor.	*I'll explain it to you, sir.*
¿El cambio? Se lo dejé al mesero.	*The change? I left it for the waiter.*

¡OJO! Notice that the preposition **a** is used in all of these examples to introduce the indirect object noun: **a Paco, al camarero, a los huéspedes**.

¡OJO! Notice that when two object pronouns are attached to an infinitive, an accent is required over the final syllable of the infinitive: **Van a mandártelo.** *They're going to send it to you.*

4. Prepositional phrases (**a él, a usted,** and so forth) are often used with indirect object pronouns for emphasis or clarification. The prepositional object pronouns are the same as the subject pronouns except for **mí** and **ti** (rather than **yo** and **tú**).

... y después se lo dieron.
—¿A quién? —Se lo dieron a ella.

¿A ti te dijeron eso? ¡A mí no me contaron nada!

... and then they gave it to him (her, you). —To whom? —They gave it to her.

They told you that? They didn't tell me anything!

You may want to present prepositional object pronouns in a more formal way, reminding students of the **conmigo** and **contigo** forms presented in Chapter 4 and telling them that **yo** and **tú** are used instead of **mí** and **ti** after **entre, excepto, menos,** and **según**.

VOCABULARIO ÚTIL

EN EL BANCO O LA CASA DE CAMBIO

cambiar	to change, exchange
la casa de cambio	currency exchange
el cheque (de viajero)	(traveler's) check
cobrar	to charge
pagar con dinero en efectivo	to pay cash
la tarjeta de crédito	credit card
la tasa de cambio	exchange rate
el vuelto, el cambio	change (that you receive from larger units of money)

¡OJO!

gratis *free of charge* / **libre** *free, at liberty, unoccupied*

la moneda *coin; currency (of a country)* / **el dinero** *money* / **el dinero en efectivo** *cash* / **la plata** *(literally, "silver") money (colloquial)*

There are many ways to say *money* in informal Spanish. In Spain, people say **la pasta** (like *dough* in English); in Mexico, people say **la lana** (*wool*, from the days when sheep raising was highly profitable). Other slang words for money: **la guita** (Ecuador, Peru, Southern Cone), **el pisto** (most of Central America), **el chavo** (meaning **peso**, *coin* in the Caribbean). Something very expensive is said to **costar un ojo de la cara** or **estar por las nubes**. If you want to "blow the works," you can **echar la casa por la ventana**.

PRÁCTICA

6-16 En el banco. Haga oraciones, usando pronombres de complemento indirecto.

⚙ **MODELO** cobraron poco por los cheques / a nosotros
Nos cobraron poco por los cheques.

1. cambiaron el cheque / a ellos

2. dijeron que la tasa de cambio era muy alta / a mí

3. mandaron la tarjeta de crédito / a mi amigo

4. explicaron la situación / al extranjero

5. dieron el vuelto / a nosotros

ANS 6-16
1. Les cambiaron el cheque. 2. Me dijeron que la tasa de cambio era muy alta. 3. Le mandaron la tarjeta de crédito. 4. Le explicaron la situación. 5. Nos dieron el vuelto.

6-17 Un buen guía. En una gira por España, el guía es excelente y ayuda a todos. ¿Qué hace? Haga oraciones, reemplazando las palabras subrayadas con los pronombres apropiados. Use pronombres de complemento directo o indirecto, según el caso.

⚙️ **MODELO**   traducir la palabra «manzana» <u>para el señor de México</u>
Le traduce la palabra.
ayudar <u>a los señores ingleses</u> con las maletas
Los ayuda con las maletas.

1. dar la bienvenida <u>a los turistas de Costa Rica</u>
2. llamar por teléfono <u>al amigo del señor japonés</u>
3. escribir la dirección del banco <u>para nosotros</u>
4. sacar una foto <u>al señor francés</u>
5. dar la dirección del Museo de América <u>a ti</u>
6. ayudar <u>a la señora alemana</u> a encontrar monedas para la propina
7. explicar el itinerario <u>a ustedes</u>
8. mandar las tarjetas <u>para nosotros</u>
9. buscar un asiento libre <u>para el señor canadiense</u>
10. describir el restaurante La Sevillana <u>a la señora de Miami</u>

 6-18 Cuando estás de viaje... Entreviste a un(a) compañero(a) para averiguar si hace las siguientes cosas cuando está de viaje o de vacaciones. Use pronombres de complemento indirecto.

⚙️ **MODELO**   mandar tarjetas postales a tus amigos
A: *Cuando estás de viaje, ¿les mandas tarjetas postales a tus amigos?*
B: *Sí, a veces les mando tarjetas postales. (No, no les mando...)*

1. comprar un recuerdo a tu mejor amigo(a)
2. escribir un e-mail a tu mamá
3. hacer muchas preguntas a los guías
4. dejar buenas propinas a los meseros
5. pedir información a personas desconocidas

6-19 En la recepción. Eduardo trabaja en la recepción del hotel Caribe en la península de Yucatán, México. Es muy amable y ayuda a mucha gente. ¿Qué hizo ayer? Acorte *(Shorten)* las oraciones, de acuerdo con el modelo.

⚙️ **MODELO**   para mí
Recomendó el restaurante El portal.
Lo recomendó. Me lo recomendó.

para mí

1. Reservó un coche para mañana.
2. Contó la historia de la ciudad maya de Uxmal.
3. Cambió cien dólares a pesos mexicanos.
4. Explicó el sistema de los autobuses.

para nosotros

5. Recomendó la tienda de recuerdos La Yucateca.

6. Sacó una foto.

7. Reservó boletos para el espectáculo de danza maya.

8. Hizo una copia de la cuenta.

para el turista de España

9. Explicó la expresión «¡Qué padre!».

10. Recomendó un paseo al parque Chankanaab.

11. Hizo una llamada a una agencia de viajes.

12. Contó un chiste.

 6-20 Situaciones. ¿Qué haría usted en las siguientes situaciones? Conteste, usando pronombres y los verbos entre paréntesis u otros verbos de su propia elección *(choice)*.

> ⚙ **MODELO** Su mejor amigo le pide cien dólares. No quiere decirle para qué los necesita. (dar)
> *Se los daría sin hacerle preguntas. (No se los daría.)*

1. Recibe una carta romántica de su novio(a). Su compañero(a) de cuarto quiere saber lo que dice. (leer)

2. Usted encuentra una gran cantidad de dinero en la calle. (dar)

3. Alguien quiere comprarle a usted unos platos que eran de su bisabuela; le ofrece mil dólares, pero los platos tienen cierto valor sentimental. (vender)

4. Un amigo suyo quiere que lo ayude durante un examen sin que lo sepan los otros estudiantes; quiere que le muestre su trabajo. (mostrar)

5. Piensa hacer autostop *(hitchhike)* en Europa este verano. Su mamá quiere saber cómo va a viajar. (decir)

6. Su hermano usa cocaína. Quiere que prometa que no les dirá nada a sus papás. (prometer)

 6-21 Motivos. Su profesor(a) piensa en algunas cosas que se le va a «regalar» a la clase y escribe una lista en la pizarra. ¿Quién tiene el mejor motivo para recibirlas? ¿Por qué se le debe «regalar» este objeto a usted?

> ⚙ **MODELO** un snowboard
> *Debe regalármelo a mí porque voy a ir a las montañas Rocosas en enero.*

Commands

The following chart shows the command forms. Most direct command forms correspond to the present subjunctive. Exceptions are the affirmative **tú** and **vosotros** forms (shown in bold).

Affirmative

	usted	ustedes	tú	vosotros	nosotros
-ar	Hable.	Hablen.	**Habla.**	**Hablad.**	Hablemos.
-er	Coma.	Coman.	**Come.**	**Comed.**	Comamos.
-ir	Escriba.	Escriban.	**Escribe.**	**Escribid.**	Escribamos.

ANS 6-20
Possible answers:
1. Se la leería. 2. Se lo daría a la policía. 3. Se los vendería. 4. No se lo mostraría. 5. No se lo diría. 6. No se lo prometería.

6-20 This activity reviews the conditional forms. Items 4 and 6 use the subjunctive passively, for recognition.

6-21. Write a list on the board, including various kinds of things; personalize it with items you know your students like if possible. Ideas: **unos discos compactos de…, una guitarra, dos boletos para ir a…, un caballo, una motocicleta, unos chocolates, un cheque para…**. Make sure students use the correct object pronouns in their answers to avoid being disqualified.

Students saw the subjunctive forms in the last chapter; additional uses of the subjunctive will be covered in Chapters 7 and 9.

Negative

	usted	ustedes	tú	vosotros	nosotros
-ar	No hable.	No hablen.	No hables.	No habléis.	No hablemos.
-er	No coma.	No coman.	No comas.	No comáis.	No comamos.
-ir	No escriba.	No escriban.	No escribas.	No escribáis.	No escribamos.

Formal (*Usted* and *Ustedes*) Commands

1. Formal commands have the same forms as the corresponding **usted** or **ustedes** forms of the present subjunctive.

   Vaya primero a la casa de cambio.   *First go to the currency exchange.*
   Ponga su equipaje aquí.   *Put your luggage here.*
   ¡No crucen la calle sin mirar!   *Don't cross the street without looking!*
   No tarden mucho, por favor.   *Don't take too long, please.*

2. The word **usted** or **ustedes** can be added to soften a command, to make it more deferential.

   Pasen ustedes, señoras.   *Go ahead, ladies.*
   Tome usted asiento.   *Have a seat.*

Informal (*Tú* and *Vosotros*) Commands

1. Affirmative **tú** commands are the same as the third-person singular of the present indicative (**él, ella**).

   ¡Come, bebe, canta y baila!   *Eat, drink, sing, and dance!*

2. Negative **tú** and **vosotros** commands are the same as their corresponding present subjunctive forms.

   ¡No seas tan generoso, querido!   *Don't be so generous, dear!*
   No vayas a la estación ahora, mamá.   *Don't go to the station now, Mom.*
   No digáis eso, niños.   *Don't say that, children.*

3. Affirmative **vosotros** commands are formed by dropping the **-r** of the infinitive and adding **-d.**

   Seguid esta calle hasta el Paseo   *Follow this street to the Paseo de la*
      de la Castellana y allí doblad   *Castellana and turn to the right*
      a la derecha.   *there.*

4. The following affirmative **tú** commands are irregular.

di (decir)	**ve** (ir)	**sal** (salir)	**ten** (tener)
haz (hacer)	**pon** (poner)	**sé** (ser)	**ven** (venir)

| Ven acá, Pepe. | Come here, Pepe. |
| Sé buena y haz la maleta, Josefina. | Be good and pack your suitcase, Josefina. |

The Nosotros (Let's) Command

1. The first-person plural (**nosotros**) command is the same as the **nosotros** form of the present subjunctive.

| Primero comamos y después saquemos fotos. | First let's eat and then let's take pictures. |
| Paguemos con dinero en efectivo. | Let's pay cash. |

2. **Vamos a** + infinitive can be used instead of the **nosotros** command in the affirmative.

| Vamos a buscar un buen restaurante. (Busquemos un buen restaurante.) | Let's find a good restaurant. |

¡OJO! Either **vamos** or **vayamos** can be used as the affirmative **nosotros** command form of **ir,** but **vamos** is much more common. In the negative, only **no vayamos** is used: **No vayamos a la catedral; vayamos (vamos) al museo de historia.**

Indirect Commands

Indirect commands are given indirectly to a third person and are the same as the third-person subjunctive forms. They are usually introduced by **que.**

| Que pase primero la señorita. | Let the young lady come in first. (Have the young lady come in first.) |
| ¡Viva México! | Hurray for (Long live) Mexico! |

VOCABULARIO ÚTIL

ALGUNAS ACTIVIDADES TURÍSTICAS

alquilar un auto (una motocicleta)	to rent a car (a motorcycle)
bucear, hacer buceo	to go diving
hacer una caminata	to go walking, hiking
hacer surfing	to go surfing
ir a los clubes nocturnos	to go to nightclubs
jugar al golf (al tenis)	to play golf (tennis)
jugar (por dinero) en los casinos	to gamble at the casinos
montar a caballo	to go horseback riding
nadar con tubo de respiración	to go snorkeling
visitar museos (ruinas antiguas, sitios históricos)	to visit museums (ancient ruins, historical sites)

PRÁCTICA

6-22 Un turista entusiasmado. Gabriel nunca ha estado en la Ciudad de México y está muy entusiasmado *(excited)* con todo. ¿Qué les dice a sus compañeros?

⚙ **MODELO** pasar una tarde en el museo de antropología
Pasemos una tarde en el museo de antropología.

1. no perder tiempo en el hotel
2. visitar el Palacio Nacional
3. hacer una excursión a las pirámides
4. comer tacos en una taquería
5. comprar recuerdos en el mercado
6. buscar una plaza donde haya música
7. ir a ver el Castillo de Chapultepec
8. no ir a Toluca hoy

6-23 En Garrafón, isla Mujeres.

Paso 1. El guía de una excursión a isla Mujeres se preocupa por todo. ¿Qué les dice a los turistas del grupo?

Vocabulario: vestidores *dressing rooms*, casillero *locker*, guacamayas *parrots*, echar un vistazo *take a look*

⚙ **MODELO** seguir por ese camino para ir a los vestidores
Sigan por ese camino para ir a los vestidores.

Warm-up: Have a student volunteer give affirmative commands; e.g., **Levanta la mano.** Students give the negative; e.g., **No levantes la mano.**

ANS 6-22
1. No perdamos tiempo en el hotel. 2. Visitemos el Palacio Nacional. 3. Hagamos una excursión a las pirámides. 4. Comamos tacos en una taquería. 5. Compremos recuerdos en el mercado. 6. Busquemos una plaza donde haya música. 7. Vamos (Vayamos) a ver el Castillo de Chapultepec. 8. No vayamos a Toluca hoy.

1. no perder la llave del casillero
2. llevar sandalias si van al Jardín de Hamacas
3. alquilar tubos de respiración y otras cosas en esta tienda
4. tener cuidado en la Tirolesa
5. hacer una caminata por los jardines
6. no olvidar ver las guacamayas
7. para una buena comida, almorzar en el restaurante Tamarindo
8. no dejar sus cosas en los vestidores
9. disfrutar de la tarde
10. volver al grupo a las seis

Paso 2. Cambie los mandatos a la forma **tú.**

⚙ MODELO   seguir por ese camino para ir a los vestidores
Sigue por ese camino para ir a los vestidores.

6-24 El gerente. Usted y un(a) amigo(a) se quedan en un hotel caro, pero hay muchas cosas que no funcionan bien. Ustedes se quejan *(complain)* al recepcionista, pero este le pasa *(pass on)* la queja al gerente, quien les contesta a ustedes indirectamente. ¿Qué les dice?

⚙ MODELO   El recepcionista: Dicen que no hay agua caliente. (esperar dos o tres horas)
El gerente: *Que esperen dos o tres horas.*

1. Dicen que hace mucho calor en el cuarto. (abrir una ventana)
2. Dicen que el televisor no funciona. (mirar televisión en el salón de entrada)
3. Dicen que hay mucho ruido en el cuarto de al lado. (decirles a los vecinos que no hablen tan fuerte)
4. Dicen que nadie contesta cuando llaman al comedor del hotel. (salir a comer a un restaurante)
5. Dicen que quieren hacer una llamada de larga distancia. (ir a un teléfono público)
6. Dicen que el ascensor *(elevator)* no funciona. (subir por las escaleras [stairs])
7. Dicen que quieren marcharse. (buscar otro hotel de lujo)

👥 **6-25 Para pasar unas vacaciones estupendas...** Escoja un lugar que usted conozca y que pueda recomendar para pasar allí unas vacaciones. Cuéntele a un(a) compañero(a) cómo llegar allí, qué llevar, cuándo ir, qué lugares visitar, qué lugares evitar, dónde quedarse, etcétera. Use la forma imperativa del verbo.

⚙ MODELO   *Para pasar unas vacaciones estupendas, ve a... No vayas en invierno (en julio) porque...*

Llévenme con ustedes. ¡No me olviden!

© Andreu Veà-Baró

Commands with Object Pronouns

1. Object pronouns follow and are attached to affirmative commands. Accents are added to verbs of more than one syllable to maintain the stressed syllable.

Comprémoslo.	*Let's buy it.*
¡Socorro! ¡Ayúdelos!	*Help! Help them!*

2. Object pronouns precede the verb in negative commands.

¡No me digas!	*Don't tell me!*
No lo compremos.	*Let's not buy it.*

3. Indirect object pronouns precede direct object pronouns when used in commands, just as they do in statements or questions.

Explícamelo.	*Explain it to me.*
No me lo expliques.	*Don't explain it to me.*
Désela.	*Give it to him (her).*
No se la dé.	*Don't give it to him (her).*

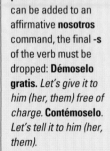

¡OJO! Before **se** can be added to an affirmative **nosotros** command, the final **-s** of the verb must be dropped: **Démoselo gratis.** *Let's give it to him (her, them) free of charge.* **Contémoselo.** *Let's tell it to him (her, them).*

This **-s** is also dropped before adding the reflexive **nos**; this will be practiced in Chapter 8, on the reflexive.

PRÁCTICA

6-26 Cómo disfrutar de la vida. Las siguientes ideas para disfrutar de la vida aparecieron en la revista *Cosmopolitan en español.** Cambie los mandatos de la forma **tú** a la forma **usted.**

MODELO Aprende otro idioma y úsalo.
Aprenda otro idioma y úselo.

1. Viaja a través de toda Europa.
2. Corre en un maratón.
3. Escríbele una carta a tu héroe o heroína favorito(a).
4. Regálale a tu madre cincuenta rosas rojas y dile que la quieres.
5. Bucea en los arrecifes *(coral reefs)* de Australia.
6. Haz que te pinten tu retrato *(portrait)*.
7. Juega en un casino elegante de Europa.
8. Dile a la gente lo que verdaderamente piensas de ella.

¿Qué recomendaría usted para disfrutar de la vida? Imagínese que habla con una persona deprimida. Dele tres o cuatro consejos, usando la forma imperativa del verbo.

---

*«Vivir y vivir hasta morir», *Cosmopolitan en español*, año 20, número 10, página 25.

6-27 Preparando las valijas. Trabaje con un(a) compañero(a). Su compañero(a) va a hacer un viaje a un lugar misterioso. Ayúdelo(la) a hacer las valijas, siguiendo el modelo.

> **MODELO** *¿Quieres llevar las tarjetas de crédito?*
> *Sí, cómo no, dámelas.*

Ideas: esta novela policíaca, la videocámara, las llaves de la casa, el itinerario, los boletos, el celular…

 6-28 De viaje. Trabaje con dos o tres compañeros. Imagínense que están en una de las siguientes fotos. Desafortunadamente, están con un grupo de turistas que incluye una familia rara: un niño mimado *(spoiled)*, una señora miedosa *(fearful)* y un gruñón *(grouch)*. Inventen por lo menos seis mandatos que estas personas podrían dar durante el viaje. Algunos de estos mandatos deben incluir pronombres de complemento directo e indirecto.

> **MODELO** El gruñón: *Volvamos al hotel. Estoy cansado.*
> El niño mimado: *Déjenme ir al cine. Es temprano. Mamá, dame 15 euros.*
> La señora miedosa: *Tengamos mucho cuidado con las carteras.*

Ideas: comprarme…, esperarnos, no ir muy…, ayudarme, explicarnos, llevar…

Paseo a caballo por los Andes.

Las calles de Ibiza, islas Baleares.

EN CONTACTO

Videocultura

 Puerto Rico, la «isla del encanto»

Cada año miles de turistas llegan a la «isla del encanto *(enchantment)*». Mire el video y conteste esta pregunta: ¿Qué diversiones o actividades se pueden hacer en Puerto Rico?

Vocabulario: fortalecimiento *fortification;* artesanías *handicrafts;* muñecas de trapo *cloth dolls;* máscaras *masks;* bacalaítos *strips of fried cod*

Google	Busque «Bosque Nacional El Yunque», una reserva natural de Puerto Rico, para ver flora y fauna exótica y el pequeño coquí *(frog)*, símbolo de la isla. («Soy de aquí, como el coquí, dicen los puertorriqueños.)

Image © Colin D. Young 2010. Used under license from Shutterstock.com.

6-29 Comprensión. Conteste las siguientes preguntas después de ver el video.

1. ¿Cuál es la capital de Puerto Rico? ¿Cómo se llama el fuerte *(fort)* con las impresionantes murallas que protegían *(protected)* la ciudad?
2. ¿Qué se puede comprar en los mercados de artesanías?
3. ¿En qué ciudad están el antiguo Parque de Bombas y el paseo «La Guancha»? (¿En honor a qué explorador español se nombró la ciudad?)
4. ¿Qué quiere decir «piragua» en Puerto Rico? (Normalmente sería una canoa.)

 6-30 Puntos de vista. Compare sus opiniones con las de dos o tres compañeros.

1. De las diversiones que se ven en el video, ¿cuáles le gustaría hacer?
2. Si decide ir a Puerto Rico, ¿cuándo iría (durante qué estación)? ¿Por qué?
3. ¿Cómo muestra el video la mezcla de culturas que caracteriza la isla?
4. ¿Cree que Puerto Rico será un estado de Estados Unidos algún día? ¿Por qué sí o por qué no?

VOCABULARIO ÚTIL

LA MÚSICA

COGNADOS

el ballet	el merengue
	la música folklórica, clásica, pop, rock, reggae, rap, hip-hop
el estilo	
expresar	la ópera
el flamenco	la salsa
improvisar	el, la solista
el jazz	el tango

LOS INSTRUMENTOS MUSICALES

el acordeón	los tambores *(drums)*
el clarinete	el trombón
la flauta	la trompeta
la guitarra	el violín
el piano	

OTRAS PALABRAS

el bailarín (la bailarina)	*dancer*
componer	*to compose*
el compositor (la compositora)	*composer*
el conjunto	*band, group*
el espectáculo	*show*
el género	*type, genre*
la letra	*lyrics*
reflejar	*to reflect*

7-2 Asociaciones. ¿Qué palabra(s) del mundo de la música se asocia(n) con...?

> **MODELO** Shakira
>
> *la música pop, la música rock, la cantante, la solista, la guitarra...*

1. Usher
2. la música triste
3. una marcha militar
4. la originalidad
5. *El Cascanueces (The Nutcracker)*
6. Mozart
7. música para trabajar o estudiar
8. música para dormir

Bring in several examples of music on MP3 files or CDs (for example, flamenco, salsa, tango, ranchera). Play a couple of minutes of each as you comment in Spanish about the musical instruments or the rhythm, then have students guess what type it is.

7-3 Preguntas. Túrnense para entrevistarse con otro(a) compañero(a), utilizando las siguientes preguntas.

1. ¿A ti qué tipo de música te gusta escuchar? ¿Te gusta escuchar música en la radio a veces? ¿Qué estaciones de radio escuchas?

2. ¿Te gusta bailar? ¿Sabes bailar tango? ¿merengue? ¿chachachá?

3. ¿Tienes un(a) compositor(a) favorito(a)? ¿Cómo se llama?

4. ¿Cuáles de los cantantes (o conjuntos) de hoy te parecen los mejores? ¿Por qué? ¿Te gusta la letra de sus canciones?

5. ¿Tocas un instrumento musical? ¿Cuál? Si no, ¿cuál te gustaría tocar? ¿Por qué?

6. ¿Tuviste lecciones de música cuando eras pequeño(a)? ¿Fue una buena experiencia? ¿Aprendiste a componer música o a improvisar?

7. ¿Te gusta cantar? ¿Cantas en un coro (chorus)? ¿en la ducha (shower)?

LENGUA VIVA

Julia Gutiérrez

Mike Martin

Audioviñetas: En Bogotá

CD 2, Track 2

Conversación 1: Para expresar acuerdo y desacuerdo. Mike y Julia conversan en un lugar céntrico de Bogotá.

7-4 Escuche la **Conversación 1** y conteste las preguntas.

1. Son las nueve de la noche. ¿Dónde están Mike y Julia?
   a. en un restaurante
   b. en la calle, cerca de un club nocturno
   c. en un concierto de música clásica

2. ¿Qué piensa Julia de la música?
   a. Le molesta.
   b. Le gusta más o menos.
   c. Le encanta.

7-5 Escuche la **Conversación 1** otra vez. Escoja las palabras apropiadas para completar la canción. Después conteste esta pregunta: ¿Qué quiere decir «Todo es según el color del cristal con que se mira»?

ANS 7-5
Todo depende del punto de vista.

1 —Oye, Guillermo, te voy a hablar de las cosas de mi (1. ciudad / <u>pueblo</u>).
—Mentiras°...   *nonsense, lies*
—No, no, escucha esto.

Willy Chirino:

5 En mi pueblo sucedían° las cosas más sorprendentes.   *pasaban*
Había una burra sin (2. <u>dientes</u> / gentes)
experta en ortografía...
—No hombre, no...
...un enano° que crecía   *dwarf*
10 cuando (3. <u>había</u> / hacía) mucha humedad°,   *humidity*
un calvo° que en Navidad   *bald man*
(4. <u>siempre</u> / nunca) le nacía pelo,
y un gallo° con espejuelos°   *rooster / glasses*
de (5. sesenta / <u>noventa</u>) años de edad.
15 Y un gallo con espejuelos
de (6. sesenta / <u>noventa</u>) años de edad.

Álvarez Guedes:
Eso no es (7. <u>nada</u> / nadie).
Oye, no quiero menospreciar°   *underrate*
20 a tu pueblo fabuloso
pero en el mío, había un oso°   *bear*
que fue campeón de billar°...   *billiards*
—No (8. <u>existe</u> / te creo).
...melones da el limonar°   *lemon tree*
25 y hay un ciempiés° con muletas;°   *centipede / crutches*
Juan, un viejo anacoreta,°   *hermit*
tiró un centavo al cantero;°   *flowerbed, small piece of land*
creció un árbol de dinero
donde florecen° pesetas.   *grow, flourish*
30 —(9. <u>¿Cómo?</u> / ¿Qué?)
Creció un árbol de dinero
donde florecen pesetas.

Coro:
Ya lo dijo Campoamor,°   *a nineteenth-century Spanish poet / shrinks*
35 todo encoje,° todo estira;°   *stretches out*
que en este mundo traidor°   *treacherous, false*
nada es (10. real / <u>verdad</u>) ni es mentira;
todo es según el color
del cristal con que se mira.

—Willy Chirino, *South Beach,* SONY Tropical, © 1993 Sony Discos Inc.

CD 2,
Track 3

Conversación 2: Para expresar desacuerdo. Julia y Mike están manejando por una calle de Bogotá.

Julia quiere comer unas arepas calientes como «tentempié». A Mike no le parece una buena idea.

7-6   Escuche la **Conversación 2.** ¿Qué quiere Julia? ¿Qué piensa Mike de su idea?

7-7   Escuche la **Conversación 2** otra vez. Escoja la mejor respuesta.

1. Según Julia, a las diez de la mañana, una comida muy deliciosa es...
   a. una dona *(doughnut)*.   c. un plato de menudo *(tripe soup)*
   b. una barra de granola.   picante, con cebolla.

2. Para Mike, un plato de arepas *(thick corn tortillas)* con café negro es...
   a. un buen desayuno.   b. un buen almuerzo.   c. una buena cena.

3. Un «tentempié» es algo que...
   a. le da energía.   b. le tiene de pie.   c. a y b

En otras palabras

Para expresar acuerdo y desacuerdo

Here are some ways to express agreement and disagreement.

Mire el video en el sitio **www.cengagebrain. com/shop/ISBN/0495912654** y haga las actividades que lo acompañan.

1. You strongly agree with what someone is saying.

Sí, ¡cómo no!	**Cierto.**
Exacto.	**Por supuesto.** *Of course.*
Eso es.	**Correcto.**
Claro.	**Sí, es verdad. Estoy de acuerdo.**

Rafael y Javier salen a comer. ¿Cómo piden la cuenta? ¿Quién la paga, al final?

2. You disagree with what someone is saying.

No, no es verdad.	**¡Qué tontería(s)!** *What nonsense!*
No, no estoy de acuerdo.	**¡Qué ridículo!**
Al contrario...	**¡Qué va!** *Oh, come on!*

3. You partially agree with what someone is saying and partially disagree. (Or you disagree but don't want to appear disagreeable.)

Bueno, eso depende.
Está bien, pero por otra parte... *(Fine, but on the other hand . . .)*
Estoy de acuerdo en parte.
Pues, sí, hasta cierto punto.

4. You agree with a suggestion that you or someone else do something.

¡Claro que sí!   **Como usted quiera. (Como quieras.)**
                            As you like. Whatever you want.

~~Sí, ¡cómo no!~~   ~~De acuerdo.~~

5. You disagree with a suggestion that you or someone else do something.

Por el momento, no, gracias. Prefiero...

¡Ni por todo el oro (dinero) del mundo! ¡Ni a la fuerza (a palos)! *Not even by force (because of blows)!* **¡Ni loco(a)!** *(colloquial)*

¡De ninguna manera!

Just for fun, you could tell students that a slang alternative for **De ninguna manera** is **De ninguna manguera** *(hose),* **como dijo el bombero** *(fireman).*

Para pedir comida o bebida en un restaurante

In Spain and Latin America, breakfast is generally light; lunch is the main meal, eaten in the early afternoon, and dinner is a smaller meal, usually eaten late (8:00 P.M. or even up to 10:00 P.M. in Spain).

To save a bit of money in a restaurant, you can ask for the **menú del día,** a full meal at a fixed price (called **comida corrida** in Mexico and parts of South America). You may also save money by asking, **¿Cuáles son los vinos de la casa?** and **¿Está incluido el servicio?** *(Is the service/tip included?)*

Before eating, it's common to say **¡Buen provecho!** *(Enjoy your meal!).* And to make a toast, you can say **¡Salud!, ¡Salud, amor y dinero!,** or **¡Chin chin!** (imitating the sound of glasses clinking).

Following is a list of restaurant expressions. Who would be likely to use each one, a customer or a waiter? Mark C (**cliente**) or M (**mesero**). The answers are at the bottom of the page.

  C   **1.** Tenemos reservaciones.

_____ **2.** ¿Una mesa para tres?

_____ **3.** ¿Desean pedir ahora?

_____ **4.** ¿Nos podría traer la lista de vinos?

_____ **5.** ¿Qué les traigo para empezar?

_____ **6.** ¿Cuál es el menú del día?

_____ **7.** ¿Qué nos recomienda?

_____ **8.** ¿De qué es la sopa del día?

_____ **9.** Permítanme recomendarles la especialidad de la casa.

_____ **10.** ¿Les gustaría probar *(to try)*...?

_____ **11.** Me falta un tenedor (un cuchillo, una cuchara) *(a fork [knife, spoon]).*

_____ **12.** ¿Me trae..., por favor?

_____ **13.** Esto no es lo que pedí.

_____ **14.** ¿Querrán algún postre *(dessert)?* ¿café?

_____ **15.** ¿Hay café descafeinado *(decaf)?*

1. C 2. M 3. M 4. C 5. M
6. C 7. C 8. C 9. M 10. M
11. C 12. C 13. C 14. M
15. C

PRÁCTICA

7-8 Opiniones sobre la música. Túrnese con un(a) compañero(a) para hacer afirmaciones sobre gustos musicales y para decir si están o no de acuerdo.

⚙ **MODELOS** A: *En general, la letra de la música rap es bastante machista.*
B: *No estoy de acuerdo. A veces…*

A: *La música techno (de acordeón, de Lady Gaga, etc.) es fatal (estupenda).*
B: *Es verdad. Pero por otra parte…*

7-9 ¿De acuerdo? Piense en algunas actividades atrevidas *(daring)* o interesantes y en otras más rutinarias o menos agradables, e invite a un(a) compañero(a) a hacerlas con usted. Su compañero(a) dirá si está o no de acuerdo.

⚙ **MODELOS** A: *¿Quieres ver un espectáculo de tango?*
B: *Sí, hombre, ¡cómo no!*

A: *Vamos a un restaurante mexicano a comer un plato de menudo (tripe soup), ¿de acuerdo?*
B: *De ninguna manera. ¡Ni a palos!*

Note that **hombre** is used in this way colloquially in most parts of the Spanish-speaking world to address either a male or a female.

7-10 En el restaurante. Trabaje con un(a) compañero(a). Inventen una pequeña conversación en un restaurante entre un(a) mesero(a) y un(a) cliente. Utilicen por lo menos cinco de las expresiones de la lista de la página 155.

GRAMÁTICA Y VOCABULARIO

Affirmatives and Negatives

algo *something, somewhat*	**nada** *nothing, (not) at all*
alguien *someone, anyone*	**nadie** *no one, nobody, not anyone*
siempre *always* ⎫	**nunca, jamás** *never*
algunas veces *sometimes* ⎬	
algún, alguno(a) *some, any*	**ningún, ninguno(a)** *none, not any, no*
también *also*	**tampoco** *not either*
o...o *either . . . or*	**ni...ni** *neither . . . nor*
todavía *still*	**todavía no** *not yet*
aún *still*	**ya no** *not any more*

1. Most sentences can be made negative by placing **no** directly before a verb: **No vino. No ha comido.** Object pronouns can come between: **No me lo dio.**

The perfect tenses will be covered in Chapter 10.

2. Negative words can either (1) precede the verb or (2) follow the verb if **no** or another negative precedes it. Note that several negatives can be used in a Spanish sentence.

Elena nunca tiene prisa. (Elena no tiene prisa nunca.)	*Elena's never in a hurry.*
Nunca le dije nada a nadie.	*I never said anything to anyone.*

3. Both **nunca** and **jamás** mean *never*; however, **jamás** means *ever* in a question where a negative answer is expected.

Nunca (Jamás) le hicieron mal a nadie.	*They never harmed anyone.*
¿Has oído jamás semejante historia?	*Have you ever heard a similar story?*

Alguna vez is used to mean *ever* in a simple question where neither an affirmative nor a negative answer is expected.

¿Ha escuchado alguna vez este tipo de música?	*Have you ever heard this kind of music?*

Make sure students understand that in Spanish several negatives are frequently used in the same sentence; e.g., **A ese chico no le preocupa nada nunca.** *(That kid never worries about anything.)* English speakers are trained to think that double negatives are wrong and show a lack of logic, since if "nothing never worries him," then something does worry him, so this point needs to be reiterated.

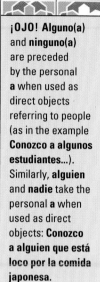

¡OJO! Alguno(a) and **ninguno(a)** are preceded by the personal **a** when used as direct objects referring to people (as in the example **Conozco a algunos estudiantes...**). Similarly, **alguien** and **nadie** take the personal **a** when used as direct objects: **Conozco a alguien que está loco por la comida japonesa.**

¡OJO! Ya no and **todavía no** precede a verb: **Ya no compone música. Todavía no estoy listo.**

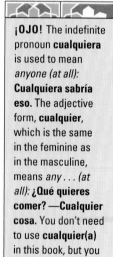

¡OJO! The indefinite pronoun **cualquiera** is used to mean *anyone (at all)*: **Cualquiera sabría eso.** The adjective form, **cualquier**, which is the same in the feminine as in the masculine, means *any . . . (at all)*: **¿Qué quieres comer? —Cualquier cosa.** You don't need to use **cualquier(a)** in this book, but you should be able to recognize it.

4. **Alguien** and **nadie** refer to people. **Alguno** and **ninguno** can be used for either people or things; they normally refer to certain members of a group that the speaker or writer has in mind.

¿Hay alguien en casa? Parece que no hay nadie aquí.

Is there anyone home? It seems there is no one here.

Algunos de mis amigos tocan varios instrumentos musicales, pero ninguno de ellos toca el trombón.

Some of my friends play several musical instruments, but none of them plays the trombone.

5. **Alguno** and **ninguno** used as adjectives become **algún** and **ningún** before masculine singular nouns: **algún día, ningún conjunto. Ningún** and **ninguno(a)** are generally used in the singular as adjectives or pronouns; however, the English translation uses a plural.

Tengo algunas fotos de él; no tengo ninguna foto de ella.

I have some photos of him; I don't have any photos of her.

Conozco a algunos estudiantes de Puerto Rico; no conozco a ninguno de Cuba.

I know some students from Puerto Rico; I don't know any from Cuba.

6. **Todavía** and **aún** mean *still, yet;* **ya no** is used to mean *no longer, not anymore;* **todavía no** means *not yet.*

¿Todavía te sientes mal? —Ya no.

Do you still feel bad? —Not anymore.

¿Aún toca el clarinete?

Is he (she) still playing the clarinet?

PRÁCTICA

7-11 El optimista y el pesimista. Describa al pesimista, basándose en la descripción del optimista.

> ⚙ **MODELOS** EL OPTIMISTA: Según su opinión, todo el mundo es honesto.
> EL PESIMISTA: *Según su opinión, nadie es honesto.*
>
> EL OPTIMISTA: Nunca piensa en ningún problema.
> EL PESIMISTA: *Siempre piensa en algún problema.*

1. Casi nunca está preocupado por nada.
2. Según él o ella, todo el mundo es sincero.
3. Siempre tiene algo bueno que decir.
4. Según su opinión, tiene muchos amigos felices.
5. Cuando alquila un auto, jamás compra seguro *(insurance)*.
6. Le interesa cualquier libro sobre cómo ser feliz.

Warm-up: Using affirmatives and negatives, make up false statements about the class, the university, current affairs, etc., and have students correct them. Examples: **Hoy nadie llegó tarde. En esta clase, alguien tiene pelo verde. Johnny Depp siempre viene a nuestra clase los viernes.**

ANS 7-11
1. Casi siempre está preocupado por algo. 2. Según él o ella, nadie es sincero. 3. Nunca tiene nada bueno que decir. 4. Según su opinión, no tiene ningún amigo feliz. 5. Cuando alquila un auto, siempre compra seguro. 6. No le interesa ningún libro sobre cómo ser feliz.

7-12 La música flamenca. Complete la conversación con palabras afirmativas o negativas lógicas, según el contexto. Para una lista completa, mire la página 157.

ANDRÉS: ¿Tienes (1) ___algún___ disco compacto de Paco de Lucía?

MARISA: ¿Paco de Lucía? No, no tengo (2) ___ninguno___.

ANDRÉS: Yo (3) ___tampoco___, pero me gusta mucho la música flamenca y su música en particular.

MARISA: Pregúntale a Carmen... Ella tiene muchos discos compactos.

ANDRÉS: Buena idea. Pero Carmen está en Córdoba, ¿no?

MARISA: No, (4) ___todavía/aún___ no se ha ido. Sale mañana.

ANDRÉS: Ah, y a propósito de la música flamenca, tengo dos entradas para El Palacio Andaluz esta noche. Una amiga inglesa estaba aquí de visita y la iba a llevar, pero ya regresó a Inglaterra. ¿Quieres acompañarme?

MARISA: Gracias, Andrés, pero no puedo. Tengo una cena familiar.

ANDRÉS: ¿Conoces a (5) ___alguien___ que quiera ir?

MARISA: Pues, déjame pensar. (6) ___Ni___ Felipe ___ni___ Manuel están aquí; ayer salieron para las montañas. Ramona (7) ___tampoco___ está, porque fue a visitar a su familia.

ANDRÉS: Parece que (8) ___ninguno___ de nuestros amigos está aquí este fin de semana. Pues, no hay (9) ___ningún___ problema, no te preocupes.

Joaquín Cortés, famoso bailador de flamenco español. El flamenco tiene una fuerte influencia oriental y refleja la pasión y el dolor de la gente gitana *(Gypsy)*.

7-13 Cuéntame, compañero(a)...

Paso 1. Túrnense con un(a) compañero(a) para averiguar si...

> ⚙ **MODELO** tiene algunos discos compactos de Alejandro Sanz.
> A: *¿Tienes algunos discos compactos de Alejandro Sanz?*
> B: *No, no tengo ninguno. (Sí, tengo uno [algunos].)*

1. tiene algunos discos compactos de Christina Aguilera.
2. sabe algo sobre la música rap.
3. sabe algo sobre las cumbias de Colombia.
4. conoce a alguna persona famosa.
5. conoce a alguien que maneje un Porsche.
6. todavía tiene su primera bicicleta.
7. siempre almuerza en casa.
8. tiene algún instrumento musical.

Paso 2. Utilizando palabras afirmativas y negativas, haga tres o cuatro oraciones, comparándose con su compañero(a): **Tengo una guitarra, pero Julia no tiene ningún instrumento musical. Nancy siempre almuerza en casa, pero yo casi nunca almuerzo en casa.**

Gustar, Faltar, and Similar Verbs

© United Archives GmbH/Alamy

Me encanta la música de Carlos Santana. ¿A ti también te gusta?

Review the use of the verb **gustar** on page 8.

Indirect object pronoun	+	gusta/gustan	+	Subject

A number of verbs are used like **gustar**:

convenir (ie)	*to be convenient or suitable*
doler (ue)	*to ache, hurt*
~~encantar~~	~~to delight or charm (often translated as to love)~~
faltar	*to be lacking (often translated as to need)*
hacer falta	*to be lacking, missing (often translated as to need)*
importar	*to matter or be important*
interesar	*to interest*
molestar	*to bother*
parecer	*to seem*
quedar bien (mal); **quedar grande** **(chico, pequeño)**	*to fit well (badly); to be big (small)*

A mis abuelos no les conviene vernos hoy.	*It's not convenient for my grandparents to see us today.*
¿Qué le hace falta para hacer el postre?	*What do you need to make the dessert?*
Me falta azúcar.	*I need sugar. (Sugar is lacking to me.)*
Me duele la cabeza.	*My head aches.*
¿Me queda bien esta chaqueta? —No, te queda grande.	*Does this jacket fit me well? —No, it's big on you.*
A Susana le interesa la música clásica. No le interesan los deportes.	*Susana is interested in classical music. (It interests her.) She's not interested in sports.*
¿Qué cosas les importan? —Les importan la familia y la tradición.	*What things matter (are important) to them? —Family and tradition matter to them.*
Nos encantó el espectáculo.	*We loved the show. (It delighted us.)*
¿Te molesta esta música?	*Does this music bother you?*
¿Qué les parece?	*What do you think about it? (How does it seem to you?)*
¿Qué te parecen estos entremeses? —Me parecen muy sabrosos.	*What do you think about these appetizers? (How do they seem to you?) —They seem delicious (very tasty) to me.*

Notice the use of definite articles in sentences like **Me duele <u>la</u> cabeza** or **No le interesan <u>los</u> deportes** and notice the use of the preposition **a** (**A mis abuelos, A Susana,** etc.). See page 18 for review.

Point out that **molestar** is a false cognate; tell them that it has led to misunderstandings on more than one occasion when a woman says something like **Ese tipo me molesta.**

L The first half of the **Enfoque del tema** can be used for easy reading practice of verbs that are used in the third person with indirect object pronouns.

You might tell students that **caerle bien (mal)** is often used instead of **gustar** for people. Suggestion: draw two pairs of stick people representing a boy and a girl on the board and label one **en inglés** and the other **en español**. The boy wants to say *I like you.* Put arrows in the first pair going from the boy to girl. But in the second pair, put the arrows going in the other direction from the girl to the boy because he says **Me caes bien.** The action starts from the object in Spanish: **Tú me caes bien.** You could also use **gustar** in this case: **Me gustas.** To show the variations here, you could write these sentences on the board: **Me cae muy mal** (or, in slang, **Me cae gordo**). **Me cae mal. No me cae bien. Me cae (muy) bien. Me cae de maravilla. Me encanta. Me fascina.**

VOCABULARIO ÚTIL

COMIDAS Y BEBIDAS

LA COMIDA

la carne (de vaca, de res)	*meat (beef)*
los frijoles	*beans*
el jamón	*ham*
el helado	*ice cream*
los mariscos (los camarones, las almejas)	*shellfish (shrimp, clams)*
la papa (*Spain:* **patata**)	*potato*
el pescado	*fish*
el pollo	*chicken*
el postre, los dulces	*dessert, sweets*
el queso	*cheese*
la sal (la pimienta)	*salt (pepper)*
la sopa	*soup*
las verduras, las legumbres	*vegetables*

OTRAS PALABRAS

la cocina	*cuisine; kitchen; stove*
cocinar	*to cook*
el entremés	*appetizer*
el jugo (de naranja)	*(orange) juice*
el plato fuerte	*main course*
sabroso(a)	*delicious*
la servilleta	*napkin*
el vino blanco (tinto, rosado)	*white (red, rosé) wine*

¡OJO!

caliente *hot (temperature);* **frío** *cold /* **picante** *(hot) spicy;* **suave** *bland, mild*

tener cuidado con *to be careful with /* **tener ganas de** *to feel like /* **tener hambre (sed)** *to be hungry (thirsty)*

PRÁCTICA

– TÚ DIJISTE: "ME ENCANTA EL PULPO"... BUENO, AQUÍ TIENES: "EL PULPO".

el pulpo *octopus*

7-14 Gustos. Haga oraciones acerca de sus gustos y de los gustos de otras personas, de acuerdo con los modelos.

> ⚙ **MODELOS** yo / cocinar
> *A mí no me gusta cocinar.*
> los vegetarianos / las frutas y las verduras
> *A los vegetarianos les gustan las frutas y las verduras.*

1. los vegetarianos / la carne
2. mi mejor amigo y yo / almorzar juntos
3. mi mejor amigo / la comida china
4. mi madre / la comida picante
5. mi padre / los dulces
6. yo / el arroz con frijoles
7. yo / los camarones

7-15 «En gustos no hay disgustos (disputes)». ¿Le gustan las siguientes comidas? ¿Por qué sí o por qué no? (Use **porque** y una de las frases que aparecen en la lista de la derecha o una frase de su propia invención.)

> ⚙ **MODELOS** la sopa de mariscos
> *Me gusta la sopa de mariscos porque es muy sabrosa.*
> *No me gusta la sopa de mariscos porque es difícil de preparar.*

1. los burritos — fácil / difícil de preparar
2. la pizza — muy caro / muy barato
3. el sushi — (demasiado) picante
4. las hamburguesas — (no) tiene muchas calorías
5. el pan francés — bueno / malo para la salud
6. el jamón y el salami — no tiene sabor / es sabroso (delicioso)
7. la comida china — tiene mucha sal (o mucho azúcar)
8. la carne de vaca — (no) tiene ingredientes artificiales
9. el chocolate
10. ¿...? (nombre de una comida que a usted le gusta mucho o no le gusta nada)

ANS 7-14
Possible answers: 1. A los vegetarianos no les gusta la carne. 2. A mi mejor amigo y a mí (no) nos gusta almorzar juntos. 3. A mi mejor amigo (no) le gusta la comida china. 4. A mi madre (no) le gusta la comida picante. 5. A mi padre (no) le gustan los dulces. 6. A mí (no) me gusta el arroz con frijoles. 7. A mí (no) me gustan los camarones.

You might want to give students the words **¡Huácala!** (Mexico, Central America, parts of the Caribbean) and **¡Puah!** (Spain) for *Yuck!* To say *Yum!*, they can use **¡Mmm!** and for indifference, **Ni fu ni fa.**

7-16 Use la imaginación. Complete las siguientes oraciones.

1. A mí me encanta(n)...
2. A los jóvenes les interesa(n)...
3. A los ancianos les interesa(n)...
4. A los profesores les importa(n)...
5. A los estudiantes les falta(n)...
6. A mí me hace(n) falta...
7. A mis papás les molesta(n)...
8. A las mujeres les importa(n) mucho...
9. A los hombres les importa(n) mucho...
10. A todo el mundo le conviene...

7-17 Entrevista. Túrnese con un(a) compañero(a) para averiguar lo siguiente. Pregúntele:

1. qué le parece la música «country»
2. qué géneros musicales le interesan más
3. qué géneros musicales les gustan a sus papás y qué géneros musicales no les gustan nada
4. si le duele la cabeza en este momento
5. una cosa que le importa mucho y una cosa que no le importa nada
6. dos cosas que le molestan mucho
7. dos cosas que les molestan mucho a los jóvenes en general
8. qué les hace falta a los estudiantes aquí
9. qué le falta para ser feliz

7-18 El cotorreo *(Gossip or gab session).*

Trabaje con un(a) compañero(a). Averigüe una cosa que le gusta mucho o que le encanta y una cosa que no le gusta nada. (Su compañero[a] hace lo mismo.) Después, cambie de compañero(a) y pásele la información acerca de su primer(a) compañero(a). Hágale preguntas a su nuevo(a) compañero(a) para averiguar una cosa que le gusta mucho y una cosa que no le gusta nada. El cotorreo sigue así durante diez minutos.

al horno *roasted or baked*

entallada *well cut, fitting well*

The Subjunctive in Descriptions of the Unknown or Indefinite

1. The subjunctive is used in certain adjective clauses that modify something that is unknown, indefinite, nonexistent, or unreal—for instance, a person or thing one is looking for but may not find or someone or something that definitely does not exist. However, the indicative is used for a specific person or thing definitely known to exist (including the pronouns **alguien, alguno,** and **algo**). Compare the following examples.

Hay alguien aquí que va a Barcelona.	*There is someone here who is going to Barcelona.*
¿Hay alguien aquí que vaya a Barcelona? —No, no hay nadie aquí que vaya a Barcelona.	*Is there anyone here who is going to Barcelona? —No, there's no one here who's going to Barcelona.*
Vamos al Club Latinoamericano, donde podemos escuchar música.	*Let's go to the Latinoamericano Club, where we can listen to music.*
Vamos a un lugar donde podamos escuchar música.	*Let's go to a place where we can listen to music.*
Busco la blusa azul que mi hija llevó en la fiesta de cumpleaños.	*I'm looking for the blue blouse that my daughter wore at the birthday party.*
Busco una blusa que mi hija pueda llevar en una fiesta de cumpleaños.	*I'm looking for a blouse that my daughter can wear at a birthday party.*

Notice that in the first example of each pair the speaker or writer is thinking of something or someone specific; therefore, the indicative is used. But in the second example of each pair, when the person or item is either nonexistent or not specific, the subjunctive is used. The subjunctive is used only in the adjective clause (a descriptive clause that generally begins with **que** and modifies a preceding noun).

2. The personal **a** is used before a direct object that is a person when the speaker or writer has someone definite in mind, but not normally when the person is indefinite or unspecified. However, the pronouns **alguien, alguno, nadie,** and **ninguno** used as direct objects referring to people always take the personal **a**.

Armando busca una mujer que lo quiera y que lo trate bien.	*Armando is looking for a woman who will love him and treat him well.*
Armando encontró a alguien que lo quiere y que lo trata bien.	*Armando found someone who loves him and treats him well.*

VOCABULARIO ÚTIL

LA MODA

COGNADOS

la blusa	el descuento	el suéter
la chaqueta	los pantalones	

OTRAS PALABRAS

el abrigo	*coat*
los calcetines	*socks*
la camisa	*shirt*
la camiseta	*T-shirt*
el chaleco	*vest*
la corbata	*tie*
la falda	*skirt*
el impermeable	*raincoat*
llevar, traer, usar	*to wear*
la marca	*brand*
las medias	*stockings*
el paraguas	*umbrella*
ropa ligera (abrigada)	*light (heavy, warm) clothing*
la sudadera	*sweatshirt*
el traje	*suit*
el vestido	*dress*
los zapatos	*shoes*

¡OJO!

probar (ue) *to try;* **probarse (ue)** *to try on /* **tratar de** *(+ infinitive) to try, make an effort;* **tratar de** *(+ noun) to deal with,* treat

Y usted, ¿quiere que su ropa «diga» algo? ¿Le importa que su ropa esté de moda? ¿Le importa la marca de ropa que lleva? ¿Refleja la ropa de una persona su personalidad?

www.nanicartoons.com

lanzada *daring*　　**arreglada pero no cursi** *neat but not corny, "overdone"*

PRÁCTICA

7-19 Un espectáculo de baile folklórico. Complete las oraciones con los verbos apropiados.

Bailarines con trajes tradicionales en un espectáculo de danzas folklóricas de México

Me llamo Maribel y soy actriz y bailarina. El mes pasado actué en una obra de drama contemporáneo, pero este mes empiezo a trabajar con un grupo de baile folklórico. En vez de ropa moderna, nos van a hacer trajes que (1) __tengan__ (tener) faldas largas de colores vivos. En la obra, usé zapatos un poco incómodos, con tacones *(heels)* muy altos, pero ahora necesito unos zapatos que me (2) __queden__ (quedar) bien y que (3) __sean__ (ser) muy cómodos, para poder bailar durante varias horas. Van a construir un escenario que (4) __haga__ (hacer) referencia a murales de famosos artistas mexicanos, como Diego Rivera. ¿Quieres ver un espectáculo que (5) __celebre__ (celebrar) la cultura tradicional de México y que (6) __tenga__ (tener) música alegre? Pues, ¡ven a vernos el mes que viene!

 7-20 Juego de memoria: ¿Hay alguien que lleve...?

La clase debe dividirse en dos equipos. Un(a) voluntario(a) tiene que ponerse de pie *(stand up)* y cerrar los ojos. Algún estudiante del otro equipo le hace una pregunta sobre la ropa de las personas de la clase. Si el voluntario (la voluntaria) contesta bien (en español), su equipo gana un punto. Después le toca a *(it's the turn of)* un(a) voluntario(a) del otro equipo, etcétera. El equipo con más puntos al final gana el juego.

⚙ **MODELOS**   A: *¿Hay alguien que lleve un chaleco amarillo?*
  B: *No, no hay nadie que lleve un chaleco amarillo. (Está bien. Ganas un punto.)*
  A: *¿Hay alguien que lleve una camisa blanca?*
  B: *Sí, hay dos personas que llevan camisa blanca. (No está bien. Hay tres personas con camisa blanca. No ganas nada.)*

Make sure students notice the difference between the use of the past tense in the indicative (the past is known, certain) and the subjunctive (for the uncertain future).

7-20. This activity will serve as a review of colors as well as clothing.

You might want to give students some expressions that use clothing words: **estar hasta el gorro** *to be fed up*, **como niño con zapatos nuevos** *like a kid in a candy store*, **llevar bien puestos los pantalones** *to take charge, wear the pants or throw one's weight around*, **donde el diablo perdió el poncho** *in a god-forsaken place*, **perder hasta la camisa** *to lose one's shirt*, **colgar los guantes / los tenis** *to kick the bucket*, **Zapatero a tus zapatos.** *Mind your own business.*

7-21 Ideales y aspiraciones. Entreviste a un(a) compañero(a). Hágale preguntas usando las ideas que siguen y otras de su propia invención. Cambie los infinitivos a la forma correcta del presente del subjuntivo. Después su compañero(a) lo (la) entrevista a usted. Luego, prepare un breve resumen *(summary)* de los ideales de su compañero(a) en cuanto al amor, a la amistad y al trabajo.

1. ¿Qué tipo de hombre o mujer buscas para esposo(a)? ¿Buscas a alguien que... **(a)** ¿ser muy atractivo(a)? ¿inteligente? ¿simpático(a)? ¿trabajador(a)? **(b)** ¿ganar mucho dinero? **(c)** ¿llevar ropa elegante? **(d)** ¿bailar bien? **(e)** ¿no tener celos? ¿...? (Si ya tienes esposo[a], descríbelo[la].)

2. Como amigo o amiga, ¿prefieres a alguien que... **(a)** ¿ser divertido(a)? ¿sincero(a)? ¿generoso(a)? **(b)** ¿tener las mismas opiniones políticas que tú? **(c)** ¿tener más o menos la misma edad? ¿...?

3. Para tu profesión, ¿prefieres tener un trabajo que... **(a)** ¿ser interesante? ¿fácil? ¿de gran prestigio? **(b)** ¿permitirte ganar un buen salario? ¿permitirte conocer a mucha gente o viajar? **(c)** ¿no producirte estrés? ¿... ? (Si ahora tienes el trabajo de tus sueños, descríbelo.)

The Subjunctive with Certain Adverbial Conjunctions

1. The following adverbial conjunctions always require the subjunctive since they indicate that an action or event is indefinite or uncertain—it is not necessarily going to happen.

a menos que	*unless*
para que	*so that*
con tal (de) que	*provided that*
en caso (de) que	*in case*

Niños, a menos que bajen el volumen de esa música, me voy a volver loco.	*Children, unless you turn down that music, I'm going to go crazy.*
Con tal que me quieras, estaré contento.	*Provided that you love me, I'll be happy.*
En caso de que venga Ana, dile que voy a regresar en unos minutos.	*In case Ana comes, tell her I'll be back in a few minutes.*
Te digo esto para que tengas cuidado.	*I'm telling you this so that you will be careful.*

2. **Sin que** indicates that something does not take place—it does not in fact happen. **Antes (de) que** implies that an action has not yet occurred. The subjunctive is required in both cases.

Salen sin que tía Juana los vea.	*They leave without Aunt Juana seeing them.*
Miguelito promete practicar el violín antes de que salgamos a cenar.	*Miguelito promises to practice the violin before we go out to dinner.*

3. **Aunque** is used with the subjunctive to indicate opinion, uncertainty, or conjecture but with the indicative to indicate fact or certainty.

¡OJO! Notice in the examples that the present subjunctive is sometimes translated with *may* or *might* in English.

Aunque le guste esa camisa, no la va a comprar.	*Although he might like that shirt, he's not going to buy it.*
Aunque le gusta esa camisa, no la va a comprar.	*Although he likes that shirt, he's not going to buy it.*
Aunque no sea muy responsable, lo amo.	*Although he may not be very responsible, I love him.*
Aunque no es muy responsable, lo amo.	*Although he isn't very responsible, I love him.*

4. Other conjunctions of time can take either the subjunctive or the indicative.

cuando	*when*
hasta que	*until*
después (de) que	*after*
mientras (que)	*while*
en cuanto	*as soon as*
tan pronto como	*as soon as*

The indicative is used after these conjunctions to express a customary or completed action. In contrast, when the idea following the conjunction refers to an action in the future, the subjunctive must be used.

Cuando viene Mateo a nuestra casa, tocamos música rock.	*When Mateo comes to our house, we play rock music. (customary action)*
Cuando venga Mateo a nuestra casa, tocaremos música rock.	*When Mateo comes to our house, we'll play rock music. (He hasn't come yet; projection into the future.)*
Después que llega mi cheque cada mes, compro la comida.	*After my check arrives each month, I buy food. (customary action)*
Después que llegue mi cheque este mes, compraré un abrigo.	*After my check arrives this month, I'll buy a coat. (It hasn't come yet; projection into the future.)*

The imperfect subjunctive is covered in Chapter 9 (e.g., **Te iba a llamar cuando llegara Pablo**).

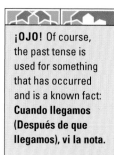

¡OJO! Of course, the past tense is used for something that has occurred and is a known fact: **Cuando llegamos (Después de que llegamos), vi la nota.**

The use of the subjunctive after these conjunctions does not mean that the speaker or writer necessarily doubts that the action or event will take place; it is simply indefinite, since it has not yet occurred. No matter how plausible the event seems, the subjunctive must be used if there is a projection into the future—after all, what is in the future is uncertain.

5. Some of the preceding conjunctions are made up of prepositions (**para, sin, antes de, después de, hasta**) combined with **que.** These prepositions are followed by an infinitive if there is no change in subject. Compare the following:

Sin hablarme, entró en la casa.	*Without speaking to me, he went into the house.*
Paso por su casa todos los días sin que él me hable.	*I go by his house every day without his speaking to me.*

PRÁCTICA

7-22 La vida será mejor cuando... Se dice que mucha gente piensa tanto en el futuro que no goza del presente. Complete las oraciones sobre las diferentes edades de los seres humanos, usando el presente del subjuntivo del verbo entre paréntesis.

La vida será mejor...

1. Un(a) niño(a): ...cuando [yo] __crezca__ (crecer) y cuando __tenga__ (tener) dinero para comprar todos los dulces que quiero.

2. Un(a) adolescente: ...cuando __pueda__ (poder) manejar, cuando __vaya__ (ir) a la universidad.

3. Un(a) estudiante universitario(a): ...cuando __termine__ (terminar) los estudios y __consiga__ (conseguir) trabajo.

4. Un(a) joven soltero(a): ...cuando __me case__ (casarse) y __tenga__ (tener) hijos.

5. Un padre o una madre de niños pequeños: ...cuando los niños __crezcan__ (crecer) y [nosotros] __podamos__ (poder) ir de vacaciones.

6. Un padre o una madre de adolescentes: ...cuando [yo] __tenga__ (tener) mejor coche, cuando __pierda__ (perder) peso *(weight),* cuando __gane__ (ganar) más dinero, cuando mis hijos __dejen__ (dejar) de ser tan rebeldes.

7. Una persona de mediana *(middle)* edad: ...cuando [yo] me __jubile__ (jubilar *[retire]*) y __pueda__ (poder) gozar de la vida.

Según su opinión, ¿hay una «mejor edad»? Si es así, ¿cuál es? ¿Es importante disfrutar de todas las edades al máximo o es necesario a veces trabajar un poco más para tener una vida mejor en el futuro?

7-23 Situaciones y preferencias. Complete las oraciones con la forma apropiada de los verbos entre paréntesis.

En una tienda de ropa. Los señores Hernández hablan con el vendedor.

EL VENDEDOR: Buenos días, señores. ¿En qué puedo servirles?

LA SEÑORA H.: Busco un vestido para (1) __ponerme__ (ponerse) en una fiesta de cumpleaños.

EL VENDEDOR: ¿Quiere algo de seda *(silk)*...?

LA SEÑORA H.: No, quiero algo que (2) __pueda__ (poder / yo) lavar a máquina. Y busco algo que no (3) __sea__ (ser) demasiado caro.

EL VENDEDOR: Tenemos muchos vestidos. Están por aquí.
(La señora Hernández mira los vestidos. Pasan unos minutos.)

EL SEÑOR H.: ¿No puedes encontrar nada que te (4) __guste__ (gustar), querida?

LA SEÑORA H.: Espera un momento más. Aquí hay algunos vestidos muy bonitos. ¿Te (5) __gusta__ (gustar) este?

EL SEÑOR H.: Sí, sí. Pruébatelo, mi amor.
(La señora se prueba el vestido y regresa.)

LA SEÑORA H.: ¿Cómo me queda? Aunque me (6) __encantan__ (encantar) los colores y el estilo, temo que (7) __cueste__ (costar) demasiado.

EL SEÑOR H.:   No importa. Llévalo aunque (8) ___sea___ (ser; *it may be*) un
poco caro, porque es posible que no (9) _encontremos_ (encontrar
/ nosotros) otro hoy. Y yo voy a llevar esta camisa; en cuanto la
(10) ___vi___ (ver / yo), pensé en Miguelito. Creo que a él le
(11) ___va___ (ir) a gustar mucho.

LA SEÑORA H.:   De acuerdo. Pero después de que (12) _salgamos_ (salir / nosotros) de esta tienda, necesito buscar unos zapatos que me
(13) _queden_ (quedar) bien con el vestido. Vamos a esa zapatería
que está en la calle Vallejo, ¿no?

EL SEÑOR H.:   ¡Ay, ay, ay!

7-24 Entrevista. Entreviste a un(a) compañero(a) para obtener la siguiente
información.

> **MODELO**   qué quiere comprar en cuanto / tener el dinero
> *¿Qué quieres comprar en cuanto tengas el dinero?*
> *Quiero comprar una guitarra en cuanto tenga el dinero.*

1. qué va a hacer cuando / salir de la clase
2. a quién va a llamar cuando / llegar a casa
3. si piensa vivir en el mismo lugar hasta que / terminar sus estudios
4. qué necesita hacer antes de que / empezar los exámenes finales
5. si va a ir de viaje tan pronto como / llegar las vacaciones
6. si quiere ir a trabajar a algún país hispano con tal que alguien le / dar un buen
puesto allí

7-25 Consejos de una chica mexicana. Una chica mexicana le dio los siguientes
consejos a una estudiante norteamericana que iba a ir a México: «Si vas a un
restaurante en México, es una buena idea...

—preguntarle al mesero o a la mesera qué recomienda, cuál es la especialidad de la casa
—decir "¡Señor!" o "¡Señorita!" para llamarlo(la)
—preguntar qué platos hay en la comida de precio fijo (el menú del día)
—pedir el vino de la casa o una cerveza doméstica para no gastar mucho dinero
—no ir muy temprano para cenar
—ver si hay personas mexicanas en el restaurante; si no hay gente o si todos los clientes
son turistas, quizás la comida no es muy buena o no es muy típicamente mexicana
—pedir la cuenta en vez de esperar hasta que el mesero la traiga
—dejar una propina del 15 por ciento (%)».

Paso 1. Hagan dos o tres oraciones, usando los consejos de la chica mexicana y
conjunciones adverbiales: e.g., **a menos que, con tal (de) que, cuando, después
(de) que, en caso (de) que, hasta que, para que.**

> **MODELO**   *Pide la cuenta cuando termines de comer; no esperes hasta que el*
> *mesero la traiga.*

Paso 2. Denle consejos a un(a) mexicano(a) que viene a su ciudad. ¿Dónde debe
comer? ¿Cuáles son algunas costumbres que debe conocer? Traten de usar conjunciones adverbiales.

ANS 7-24
Possible questions:
1. ¿Qué vas a hacer cuando
salgas de la clase?
2. ¿A quién vas a llamar
cuando llegues a casa?
3. ¿Piensas vivir en el
mismo lugar hasta que
termines tus estudios?
4. ¿Qué necesitas hacer
antes de que empiecen
los exámenes finales?
5. ¿Vas a ir de viaje tan
pronto como lleguen las
vacaciones? 6. ¿Quieres
ir a trabajar a algún país
hispano con tal que alguien
te dé un buen puesto allí?

You might give students
more suggestions about
restaurant etiquette. Don't
call the waiter **camarero**
or **mesero** or **mozo**, but
señor. (Actually, Mexicans
often say **¡Joven!** to call a
waiter even if he's 50 years
old.) Don't put your feet up
on the table in an outdoor
café. Don't expect a choice
of salad dressings. Don't
be surprised if people are
smoking all around you.
And don't think that you're
getting bad service when
the waiter doesn't bring
you the check: it's considered rude to rush people by
giving them the bill before
they're ready to leave.

EN CONTACTO

 ## Videocultura: El baile flamenco

After the first viewing, tell students to pay careful attention to the costumes and also to the music in the video.

La bailarina María Rosa habla de su amor por la danza y de los diferentes bailes que presenta su compañía El Ballet Español. En el video se ven los bailes y los trajes regionales y se escucha música auténtica. Mire el video y conteste esta pregunta: ¿Qué significa el baile para María Rosa?

Vocabulario: el alma (*f*) *spirit, soul, heart*; el escenario *stage*; el pueblo *people, nation*; la raíz (las raíces) *root(s)*

You Tube Busque «baile flamenco». ¿Qué tienen los videos en común?

© Heinle, Cengage Learning

7-26 Comprensión. Conteste las siguientes preguntas después de ver el video.

1. ¿Qué tipo de bailes presenta la compañía de María Rosa?
2. ¿Cómo se siente María Rosa cuando está en el escenario?
3. ¿Qué expresa cada provincia y cada pueblo a través del baile?
4. Según María Rosa, ¿qué es el flamenco?

 7-27 Puntos de vista. Compare sus opiniones con las de dos o tres compañeros.

1. ¿Cómo son los bailes españoles que se ven en el video? Describa la música y los trajes regionales.
2. ¿Cómo son los bailes folklóricos de Estados Unidos? Compárelos con los de España.
3. ¿Conoce usted otro tipo de baile hispano? ¿Cómo se llama y cómo es? Compárelo con el flamenco.

Síntesis

7-28 La música y yo. Su profesor(a) le dará una tarjeta y escribirá tres preguntas en la pizarra; por ejemplo:

1. ¿Hay alguna película que tenga música muy buena o muy especial, en su opinión? ¿Cuál?
2. ¿Conoce un lugar donde se pueda escuchar buena música? ¿Dónde?
3. ¿Hay algún género musical que le guste mucho? ¿Cómo se llama?

Conteste con oraciones completas las preguntas de su profesor(a). Devuélvale la tarjeta a su profesor(a). Él (Ella) le dará la tarjeta de otro(a) estudiante. Busque al (a la) dueño(a) de la nueva tarjeta, haciéndoles preguntas a los otros estudiantes.

7-29 Escoger un restaurante. Con un(a) compañero(a), miren estos anuncios de algunos restaurantes de San Sebastián, España, y hagan juntos la actividad. Vocabulario: vasca *Basque*, servicio a domicilio *delivery service to the home*, pinchos *appetizers (in this part of Spain)*, cazuelitas *small casseroles*

> ⚙ **MODELO** ¿Qué restaurante le convendría a un viajero a quien le encanten las cazuelitas y que quiera escoger del menú del día?
>
> *A un viajero a quien le encanten las cazuelitas y que quiera escoger del menú del día le convendría el restaurante Bar Zeruko. Tiene cazuelitas y menús de día y noche.*

En su opinión, ¿cuál de estos restaurantes le convendría a...?

1. alguien que quiera tomar un café especial
2. dos turistas mexicanos que tengan ganas de comer tacos y enchiladas
3. una persona a quien le encante el pulpo *(octopus)*
4. una madre soltera que no quiera salir de su casa con sus dos hijos pequeños (a sus hijos no les gusta la comida mexicana)
5. unos turistas que deseen encontrar la comida y el ambiente típicamente vascos
6. una familia que salga para comprar helados italianos
7. alguien que busque un restaurante con comedor privado y aire acondicionado

¿Cuál de los restaurantes prefieren ustedes? ¿Por qué?

7-28. Write any three questions you like that relate to musical preferences. Give students a time limit for answering them. Collect and shuffle the cards, then hand them back out to the class. Students ask questions until they find the person who wrote the answers to the card they have. If there is time, have some of the students report the answers that their partners supplied. This activity will serve as preparation for the writing topic.

Other words for **entremeses: antojitos** (Mexico), **canapés, bocaditos, tapas** (Spain), **pinchitos (pinchos)** (Spain), **pasapalos** (Venezuela), **cosas para picar** (throughout the Americas and Spain).

ANS 7-29
1. Aroma de las Indias
2. Cantina Mariachi 3. Bar Zeruko 4. La Vaca 5. Casa Marita 6. Salón Italiano
7. El Aurrerá

CASA MARITA
COCINA VASCA INTERNACIONAL
C/ Euskal Herria · Tel.: 943 43 04 43

Cantina Mariachi
Menú del día: 990 Ptas.
¡¡VEN Y REVOLUCIÓNATE!!
Especialidades Regionales
Mexicanas
servicio a domicilio 943 424 866
www.galeon.com/cantinamariachi

SERVICIO LOCAL Y DOMICILIO
Ibaeta: Andrestegi, 4
Tel.: 943 31 77 44
Gros: Miracruz, 18
Tel.: 943 32 69 37
LA VACA

AROMA DE LAS INDIAS
COFFEE · SHOP
C.C. La Bretxa - Edif. Arkoak - Planta baja

Bar ZERUKO
¿El mejor pulpo de Donostia? Sin duda, Especialidad en Pinchos variados y Cazuelitas. Menús de Día y Noche.
Pescadería, 10 Parte Vieja
Tel.: 943 42 34 51 · San Sebastián

El Aurrera
Menú del Día.
Menús elaborados.
Adaptados a su gusto
Comedor privado.
En la planta inferior
Aire acondicionado.
BAR·RESTAURANTE
C/ Urbieta, 12
Tel.: 943 44 00 90 · 943 42 31 82

SALÓN ITALIANO
Arnoldo
EASO, 1 · GARIBAY, 2 Y 24
TÉL.: 943 42 51 52
SAN SEBASTIÁN

7-30 En el restaurante. Trabajando con dos compañeros, inventen una conversación entre un(a) mesero(a) y dos clientes. Los clientes piden un entremés, bebidas, un plato principal y un postre. Luego, algo pasa que causa un problema. Finalmente, se soluciona el problema. (Se puede consultar **En otras palabras** y el **Vocabulario útil** de la página 162.)

Composición

La música que me gusta

Usando las listas de vocabulario de este capítulo y sus respuestas a las actividades 7-1, 7-3, 7-8, 7-27 y 7-28, siga este plan.

1. Haga una lista de las cosas que le gustan o que le importan en la música y otra lista de cosas que no le importan mucho. Puede mencionar el ritmo, el estilo de un(a) músico o cantante, los instrumentos musicales, la letra, etcétera.

2. Escriba un párrafo sobre un(a) cantante, un conjunto o un estilo musical que le gusta y diga por qué le gusta.

Opción: Haga una remezcla o *mash-up*. Incluya ejemplos del género musical, de la letra o del artista/compositor(a) que escoja: una foto, un video, etcétera.

Tema alternativo: Un buen restaurante. Usando las listas de vocabulario de este capítulo y sus respuestas a las actividades 7-10, 7-14, 7-15, 7-25, 7-29 y 7-30, siga este plan.

1. Haga una lista de varias comidas que le gustan.

2. Haga una lista de las cualidades de un restaurante que son importantes para usted; por ejemplo, el ambiente, el servicio, los precios, la música, etcétera.

3. Escriba un párrafo (¡con muchos detalles!) sobre un restaurante que le gusta y diga por qué le gusta. ¿Qué platos pide allí?

Opción: Haga una remezcla o *mash-up*. Incluya el menú del restaurante, un video o una foto, etcétera.

CAPÍTULO **8**

Dimensiones culturales

METAS

En este capítulo vamos a aprender a...

- ▶ describir la rutina diaria
- ▶ expresar una falta de comprensión
- ▶ hablar de diversas costumbres y tradiciones

La imposibilidad del café a media mañana. (Acrylic on paper), 30" × 22", by Elizabeth Gómez–Freer. 2001 collection of Lydia Itoi.

La imposibilidad de café a media mañana, Elizabeth Gómez Freer

LENGUA VIVA
La falta de comprensión

GRAMÁTICA
Los verbos reflexivos
Los mandatos con verbos reflexivos
Los verbos recíprocos
El **se** impersonal y el **se** pasivo

VOCABULARIO
Aspectos culturales del mundo hispano
La rutina diaria
Saludos y despedidas a la hispana

L LECTURAS
«La asombrosa *(amazing)* cultura latinoamericana»
«—Adiós: "Goodbye, goodbye, goodbye"» de Naldo Lombardi
«Balada de los dos abuelos» de Nicolás Guillén
«Negrito» de Tato Laviera

Presentación del tema

Raíces

Las raíces de la cultura hispana son profundas y muy variadas. La cultura de España es una mezcla de las culturas de los iberos *(Iberians),* los celtas, los fenicios *(Phoenicians),* los vascos *(Basques),* los romanos, los judíos y los árabes (entre otros); todos contribuyeron a su desarrollo. Cuando los españoles llegaron a América en los siglos XV y XVI, se encontraron con las civilizaciones indígenas azteca e inca y con las ruinas de las grandes ciudades mayas. Hoy en España y Latinoamérica hay inmigrantes de todo el mundo. El historiador uruguayo Eduardo Galeano dice: «Nuestra identidad está en la historia, no en la biología, y la hacen las culturas, no las razas; pero está en la historia viva. El tiempo presente no repite el pasado: lo contiene».

Con la llegada de los africanos a Latinoamérica, la cultura hispanoamericana se enriqueció aun más con la introducción de una nueva música muy rítmica y con nuevas formas de arte y baile. La literatura afroamericana también es una contribución importante a la cultura hispana.

Google You Tube Busque «Nicolás Guillén» para aprender más sobre este escritor afro-cubano y escuchar canciones con letra de algunos de sus poemas.

ANS 8-1
2. Los grupos étnicos que formaron la cultura española: los iberos, celtas, fenicios, vascos, romanos, judíos, árabes...
3. Se encontraron con las civilizaciones azteca e inca y las ruinas de las grandes ciudades mayas.

8-1 Preguntas

1. ¿Cómo interpreta usted el cuadro de Elizabeth Gómez Freer en la página 175?

2. ¿Qué grupos étnicos formaron la cultura de España?

3. Al llegar los españoles a América en los siglos XV y XVI, ¿con qué civilizaciones indígenas se encontraron?

4. ¿Cuáles son los grupos étnicos o las culturas principales de Estados Unidos? ¿de Canadá? ¿Por qué cree usted que hay menos influencia de la gente indígena en Estados Unidos y Canadá que en Hispanoamérica?

5. Hace veinte o treinta años el matrimonio entre personas de diferentes religiones, nacionalidades o razas era muy poco común en Estados Unidos y Canadá. ¿Es diferente la situación ahora? ¿Se casaría usted con alguien de otro país? ¿de otra raza? ¿de otra religión? ¿Vivimos hoy en una sociedad «post-racial»?

VOCABULARIO ÚTIL

ASPECTOS CULTURALES DEL MUNDO HISPANO

COGNADOS

el africano (la africana)	el europeo (la europea)	el, la maya
el, la árabe	el, la inca	el mestizo (la mestiza)
el, la azteca	el, la indígena	el romano (la romana)

OTRAS PALABRAS

el desarrollo	development
el judío (la judía)	Jew
el musulmán (la musulmana)	Muslim
precolombino(a)	pre-Columbian (before Columbus)
la raíz (las raíces)	root(s)

VERBOS

contribuir	to contribute
cultivar	to grow (crops)
descubrir	to discover
enriquecerse (zc)	to become enriched
mezclarse	to mix together, become mixed

¡OJO!

darse cuenta de to realize, understand / realizar to realize; to bring about, make real

encontrarse (ue) con to meet, come across, run into / reunirse to meet, have a meeting

introducir (zc) to introduce / presentar to present, introduce (persons to each other)

You might want to give students the words **islámico(a)** and **cristiano(a)** and tell them that **musulmán (musulmana)** refers to religion rather than ethnicity. The word **moro(a)** was the word used in Spain for the people who came from Mauritania, North Africa, in the ninth century, Arabs and also Berbers. In Latin America, people of Arab descent were referred to colloquially as **turcos** because they arrived with passports from the Ottoman Empire (whether they were Turkish, Syrian, Lebanese, etc.).

Explain the difference between **encontrarse** and **conocer** and point out that only the second one means *to meet for the first time.*

PRÁCTICA

8-2 Identificaciones históricas. ¿Qué sabe usted de los diferentes grupos étnicos y culturales de España y Latinoamérica? Diga a qué grupos étnicos se refieren las siguientes descripciones. (Las respuestas están abajo.)

1. Vivieron en el Valle de México donde tenían una capital magnífica con bibliotecas, mercados y baños públicos. También tenían un calendario exacto.

2. Trajeron a las Américas nuevos ritmos y formas musicales que revolucionaron la música del mundo.

3. Eran dos grupos que prosperaron en España durante la Edad Media, pero fueron expulsados *(expelled)* de ese país en 1492.

4. Tenían grandes observatorios y entendieron el concepto del cero (0). Era la única civilización precolombina con un sistema de escritura ideográfica y fonética.

5. Su imperio se extendía de Ecuador, en el norte, hasta Chile, en el sur. Sabían mucho de medicina y practicaban operaciones delicadas.

1. los aztecas 2. los africanos 3. los judíos y los musulmanes 4. los mayas 5. los incas

This chapter includes many examples of the preterit and imperfect and many opportunities for reviewing these tenses.

 Expand ideas and practice reading skills by having students skim the **Enfoque del tema** to find more contributions that Native and African Americans have made to world culture.

8-3 Civilizaciones y culturas. Escoja las palabras apropiadas para completar las oraciones.

1. Los romanos ___realizaron___ (realizaron / se dieron cuenta de) impresionantes obras de arquitectura en España, incluso acueductos que todavía se usan hoy.

2. Los árabes ___introdujeron___ (introdujeron / presentaron) muchas frutas y verduras a España y, también, un sistema de irrigación y el estilo de arquitectura que usaba el adobe.

3. Los europeos que llegaron a las Américas ___se encontraron___ (se encontraron / se reunieron) con un panorama de culturas indígenas muy distintas.

4. Los indígenas en las Américas ___cultivaban___ (cultivaban / crecían) muchos productos que los europeos no conocían: por ejemplo, las papas, los tomates y el cacao (del que se hace el chocolate).

5. La palabra ___precolombino___ (precolombino / desarrollo) se refiere a la época antes de la llegada de Cristóbal Colón a las Américas.

6. Muchos de los conquistadores ___se enriquecieron___ (se enriquecieron / descubrieron) con el oro y la plata de los indígenas.

7. Los españoles y los indígenas ___se mezclaron___ (se mezclaron / contribuyeron) en las Américas y formaron una cultura mestiza.

8. Cristóbal Colón murió pobre y olvidado; parece que no ___se dio cuenta de___ (realizó / se dio cuenta de) la importancia de su «descubrimiento».

LENGUA VIVA

Jessica Jones, estudiante norteamericana, vive en Bogotá, Colombia.

Carmen Restrepo, amiga de Jessica, es una colombiana con espíritu de aventura.

Audioviñetas: Un panorama cultural

Conversación: Para expresar una falta de comprensión. Jessica habla con su amiga Carmen.

CD 2,
Track 4

8-4 Escuche la **Conversación.** Conteste estas preguntas.

1. ¿Adónde viajó Carmen?
   a. a España   b. por toda Latinoamérica   c. por toda Colombia

2. Según Carmen, Latinoamérica...

    (a.) tiene muchas dimensiones culturales.

    b. es muy homogénea *(homogeneous)*.

    c. tiene muchos problemas de discriminación racial.

8-5 Escuche la **Conversación** otra vez. Escoja la mejor respuesta.

1. A Carmen le sorprendió ver...

    a. salones de té típicamente ingleses en Chile.

    b. barrios japoneses en Perú.

    (c.) **a** y **b** (los dos).

2. A Jessica le sorprendió que en la costa de Colombia hubiera mucha influencia...

    a. francesa.   (c.) africana.

    b. italiana.

3. Antes de ir a Colombia, Jessica pensaba que todos los latinoamericanos...

    a. usaban sombrero grande.   c. bailaban el tango.

    (b.) comían tacos.

Costumbres y tradiciones únicas

CD 2,
Track 5

8-6 Escuche las siguientes descripciones de costumbres o tradiciones latinoamericanas. Conteste estas preguntas.

1. ¿De dónde es Luz Sánchez?

    a. de Paraguay   c. de Argentina

    (b.) de México

2. ¿De dónde es Néstor Cuba?

    a. de Panamá   c. de República Dominicana

    (b.) de Perú

8-7 Escriba una breve descripción o resumen *(summary)* de cada costumbre o tradición.

Luz Sánchez: _____

_____

_____

Néstor Cuba: _____

_____

_____

Vocabulario: se queman muñecos *effigies are burned,* fuegos artificiales *fireworks,* lanzar *to throw,* uvas *grapes*

En otras palabras

La falta de comprensión

You have probably had many experiences of miscommunication or misunderstanding even in your native language, and you probably find yourself sometimes interrupting someone to ask him or her to explain or clarify something, repeat part of a sentence, slow down, and so forth. In a foreign language, it's even more important to learn to make it clear that you just aren't following and need some help. Here are some ways to express this.

Mire el video en el sitio **www.cengagebrain.com/shop/ISBN/0495912654** y haga las actividades que lo acompañan.

Javier le dice a Rafael que quiere «montar una farra» y Rafael no lo entiende. ¿Qué quiere hacer Javier?

Other ways of expressing incomprehension: **¿Y eso?** *What does that mean? What's all that about?* **No entiendo ni papa (jota).** *I don't understand beans about that. I don't get it.* When something is complicated, Spanish speakers don't say it's Greek to them but rather **Está en chino.**

1. You don't understand any part of what the speaker is saying.

   No comprendo... No entiendo...

   ¿Cómo?

   ¿Mande? *(Mexico)*

   ¿Qué dijo (dijiste), por favor? ¿Qué decía(s)?

2. You have a general idea of what was said, but you missed part of the statement or question.

   ¿Podría usted (¿Podrías) repetir lo que dijo (dijiste), por favor?

   ¿Cómo? ¿Me lo podría(s) decir otra vez?

   No entendí el nombre de... ¿Cómo se llama?

   ¿Qué quiere decir la palabra...?

   ¿Pero dónde (cuándo, por qué, etc.)...?

3. The speaker is talking a mile a minute.

   Más despacio, por favor.

   ¡No hable (hables) tan rápido (rápidamente), por favor!

4. You are fairly sure you know what the speaker said but want to confirm it. You can do this in a number of ways. One, of course, is to restate the sentence using the confirmation tags **¿verdad?, ¿no?,** and so forth.

   El hermano de Isabel se llama Ricardo, ¿verdad? (¿no?, ¿no es cierto?)

Another way to get a speaker to confirm what he or she said so that you are sure you understand is to restate the sentence using one of the following:

¿Es decir que... ?

Si entiendo bien, quiere(s) decir que...

En otras palabras...

Remember that the tag **¿de acuerdo?** *(all right?, okay?)* is used in a different way, when some sort of action is proposed: **Vamos al cine, ¿de acuerdo?**

PRÁCTICA

8-8 Un momento, por favor... Usted no comprende el significado total de lo que le dicen cuando oye los siguientes comentarios. Interrumpa *(Interrupt)* a la persona que habla y pídale que le clarifique *(to clarify)* lo que dice.

 MODELO Hubo un accidente de avión en... Murieron... personas. Era un vuelo de la compañía...
¿Cómo? ¿Dónde hubo un accidente? ¿Cuántas personas murieron? No entendí el nombre de la compañía aérea.

1. ¿Supiste que... ya es doctora? Se graduó hace...
2. El señor Hernández tiene... años y goza de buena salud. Pero ayer supe que el médico le dijo que...
3. ¡Increíble! El doctor Ochoa se divorció en junio y se va a casar en agosto con...
4. No recuerdo la palabra española para eso, pero la palabra francesa *s'engager* lo expresa muy bien.
5. Los Salazar iban a ir a Coatzacoalcos pero tuvieron que cancelar el viaje porque...

 8-9 Si entiendo bien... Trabaje con un(a) compañero(a). Dígale a su compañero(a) varias cosas sobre su vida. Su compañero(a) repite la información, usando otras palabras o expresiones. Le pide que verifique *(verify)* lo que ha comprendido.

 MODELO A: Mi familia es de ascendencia japonesa. Mis abuelos maternos vinieron de Yatsushiro en el año 1900.
B: *Es decir que tu familia es de Japón, ¿no? ¿Dices que tus abuelos maternos vinieron de Yatsushiro?*

1. Mis papás son de [nombre de ciudad]... Viven en [nombre de ciudad]... hace... años.
2. Mi cumpleaños es... [la fecha de su cumpleaños]. Cuando nací, mi mamá tenía... años y vivía en...
3. Fui a una fiesta [la fecha o el día]... Celebramos...

GRAMÁTICA Y VOCABULARIO
The Reflexive (2)

1. Review **The Reflexive (1),** page 16.

Reflexive pronouns		despertarse (ie)	
me	nos	me despierto	nos despertamos
te	os	te despiertas	os despertáis
se	se	se despierta	se despiertan

You might mention that reflexive pronouns also follow and are attached to present participles, to be practiced in Chapter 12: **Solo acostándome temprano voy a poder levantarme a las seis.**

Me lastimé. — *I hurt myself. (I got hurt.)*

No nos despertamos hasta las nueve. — *We didn't wake up until nine.*

¿A qué hora se acostaron ustedes? — *What time did you go ("put yourselves") to bed?*

Se vistieron. — *They got (themselves) dressed.*

¡OJO! Remember from Chapter 1 that a definite article **(el, la, los, las)** is used instead of a possessive for parts of the body or articles of clothing when it is clear who the possessor is. This is the case with reflexive constructions since the reflexive pronoun indicates that the action is being performed on the subject, the possessor. Notice in the last example **(Nos quitamos el sombrero)** that the singular, **el sombrero,** is used; it's understood that each person takes off one hat.

2. Remember that reflexive pronouns precede a conjugated verb or follow and are attached to an infinitive: **Me voy a quedar en casa. Voy a quedarme en casa.** They precede other object pronouns:

Se lavó las manos. Se las lavó. — *He washed his hands. He washed them.*

Me pongo los zapatos. Me los pongo. — *I'm putting on my shoes. I'm putting them on.*

Nos quitamos el sombrero. Nos lo quitamos. — *We take off our hats. We take them off.*

3. Reflexive pronouns can function as either direct or indirect objects.

Nos sentamos. — *We sat down (seated ourselves). (**Nos** is a direct object.)*

Nos pusimos el suéter. — *We put on our sweaters. ("We put on ourselves the sweater." **Nos** is an indirect object; **el suéter** is a direct object.)*

4. Notice the differences in meaning between the reflexive and nonreflexive uses of the following verbs.

Nonreflexive		Reflexive	
aburrir	to bore	aburrirse	to be bored
acordar (ue)	to agree	acordarse (ue) (de)	to remember
callar	to quiet, silence	callarse	to be quiet
cansar	to tire	cansarse	to get tired
enojar	to anger	enojarse	to become angry
equivocar	to mistake	equivocarse (de)	to be wrong, mistaken
hacer	to make, do	hacerse	to become
ir	to go	irse	to go away
lastimar	to hurt, injure	lastimarse	to hurt oneself
llamar	to call	llamarse	to be named
poner	to put, place	ponerse; ponerse + adj.	to put on; to become + adj.
preguntar	to ask	preguntarse	to wonder (ask oneself)
preocupar	to (cause) worry	preocuparse (de)	to worry about
quedar	to remain, be left	quedarse	to stay
reunir	to gather, assemble, unite (+ noun)	reunirse con	to meet
volver	to return	volverse + adj.	to become + adj.

Nos equivocamos de habitación. ¡Perdón!	*We've got the wrong room. Sorry!*
¿Ya se fueron?	*Did they leave (go away) already?*

Notice that many reflexive verbs indicate a change of state and are translated into English with *to become* or *to get*.

Me enojé.	*I became angry (got mad).*
Se puso muy serio (rojo, nervioso).	*He became very serious (red, nervous).*
Se aburren fácilmente.	*They get bored easily.*
El hermano de Santa Teresa de Ávila se hizo muy rico en América.	*The brother of Saint Teresa of Ávila became very rich in America.*
Se volvió loca.	*She went crazy.*

Check for comprehension by asking students to make up sentences for verbs such as **lastimar, despertar, acostar,** and **vestir** when they are not reflexive; e.g., **Mi hermano lastimó a su amigo. Vamos a despertar a los niños.**

Examples of the reflexive occur in **Selección 2** in the beautiful poem by Nicolás Guillén in which he contrasts his two grandfathers, one saying "**¡Me canso!**" and the other "**¡Me muero!**" Ask students to invent free translations of these phrases. Read from the poem or have students do so and then practice with third-person questions, such as, **¿Quién se cansa? ¿Por qué se muere?** Then have students point out and read the climactic action of the poem, which is also expressed with a reflexive verb.

5. Most reflexive verbs can be used either reflexively or nonreflexively.

Su trabajo lo cansa mucho.	*His job really tires him out.*
Se cansa al final del día.	*He gets tired at the end of the day.*
Su actitud me preocupa.	*His attitude worries me.*
Me preocupo mucho por mis notas.	*I'm really worried about my grades.*

6. However, a number of verbs are used only reflexively—for example, **darse cuenta de** *(to realize)* and **quejarse de** *(to complain about)*.

Los incas no se dieron cuenta de que Pizarro iba a matar a su jefe, Atahualpa.	*The Incas didn't realize that Pizarro was going to kill their leader, Atahualpa.*
¿Por qué te quejas?	*Why are you complaining?*

¡OJO! Almost any verb that can take an object can be used reflexively: **A él le gusta escucharse.** *He likes to listen to himself.*

Atahualpa's ransom was to be rooms of silver and gold, but after it was paid he was executed.

nos ensartamos *we got ourselves into*

... Y ASÍ HIJITO, FUE COMO CON DOS CUARTOS DE PLATA Y UNO DE ORO NOS ENSARTAMOS POR PRIMERA VEZ EN LA COMUNIDAD FINANCIERA INTERNACIONAL

Used by permission of *Mujer y Sociedad*, Peru

VOCABULARIO ÚTIL

LA RUTINA DIARIA

POR LA MAÑANA

desayunar(se), tomar el desayuno	*to have breakfast*
despertarse (ie)	*to wake up*
levantarse	*to get up*
ponerse (la ropa)	*to put on (clothing)*
vestirse (i)	*to get dressed*

POR LA TARDE / NOCHE	
acostarse (ue)	*to go to bed*
almorzar (ue) (el almuerzo)	*to have lunch (lunch)*
cenar (la cena)	*to have dinner (dinner)*
dormirse (ue)	*to fall asleep*
quitarse (la ropa)	*to take off (clothing)*

EN EL CUARTO DE BAÑO	
bañarse	*to bathe, take a bath*
cepillarse los dientes	*to brush one's teeth*
lavarse	*to get washed, wash up*
tomar una ducha, ducharse	*to take a shower*

PRÁCTICA

8-10 ¿Qué pasa? Describa los dibujos, usando los verbos dados.

1. quejarse de, ponerse nervioso
2. ponerse, quitarse
3. equivocarse, darse cuenta de (que)
4. quedarse, irse (Jorge)

la cliente

Pepe   *Felipe*

los Díaz

Jorge

8-11 Descripciones y acciones. Usando verbos reflexivos, describa a los siguientes individuos. (En algunos casos, hay varias posibilidades.)

> **MODELO** una persona con poca energía
> *Se cansa fácilmente. / Se va cuando hay trabajo.*

1. una persona que no habla mucho
2. un individuo que no tiene control sobre sus emociones
3. alguien con pocos intereses
4. alguien que tiene mucha curiosidad
5. alguien que tiene buena memoria
6. un individuo muy extrovertido y sociable
7. alguien que nunca está contento
8. un individuo que tiene muchos accidentes
9. el amigo ideal

8-12 Algunos buenos momentos de la vida. Describan algunos buenos momentos de la vida usando las frases que siguen. Utilicen todos los verbos reflexivos de la siguiente lista.

acordarse (de)	despertarse	ponerse
acostarse	dormirse	quitarse
bañarse	ducharse	reírse (de)
caerse	lastimarse	reunirse (con)
darse cuenta (de)	levantarse	

⚙ **MODELO**   *Te pones* un pantalón o una chaqueta que hace meses que no usas y encuentras dinero en uno de los bolsillos *(pockets)*.

1. _Te despiertas_ por la mañana y _te das cuenta_ de que puedes dormir una hora más.
2. _Te reúnes_ con un buen amigo y _te ríes_ de un chiste hasta que te duele el estómago.
3. _Te bañas_ en una tina *(tub)* con hierbas aromáticas como la lavanda *(lavender)*.
4. Oyes una canción y _te acuerdas_ de una persona especial.
5. Hace mucho calor y tienes que caminar una milla. Llegas a tu casa, _te quitas_ los zapatos y la ropa y _te duchas_ con agua fresca.
6. Estás en el campo. Al final del día _te acuestas_ en el saco *(bag)* de dormir y _te duermes_ bajo las estrellas.
7. Por la mañana _te levantas_ y ves la salida del sol.
8. Pasas el día en las montañas en invierno haciendo snowboard. _Te caes_ muchas veces en la nieve pero no _te lastimas_.

8-13. You can do this as a pair activity or with the whole class. You might want to have students act out the verbs in their daily routines as they say them. Also, you or the partner of the person who is responding can ask questions, using **siempre, nunca, de vez en cuando,** and so on.

8-13 Mi rutina. Descríbale su rutina diaria a un(a) compañero(a). ¿Qué hace en un día típico? Use verbos reflexivos cuando sea posible. Luego su compañero(a) le describe su rutina a usted.

⚙ **MODELO** *Me despierto a las siete...*

8-14 Un día perfecto. Descríbale un día perfecto a un(a) compañero(a), usando verbos reflexivos cuando sea posible.

⚙ **MODELO** *Me despierto a las once...*

8-15 Un día en la vida de... En grupos de tres, escojan a una persona famosa e inventen una descripción de un día en su vida. Podría ser un(a) político(a), un(a) artista de cine o televisión, un(a) cantante, un(a) atleta o un personaje ficticio (Bart Simpson, Bob Esponja, la Cenicienta, etcétera). Usen verbos reflexivos cuando sea posible.

The Reflexive with Commands

1. Like other object pronouns, reflexive pronouns precede negative commands or
follow and are attached to affirmative commands. (For a review of commands,
see Chapter 6.)

No te vayas, querido.	*Don't go, dear.*
¿Dónde está tu suéter, niño? Póntelo.	*Where is your sweater, child? Put it on.*
Siéntense, señores, por favor.	*Sit down, gentlemen, please.*

2. Before the reflexive **nos** can be added to an affirmative **nosotros** command, the
final **-s** must be dropped. (Also, an accent must be added to the stressed syllable
of the verb.)

Vámonos.	*Let's go.*
¡Levantémonos todos!	*Let's all stand up!*

3. Before the reflexive **-os** can be added to an affirmative **vosotros** command, the
final **-d** must be dropped. (Also, an accent must be added to the final **i** of **-ir**
verbs.)

Vestíos y daos prisa.	*Get dressed and hurry up.*
¡Levantaos! —Dejadnos en paz.	*Get up! —Leave us alone.*

L The poem by Tato Laviera contains examples of the reflexive with commands.

© Oscar Sierra Quintero (OKI)

PRÁCTICA

This activity can also be done in small groups.

8-16 Las órdenes del comandante. Un(a) voluntario(a) hará el papel del comandante. Tiene que ponerse frente a la clase y darles a los estudiantes las siguientes órdenes. Los estudiantes tienen que «obedecer» al comandante. A ver si todo el mundo comprende...

1. Díganme «¡Hola!».
2. Díganme «¡Hola!» en inglés.
3. Duérmanse.
4. Despiértense.
5. Levanten la mano.
6. Pónganse nerviosos.
7. Relájense.
8. ¿...?

Después, otro(a) voluntario(a) hace el papel del comandante.

1. Levantémonos.
2. Sentémonos.
3. Saludémonos.
4. Callémonos.
5. Riámonos.
6. Despidámonos.
7. ¿...?

If students have trouble coming up with ideas, give them the infinitives of the verbs in the answers (or other verbs that you want to give as cues).

ANS 8-17
Possible answers:
1. Quítate el sombrero, por favor. 2. Quédate en casa y descansa. 3. Acuéstate más temprano. 4. Diviértete más. 5. Despiértate. 6. Ponte un abrigo. 7. Cepíllate los dientes.

8-17 ¿Qué se le dice a un amigo que...? Invente mandatos que correspondan a las siguientes situaciones. Use verbos reflexivos cuando sea posible.

⚙ **MODELO** habla todo el tiempo
Cállate. No hables tanto.

¿Qué se le dice a un amigo que...?

1. lleva el sombrero siempre, aun dentro de la casa
2. sale todas las noches y se queja de estar muy cansado
3. se queda dormido toda la noche delante del televisor
4. estudia demasiado y casi nunca sonríe
5. se duerme en la clase de español
6. no lleva un abrigo aunque hace frío
7. tiene que ir al dentista frecuentemente

8-18 Cuestión de actitud. Para cada situación, dele consejos a un(a) compañero(a), usando verbos reflexivos cuando sea posible. Puede usar las siguientes ideas o la imaginación.

⚙ **MODELO** Situación: No quiere comer porque dice que está a dieta.
Ideas: no torturarse por la dieta, regalarse algo que le guste, tratar de gozar de la vida
No te tortures por la dieta. Regálate algo que te guste.
Trata de gozar de la vida.

1. Situación: Hay una cola muy larga en la librería.
   Ideas: no aburrirse, leer un libro o charlar con alguien, tener paciencia

2. Situación: No puede dormir bien de noche porque su compañero de cuarto hace mucho ruido.
   Ideas: no enojarse, hablar con su compañero, quejarse cortésmente

3. Situación: Recibe una mala nota en una tarea importante.
   Ideas: no preocuparse, ir a hablar con el profesor, no sentirse mal

4. Situación: Alguien lo insulta.
   Ideas: contar hasta diez antes de responder, no gritar, olvidarse del asunto

5. Situación: Se siente solo y un poco triste.
   Ideas: no quedarse en casa, reunirse con algún amigo, irse a pasear

The Reciprocal Reflexive

You might want to give students examples with **os;** e.g., **¿Os perdonáis?** — **¡Nunca!** *Do you forgive each other? —Never!*

1. The reflexive pronouns **nos, os,** and **se** can be used with first-, second-, or third-person plural verbs, respectively, to express a mutual or reciprocal action.

Nos escribimos todas las semanas.	*We write to each other every week.*
Se gritaron.	*They shouted at each other.*
Se dan la mano.	*They shake (each other's) hands.*
Nos conocíamos desde chicos.	*We had known each other since we were children.*

2. **Uno(a) a otro(a), unos(as) a otros(as)** are sometimes added for either clarity or emphasis. **El uno al otro (la una a la otra)** can also be used. The masculine forms are used unless both subjects are feminine.

Nos hablamos unos a otros.	*We talked to one another.*
Se sonríen el uno al otro.	*They smile at each other.*
Las niñas se ayudaron unas a otras.	*The girls helped one another.*

L Examples of the reciprocal reflexive appear in the middle of **Selección 1,** a description of how Latin Americans kiss, hug, and pat each other when saying hello or good-bye. These are easy to find because they appear in a list in which each example is preceded by a dash. The selection also contains examples of the reflexive. If there is no time to present this reading, choose some of the humorous sections and read them aloud, having students comment on the use of the reflexive or reciprocal reflexive.

VOCABULARIO ÚTIL

SALUDOS Y DESPEDIDAS A LA HISPANA

abrazar (un abrazo)	*to hug, embrace (a hug)*
besar (un beso)	*to kiss (a kiss)*
darse la mano	*to shake hands*
la despedida	*leave-taking, saying good-bye*
saludar	*to greet*

¡OJO!

despedir (i) *to fire* / **despedirse (i) (de)** *to take leave (of), say good-bye (to)*

PRÁCTICA

8-19 Un saludo hispano: con cariño. El saludo es muy importante en la cultura latina. Dos familias hispanas que son muy amigas se encuentran en la calle. ¿Qué hacen?

⚙ **MODELO** todos / saludarse

Todos se saludan.

1. los hombres / darse la mano y abrazarse
2. las mujeres / besarse en la mejilla *(on the cheek)*
3. los niños y los adultos / besarse
4. todos / decirse «¡Hola! ¿Qué tal? ¡Qué gusto verte!»
5. los adultos / preguntarse «¿Cómo está la familia?»
6. sonreírse y hablar durante unos minutos
7. todos / despedirse, otra vez con besos y abrazos

8-20 Hablando de los saludos. Conteste estas preguntas.

1. Cuando usted saluda a sus amigos, ¿los besa y abraza? ¿Se dan la mano?
2. ¿Qué hace usted cuando se despide de ellos?
3. ¿Hay algunas ocasiones cuando el modo de despedirse o saludarse es más cariñoso? Explique.
4. En su opinión, ¿por qué no se besan o abrazan mucho los norteamericanos?
5. ¿En qué culturas hay más contacto físico en los saludos y despedidas? ¿En qué culturas hay menos?

8-21 Un(a) buen(a) amigo(a). Con un(a) compañero(a), haga y conteste preguntas acerca de un(a) buen(a) amigo(a) suyo(a).

⚙ **MODELO** A: *¿Se ven mucho?*
B: *Sí, nos vemos mucho. (No, no nos vemos mucho.)*

Ideas: conocerse desde hace mucho tiempo, hablarse mucho por teléfono, entenderse, gritarse a veces, ayudarse, extrañarse cuando no se ven durante mucho tiempo, escribirse de vez en cuando, darse regalos de cumpleaños

The Impersonal *Se*; The *Se* for Passive

The Impersonal *Se*

The impersonal **se** is commonly used in Spanish when it is not necessary to identify the agent or doer of an action. The verb is always in the third-person singular.

> Se come bien en Argentina.
>
> *People (You, They) eat well in Argentina.*

> Se calcula que el 20 por ciento de los esclavos africanos traídos a las Américas murieron en el viaje.
>
> *It is calculated (People calculate) that 20 percent of the African slaves brought to the Americas died during the trip.*

Notice that there are different ways of translating this construction to English; these include *they, people, it, one, you,* and *we* used as the subject.

> In Canada and other places where many students are familiar with French, point out that this is the construction that uses **On**…; e.g., **On espère**…. Also, it sometimes helps to mention *One*…; e.g., *One really shouldn't say that.* In the United States and Canada, the most common way of saying this is with *You*…

The *Se* for Passive

1. In the true passive voice, the subject receives (rather than performs) the action. It is used a great deal in English: *The glass was broken. The glasses were broken.* There is a true passive voice in Spanish (which is discussed in Chapter 10), but, in general, it is used only when the agent of an action is expressed. If there is no agent, the **se** for passive is generally used.

> Se rompió la piñata. (Se rompieron las piñatas.)
>
> *The piñata was broken. (The piñatas were broken.)*

But:

> La piñata fue rota por ese niño allí.
>
> *The piñata was broken by that child over there. (The child is the agent, and the true passive is used.)*

Notice that in Spanish the subject can come after the verb, as well as before, while in English it is always before the verb. The verb is singular or plural to agree with the subject:

El Día de la Hispanidad (o el Día de la Raza) se celebra en muchos países hispanos. También se celebran muchas fiestas católicas.

Columbus Day is celebrated in many Hispanic countries. Many Catholic holidays are also celebrated.

You don't need to be able to distinguish between the impersonal **se** and the **se** for passive. Simply remember: In general, if a plural subject is present in the clause with **se,** use the plural form of the verb. In all other cases, use the singular form.

El maíz se cultivaba en México hace 7000 años.

*Corn was cultivated in Mexico 7000 years ago. (**se** for passive)*

El maíz y los frijoles se cultivaban en México hace 7000 años.

*Corn and beans were cultivated in Mexico 7000 years ago. (**se** for passive)*

Se ven muchos jóvenes en la calle durante las Posadas.

*You see a lot of young people in the street during the Posadas (Christmas celebration). (**se** for passive)*

Se ve que hay muchos jóvenes en la calle durante las Posadas.

*You see that there are a lot of young people in the street during the Posadas. (impersonal **se**)*

Estas mujeres guatemaltecas hablan quiché, una lengua indígena. Se hablan veintitrés lenguas indígenas en Guatemala. También se habla español, por supuesto.

2. Indirect objects are often used with the **se** for passive construction to imply that something happened accidentally or to indicate that the person involved was not at fault or responsible. (This construction is sometimes called the "**se** for unplanned occurrences.")

¿Se les perdieron las llaves?	*Did you* (ustedes) *lose the keys? (Did the keys [in your possession] get lost?)*
Se le olvidó el pan (a José).	*He (José) forgot the bread.*
¿Se te cayó la leche? ¡Qué lío!	*Did you drop the milk? What a mess!*
Se me rompió el espejo.	*The mirror (in my possession) got broken.*

PRÁCTICA

8-22 El Carnaval. El Carnaval (*Mardi Gras*) se celebra, tanto en las ciudades de Montevideo y Buenos Aires, como en muchas ciudades brasileñas y en Nueva Orleans. En Montevideo durante el Carnaval, que tiene lugar los días anteriores al comienzo de la cuaresma (*Lent*), la gente de ascendencia africana organiza las «Llamadas». Para saber cómo son, forme oraciones de acuerdo con los modelos. Hay una foto de esta celebración en la página 2.

✿ MODELOS oír ritmos africanos
Se oyen ritmos africanos.

oír un tambor
Se oye un tambor.

1. bailar la samba
2. cantar canciones con palabras africanas
3. contar historias de los esclavos negros
4. llevar trajes espléndidos
5. ver una procesión espectacular
6. ver banderas de Uruguay por todas partes
7. participar en la vida colectiva de la comunidad

8-23 ¡Qué mala suerte! Túrnese con un(a) compañero(a) para preguntar y decir que pasó.

✿ MODELO olvidar / las llaves
A: *¿Se te olvidaron las llaves?*
B: *Sí, se me olvidaron.*

1. romper / el espejo
2. ir / el autobús
3. morir / el gato
4. caer / los vasos
5. perder / las tarjetas de crédito

ANS 8-22
1. Se baila la samba.
2. Se cantan canciones con palabras africanas.
3. Se cuentan historias de los esclavos negros.
4. Se llevan trajes espléndidos. 5. Se ve una procesión espectacular.
6. Se ven banderas de Uruguay por todas partes.
7. Se participa en la vida colectiva de la comunidad.

ANS 8-23
1. ¿Se te rompió el espejo? —Sí, se me rompió. 2. ¿Se te fue el autobús? —Sí, se me fue. 3. ¿Se te murió el gato? —Sí, se me murió. 4. ¿Se te cayeron los vasos? —Sí, se me cayeron. 5. ¿Se te perdieron las tarjetas de crédito? —Sí, se me perdieron.

8-23. Have students share a small disaster that happened to them during the past week using **se**.

8-24 La guerra de caramelos. Trabaje con un(a) compañero(a).

Paso 1. Completen esta descripción de una fiesta única con las formas apropiadas de los verbos entre paréntesis.

Vocabulario: bolsas de caramelos *bags of candy,* mantones *large embroidered shawls,* tirarse = lanzarse, toneladas *tons,* llenarse *to be filled,* pegarse *to hit each other*

© Mariangeles Sanchez / ASA / Aurora

Cada año en Vilanova i la Geltrú, un pueblo pequeño cerca de Barcelona, España, (1) ___se celebra___ (celebrarse) la «guerra de caramelos». Más de 5 000 parejas (2) ___se reúnen___ (reunirse) por la mañana en unos cincuenta grupos y caminan hacia la plaza principal. Los hombres (3) ___se visten___ (vestirse) de traje y corbata y llevan grandes bolsas de caramelos. Las mujeres llevan vestidos y mantones. En la plaza, los hombres (4) ___se lanzan___ (lanzarse) caramelos unos a otros mientras las mujeres los defienden con los mantones. Durante las seis o siete horas que dura la «guerra», (5) ___se tiran___ (tirarse) unas sesenta toneladas de caramelos. La plaza (6) ___se baña___ (bañarse) en azúcar. Los balcones de los edificios de la plaza (7) ___se llenan___ (llenarse) de caramelos.

Después de la «batalla», (8) ___se va___ (irse) a casa y (9) ___se prepara___ (prepararse) una comida especial, con tortilla *(omelette)* de huevo, ensalada y merengue, un postre muy dulce. Y ¿qué hacen las parejas con los merengues? Pues, (10) ¡___se pegan___ (pegarse) en la cara! Así (11) ___se termina___ (terminarse) un día de dulce diversión. Esta celebración (12) ___se originó___ (originarse) en el siglo diecinueve cuando algunas familias regresaron de Cuba, ya ricas, y quisieron crear algo como el Carnaval de La Habana en Vilanova.

Paso 2. Hágale por lo menos dos preguntas a su compañero(a) acerca de este día de fiesta. Su compañero(a) contesta y le hace dos preguntas a usted.

© Andreu Vea-Baró

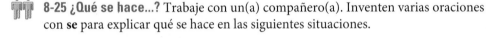

8-25 ¿Qué se hace...? Trabaje con un(a) compañero(a). Inventen varias oraciones con **se** para explicar qué se hace en las siguientes situaciones.

> ⊚ **MODELO** en la cafetería de la universidad
> *Se come mucho y mal.*
> *Se paga poco por la comida.*
> *Se charla con los amigos.*
> *Se mira a la gente.*

1. cuando hay demasiado estrés en la vida
2. cuando se oye música africana bien tocada
3. en la biblioteca
4. en las montañas
5. cuando se tiene muchísima hambre
6. mientras se espera el autobús
7. durante los largos inviernos del norte
8. en agosto en la playa
9. después de terminar un proyecto difícil
10. antes de salir de viaje

EN CONTACTO

▷ Videocultura: El mestizaje de la cocina mexicana

Patricia Quintana, la reconocida chef mexicana, habla de la cocina de Puebla como el resultado de un mestizaje, es decir, de una mezcla de influencias indígenas y españolas. Mire el video y conteste esta pregunta: ¿Por qué se puede decir que la cocina mexicana es un mestizaje?

Vocabulario: la monja *nun;* poblano(a) *of or from the Mexican state of Puebla;* el mole *spicy Mexican sauce containing chilis and, usually, chocolate;* (lo) salado *(what is) salty;* degustar *to taste*

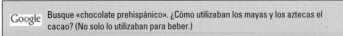

Google Busque «chocolate prehispánico». ¿Cómo utilizaban los mayas y los aztecas el cacao? (No solo lo utilizaban para beber.)

© Heinle, Cengage Learning

8-26 Comprensión. Conteste las siguientes preguntas después de ver el video.

1. ¿Dónde está Puebla?
2. ¿Cuántos ingredientes tiene el mole poblano clásico?
3. ¿Cuál es el origen de la palabra **chocolate**?
4. Para preparar chocolate caliente, ¿qué ingredientes se usan además del azúcar? ¿Qué ingrediente llegó a México después de la conquista?
5. Además del chocolate, ¿qué otros ingredientes se usan en la cocina mexicana?

8-27 Puntos de vista. Compare sus opiniones con las de dos o tres compañeros.

1. ¿A usted le gusta el chocolate? ¿Prefiere los platos dulces o salados? ¿Qué le parece la idea de combinar los dos como se hace con el mole?
2. ¿A usted le gusta la comida mexicana? ¿Cuáles son sus platos favoritos?
3. ¿Prepara usted platos mexicanos? ¿Qué ingredientes usa?
4. ¿Cree usted que existen mestizajes en las cocinas regionales de Estados Unidos y Canadá? Dé ejemplos.

Síntesis

 8-28 Juego de memoria: ¡Y entonces me acuesto! La primera persona empieza diciendo qué hace primero durante el día. La segunda persona repite esta oración y agrega (*adds*) una nueva oración. La tercera persona repite las dos oraciones y agrega una tercera, y así continúa. Cuando alguien se equivoca o no puede recordar las oraciones anteriores, tiene que decir, «¡Y entonces me acuesto!» y se retira del juego. Entonces la próxima persona dice la última oración pronunciada y agrega una nueva. El juego seguirá hasta que se eliminen todos los jugadores excepto los que tienen muy buena memoria (o buena suerte).

> **MODELO** A: *Me despierto a las siete y diez.*
> B: *Me despierto a las siete y diez. Me cepillo los dientes.*
> C: *Me despierto a las siete y diez. Me cepillo los dientes. Tomo un café con leche...*

 8-29 Entrevista. Entreviste a un(a) compañero(a) para averiguar cómo se siente y qué hace en las siguientes situaciones. Vocabulario: aburrirse, cansarse, enojarse, ponerse contento(a)/triste, preocuparse, quejarse

> **MODELO** vienen las fiestas de Navidad
> A: *¿Qué haces (o cómo te sientes) cuando vienen las fiestas de Navidad?*
> B: *Me pongo triste. Me siento solo(a).*

1. andas de compras con un(a) amigo(a) indeciso(a)
2. te atienden muy mal en un restaurante
3. tienes exámenes
4. llueve todos los días
5. te cobran demasiado en una tienda
6. pasas mucho tiempo en el gimnasio (haciendo ejercicio, por ejemplo)
7. tienes que esperar mucho (en el aeropuerto, por ejemplo)
8. un(a) amigo(a) te miente (*lies*)

 8-30 Costumbres distintas. Trabaje con un(a) compañero(a). ¿Qué se hace en este país para celebrar los días de fiesta mencionados? Usen el **se** pasivo o impersonal en sus respuestas.

Activity 8-30 will help prepare students for the writing assignment.

Vocabulario: comprar cajas (*boxes*) de chocolate en forma de corazón, abrir/dar regalos, ir a la iglesia (al templo), comer jamón (pavo), reunirse con los amigos

En muchos países hispanos…

> **MODELO** El Día de Año Nuevo, se duerme hasta tarde porque todos están cansados después de celebrar el último día del año.
>
> *En este país, también se duerme hasta tarde y se miran partidos de fútbol americano en la televisión.*

1. En Nochebuena *(Christmas Eve)*, se hace una cena especial y después se va a la misa de medianoche.
2. En Nochevieja *(New Year's Eve)*, se comen doce uvas a medianoche, una con cada campanada *(stroke)* del reloj.
3. El Domingo de Pascua *(Easter Sunday)*, se hacen procesiones, se va a misa y se prepara una comida especial.
4. El Día de la Madre se dan regalos o flores a la madre o se va a comer a un restaurante.
5. El Día de San Valentín, se le regalan flores a la novia.

Composición

Una celebración hispana

Usando las listas de vocabulario de este capítulo y las respuestas a las actividades 8-7, 8-22, 8-24 y 8-30, escriba un párrafo sobre una celebración española o latinoamericana. ¿Qué se hace? ¿Cuándo y dónde se celebra? ¿Qué se come? ¿Cuál es el origen de la celebración? Use el **se** impersonal o el **se** pasivo.

Opción: Entreviste a una persona hispana para obtener información sobre una celebración especial. Incluya un video de la entrevista, o haga una remezcla que incluya una foto o un video de la celebración que escogió.

Tema alternativo: Hay muchas culturas y grupos étnicos en el mundo hispano. Escoja uno de esos grupos (por ejemplo, el de los incas, los vascos o los judíos sefardíes) y escriba un párrafo sobre su historia; mencione por lo menos una de sus contribuciones a la cultura hispana. Podría usar sus respuestas a las actividades 8-1 a 8-5.

You might want to have students do the alternative topic in groups as a wiki (see instructions for wikis in the composition assignment for Chapter 11). Have students write their paragraphs and, if you have time in class, peer edit them. In peer editing, tell them to look for one or two specific things, such as use of **se.** After peer editing, they submit their final papers.

CAPÍTULO 9

Un planeta para todos

METAS

En este capítulo vamos a aprender a…

▶ dar consejos

▶ expresar compasión o solidaridad o falta de compasión o solidaridad

▶ hablar de la naturaleza y del medio ambiente

▶ expresar situaciones hipotéticas

© Stuart Westmorland/Getty Images

Latinoamérica tiene cerca de la mitad de las selvas de la tierra.

LENGUA VIVA

Consejos

Expresiones de compasión o solidaridad o falta de estas

GRAMÁTICA

El imperfecto del subjuntivo

Cláusulas con **si** (1)

Los adverbios

El infinitivo

VOCABULARIO

El medio ambiente

Problemas ambientales

LECTURAS

«¿Cómo podemos salvar la Tierra?»

«In memoriam» de Federico García Lorca

«El pescador y el pez» de Toásiyé Alma Africana

«Noble campaña» de Gregorio López y Fuentes

Presentación del tema

Ecuador y los derechos de la «Pacha Mama»

Pacha Mama or Pacha-mama is invoked regularly by indigenous Andean people, who offer her food and drink and occasionally sacrifice white llamas in her name. They ask her to protect the community, crops, and animal life. In a ritual ceremony, they sometimes spill a bit of **chicha** *(corn liquor)* into the ground as an offering to her.

¿Tiene la naturaleza derechos? Según la constitución ecuatoriana del 2008, sí los tiene. Ecuador es el primer país del mundo en reconocerlo: «La naturaleza o Pacha Mama, donde se reproduce y realiza la vida, tiene derecho a que se respete integralmente *(wholely)* su existencia…».* La «Pacha Mama» (una diosa de la gente indígena andina) ha sido muy generosa: en un solo parque ecuatoriano puede haber más especies de pájaros o mariposas que en todo Estados Unidos. La gente de Ecuador puede exigir que los abundantes recursos naturales del país sean protegidos bajo esta ley. En algunos lugares de Latinoamérica se ha comprobado *(proved)* que, sin destruir los bosques, la producción o recolección de nueces, semillas, flores y maderas tropicales puede ser muy lucrativa. El ecoturismo también ayuda a la gente a proteger el medio ambiente, mientras estimula la economía.

© Haroldo Castro

En Maldonado, Ecuador, hay una industria basada en la recolección de una nuez que se llama tagua. La gente de Maldonado (descendientes de esclavos africanos que llegaron a la región en el siglo XVIII) tiene gran respeto por la naturaleza; en la foto, las nueces de la tagua se transportan por canoa. La tagua se usa para hacer joyería *(jewelry)*, entre otras cosas.

Google Busque «tagua» para ver imágenes de productos que se hacen de la tagua.

9-1 Preguntas

1. ¿Cuál fue el primer país en declarar o reconocer que la naturaleza tiene derechos?
2. ¿Qué puede hacer la gente que vive en una zona tropical para ganarse la vida sin destruir la selva?
3. ¿Qué se puede hacer en nuestro país para ayudar a proteger las selvas tropicales?
4. ¿Se puede justificar las acciones ilegales de algunos grupos ambientales para tratar de defender el medio ambiente en lugares donde no hay leyes para proteger la naturaleza?

*Artículo 17 de la Constitución de Ecuador

VOCABULARIO ÚTIL

EL MEDIO AMBIENTE

COGNADOS

la contaminación	la especie	la naturaleza
destruir	la explosión demográfica	el petróleo
la ecología	la extinción	el reciclaje
el ecólogo (la ecóloga)	la gasolina	reciclar
el ecoturismo		

EN LA SELVA (EL BOSQUE) *IN THE JUNGLE (FOREST)*

la abeja	*bee*
el árbol	*tree*
la flor	*flower*
la mariposa	*butterfly*
la nuez	*nut*
el pájaro	*bird*
el pez	*fish*
la semilla	*seed*
la tortuga	*turtle*

OTRAS PALABRAS

ambiental	*environmental*
la basura	*garbage*
el cambio climático	*climate change*
la capa de ozono	*ozone layer*
el control de la natalidad	*birth control*
desperdiciar	*to waste*
los envases retornables	*returnable containers*
la huerta	*(fruit, vegetable) garden*
la lata (de aluminio)	*(aluminum) can*
mejorar; mejorarse, ponerse mejor	*to improve; to get better*
empeorar; empeorarse, ponerse peor	*to get worse*
proteger	*to protect*
el recurso natural	*natural resource*
la reserva	*preserve*

¡OJO!

acabar *to end, finish, run out;* **Se nos acaba el petróleo (tiempo, etcétera).** *We are running out of petroleum (time, etc.).*

ahorrar *to save (money, time, etc.)* / **conservar** *to save, preserve* / **salvar** *to save, rescue*

la atmósfera *air, atmosphere* / **el ambiente** *setting, ambience, environment* / **el medio ambiente** *(natural) environment*

L Have students read the **Enfoque del tema** to reinforce many words from this vocabulary and acquire other related ones in a context that discusses the recent dramatic changes in world ecology, the main problems these pose, and some possible solutions.

PRÁCTICA

9-2 Conexiones. Conecte la palabra de la columna derecha con su definición o descripción en la columna izquierda.

1. usar más de una vez	a. la abeja
2. la sobrepoblación	b. empeorar
3. cuidar	c. los envases retornables
4. ponerse peor	d. la explosión demográfica
5. la rosa, por ejemplo	e. los recursos naturales
6. el insecto que hace la miel *(honey)*	f. reciclar
7. devastar, arruinar	g. destruir
8. el petróleo, los minerales, por ejemplo	h. la flor
9. una persona que se dedica al medio ambiente	i. proteger
10. latas o botellas que se pueden devolver	j. el ecólogo (la ecóloga)

9-3 El medio ambiente. Escoja la palabra apropiada para completar las oraciones.

1. En los (árboles / bosques) tropicales la tierra es muy pobre; después de pocos años de utilización ya no es buena para la agricultura.

2. Es importante proteger (la capa de ozono / el cambio climático).

3. Tengo una (huerta / semilla) porque me gustan las frutas y las verduras frescas.

4. En muchos países, hay programas de control de la (natalidad / mortalidad) y de planificación familiar.

5. Todos debemos (ahorrar / conservar) energía.

9-4 Entrevista. Entreviste a un(a) compañero(a), usando las preguntas que siguen. Después su compañero(a) lo (la) entrevista a usted.

1. ¿Qué piensas del ecoturismo? ¿Has hecho ecoturismo alguna vez? ¿Dónde?

2. ¿A ti te gusta estar al aire libre *(outside)*, gozando de la naturaleza? ¿Te gusta hacer caminatas? ¿andar en bicicleta? ¿ir en kayak o canoa?

3. ¿Manejas mucho? ¿Tienes un auto grande o pequeño? ¿Qué piensas de los autos eléctricos o híbridos? ¿Debe el gobierno limitar el uso de la gasolina o subir los impuestos *(taxes)* de la gasolina?

4. ¿Participas en un programa de reciclaje?

5. ¿Cuál es un problema ecológico muy grave, según tu opinión (por ejemplo, el cambio climático, la explosión demográfica, la contaminación del aire o del agua, la destrucción de los bosques tropicales)? ¿Le ves alguna solución al problema?

Julia Gutiérrez, estudiante colombiana

Pablo Reyes, guía de turismo en la Amazonia colombiana

Ana Ordóñez, amiga de Jessica que vive en Bogotá

Jessica Jones, estudiante norteamericana

Image © Andresr, 2009; Image © Palmr Kanc LLC, 2009; Image copyright Jeff Cleveland 2010. Used under license from Shutterstock.com. © Getty Images/ BananaStock/Jupiterimages.

Audioviñetas: El ecoturismo y la ecología

Conversación 1: Para dar consejos. Julia está de visita en el Parque Amacayacu, una reserva en la Amazonia colombiana cerca de la ciudad de Leticia. Un guía habla con un grupo de turistas.

CD 2, Track 6

9-5 Escuche la **Conversación 1.** ¿Qué se puede ver en el parque?

_____ **1.** más de 450 especies de pájaros

_____ **2.** más de 150 especies de mamíferos *(mammals)*

_____ **3.** una cantidad extraordinaria de mariposas

✓ **4.** 1, 2 y 3

9-6 Escuche la **Conversación 1** otra vez. ¿Qué recomienda el guía?

_____ **1.** que caminen juntos en un solo grupo

_____ **2.** que hablen en voz alta

✓ **3.** que no asusten *(frighten)* a los animales

✓ **4.** que no recojan flores

✓ **5.** que visiten los mercados de Leticia

_____ **6.** que compren regalos hechos de plumas *(feathers)*

_____ **7.** que vayan a Iquitos desde Leticia

Conversación 2: Para expresar compasión. Jessica habla con Ana, una amiga colombiana.

CD 2, Track 7

9-7 Escuche la **Conversación 2.** ¿De qué hablan Jessica y Ana?

_____ **1.** del ecoturismo

✓ **2.** de la contaminación y del reciclaje

_____ **3.** del cambio climático

9-8 Escuche la **Conversación 2** otra vez. Conteste **V** (verdadero) o **F** (falso).

___V___ **1.** En Colombia hay un Ministerio del Medio Ambiente.

___V___ **2.** La industria petrolera y las compañías multinacionales han causado mucha contaminación en la Amazonia.

___V___ **3.** Según Ana, hay que enseñarles a los niños a querer la naturaleza para que la cuiden.

___F___ **4.** En Colombia no hay programas de reciclaje.

___V___ **5.** Los cartoneros van de basurero en basurero sacando cartones (*cardboard*), latas y papel.

9-9 Escuche la **Conversación 2** una vez más. ¿Qué expresiones se usan para expresar compasión?

___✓___ **1.** ¡Es una lástima!   _____ **4.** ¡Cuánto lo siento!

_____ **2.** ¡Qué horror!   _____ **5.** ¡Caramba!

_____ **3.** ¡Qué desgracia!   ___✓___ **6.** ¡Pobrecitos!

En otras palabras

Para dar consejos

Here are some ways to give advice in Spanish.

> **Usted debe (Tú debes)...**
> **Usted debería (Tú deberías)...**
> **Le (Te) aconsejo que** (+ *subj.*)...
> **Es mejor que** (+ *subj.*)...
> **Le (Te) recomiendo que** (+ *subj.*)...

Para expresar compasión o solidaridad o falta de compasión o solidaridad

Mire el video en el sitio **www.cengagebrain.com/shop/ISBN/0495912654** y haga las actividades que lo acompañan.

© Anna Pérez

¿Dónde están Rafael y Javier? ¿Qué problema tiene Rafael?

When people tell you something sad, how do you show that you sympathize with them, that you feel sorry about what they're going through? Here are some ways to do that.

¡Qué lástima!

¡Qué desgracia! (= **¡Qué mala suerte!**)

¡Qué barbaridad! *Good grief! How awful!*

¡Pobrecito(a)! ¡Pobre de ti!

¡Qué molestia! *What a pain!*

¡Qué horror! *How awful!*

Eso debe ser terrible.

¡Ay, Dios mío!

¡Caramba!

¡Caray!

Siento mucho que (+ *subj.*)...

¡Cuánto lo siento!

Other ways to offer sympathy: **Estoy con usted (contigo)** or **Cuente (Cuenta) conmigo**. To offer condolences, people may say: **Le (Te) acompaño en el dolor**.

Oftentimes, however, when friends or family are telling you a tale of woe, you don't necessarily feel sorry for them. Here are some ways to express lack of sympathy.

¿Y qué? ¿Qué más da? ¿Qué importancia tiene?	*So what?*
Es de esperar.	*It's to be expected.*
¿Qué esperaba(s)?	*What did you expect?*
La culpa es suya (tuya).	*It's your own fault.*
¡Buena lección! Ahora aprenderá(s) a... Eso le (te) enseñará a...	

PRÁCTICA

 9-10 Consejos. Deles consejos a las personas que se encuentran en las siguientes situaciones. Invente varios consejos diferentes para cada caso. Use la forma **tú** de los verbos.

 MODELO Quiero hacer una excursión a la Amazonia pero no sé a qué país ir ni cuánto costaría.
Te aconsejo que llames a la agencia Discovery Ecotours. Debes conseguir una guía de turismo sobre Sudamérica. Te recomiendo que busques información por Internet.

1. Tengo ganas de trabajar para alguna organización que se dedique a proteger el medio ambiente.
2. Deseo saber más sobre ecología y cómo se puede ayudar a salvar la tierra.
3. Una amiga mía está deprimida porque sus padres piensan divorciarse.
4. Hace tres días que mi novio(a) no me llama.
5. Mis padres quieren que pase el verano con ellos, pero yo quiero ir a Latinoamérica.

 9-11 Su amigo. Usted tiene un amigo que siempre parece tener mala suerte, pero a veces él mismo se la busca (*sometimes he brings it on himself*). Su amigo le cuenta sus problemas; a veces a usted le da lástima y a veces no, según el caso. Expréselo en las siguientes situaciones.

1. Fracasé en el examen de biología porque no había estudiado.
2. Alguien me robó la bicicleta.
3. Se me acabaron las pilas (*batteries*) de la cámara y no pude sacar fotos de la reserva.
4. Mi hermano tuvo un accidente de automóvil y está en el hospital.
5. No conseguí el trabajo porque llegué dos horas tarde a la entrevista.

ANS 9-11. Possible answers: 1. ¿Qué esperabas? 2. ¡Cuánto lo siento! 3. ¡Qué lástima! Pero eso te enseñará a cambiar las pilas la próxima vez. 4. ¡Qué desgracia! 5. La culpa es tuya.

GRAMÁTICA Y VOCABULARIO
The Imperfect Subjunctive

1. The imperfect subjunctive for all verbs is formed by removing the **-ron** ending from the third-person plural of the preterit and adding the appropriate imperfect subjunctive endings: **-ra, -ras, -ra, -(´)ramos, -rais,** and **-ran**. Note that only the first-person plural (**nosotros**) form of the imperfect subjunctive has an accent.

hablar		comer		vivir	
hablara	habláramos	comiera	comiéramos	viviera	viviéramos
hablaras	hablarais	comieras	comierais	vivieras	vivierais
hablara	hablaran	comiera	comieran	viviera	viviera

2. Here are some verbs that have irregular third-person preterit stems:

andar	**anduvie-**	haber	**hubie-**	querer	**quisie-**
caer	**caye-**	hacer	**hicie-**	reír	**rie-**
conducir	**conduje-**	ir, ser	**fue-**	saber	**supie-**
construir	**construye-**	leer	**leye-**	tener	**tuvie-**
creer	**creye-**	morir	**murie-**	traer	**traje-**
dar	**die-**	oír	**oye-**	venir	**vinie-**
decir	**dije-**	poder	**pudie-**	ver	**vie-**
estar	**estuvie-**	poner	**pusie-**		

3. The imperfect subjunctive is used in dependent clauses just as the present subjunctive is used, but it expresses a past action or refers to the past.

| Quieren que recojamos la basura. | *They want us to pick up the garbage.* |
| Querían que recogiéramos la basura. | *They wanted us to pick up the garbage.* |

4. The imperfect subjunctive is used in the same situations as the present subjunctive (discussed in Chapters 5 and 7), although the verb in the main clause is usually in a past tense. It is used:

   a. after main clauses containing verbs or impersonal expressions of doubt; emotion; will, preference, necessity; approval (disapproval); and advice

   | Dudaban que el agua fuera potable. | *They doubted that the water was potable (drinkable).* |

Queríamos ir a un lugar donde pudiéramos ver pájaros tropicales.

Tenían miedo de que el río estuviera contaminado.	They were afraid the river was polluted.
Papá me dijo que sacara la basura.	Dad told me to take out the garbage.
Nos aconsejaron que recicláramos los periódicos.	They advised us to recycle the newspapers.
Era lamentable que destruyeran el bosque.	It was sad that they were destroying the forest.

b. in adjective clauses that describe something indefinite or unknown

| Quería conocer a alguien que supiera algo sobre las plantas tropicales. | I wanted to meet someone who knew something about tropical plants. |
| No había nadie en el grupo que pudiera decirnos qué tipo de pájaro era. | There was no one in the group who could tell us what kind of bird it was. |

c. after certain conjunctions, such as **a menos que, con tal (de) que, para que, sin que,** and **antes de que**

| La ecóloga esperó una hora para que el gobernador pudiera verla. | The ecologist waited an hour for the governor to be able to see her. |
| Marisol lo vio antes de que él fuera a Costa Rica. | Marisol saw him before he went to Costa Rica. |

However, note that after other time conjunctions, such as **hasta que, cuando, después de que,** and **mientras,** the subjunctive is used to express an indefinite past action or one projected into the future, and the indicative is used to express past actions viewed as definitely completed. Compare:

| Quería esperar hasta que llegaran. | I wanted to wait until they arrived (would arrive). |
| Esperé hasta que llegaron. | I waited until they arrived. |

5. The imperfect subjunctive is always used after **como si,** which implies a hypothetical or untrue situation.

| En la selva nos sentimos como si fuéramos los únicos seres humanos en la tierra. | In the jungle we felt as if we were the only human beings on earth. |

6. The **-ra** form of the imperfect subjunctive is generally preferred for conversation in Spanish America. An alternative form is found in many literary works and is often used in Spain. This second form consists of the third-person plural preterit without the **-ron** endings plus the following endings: **-se, -ses, -se, -(´)semos, -seis, -sen.** You should learn to recognize these forms; they are used just as the other forms except that they are not used to indicate politeness.

| Llevamos a los niños a la reserva para que gozasen de la naturaleza. | We took the children to the preserve so that they could enjoy nature. |

To illustrate points 3 and 4 of the grammar explanation, have the class look at **Selección 1**, the short fable from Ecuatorial Guinea (the only Spanish-speaking country in Africa). It contains many examples of the present subjunctive (e.g., after **quiero que, antes de que, cuando**) in the dialog among a fisherman, his wife, and a magic fish. Ask students to change each sentence from present to past by putting **Ayer dijo…** in front of it.

¡OJO! The imperfect subjunctive of **querer** is often used to indicate politeness: **Quisiera un café. Quiero** can sound childish and even a bit impolite.

Give students some examples and have them change the forms from the present to the imperfect subjunctive: **Quiero un vaso de agua. ¿Quiere usted entrar? Queremos hablarle.**

PRÁCTICA

The **tirolesa** is also called a **tirolina**, most notably in Spain.

9-12 La tirolesa *(zip line)*. Complete las oraciones con las formas apropiadas de los verbos que están entre paréntesis; use el imperfecto de indicativo o de subjuntivo, según sea necesario.

Carmen le habla a su amiga Diana.

DIANA: ¿Qué tal las vacaciones?

CARMEN: Muy mal. Todo muy caro. Además, ese paseo por las copas de los árboles *(canopy tour)* fue un desastre.

DIANA: ¿Por qué?

CARMEN: Yo pensaba que se trataba de *(it was a matter of)* una caminata por una plataforma alta con vista a la selva. Creía que [nosotros] (1) ____íbamos____ (ir) a hacer una caminata. Y fíjate que se trataba de una tirolesa.

DIANA: ¡Qué barbaridad! ¿Y no tenías miedo?

CARMEN: Yo no subí, pero sí tenía miedo de que los niños se (2) ____lastimaran____ (lastimar). Le dije a mi esposo que (3) ____regresáramos____ (regresar) al hotel pero ni modo. Los niños no querían irse de allí a menos que (4) ____pudieran____ (poder) subir.

En otro cuarto, dos niños están hablando.

MIGUEL: Y ¿cómo te fue en las vacaciones?

MARCOS: Súper bien. Comimos en unos restaurantes de película y fuimos a un parque donde (5) ____había____ (haber) una tirolesa.

MIGUEL: ¡Caray!

MARCOS: Subimos a una plataforma y nos lanzamos al aire. Vimos monos *(monkeys)*, ardillas *(squirrels)*, mariposas... volamos como si (6) ____fuéramos____ (ser) pájaros.

MIGUEL: No puedo creer que tu mamá los (7) ____dejara____ (dejar) hacer eso.

Marcos: Ni yo tampoco. Ella dijo que no lo (8) _____hiciéramos_____ (hacer), que tenía miedo de que nos (9) _____cayéramos_____ (caer), pero ya había pagado, así que nosotros le dijimos que no queríamos que (10) _____perdiera_____ (perder) su dinero. Y papá fue con nosotros.

Miguel: ¡Y tú temías que el viaje (11) _____fuera_____ (ser) aburrido!

9-13 Cuando eras niño(a)... Entreviste a un(a) compañero(a), usando las ideas que siguen. Después su compañero(a) lo (la) entrevista a usted.

Cuando eras niño(a)...

1. ¿qué querían tus padres que hicieras?

Ideas: tocar un instrumento musical, sacar buenas notas, aprender a nadar, hablar con los adultos que venían de visita

2. ¿qué te prohibían que hicieras?

Ideas: salir a jugar sin pedir permiso, estar con «malas compañías», hablar con gente desconocida, pelear con tus hermanos

3. ¿qué te pedían o mandaban que hicieras?

Ideas: limpiar tu cuarto, recoger tus juguetes *(toys)*, cuidar a un(a) hermano(a) menor, ayudar con las tareas de la casa

4. ¿qué no te gustaba que tu familia hiciera?

Ideas: no respetar tu derecho a estar solo(a) en tu cuarto, entrar en tu cuarto sin tocar *(knocking)*, hablar mal de ti delante de otra gente, llamarte por un nombre familiar como «Mikey» o «Jo-Jo»

5. ¿hiciste alguna travesura *(something mischievous)* alguna vez sin que tus papás lo supieran? ¿Qué?

9-14 Los animales y tú.

Paso 1. Entreviste a un(a) compañero(a) sobre las mascotas *(pets)* o animales domésticos. Después, su compañero(a) lo (la) entrevista a usted.

1. De niño(a), ¿tenías una mascota, como un perro (gato, pájaro, caballo, pez, ratoncito) o una tortuga? ¿Cómo se llamaba?

2. ¿Cómo era tu mascota? ¿La adoptaste o la compraste?

3. ¿Quién la cuidaba? ¿Era importante que alguien la paseara? ¿que alguien le cambiara el agua al acuario? ¿que le diera alguna comida especial?

4. ¿Qué te rogaban tus papás que hicieras por tu mascota? ¿Qué te pedían que no hicieras?

5. ¿Era necesario que la llevaras frecuentemente al veterinario? ¿que le dieras mucho cariño?

6. ¿Tenías miedo de que se perdiera (escapara)? ¿que se enfermara? ¿que no se llevara bien con otros animales o con la gente? ¿que comiera algo que no debía comer (e.g., un pájaro, un ratoncito, otra mascota)?

Paso 2. Cuéntele a su compañero(a) una breve anécdota sobre su mascota. Trate de usar el imperfecto del subjuntivo por lo menos dos veces.

If you have time, you might want to have students write a short anecdote about their pet for a review of the past tenses. If not, have students share with the rest of the class some of the things that their partners said about their pets. If the students show a lot of interest in this topic, you could also offer it as an additional alternative to the writing assignment.

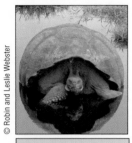

If Clauses (1)

1. An *if* clause in the present tense always takes the indicative, since a simple assumption is being made. The verb in the main clause may be in the present or future tense or the imperative mood.

Si nos bajamos aquí, podemos caminar al parque.	*If we get off here, we can walk to the park.*
Si tienes frío, ponte el suéter.	*If you're cold, put on your sweater.*

If clauses will be discussed further in Chapter 11. The important thing to remember is that the present subjunctive is not used after **si** meaning *if (assuming that)*. **Si** meaning *whether* also takes the indicative in the present.

No sé si podemos reciclar esta clase de plástico.	*I don't know if (whether) we can recycle this kind of plastic.*

2. When an *if* clause expresses something hypothetical or contrary to fact (not true), a past subjunctive is used.

Habla como si fuera experto en ecología.	*He talks as if he were an expert in ecology.*

3. The conditional is generally used in the main clause when a past subjunctive is used in the *if* clause.

Si hubiera más ecoturismo, la economía del país mejoraría.	*If there were more ecotourism, the economy of the country would improve.*
Si cuidáramos mejor la tierra, no habría tantos problemas ecológicos.	*If we took better care of the earth, there wouldn't be so many ecological problems.*

4. If the speaker or writer is not discussing something contrary to fact, then the statement is assumed to be true and the indicative is used. Compare:

Si no cuesta mucho, podemos visitar Monteverde.	*If it doesn't cost a lot, we can visit Monteverde.*
Si no costara mucho, podríamos visitar Monteverde.	*If it didn't cost a lot, we could visit Monteverde.*
Si llueve, no irán a la huerta.	*If it rains, they won't go to the orchard.*
Si lloviera, no irían a la huerta.	*If it were raining, they wouldn't go to the orchard.*

The indicative can also be used in the past tense in an *if* clause, depending upon the point of view.

Si Juan te dijo eso, se equivocó.	*If Juan told you that, he was wrong. (speaker believes that Juan made a certain statement)*
Si él me dijera eso, no lo creería.	*If he told me that, I wouldn't believe it. (hypothetical statement)*

PROBLEMAS AMBIENTALES

El siguiente gráfico apareció en la revista peruana *Debate*. Está basado en una encuesta *(survey)* de más de mil personas que contestaron la pregunta: «¿Cuál o cuáles de estos problemas ambientales diría usted que le preocupan más?» Los números representan porcentajes del total.

¿CUÁL O CUÁLES DE ESTOS PROBLEMAS AMBIENTALES DIRÍA UD. QUE LE PREOCUPAN MÁS?

% MULTIPLE

72 BASURA EN LA CALLE Y OTROS LUGARES PUBLICOS

41 LA CONTAMINACION DE LOS RIOS Y MARES

56 LA CONTAMINACION DEL AIRE CAUSADA POR LOS ESCAPES DE LOS VEHICULOS

35 LA CONTAMINACION DEL AIRE CAUSADA POR PLANTAS ELECTRICAS E INDUSTRIALES

31 CONTAMINACION DEL AGUA POTABLE

24 LA DESTRUCCION DE LOS BOSQUES TROPICALES

15 CONGESTION VEHICULAR EN LOS CAMINOS

14 PERDIDA DE CAMPO Y ESPACIOS ABIERTOS

9 EXTINCION DE ALGUNAS ESPECIES ANIMALES

5 CONTAMINACION POR RUIDO

© José San Martín Escobar

OTRAS PALABRAS

llover (ue)	*to rain*
nevar (ie)	*to snow*

¡OJO!

hacer calor (frío) *to be warm (cold) (weather)* / **tener calor (frío)** *to be warm (cold), said of people or animals*

PRÁCTICA

9-15 Consejos para proteger el medio ambiente. La señora Medina se preocupa mucho por el medio ambiente. ¿Qué le sugiere a su marido?

⚙ **MODELO** no comprar productos con envases innecesarios / ahorrar dinero
Si no compráramos productos con envases innecesarios, ahorraríamos dinero.

ANS 9-15 1. Si camináramos al trabajo, nos pondríamos en forma. 2. Si secáramos la ropa afuera en vez de usar la secadora, usaríamos menos electricidad. 3. Si usáramos detergente biodegradable, no contaminaríamos el agua. 4. Si tuviéramos una huerta, comeríamos frutas y verduras frescas. 5. Si plantáramos más árboles, ayudaríamos a mejorar la calidad del aire. 6. Si escribiéramos en los dos lados de las hojas de papel, no desperdiciaríamos tanto papel. 7. Si apagáramos las luces al salir de una habitación, conservaríamos energía.

1. caminar al trabajo / ponernos en forma *(in good shape)*
2. secar la ropa afuera en vez de usar la secadora *(dryer)* / usar menos electricidad
3. usar detergente biodegradable / no contaminar el agua
4. tener una huerta / comer frutas y verduras frescas
5. plantar más árboles / ayudar a mejorar la calidad del aire
6. escribir en los dos lados de las hojas de papel / no desperdiciar tanto papel
7. apagar las luces al salir de una habitación / conservar energía

9-16 Un día en Xcaret, México.

Paso 1. Mire las páginas del panfleto de Xcaret, México, y conteste las preguntas. (Pronunciación: Ish-ka-RET) Vocabulario: invernadero *greenhouse*, anidación *nesting*, arrecife *reef*.

en todo México.

SUSTENTABILIDAD

Xcaret participa en diversos programas de conservación de nuestra flora y fauna silvestres. Los objetivos y metas de estos programas incluyen la protección, reproducción, recuperación y exhibición de estas especies, así como la educación ambiental, entre otros.

Les sugerimos visitar el Criadero de Fauna Regional, el Acuario, la exhibición de Tortugas Marinas, el Mariposario y el Invernadero de Orquídeas y de Bromelias. Una parte de sus boletos de ingreso al Parque lo destinamos al desarrollo de estos programas. ¡Gracias por su apoyo!

En un área que comprende desde Xcaret hasta la Reserva de la Biósfera de Sian Ka'an, año tras año, desde mayo hasta octubre, protegemos doce playas de anidación a través de seis campamentos permanentes de protección y conservación de la tortuga marina.

A su vez, en nuestro Acuario reproducimos el ambiente del arrecife de coral típico de la costa del Caribe, con sus diversas profundidades, con el fin de contribuir a la comprensión de estos ecosistemas marinos y de su importancia ecológica, y con ello a la conservación de uno de los principales patrimonios naturales del mundo.

© www.xcaret.com

1. ¿Cuáles son algunos de los animales y plantas que se pueden ver en Xcaret?
2. Desde mayo hasta octubre, ¿qué animal se protege en doce playas de anidación?
3. ¿Cómo es el acuario? ¿Qué tiene?

ANS 9-16, Paso 1.
1. Se ven mariposas, pájaros, delfines, monos, tortugas, orquídeas y otras flores tropicales. 2. Se protege la tortuga marina.
3. El acuario tiene un arrecife de coral típico de la costa del Caribe.

Paso 2. Complete las oraciones con el tiempo apropiado de los verbos entre paréntesis.

1. Si ___hace___ (hacer) sol mañana, debes ir a Xcaret.
2. Si ___fuera___ (ser) la estación seca, haría sol todos los días.
3. Si (tú) ___vas___ (ir) a Xcaret, lleva un traje de baño.
4. Si (yo) no ___tuviera___ (tener) que trabajar, iría contigo.
5. Si (tú) ___llegas___ (llegar) por la mañana, tendrás tiempo para bucear y ver el parque también.
6. Si te ___interesan___ (interesar) los peces exóticos, debes ir al acuario.
7. Si no ___hubiera___ (haber) acuario, no podrías ver peces de agua dulce *(fresh water)*.
8. Si todavía ___estás___ (estar) allí de noche, no te pierdas el espectáculo.

Xcaret is located just a few miles south of Playa del Carmen, near Cancún. This activity will help prepare students for the alternative writing assignment.

9-17 El ambiente. Trabajando con tres o cuatro compañeros, contesten las siguientes preguntas y discutan las respuestas. Después, esté preparado(a) para explicarle a la clase las opiniones de su grupo.

1. Si el gobierno de Estados Unidos (o Canadá) pudiera resolver uno de los problemas que se presentan en el gráfico del **Vocabulario útil** de la página 211, ¿qué problema doméstico debería resolver primero? ¿Qué problema internacional debería tratar de resolver?
2. Si queremos dejar de hacerles daño *(harm)* a las especies animales, ¿qué podemos hacer? (Ideas: apoyar a organizaciones como..., no comer carne, no usar abrigos de piel, no comprar productos como...)
3. Si todos los países trabajaran juntos, ¿qué podrían hacer para parar la destrucción de los bosques tropicales? ¿la contaminación del agua? ¿del aire?
4. ¿Cuál es el problema más grande que tenemos ahora en este país? Si tuvieran poder y dinero, ¿qué harían para resolverlo?

9-17. The class should decide as a whole which problems are the most urgent and what the best solutions are. Have the groups report to the class; if there is time, have the group secretaries write some of the responses on the board, using *if* clauses. Reinforce the sequence of tenses used. This activity will help prepare students for the writing assignment.

Selección 2 is a short story by one of Mexico's classic writers about one of the biggest environmental problems in the world: the scarcity of drinking water. It contains examples of several of the grammar points from this chapter and finishes with a surprise ending that is ironically humorous and also makes a serious point.

EL MUNDO ESTÁ DE CABEZA

¡DEVUÉLVELE EL EQUILIBRIO!

LA BASURA, EL POLVO, LOS GASES TÓXICOS, LAS SUSTANCIAS QUÍMICAS, LA DESTRUCCIÓN DE LAS ESPECIES, EL RUIDO... ¡TODO ESTO NOS ESTÁ DESEQUILIBRANDO! ¡HAZ ALGO!

¡NO CONTAMINES!

Adverbs

1. Many adverbs are formed from the feminine form of an adjective plus the suffix **-mente.** In many cases, the masculine and feminine forms are the same.

Masculine adjective	Feminine adjective	Adverb
misterioso	misteriosa	misteriosamente *mysteriously*
preciso	precisa	precisamente *precisely, exactly*
igual	igual	igualmente *equally; likewise*
común	común	comúnmente *commonly*
frecuente	frecuente	frecuentemente *frequently*

Caminábamos rápidamente por el bosque.	*We were walking quickly through the woods.*

¡**OJO!** If two or more adverbs ending in **-mente** occur in a series, only the last one has the suffix **-mente:** **Viven sencilla y tranquilamente.** *They live simply and quietly.*

2. In Spanish as in English, adverbs usually follow the verbs they modify, as you can see in the preceding example. They generally precede adjectives they modify: **muy bonito; totalmente inolvidable.** Note that adverbs like **demasiado, bastante, poco,** and **mucho** can also be used as adjectives, in which case they agree with the nouns they modify.

El gato come poco (demasiado).	*The cat eats very little (too much).*
Compramos pocos (demasiados) envases de plástico.	*We buy few (too many) plastic containers.*

PRÁCTICA

9-18 Los efectos del tiempo. Convierta en adverbios los adjetivos que están entre paréntesis y complete las oraciones. Después, tome una prueba sobre los efectos del tiempo; diga si las oraciones son verdaderas (**V**) o falsas (**F**). (Las respuestas están abajo.)

1. El tiempo afecta ___radicalmente___ (radical) a los seres humanos; por ejemplo, nos enfermamos más ___fácil y frecuentemente___ (fácil, frecuente) durante el invierno. (**V F**)
2. Cuando hace frío, el pelo crece más ___rápidamente___ (rápido). (**V F**)
3. Durante un huracán, pensamos más ___claramente___ (claro). (**V F**)
4. ___Normalmente___ (normal), la presión atmosférica (*air pressure*) baja relaja a la gente. (**V F**)
5. ___Precisamente___ (preciso) por eso, durante un día de presión atmosférica baja tenemos tendencia a olvidar las cosas que llevamos como, por ejemplo, el paraguas, los paquetes... (**V F**)
6. Cuando la presión atmosférica baja muy ___lentamente___ (lento), hay más accidentes, más suicidios y más crímenes. (**V F**)

1. V 2. F (Crece más lentamente.) 3. V 4. V 5. V 6. F (Cuando la presión atmosférica baja muy rápidamente hay más accidentes, suicidios y crímenes.)

9-19 En mi caso... Complete las oraciones con las formas apropiadas de **poco, mucho** o **demasiado,** según su propia situación.

1. Reciclo _____ latas y botellas.

2. Compro _____ artículos hechos de plástico.

3. Como _____ carne de vaca.

4. Uso _____ papel.

5. Compro _____ comida con hormonas y antibióticos.

6. En general, desperdicio _____.

 9-20 ¿Pero cómo? Trabaje con un(a) compañero(a). Turnándose, una persona le da un mandato a su compañero(a), según el modelo. Su compañero(a) hace lo que le dice.

⚙ **MODELO** sacar / exacto / 25 centavos de la billetera *(wallet)*
A: *Saca exactamente 25 centavos de la billetera.*
B: *(Hace lo que le dijo: saca 25 centavos de la billetera.)*

1. levantarse / lento

2. bailar / alegre

3. sentarse / rápido

4. pedirme un lápiz / cortés

5. saludarme / cariñoso

6. levantar la mano / rápido

7. despedirse / triste y dramático

8. ir / directo / a la pizarra

9. escribir tu nombre / claro / en la pizarra

10. abrir la puerta / cuidadoso

The Infinitive

As you have seen, the infinitive is commonly used after conjugated verbs (particularly verbs such as **tener que, deber, hay que, poder,** and **querer**) or after impersonal expressions (such as **es necesario, es importante,** and so on).

Tengo que (Debo/Quiero) trabajar.	*I have to (should/want to) work.*
Es importante proteger el oso polar.	*It's important to protect the polar bear.*

ANS 9-19
1. muchas (pocas, demasiadas)
2. pocos (muchos, demasiados)
3. poca (mucha, demasiada)
4. poco (mucho, demasiado)
5. poca (mucha, demasiada)
6. poco (mucho, demasiado)

Model the activity by commanding and eliciting the whole class to do (or pretend to do) the example. Have students make up additional commands. This activity serves as a review of command forms.

ANS 9-20
1. Levántate lentamente.
2. Baila alegremente.
3. Siéntate rápidamente.
4. Pídeme un lápiz cortésmente. 5. Salúdame cariñosamente. 6. Levanta la mano rápidamente.
7. Despídete triste y dramáticamente.
8. Ve directamente a la pizarra. 9. Escribe tu nombre claramente en la pizarra. 10. Abre la puerta cuidadosamente.

agujero *hole*

incierto *uncertain*

The infinitive is also used:

1. as a noun, sometimes preceded by **el**

El fumar contamina el aire.	*Smoking contaminates the air.*

2. after a preposition

Fueron a Costa Rica para estudiar la flora y la fauna.	*They went to Costa Rica to study the flora and fauna.*
Siga por allí hasta llegar al parque.	*Continue that way until you reach the park.*

3. with verbs like **dejar, hacer, mandar, permitir,** and **prohibir**

Esa clase de música me hace dormir.	*That kind of music puts me to sleep (makes me sleep).*
Su madre no lo dejó ir. (No le permitió ir.)	*His mother didn't allow him to go. (She didn't permit him to go.)*
Cortés hizo destruir el templo de los aztecas y mandó construir en su lugar una catedral.	*Cortés had the temple of the Aztecs destroyed and ordered a cathedral built in its place.*

4. after **al** to mean *on* or *upon doing something*

Al hacer una visita, uno siempre tiene la seguridad de dar gusto; si no al llegar, al despedirse.	*Upon making a visit, one always has the certainty of giving pleasure; if not on arriving, on saying good-bye.*

You might tell students that sometimes ¡A…! is used with an infinitive to express a command: ¡A comer! ¡A trabajar!

5. after **acabar de. Acabar de** + infinitive in the present tense means *have just*; in the imperfect, it means *had just.*

Acabamos de oír las noticias. ¡Felicitaciones!	*We have just heard the news. Congratulations!*
Acababan de salir cuando empezó a nevar.	*They had just gone out when it started to snow.*

PRÁCTICA

9-21 El sueño y la contaminación por el ruido. En las grandes ciudades del mundo, mucha gente sufre de insomnio o de otros problemas relacionados con el sueño. El ruido, que se considera un agente contaminante, es uno de los muchos factores que afectan el sueño. Para saber más sobre este tema, tome esta prueba. Complete las oraciones con el equivalente en español; después, diga si las oraciones son verdaderas (**V**) o falsas (**F**). (Las respuestas están abajo.)

1. El ruido reduce la fase de sueño profundo y hasta puede _____causar_____ (*cause*) pesadillas (*nightmares*). (**V F**)

2. _____Al oír_____ (*Upon hearing*) un ruido inesperado, como una sirena, una motocicleta, un avión o un tren que pasa, mucha gente se siente molesta; en cambio, los ruidos habituales, como el del aire acondicionado, no molestan tanto. (**V F**)

3. En general, los hombres se duermen más rápidamente que las mujeres y duermen más profundamente. Por eso, se oyen muchas anécdotas de mujeres que hacen levantar (*get up*) al esposo para _____buscar_____ (*look for*) «al ladrón (*thief*) que está abajo». (**V F**)

4. La persona que duerme como una piedra (*rock*) lo hace _____sin cambiar_____ (*without changing*) mucho de posición. (**V F**)

5. El _____no soñar_____ (*Not dreaming*) es muestra (*sign*) de que una persona tiene la conciencia tranquila. (**V F**)

6. Un baño caliente inmediatamente _____antes de acostarse_____ (*before going to bed*) produce un sueño rápido. (**V F**)

7. Las bebidas que contienen cafeína no afectan nuestra capacidad para _____quedarnos_____ (*remain, stay*) dormidos. (**V F**)

8. Un vaso de leche caliente puede _____hacerte dormir_____ (*make you fall asleep*) rápidamente. (**V F**)

9. Después de veinticuatro horas _____sin dormir_____ (*without sleeping*), mucha gente da muestras de irritabilidad, pérdida de memoria y alucinaciones. (**V F**)

10. El sueño le permite al cerebro _____resolver_____ (*to solve*) problemas y procesar memorias (guardar algunas y eliminar otras). (**V F**)

9-22 Refranes (Proverbios). Todos los proverbios que aparecen a continuación llevan uno o más verbos en infinitivo. Trate de comprender su significado (pida ayuda a su instructor[a], si la necesita) y luego forme sus propios proverbios.

1. Ver es creer. Amar es...
2. El dar es honor, y el pedir dolor. El... es honor y el... dolor.
3. Para aprender nunca es tarde. Para... nunca es tarde.
4. Querer es poder. ... es...
5. Ir a la guerra ni casar no se debe aconsejar. ... ni... no se debe aconsejar.
6. Más vale (*It is better*) estar solo que mal acompañado. Más vale... que...

ANS 9-22
1. Seeing is believing.
2. Literally: It's an honor to give and painful to request (things); i.e., It's better to give than to receive. 3. It's never too late to learn.
4. Where there's a will, there's a way. 5. Going to war or getting married should not be advised. (Don't advise anyone to go to war or to get married.) 6. It's better to be alone than in bad company.

1. V 2. V 3. V 4. F 5. F (Todo el mundo sueña, pero solamente algunas personas recuerdan sus sueños.) 6. F (Un baño frío o caliente es demasiado estimulante. Pero un baño tibio [*lukewarm*] relaja los músculos y produce somnolencia.) 7. F 8. V 9. V 10. V

9-23 ¿Qué hiciste al...? Entreviste a un(a) compañero(a) para saber qué hizo, qué dijo o cómo se sentía en los siguientes momentos de su vida. Use las ideas que siguen o sus propias ideas y **al** (+ infinitivo).

> ⚙ **MODELO** *terminar la escuela secundaria*
> A: *¿Qué hiciste o dijiste al terminar la escuela secundaria?*
>   *¿Cómo te sentías?*
> B: *Al terminar la escuela secundaria, fui a una gran fiesta.*
>   *Me sentía muy feliz.*

1. entrar en la escuela primaria por primera vez
2. ir solo(a) a un lugar lejos de tu familia por primera vez
3. sacar la licencia de manejar
4. cumplir dieciocho años
5. conseguir tu primer empleo

9-24 Entrevista. Turnándose con un(a) compañero(a), hagan y contesten las preguntas.

1. ¿Acabas de cambiar algo en tu vida? Por ejemplo, ¿acabas de empezar un nuevo programa de ejercicios? ¿iniciar una nueva relación amorosa? ¿adoptar una mascota?
2. ¿Se acaba de hacer algo en esta universidad o ciudad que mejore (empeore) la calidad de vida de los estudiantes o habitantes? ¿Qué?
3. ¿Qué cosas te molestan? Por ejemplo, ¿te molesta perder algo y no poder encontrarlo? ¿olvidar una fecha importante? ¿no poder despertarte a la hora por la mañana?
4. ¿Qué tienes que hacer antes de acostarte hoy?

EN CONTACTO

 Videocultura: Las mariposas en Ecuador

En la reserva de Mindo, Ecuador, en el bosque ecuatoriano, hay gente que se dedica a estudiar las mariposas. Rossi Gómez de la Torre explica cómo estos insectos empiezan su vida y cómo se transforman de oruga *(caterpillar)* en pupa *(pupa, chrysalis)* y finalmente en mariposa. Mire el video y conteste esta pregunta: ¿Por qué es importante proteger las mariposas de Mindo?

Vocabulario: apareamiento *mating;* fecunde *fertilizes;* alimentarse (de) *to eat, get nourishment (from);* reventado *hatched;* colgarse *to hang, be suspended;* el invernadero *hothouse, greenhouse;* la sobrevivencia *survival;* el búho *owl;* talar *to cut down*

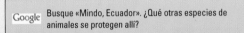

Google Busque «Mindo, Ecuador». ¿Qué otras especies de animales se protegen allí?

© Heinle, Cengage Learning

9-25 Comprensión. Conteste las siguientes preguntas después de ver el video.

1. ¿Cuántas variedades de mariposas hay en Mindo que no han sido investigadas todavía?
2. Durante la reproducción de las mariposas, ¿por cuánto tiempo se unen el macho y la hembra?
3. ¿Qué pasa después de que las orugas se cuelgan?
4. ¿Qué imagen tiene una de las mariposas raras en las alas *(wings)*? ¿Cómo la ayudará a sobrevivir?

 9-26 Puntos de vista. Compare sus opiniones con las de dos o tres compañeros.

1. ¿A usted le interesaría estudiar entomología, es decir, la ciencia sobre los insectos? ¿Por qué sí o por qué no?
2. ¿Cree usted que es necesario proteger toda la flora y la fauna que existen hoy? Explique.
3. ¿Le gustaría estudiar una especie en peligro de extinción? ¿Cuál? ¿Por qué?

Síntesis

9-27 Soluciones. Complete las oraciones con las formas correctas de los verbos que están entre parentesis.

Los mayas practicaban la apicultura *(bee-keeping)* hace siglos. En Calakmul, México, mucha gente vive de las colmenas *(hives)* de abejas, del ecoturismo y del cultivo de semillas y flores.

⚙ **MODELOS**   Si los habitantes de Calakmul no pudieran ganarse la vida de manera sostenible, posiblemente _tendrían_ (tener) que cambiar la ecología de la región.
Si _compramos_ (comprar) productos de comercio justo *(fair trade)*, ayudaremos a la gente que los produce.

1. Si España no _____produjera_____ (producir) tanta energía solar, habría que usar más gas y electricidad en ese país.

2. Si no hubiera tanto viento en España, los molinos de viento *(windmills)* del país no _____podrían_____ (poder) producir tanta energía. (A veces hay que desconectar los molinos de viento porque producen más energía de la que se necesita.)

3. Si (nosotros) _____usamos_____ (usar) más productos reciclados en la construcción de los edificios, no desperdiciaremos tantos materiales.

4. Mucha gente usa el sistema de transporte público en España en vez de manejar. Si (nosotros) _____tomamos_____ (tomar) el AVE (el tren superrápido) de Madrid, llegaremos en menos de dos horas a Córdoba, en el sur.

5. Si no comiéramos «comida rápida», no _____produciríamos_____ (producir) tanta basura como tenedores de plástico o platos de papel.

6. Si (nosotros) _____cultiváramos_____ (cultivar) verduras en los techos *(roofs)* de los edificios de apartamentos, podríamos conservar mucho petróleo.

7. Si dejamos de usar pesticidas en los productos agrícolas, nuestra comida _____será_____ (ser) más saludable.

8. Si los cartoneros de Colombia no _____reciclaran_____ (reciclar) el papel, habría que cortar más árboles en ese país.

9-28 Entrevista. Con un(a) compañero(a), hagan y contesten las siguientes preguntas personales. Invente otras para conocer mejor a su compañero(a).

1. Si pudieras cambiar algo en tu vida, ¿qué cambiarías?
2. Si pudieras hablar con cualquier personaje histórico, ¿con quién hablarías?
3. Si estuvieras en una isla desierta, ¿con quién te gustaría estar? ¿Qué libros llevarías? ¿Qué otra cosa llevarías?

9-29 Un día fatal. Trabaje con un(a) compañero(a). Describa un día horrible. ¿Qué pasó? Trate de usar algunas de las siguientes estructuras. Su compañero(a) expresa compasión (o falta de compasión).

Give students examples based on a bad day you've had.

Mis papás (no) querían que... (+ *imp. subj.*)

Un amigo me pidió que... (+ *imp. subj.*)

Mi profesor de... me dijo que (no)... (+ *imp. subj.*)

Era sorprendente / increíble / horrible que... (+ *imp. subj.*)

Acababa de... cuando...

Al (+ *infinitive*)...

Desafortunadamente...

9-30 ¡A disfrutar de la naturaleza! Trabaje con un(a) compañero(a). Escojan un parque o una reserva natural que ustedes conocen y denle consejos a un(a) amigo(a) latino(a) que quiera visitarlo. Hagan por lo menos cinco oraciones que empiecen con **Si...**

9-30. This activity will help prepare students for the alternative writing assignment.

> ⚙ **MODELO** querer visitar..., / ser mejor...
> *Si quieres visitar Yellowstone, es mejor ir en la primavera porque se pueden ver muchas clases de animales y el tiempo es muy agradable.*

1. querer pasar la noche allí, / ser una buena idea...
2. llevar..., / poder...
3. no importarte el dinero, / poder...
4. querer comer bien, / deber ir...
5. hacer buen tiempo, / poder...
6. tener un espíritu de aventura, / deber...

Composición

Usted y el medio ambiente

Usando las listas de vocabulario de este capítulo, escriba un párrafo sobre un problema ecológico que le interesa. Puede escoger uno de los problemas en la página 211 (por ejemplo, la contaminación del agua o una especie de animal que está en peligro de extinción). ¿Qué se puede hacer para resolver el problema (o proteger la especie de animal)? Trate de usar **si** *(if)* por lo menos dos veces. Puede usar algunas de las ideas de las actividades 9-1, 9-4, 9-15, 9-17 y 9-27.

Have students write their paragraphs and, if you have time in class, peer edit them. In peer editing, tell them to look for one or two specific things, such as the use of *if* clauses. After peer editing, they submit their final paragraphs.

Tema alternativo: El ecoturismo. Describa un lugar (como un parque nacional en este o en otro país) muy bonito para la práctica del ecoturismo. ¿Cómo se llama y dónde está? ¿Qué animales y plantas hay allí? ¿Cuándo se debe ir y qué tiempo hará? ¿Qué atracciones hay? Trate de usar **si** *(if)* por lo menos dos veces. Puede usar algunas de las ideas de las actividades 9-4, 9-16 y 9-30.

Opción: Consulte Google Earth™, «Global Awareness», para ver sitios de conservación (por ejemplo, del *World Wildlife Fund*) y reservas naturales. ¿Hay regiones donde el problema que escogió es más notable o más grave? ¿En qué región vive el animal que está en peligro o dónde está la reserva natural donde se puede hacer ecoturismo?

CAPÍTULO 10

Imágenes y negocios

METAS

En este capítulo vamos a aprender a…

► regatear y hacer una compra

► solicitar o pedir algo

► ofrecer ayuda

► hablar de las imágenes y de la publicidad

© Peter Horree/Alamy

En las tiendas de Buenos Aires, Argentina, hay algo para todos los gustos.

LENGUA VIVA

Expresiones para hacer una compra

Expresiones para solicitar o pedir algo y para ofrecer ayuda

GRAMÁTICA

Los participios pasados

Los tiempos perfectos del indicativo

Los tiempos perfectos del subjuntivo

La voz pasiva

VOCABULARIO

Imágenes y negocios

Compra y venta

LECTURAS

«La imagen quebrada y el desafío de la realidad»

«Todas las crises son oportunidades» (entrevista con Carlos Slim) de Miguel Jiménez y Amanda Mars

«El delantal blanco» de Sergio Vodanovic

Presentación del tema

La imagen vende

Ropa y perfume de Jennifer López. Zapatos de Carlos Santana. Cosméticos de Salma Hayek o Eva Longoria. Durante años los anuncios nos han sugerido cómo debemos vestir, a quién nos debemos parecer y qué tipo de productos debemos comprar para «dar una buena imagen». A menudo nos han convencido de que si compramos esos productos conseguiremos la felicidad, el éxito y la belleza. Y nos han vendido la idea de que se puede resolver cualquier problema en la vida comprando un producto determinado.

¿Es buena o mala la publicidad? Algunas personas opinan que es mala porque ha contribuido a cambiar nuestros valores. Dicen que nos ha hecho malgastar dinero y comprar cosas que no necesitamos. En cambio, otras personas opinan que la publicidad no es negativa. Según ellas, el ir de compras nos hace sentir bien. Comprando y usando los productos anunciados, nos identificamos con las personas que los promocionan. Así, todos podemos sentirnos jóvenes, ricos y bellos… o por lo menos, «en la onda» *("with it")*.

Penélope Cruz ha sido la imagen comercial para muchos productos y, con su hermana, ha diseñado *(designed)* joyería, bolsas y ropa.

© Allstar Picture Library/Alamy

You Tube Busque «Penélope Cruz anuncios» para ver videos publicitarios de esta actriz.

10-1 Preguntas.

1. ¿Cuáles son los valores o temas que los anuncios han usado con frecuencia para promocionar sus productos? ¿De qué nos han convencido, muchas veces?

2. ¿Qué otras personas famosas utilizan su imagen para vender productos comerciales? ¿Hay problemas con esta estrategia a veces (por ejemplo, cuando hay un escándalo personal, un accidente o…)?

3. ¿Por qué opinan algunas personas que la publicidad es mala? ¿Qué cree usted?

4. ¿Cree que los jóvenes de hoy se preocupan demasiado por la imagen externa (los estilos y las marcas de ropa, los peinados [*hairdos*], etcétera)? ¿Se sienten mal si no son guapos y delgados o musculares como los jóvenes de los anuncios?

5. ¿Qué tipo de cosas le gusta a usted comprar? ¿Qué tipo de cosas no le gusta comprar? ¿Cuáles son sus tiendas favoritas?

The **Enfoque del tema** opens with a brief examination of how business has changed because of globalization and the economic disaster that occurred in the fall of 2008. It also discusses the ways that the image of the perfect Latin American businessperson is different from the image of the perfect North American businessperson. Refer to this and extend the discussion to the topic of how the sales campaigns of certain products and/or people (such as politicians or stars) need to be different in different cultures.

VOCABULARIO ÚTIL

IMÁGENES Y NEGOCIOS

COGNADOS

el comercio	el producto
la compañía	la publicidad
la imagen	el vendedor (la vendedora)

LOS GASTOS PERSONALES

la alimentación	food
el alquiler	rent
la deuda	debt
el gasto	expense
el presupuesto	budget
el recibo	receipt

VERBOS

ahorrar	to save (money)
anunciar	to announce, advertise
aumentar	to increase, go up
contratar	to employ, hire
deber	to owe
dirigir (j)	to direct
invertir (ie) en	to invest in
negociar	to negotiate, do business
prestar	to lend
promocionar	to promote
regatear	to bargain

OTRAS PALABRAS

a precio reducido (rebajado)	at a reduced (lower) price
el ahorro	savings
el anuncio	announcement, advertisement
el, la comerciante	businessperson
los ingresos	income
el negocio	business
el precio fijo	fixed price
el sueldo	salary

¡OJO!

gastar to spend (money or energy) / **malgastar** to waste, spend badly / **pasar** to spend (time)

mantener to support (economically) / **soportar** to put up with, hold up (physically)

PRÁCTICA

10-2 ¡Falta algo! Escoja la palabra apropiada para completar las siguientes oraciones.

1. (Gastamos / <u>Pasamos</u>) tres días en Sevilla.
2. No puedo (<u>soportar</u> / mantener) a mi tío porque es muy rico y muy egoísta.
3. ¿Cuánto dinero (malgastas / <u>gastas</u>) tú en alimentación por semana?
4. Eduardo (<u>mantiene</u> / soporta) a su familia con un ingreso de solo cuatro mil pesos al mes.
5. ¿Me podrías (<u>prestar</u> / dirigir) ese lápiz, por favor?
6. Les pedí dinero a mis padres para (promocionar / <u>invertir</u>) en el negocio.

 10-3 Entrevista: el dinero y tú. Entreviste a un(a) compañero(a), usando las preguntas que siguen. Después, su compañero(a) lo (la) entrevista a usted. Comparen las respuestas con las de los otros estudiantes de la clase.

1. ¿En qué gastas más dinero: en la matrícula, la alimentación, el alquiler, los libros?
2. ¿Tienes un presupuesto? ¿Calculas tus gastos cada mes?
3. ¿Qué gastos han aumentado recientemente? ¿Cuáles han bajado?
4. ¿Qué porcentaje de tus ingresos gastas en alquiler? ¿Te importa vivir en un lugar lindo o prefieres ahorrar en alquiler y tener más dinero para otras cosas? Explica.
5. ¿Malgastas dinero a veces? ¿En qué malgastas dinero?
6. ¿Conoces a una persona adicta a las compras, del tipo «¡Compro, luego existo!»? Si es así, describe a esa persona.
7. Cuando quieres ahorrar dinero, ¿qué haces? Por ejemplo, ¿haces una lista de lo que necesitas antes de ir de compras? ¿Guardas todos los recibos después? ¿Tomas decisiones firmes sobre lo que *no* vas a comprar durante la semana?
8. ¿Tienes deudas? ¿A quién le debes dinero?
9. ¿Tienes una tarjeta de crédito? ¿A veces gastas más de lo que puedes pagar? ¿Es fácil conseguir las tarjetas de crédito? ¿Qué problemas económicos pueden causar?

© José San Martín Escobar

In item 6, students may not understand that "**¡Compro, luego existo!**" is a variation on Descartes' "**Pienso, luego existo.**" You might have them make variations on this themselves, changing the first verb.

LENGUA VIVA

CD 2,
Track 8,
9, 10

Audiovietas: Anuncios comerciales*

10-4 Escuche los tres anuncios comerciales. ¿Cuál de los tres anuncios (1, 2, 3) está dirigido a...?

_2_ a. una persona que quiera celebrar su cumpleaños con comida, música y baile

_1_ b. una persona que quiera escuchar música y noticias del mundo iberoamericano

_3_ c. una persona que quiera ir de viaje a Latinoamérica

10-5 Escuche otra vez y conteste las preguntas.

Anuncio 1

1. ¿Cómo se llama el programa de radio del anuncio?

2. ¿Es una producción realizada por músicos profesionales?

3. ¿Cuántas veces por semana se hace?

Anuncio 2

1. ¿Cómo se llama el restaurante?

2. ¿Qué clase de comida tiene?

3. ¿Qué se puede hacer allí, además de comer?

Anuncio 3

1. ¿En qué se especializa la agencia de viajes?

2. En general, ¿ofrece giras tipo «cinco estrellas»?

3. ¿Cómo se puede informar sobre los especiales de la semana?

10-6 Escuche otra vez y complete las oraciones con los números correctos.

1. El programa de radio dura _2_ horas.

2. El restaurante está abierto los _7_ días de la semana.

3. El número telefónico del restaurante es _780 479 7400_ .

4. Educational Tours and Travel está en la Avenida _118_, oficina 1.

5. El número telefónico de la agencia de viajes es _780 471 1125_ .

ANS 10-5
Anuncio 1 1. El programa de radio del anuncio se llama «Sin fronteras».
2. Es una producción realizada por voluntarios.
3. Se hace una vez por semana. **Anuncio 2**
1. El restaurante se llama Azúcar Picante Restaurante y Cantina. 2. Tiene comida latinoamericana (comida con sabor latino).
3. Además de comer, se puede bailar o escuchar música tropical. **Anuncio 3**
1. La agencia de viajes se especializa en giras educacionales a países latinoamericanos. 2. En general, ofrece giras con precios económicos. 3. Se puede llamar o visitar la agencia para informarse sobre los especiales de la semana.

There are many cognates in these ads, so you could have students practice understanding cognates, making a list of all those they hear. There are also many command forms; if you want to review commands, have them find words for: *Accompany us.* (Ad 1); *Discover. Take advantage of. Go out (on the floor,* **la pista***) and enjoy . . . Visit. Make.* (Ad 2); *Call us. Visit us. Obtain.* (Ad 3).

---

*Used by permission of Ingrid de la Barra, **Sin Fronteras** radio.

En otras palabras

Para regatear y hacer una compra

Mire el video en el sitio **www. cengagebrain.com/shop/ ISBN/0495912654** y haga las actividades que lo acompañan.

In the street, flea market, or countryside it is common to bargain, especially for crafts. This is not considered rude, and the rules are fairly simple. After asking the price and receiving a reply, you (1) praise the item or say you like it, (2) explain you can't pay much, and (3) offer about half the price mentioned.

> **Es muy linda (la bolsa), pero no puedo gastar mucho. Podría ofrecerle trescientos pesos.** (*Asking price was 600 pesos.*)
>
> **Me gusta (la cartera), pero no tengo mucho dinero. ¿Podría usted aceptar ciento cincuenta pesos?** (*Asking price was 300 pesos.*)
>
> (For a review of numbers, see Appendix B.)

Rafael está en un pequeño supermercado. ¿Cómo le pide ayuda al vendedor? ¿Qué decide comprar?

A common way to say you can't afford something is to say **No me alcanza el dinero** (*My money won't reach—or stretch—that far*). Usually, the person selling will then offer a new price, approximately two-thirds or three-quarters of the original. You can then accept (**Muy bien. Me lo [la] llevo.**) or continue bargaining, if you enjoy it, by offering a slightly lower price. Make sure your offers are reasonable in order not to insult the vendor.

In a store, there are **precios fijos.** Following is a list of expressions you might hear in a shop or store. Who would be likely to use each one, a customer or a salesperson? Mark C (**cliente**) or V (**vendedor**). The answers are at the bottom of the page.

____ **1.** ¿Busca algo en especial?

____ **2.** Sólo estoy mirando.

____ **3.** ¿Me podría enseñar aquel..., por favor?

____ **4.** ¿Hay uno más barato (grande, pequeño)?

____ **5.** Es de muy buena calidad. Está hecho a mano.

____ **6.** ¿Podría probármelo? (Me gustaría probármelo.)

____ **7.** ¿Dónde está el probador (*fitting room*)?

____ **8.** Le queda muy bien.

____ **9.** No me gusta el color. ¿Hay otros colores (estilos)?

____ **10.** Voy a pensarlo. No puedo decidirme.

____ **11.** ¿Cómo quisiera pagar? ¿Va a pagar con dinero en efectivo?

____ **12.** Sí, se puede pagar con tarjeta de crédito.

____ **13.** ¿Se lo envuelvo (*wrap*)?

____ **14.** ¿Me podría dar un recibo, por favor?

1.V 2.C 3.C 4.C 5.V 6.C 7.C 8.V 9.C 10.C 11.V 12.V 13.V 14.C

Para solicitar algo

1. on the street

¡Disculpe! (¡Oiga!) ¿Me podría decir...?

~~Por favor, ¿podría usted ayudarme?~~

2. in a shop or business

Buenos días. ¿Podría usted atenderme?

Buenos días. Busco (Necesito) un buen jamón.

Buenas tardes. Quisiera cambiar cien dólares a pesos mexicanos.

Remember to greet the clerk or shopkeeper before making a request; it's considered rude not to. Also, polite forms like **podría** and **quisiera** are often used in requests, and it's better to avoid **quiero** or **deseo,** which are very direct and can sound childish or impolite.

Para ofrecer ayuda

Offering help or assistance goes hand in hand with requests. In a shop, the clerk or owner will normally say:

¿En qué le puedo servir?   **¿En qué puedo ayudarle?**

¿Le puedo ayudar en algo?

If you are in a position of offering assistance yourself, you might say the following:

¿Quiere(s) que yo... (+ *subj.*)?   **Si gusta (quiere), yo podría...**

¿Desea(s) que yo... (+ *subj.*)?   **Permítame (Permíteme)**

Haré... con mucho gusto.   **ayudarle(te) a...**

In Mexico and parts of Central America, people sometimes say **¡Amigo(a)!** to get someone's attention.

PRÁCTICA

 10-7 Breves conversaciones. Trabaje con un(a) compañero(a).

Paso 1. Completen las conversaciones con frases apropiadas.

En el mercado

VENDEDOR: (1) _____

  CLIENTE: Muy buenas. Este poncho, ¿cuánto vale?

VENDEDOR: Doscientos pesos.

  CLIENTE: ¿Doscientos pesos? No me alcanza el dinero. Le podría (2) _____ cien.

VENDEDOR: Se lo doy por ciento cincuenta.

  CLIENTE: Entonces muy bien. (3) _____

VENDEDOR: Si (4) _____, se lo envuelvo *(wrap).*

ANS 10-7
Paso 1. Possible answers:
1. Buenas tardes. 2. dar / ofrecer 3. Me lo llevo. 4. gusta / quiere

If students need more practice on understanding numbers orally, you might put them in pairs and give them lists of numbers. One student reads a number out loud and the other writes it; then they switch tasks. There are also many games that involve numbers (e.g., Bingo) if you have time.

En la calle

UNA SEÑORA: (5) _____, señor. ¿Me (6) _____

decir qué hora es?

UN SEÑOR: Son las tres y veinte.

En una tienda

VENDEDORA: Buenos días. ¿En qué (7) _____?

CLIENTE: Buenos días. ¿Cuánto (8) _____ esta blusa?

VENDEDORA: Trescientos pesos.

CLIENTE: ¿Tiene de otros colores?

VENDEDORA: Sí, señorita, cómo no. Si me sigue, con (9) _____
le muestro otras de otros colores.

Paso 2. Hagan el papel del (de la) vendedor(a) y del (de la) cliente en la primera conversación, pero cambien los precios. Por ejemplo, el (la) vendedor(a) pide doscientos cincuenta pesos por el poncho en vez de doscientos.

10-8 Situaciones. ¿Cómo expresaría usted su solicitud *(request)* en cada una de las siguientes cinco situaciones?

1. Usted entra en el correo; necesita cuatro estampillas para mandar tarjetas por avión a Estados Unidos.

2. Usted está en un supermercado. No puede encontrar el jugo de naranja.

3. Usted está en un banco. Quiere cambiar cincuenta dólares a euros.

4. Alguien le ha robado el dinero. Usted no sabe qué hacer ni adónde ir.

5. El hombre sentado delante de usted en el cine habla mucho, y usted no puede escuchar el diálogo de la película.

¿Cómo ofrecería ayuda en estas dos situaciones?

6. Caminando a la terminal de autobuses, usted ve a una señora que está llevando dos maletas pesadas.

7. Entra en un banco y ve que detrás de usted hay un señor con cuatro paquetes muy grandes.

GRAMÁTICA Y VOCABULARIO
Past Participles as Adjectives
Formation of the Past Participle

Regular Past Participles

To form the past participles of nearly all verbs, add **-ado** to the stems of **-ar** verbs and **-ido** to the stems of **-er** or **-ir** verbs. If an **-er** or **-ir** verb stem ends in **-a, -e,** or **-o,** the **-ido** ending takes an accent.

hablar → habl**ado**	comer → com**ido**	vivir → viv**ido**
traer → tra**ído**	leer → le**ído**	oír → o**ído**

Irregular Past Participles

Some past participles are irregular.

abierto	abrir	**muerto**	morir
cubierto	cubrir	**puesto**	poner
descrito	describir	**resuelto**	resolver
dicho	decir	**roto**	romper
escrito	escribir	**visto**	ver
hecho	hacer	**vuelto**	volver

Verbs built upon these verbs will also have the irregularity. Some examples are **descubierto (descubrir), deshecho (deshacer), supuesto (suponer), devuelto (devolver).**

Use of the Past Participle

1. Past participles used as adjectives agree in gender and number with the nouns they modify.

diez mil pesos prestados y pagados	*ten thousand pesos loaned and paid back*
«Comida hecha, amistad deshecha».	*The meal done, the friendship undone (said jokingly of someone who "eats and runs").*

2. Past participles are often used with **estar;** as adjectives, they agree with the subject.

Las tazas están rotas.	*The cups are broken.*
¿Está cerrado el negocio?	*Is the business closed?*
Los precios están rebajados.	*The prices are reduced.*

3. Notice that **estar** with a past participle generally indicates the result of an action.

La comerciante resolvió el problema. El problema está resuelto.	*The businesswoman solved the problem. The problem is solved.*
El vendedor abrió la tienda. La tienda está abierta.	*The salesperson opened the store. The store is open.*

PRÁCTICA

ANS 10-9

1. Los niños están vestidos (con ropa bonita). 2. Los regalos están abiertos. 3. La «rosca de reyes» está hecha. 4. La familia y los amigos están reunidos. 5. La mesa está puesta.

10-9 El Día de los Reyes. El 6 de enero se celebra el Día de los Reyes Magos *(Three Wise Men),* que conmemora (recuerda) el día en que, según la tradición, Melchor, Gaspar y Baltazar le hicieron regalos al Niño Jesús. Diga qué ha pasado, de acuerdo con el modelo.

⚙ **MODELO** Los comerciantes cerraron los negocios.
Los negocios están cerrados.

1. Vestimos a los niños con ropa bonita.
2. Los niños abrieron los regalos.
3. Hicimos la «rosca de reyes» *(special cake).*
4. Reunimos a la familia y a los amigos.
5. Pusimos la mesa.

10-10 Para ahorrar dinero en una tienda...

ANS 10-10

Paso 1 1. hecha 2. roto 3. rebajado 4. hechos 5. pintados 6. cerrada 7. importados

Paso 1. Complete las conversaciones con participios pasados. Use el participio pasado de cada uno de los siguientes verbos por lo menos una vez.

cerrar	importar	rebajar
hacer	pintar	romper

CLIENTE: ¿Se puede lavar esta blusa a máquina?

VENDEDORA: Cómo no, señora.

CLIENTE: ¿De qué está (1) _____?

VENDEDORA: Es de algodón *(cotton)* y poliéster.

CLIENTE: ¿Es de color permanente?

VENDEDORA: Sí, señora.

***

CLIENTE: Quisiera devolver estos vasos.

VENDEDOR: ¿Cuándo los compró?

CLIENTE: Hace dos días. Pero uno de ellos estaba (2) _____.

***

CLIENTE: ¿Cuánto vale este televisor?

VENDEDOR: Seis mil pesos.

CLIENTE: Es un poco caro para mí. ¿No tiene otro a precio más bajo?

VENDEDOR: Sí, señor. Tenemos este de aquí por tres mil quinientos pesos. El precio está (3) _____.

***

CLIENTE: ¿De qué están (4) _____ estos platos?

VENDEDOR: Son de cerámica, señorita.

CLIENTE: ¡Qué bonitos! Me gustan los colores y el diseño. ¿Están (5) _____ a mano?

VENDEDOR: Sí, señora. Hay un grupo de artistas en un pueblo cerca de aquí que los pintan.

***

CLIENTE: Si a mi esposo no le gusta esta camisa, ¿podrá devolverla?

VENDEDOR: Sí, señora, si nos trae el recibo y si lo hace antes del fin de semana. Los domingos la tienda está (6) _____.

***

CLIENTE: ¿Estos collares (necklaces) son de oro puro?

VENDEDORA: No, señor, no lo son. Pero son muy bonitos, ¿no?

CLIENTE: Sí. ¿Se hacen aquí?

VENDEDORA: No, señor. Son (7) _____.

Paso 2. Conteste las siguientes preguntas.

1. ¿Qué podría decir para devolver algo a una tienda?

2. ¿Qué preguntas podría hacer en una tienda para ahorrar dinero?

Explain to students that in most places in the Hispanic world it's not that easy to return things; many stores and shops simply do not allow you to do that. If you ask about their policy before buying, that can be effective; also, if a clerk refuses to let you return something, you can ask to speak to his or her **supervisor**. But *caveat emptor* is the name of the game in many places.

Paso 2 1. Quisiera devolver... Si a [...] no le gusta... ¿podrá devolverla? 2. (*Possible question items*) ¿Se puede lavar esta blusa a máquina? ¿De qué está hecha? ¿Es de color permanente? ¿No tiene otro a precio más bajo? ¿Estos pendientes son de oro puro?

10-11 ¿Qué vas a comprar? Túrnense para contarle a un(a) compañero(a) varias cosas que quisiera comprar, usando participios pasados.

⚙ **MODELO** una película / dirigir por…
Pienso comprar una película dirigida por Pedro Almodóvar.

Ideas: un disco compacto de música / componer por…, una novela / escribir por…, un traje (auto, etc.) / hacer en…, un perfume (unos chocolates) / importar de…, unos zapatos / hacer en…

Secretaría de Economía de México

The Perfect Indicative Tenses

© José San Martín Escobar

Han reducido los precios aquí en esta tienda. Hemos comprado una computadora. Mucha gente ha llegado a hacer compras… ¡Qué emoción! Pero, ¡qué locura!

Present perfect			Past perfect		
he	hemos	+ *past participle*	había	habíamos	+ *past participle*
has	habéis		habías	habíais	
ha	han		había	habían	

Future perfect			Conditional perfect		
habré	habremos	+ *past participle*	habría	habríamos	+ *past participle*
habrás	habréis		habrías	habríais	
habrá	habrán		habría	habrían	

1. The perfect tenses are all formed with **haber** plus a past participle. The past participle does not agree with the subject—it always ends in **-o.**

¿Qué han hecho, niños? ¿Han roto algo?

What have you done, children? Have you broken something?

Recientemente hemos ahorrado diez mil pesos.

Recently we've saved ten thousand pesos.

2. The present perfect (the present tense of **haber** plus a past participle) is used to tell that an action *has occurred* recently or has some bearing upon the present. It is generally used without reference to a specific time in the past, since it implies an impact upon the present.

Lo siento. Ya hemos contratado a alguien con más experiencia.	*I'm sorry. We've already hired someone with more experience.*
Han cambiado la imagen del producto.	*They've changed the product's image.*
¡Mi hijo se ha graduado!	*My son has graduated!*

3. The past perfect (imperfect of **haber** plus a past participle) is used for past actions that *had occurred* (before another past event, stated or implied). The second event, if mentioned, is usually in the preterit.

Ya habían negociado el precio de la casa.	*They had already negotiated the price of the house.*
Ya había vendido el coche cuando llamé.	*He (She) had already sold the car when I called.*

4. The future perfect (the future of **haber** plus a past participle) implies that something *will have taken place* (or *may have taken place*) by some time in the future. It can also imply probability in the past, that something *must have* or *might have occurred,* or that it *has probably occurred.*

¿Habremos terminado la campaña de publicidad para diciembre?	*Will we have finished the ad campaign by December?*
Usted habrá estado muy entusiasmado con el nuevo negocio, ¿no?	*You have probably been very excited about the new business, right?*
El comerciante parece muy contento. Habrán aumentado su presupuesto.	*The businessman looks very happy. They must have increased his budget.*

5. The conditional perfect (the conditional of **haber** plus a past participle) is used to express actions or events that *would have* or *might have taken place.* Like the future perfect, it can imply probability in the past, that something *had probably occurred.*

Yo no me habría olvidado de pagar la cuenta.	*I would not have forgotten to pay the check.*
Lo habrían soportado sin decir nada.	*They must have put up with it without saying anything.*

6. The auxiliary form of **haber** and the past participle are rarely separated by another word—negative words and pronouns usually precede the auxiliary, as you have seen in the previous examples.

PRÁCTICA

10-12 Quejas. La señora Vega se queja de la situación económica. ¿Qué le dice a su esposo? Siga el modelo.

MODELO Aumentan el alquiler.
Han aumentado el alquiler.

1. Los precios suben.
2. El costo de vida aumenta el doble.
3. No ahorramos nada este mes.
4. Tú tienes muchos gastos.
5. Tenemos que gastar todos nuestros ahorros.

ANS 10-12
1. Los precios han subido. 2. El costo de vida ha aumentado el doble. 3. No hemos ahorrado nada este mes. 4. Tú has tenido muchos gastos. 5. Hemos tenido que gastar todos nuestros ahorros.

10-13 Una mañana de mala suerte. El señor Ramos trabaja en la sección de marketing de una compañía grande y ayer llegó muy tarde al trabajo. ¿Qué había pasado allí por la mañana antes de su llegada?

MODELO El presidente y los gerentes tuvieron una reunión importante.
El presidente y los gerentes habían tenido una reunión importante.

Antes de la llegada del señor Ramos...

ANS 10-13
1. El presidente había descrito la mala situación de las ventas. 2. El abogado de la compañía había llamado para dar más malas noticias. 3. El señor Ramos había recibido muchas cartas de clientes descontentos. 4. Su secretaria había perdido unos documentos legales. 5. Había olvidado una cita con un cliente importante. 6. Todos los empleados habían tenido una mañana terrible.

1. El presidente describió la mala situación de las ventas.
2. El abogado de la compañía llamó para dar más malas noticias.
3. El señor Ramos recibió muchas cartas de clientes descontentos.
4. Su secretaria perdió unos documentos legales.
5. Olvidó una cita con un cliente importante.
6. Todos los empleados tuvieron una mañana terrible.

10-14 Anuncios clasificados.

10-14. You can find current ads like these on the website of Infojobs, a Spanish company founded by Nacho González, who left school very young and founded an online employment company. Infojobs places many candidates all over Spain and other countries daily. People send in their résumés and they are automatically sorted to match jobs available. Notice that the ad for waiters requires a car; this is because Spanish restaurants do not close until about 1:00 a.m., when there may be no public transportation.

Paso 1. Lea los siguientes anuncios. Para cada puesto de trabajo invente dos preguntas que usted le haría a una persona que llegue a una entrevista. Use **ha** o **había.** Verbos útiles: servir, usar, estar, hacer, tener que.... Vocabulario: se requiere...... *is required,* se valorará *will be valued or considered,* formación *training,* a cargo de la empresa *by the company,* talleres *shops,* a convenir *as appropriate,* tele- *distance-*

⚙ **MODELO** el anuncio número 1, para cocinero
¿Ha trabajado en un restaurante antes? ¿Qué platos ha preparado?

1. Se necesita cocinero con experiencia en Madrid. Empleo inmediato. Excelente sueldo. Tres años de experiencia. Cocina valenciana.

2. Buscamos camareros. Con capacidad para grupos grandes, se realizan servicios de convenciones, bodas y carta / restaurante. Se requiere vivir en Barcelona; tiempo parcial; se necesita vehículo propio. Se requiere experiencia.

3. Se necesitan vendedores(as) para centro comercial en Sevilla. No es necesaria experiencia aunque se valorará; formación a cargo de la empresa. Horario flexible.

4. Seleccionamos profesionales y ayudantes de mecánica para nuestros talleres de automóviles. Se requieren conocimientos de electromecánica y mecánica rápida. Sueldo a convenir según experiencia. Tiempo completo.

5. Necesitamos tutores para formación a distancia para cursos de inglés a nivel básico, intermedio y avanzado. Buscamos personas capaces de impartir inglés de negocios e inglés para habilidades directivas. 3 años de experiencia. Tiempo parcial.

6. Se necesitan profesores y tutores de francés (niveles básico, intermedio y avanzado); clases «online» a través de nuestro centro virtual de formación. Las teletutorías se realizarán desde su propia casa. Requisitos mínimos: Excelentes conocimientos hablados y escritos del idioma francés. Excelentes conocimientos de Internet. Experiencia en formación de adultos. Requisitos deseados: experiencia en teleformación.

❖ ❖ ❖

Paso 2. Haga una pequeña conversación entre una persona que busca trabajo y una persona que la entrevista. Trate de usar una forma de **haber** + participio pasado por lo menos dos veces.

10-15 Mi rutina. ¿Qué habrá hecho usted mañana a las seis y media? ¿a las once? ¿a las tres de la tarde? ¿a las diez de la noche?

⚙ **MODELO** a las seis y media de la mañana
No habré hecho nada. (Me habré despertado.)

10-16 ¿Qué habrías hecho tú? Trabaje con un(a) compañero(a). Túrnense para darle consejos a un amigo suyo que acaba de graduarse, de acuerdo con el modelo.

> ⚙ **MODELO** A: Alguien me ofreció un puesto con un sueldo *(salary)* anual de doce mil dólares, pero con la oportunidad de viajar por toda Latinoamérica con todos los gastos pagados. ¿Qué habrías hecho tú?
>
> B: *¡Lo habría aceptado! (Lo habría aceptado, pero solo por seis meses.)*

1. Alguien me ofreció un puesto ideal, exactamente lo que quería, pero solo pagaban quince mil dólares al año.
2. Mi novio(a) quería que trabajara en la compañía de su padre, y me gustaba el trabajo, pero su papá es una persona muy exigente.
3. Mis papás me querían regalar un viaje a Europa, pero yo quería un coche nuevo.
4. Harvard me aceptó para una maestría *(master's),* pero estaba un poco cansado de estudiar y hacer exámenes.
5. ¿...? (Invente una situación; por ejemplo, un trabajo en su universidad, un viaje a un lugar emocionante...)

> **Google**
>
> Busque «ofertas de trabajo». ¿Qué sitios con ofertas de trabajo se encuentran? ¿Ve algún trabajo que le gustaría hacer?

 10-17 De trabajos y carreras. Entreviste a un(a) compañero(a) sobre trabajos y carreras, usando las preguntas que siguen. Luego, su compañero(a) lo (la) entrevista a usted. Esté preparado(a) para compartir la información con la clase.

1. ¿Has trabajado alguna vez en una compañía o con un negocio? ¿En qué tipo de compañía o negocio? ¿Cómo era tu jefe?
2. Cuando llegaste a la universidad, ¿habías decidido ya qué especialidad o campo de estudio seguirías? ¿Habías escogido ya una profesión? ¿Habías tenido antes un trabajo relacionado con esa profesión?
3. Para el año 2025, ¿habrás terminado con tus estudios? ¿conseguido un buen puesto? ¿comprado una casa? ¿comprado un coche? ¿Te habrás casado? ¿Tendrás hijos?

10-18 El trabajo más interesante (aburrido). En grupos de cuatro o cinco estudiantes, cada persona describe un trabajo que ha hecho alguna vez. Puede ser un trabajo pagado o voluntario. ¿Quién ha tenido el trabajo más interesante? ¿más aburrido? ¿más difícil? ¿más extraño? Estén preparados para compartir la información con la clase.

> ⚙ **MODELOS** A: *He trabajado de vendedor en una tienda de ropa deportiva. He vendido...*
>
> B: *He cuidado a cinco niños muy traviesos* (mischievous)...
>
> C: *He trabajado para el Club Sierra. He hecho llamadas para pedir dinero...*

L **Selección 2** is an extended reading that contains examples of past participles, the subjunctive, present and past perfect tenses, and the passive voice (which comes later in this chapter). It could serve as a review of the different tenses and structures used up to this point and provide opportunities to comment on them in context.

The Present Perfect and Past Perfect Subjunctive

Present perfect		
haya	hayamos	
hayas	hayáis	} + past participle
haya	hayan	

Past perfect		
hubiera	hubiéramos	
hubieras	hubierais	} + past participle
hubiera	hubieran	

Me alegro que te hayan ofrecido el trabajo. ¡Felicitaciones!

¡**OJO!** Alternate endings for **hubiera, hubieras,** etc., are: **hubiese, hubieses, hubiese, hubiésemos, hubieseis,** and **hubiesen,** as discussed in Chapter 9 in the section on the imperfect subjunctive.

1. The present perfect subjunctive, formed with the present subjunctive of **haber** plus a past participle, is used instead of the present perfect indicative when the subjunctive is required.

Hemos perdido todo el dinero que invertimos en el proyecto.	*We have lost all the money we invested in the project.*
¿Es posible que hayamos perdido todo el dinero que invertimos en el proyecto?	*Is it possible that we've lost all the money we invested in the project?*
Han cerrado la tienda.	*They have closed the store.*
Me sorpende que hayan cerrado la tienda.	*I'm surprised they have closed the store.*

Remember that compound (perfect) tenses in Spanish are used similarly to their English equivalents, as discussed earlier in this chapter. Compare the following:

¿Es posible que hayamos perdido cinco mil euros?	*Is it possible that we have lost five thousand euros? (present perfect subjunctive)*
¿Es posible que perdamos cinco mil euros?	*Is it possible that we might lose five thousand euros? (present subjunctive)*
Me sorprende que hayan cerrado la tienda.	*I'm surprised they've closed the store. (present perfect subjunctive)*
Me sorprende que cierren la tienda.	*I'm surprised they're closing the store. (present subjunctive)*

2. After a main clause in the present tense, the present perfect subjunctive is generally used rather than the imperfect subjunctive to express a completed action or past situation.

Espero que no hayas malgastado el dinero. *I hope you haven't wasted the money.*

Es posible que hayan vendido el auto. *It's possible that they've sold the car.*

3. The past perfect subjunctive, formed with the imperfect subjunctive of **haber** plus a past participle, is used instead of the past perfect indicative when the subjunctive is required.

Ya habían pagado la deuda. *They had already paid the debt.*

Me sorprendió que ya hubieran pagado la deuda. *It surprised me that they had already paid the debt.*

Había comprado el último boleto. *I had bought the last ticket.*

Temían que yo hubiera comprado el último boleto. *They were afraid I'd bought the last ticket.*

4. Compare these sentences:

Temían que yo comprara el último boleto. *They were afraid I would buy the last ticket. (imperfect subjunctive)*

Temían que yo hubiera comprado el último boleto. *They were afraid I had bought the last ticket. (past perfect subjunctive)*

The use of the past perfect subjunctive in the dependent clause indicates that the action (or situation) preceded the action (or situation) expressed in the main clause—it *had occurred earlier.*

Sequence of tenses with the subjunctive will be discussed further in Chapter 11.

¡OJO! Remember that in Spanish **que** is always used in these constructions, even though *that* may be omitted in English. Also notice the contractions of *they have* to *they've, I had* to *I'd,* and so on.

VOCABULARIO ÚTIL

COMPRA Y VENTA

la caja	*register*
el, la dependiente	*salesclerk*
el dueño (la dueña)	*owner*
la etiqueta	*label*
la oferta; en oferta	*offer; on sale*
¿Cuál es su talla (medida)? ¿Qué talla (medida) quiere?	*What size are you? What size do you want?*
Necesito un número más grande (pequeño) (e.g., para zapatos). Son anchos (estrechos).	*I need a larger (smaller) size (number) (e.g., for shoes). They're wide (narrow).*
¿Qué número necesita (e.g., para zapatos)?	*What size (number) do you need (e.g., for shoes)?*

Ask specific students if they know someone who has done something rather uncommon for someone in this country. Examples: **¿Conoce a alguien que haya viajado a Bolivia (buceado en México, bailado la cumbia)?** They should answer **No, no conozco a nadie que haya…** or **Sí, conozco a alguien que ha….**

PRÁCTICA

10-19 ¿Cómo te ha ido? Trabaje con un(a) compañero(a).

Paso 1. Túrnense para leer las siguientes oraciones y expresar sus reacciones, empezando con **Me alegro de que..., Es una lástima que..., Siento mucho que..., Es horrible (fantástico) que...** u otra expresión apropiada.

⚙ **MODELOS** He conseguido trabajo en una tienda de música.
Me alegro de que hayas conseguido trabajo en una tienda de música.
Me he puesto un tatuaje de Jennifer López en el pecho *(chest).*
¡Me sorprende que te hayas puesto un tatuaje de Jennifer López en el pecho!

1. Me han robado el coche.
2. Me he casado.
3. Mis papás me han comprado un Jaguar.
4. He fracasado en todas mis clases.
5. Mis abuelos me han mandado quinientos dólares.

Paso 2. Dígale a su compañero(a) por lo menos cuatro cosas que usted ha hecho últimamente, cosas que lo (la) han hecho sentir feliz o triste. Su compañero(a) debe expresar sus reacciones, siguiendo los modelos.

Ideas:

conseguir el trabajo perfecto

sacar «A» en...

conocer a...

comprar... en oferta

leer un libro fascinante (fatal)

cambiar de medida (aumentar/perder peso)

ir a una fiesta muy buena (horrible)

hacer un viaje a...

10-20 ¿Y antes de llegar a la universidad? Trabaje con tres compañeros. Dígales por lo menos dos cosas que le habían pasado antes de venir por primera vez a la universidad. Otras personas del grupo deben hacer comentarios, empezando con **Qué bueno (fantástico, horrible, malo, extraño, ridículo, increíble,** etcétera) **que...**

⚙ **MODELO** *Antes de llegar a la universidad, había ahorrado dos mil dólares (vendido mi motocicleta, viajado por Europa).*
Qué bueno que hubieras ahorrado dos mil dólares (vendido tu motocicleta, viajado por Europa).

The Passive Voice

1. In Spanish as well as in English, sentences can be in either the active voice or the passive voice. Compare the following:

Passive voice	Active voice
La tienda fue vendida por los dueños, los señores Rendón. *(The store was sold by the owners, Mr. and Mrs. Rendón.)*	**Los dueños,** los señores Rendón, vendieron la tienda. *(The owners, Mr. and Mrs. Rendón, sold the store.)*
Muchas ciudades magníficas fueron construidas por los mayas. *(Many magnificent cities were built by the Mayas.)*	**Los mayas** construyeron muchas ciudades magníficas. *(The Mayas built many magnificent cities.)*

The subjects of the sentences are shown in bold type. In the passive voice, the subject receives (rather than performs) the action of the verb. In the active voice, the subject performs the action of the verb.

2. The passive voice is constructed with a form of **ser** plus a past participle. The past participle agrees with the subject in gender and number.

subject	+	*ser*	+	past participle	(+ *por* + agent)
La casa		**fue**		**vendida**	**(por los dueños).**
Nuestra agencia de publicidad fue contratada por Aerolíneas Argentinas hace una semana.				*Our ad agency was hired by Aerolíneas Argentinas a week ago.*	
El dinero ha sido prestado por el Banco Central.				*The money has been lent by Central Bank.*	

3. The agent of the action performed on the subject (**por** + agent) is not always expressed.

Los productos fueron comprados a precio reducido; estaban en oferta.
The products were bought at a reduced price; they were on sale.

Mucho petróleo mexicano fue exportado a Estados Unidos el año pasado.
A lot of Mexican oil was exported to the United States last year.

Hemos sido invitados a un congreso.
We have been invited to a conference.

4. The true passive is not used as often in Spanish as in English. The active voice is preferred. When an agent is not expressed, the passive **se** is much more common than the true passive. **Estar** plus a past participle is used to express the result of an action, as discussed on page 232 of this chapter. Compare the following:

Se abrió una zapatería en esa calle la semana pasada.	A shoe store was opened on that street last week. (agent unimportant—**se**)
La zapatería fue abierta por una familia de Lima.	The shoe store was opened by a family from Lima. (agent expressed—**ser**)
La zapatería está abierta ahora.	The shoe store is open now. (resulting condition—**estar**)
Se redujeron los precios de la gasolina.	Gasoline prices were reduced. (agent unimportant—**se**)
Los precios de la gasolina allí fueron reducidos por el gobierno.	Gasoline prices there were reduced by the government. (agent expressed—**ser**)
Los precios están reducidos.	The prices are reduced. (resulting condition—**estar**)

PRÁCTICA

10-21 Hechos (Facts). Haga oraciones acerca de las cosas y las personas siguientes. Use la voz pasiva de los siguientes verbos: **pintar, elegir, diseñar, construir, escribir, explorar.**

⚙ **MODELO**   Laura Chinchilla / presidenta de Costa Rica / 2010
Laura Chinchilla fue elegida presidenta de Costa Rica en 2010.

1. las ciudades de Chichén-Itzá y Uxmal / mayas / antes del siglo XI
2. el suroeste de Estados Unidos / Vásquez de Coronado / 1540
3. la novela *La isla bajo el mar* / Isabel Allende / 2010
4. los cuadros *La Tirana* y *La reina María Luisa* / Francisco de Goya / 1799
5. el Templo de la Sagrada Familia / el arquitecto español Antoni Gaudí

10-22 ¿Verdad o mentira? Haga tres o cuatro oraciones como las de la actividad 10-21, usando la voz pasiva. Algunas deben ser ciertas y otras, falsas. Luego, díga-selas a un(a) compañero(a). Su compañero(a) debe corregir las oraciones falsas.

⚙ **MODELOS**   A: *La ciudad de Tenochtitlán, en México, fue construida por los mayas.*
B: *¡No, hombre! Fue construida por los aztecas.*
A: *El Quijote fue escrito por Miguel de Cervantes.*
B: *Correcto.*

ANS 10-21
1. Las ciudades de Chichén-Itzá y Uxmal fueron construidas por los mayas antes del siglo XI. 2. El suroeste de Estados Unidos fue explorado por Vásquez de Coronado en 1540. 3. La novela *La isla bajo el mar* fue escrita por Isabel Allende en 2010. 4. Los cuadros *La Tirana* y *La reina María Luisa* fueron pintados por Francisco de Goya en 1799. 5. El Templo de la Sagrada Familia fue diseñado por el arquitecto español Antoni Gaudí.

10-22 If students have trouble, help them with some additional suggestions: **Hamlet (Shakespeare), la Florida (Ponce de León),** etc. Have students find headlines in newspapers (which you can bring in to class) or on the Internet that use passives that have missing words (e.g., **Tres hombres arrestados en Panamá, Piñera elegido en Chile**). Have them tell what the complete construction would be. Or make up some of these yourself and have students supply the missing words.

10-23 En la tienda de ropa. Trabaje con un(a) compañero(a). Si es posible, miren un anuncio en español de una tienda de ropa (e.g., de una revista o de un sitio en Internet). Inventen una conversación entre un(a) dependiente y un(a) cliente. Usen la voz pasiva por lo menos dos veces.

If possible, bring one or more store ads from a newspaper or Internet site in Spanish (or have students choose and download their own). You may have to help with unfamiliar words.

1. Se saludan.

2. El (La) cliente pide que el (la) dependiente le muestre varias cosas (e.g., un suéter, una camiseta, etcétera). Quiere comprarle algo a su madre.

3. El (La) dependiente pregunta por la medida y el (la) cliente le contesta.

4. El (La) cliente duda antes de comprar una de esas cosas. El (La) dependiente le hace unos comentarios (e.g., el suéter fue importado de… /hecho por… / diseñado por…).

5. Pasa algo que causa un problema (e.g., hay un error en la etiqueta, hay un problema con la medida, etcétera).

6. Finalmente, se soluciona el problema. El (La) dependiente le dice al (a la) cliente que pague en la caja.

© Peter Horree/Alamy

EN CONTACTO

▷ Videocultura: De compras en Madrid

Aunque no se puede comprar la felicidad, casi todo lo demás está a la venta en Madrid. En el video, se sigue una ruta comercial por las animadas calles de la capital. Mire el video y conteste esta pregunta: ¿Qué clase de tiendas o mercados hay en Madrid?

Vocabulario: grandes almacenes *department stores;* al peso *by the weight;* cazar una buena oferta *to hunt for a good deal (offer);* los deleites *delights;* el equipo electrónico *electronic equipment;* las golosinas *sweets;* el obsequio *gift, present;* por pieza *by the item;* el Rastro *Madrid flea market (literally, trace, trail)*

© Bogdan Zlatkov

Google Busque «El Palacio del Hierro» u otra tienda grande en el mundo hispano (El Corte Inglés, Falabella). ¿Cómo son los (las) modelos? ¿Qué clase de artículos se puede comprar allí?

Have students do a scavenger hunt on their own using the Internet. You can limit them to two or three major department stores. Challenge them to find the cheapest shoes, the most expensive dress, an interesting book, the best deal on a digital camera, a store that has a certain service (travel, theater tickets, insurance, flowers, etc.). They could use the results of their Internet investigations to write a short paragraph about a store in the Spanish-speaking world.

10-24 Comprensión. Conteste las siguientes preguntas después de ver el video.

1. ¿Cómo se llama la tienda madrileña que se ha convertido en «una institución»?
2. ¿Qué se puede comprar en la «calle del sonido»? ¿Qué habrán vendido allí en el pasado?
3. ¿Qué se vende en los mercados tradicionales? ¿Cómo se venden los productos?
4. ¿Cuándo es posible visitar el Rastro? ¿Qué se puede comprar allí?
5. ¿Cómo son los compradores madrileños? ¿A qué nivel han elevado la compra algunos de ellos?

10-25 Puntos de vista. Compare sus opiniones con las de dos o tres compañeros.

1. ¿Adónde va usted para comprar ropa, comida, equipo electrónico, regalos? ¿Al centro? ¿a un centro comercial? ¿Le gusta «cazar buenas ofertas»?

2. ¿Qué le parece el regateo? ¿Por qué objetos en nuestra sociedad es común regatear? ¿Dónde y cuándo ha tratado usted de negociar una rebaja de precio? ¿Qué tal le ha resultado cuando lo ha hecho?

3. Si pudiera ir de compras en Madrid, ¿adónde iría? ¿Qué compraría?

4. ¿Ha comprado usted objetos de segunda mano en un mercado como el Rastro? ¿Dónde?

Síntesis

10-26 Un anuncio memorable.

Paso 1. Escoja un anuncio comercial que usted haya visto en la televisión o escuchado en la radio. Descríbale el anuncio a un(a) compañero(a). ¿Qué producto o servicio se anunciaba? ¿Era chistoso? ¿tonto? ¿Le gustó? ¿Le molestó? Después, con su compañero(a), decidan por qué recuerdan algunos anuncios y se olvidan de otros. Hagan una lista de tres cosas importantes que debe tener un anuncio para tener éxito.

Paso 2. Escojan o inventen un producto y creen un anuncio para promocionarlo. Acuérdense de los tres factores importantes de su lista del Paso 1 e incluyan por lo menos dos participios pasados. ¿Quién ha comprado el producto? ¿Una persona famosa? ¿Por qué lo ha utilizado? ¿Qué habría hecho sin el producto? ¿Ha cambiado algún aspecto de su vida? ¿Ha solucionado algún problema que tenía? Compartan su anuncio con la clase.

10-27 ¿Quién es más rápido? La clase se divide en dos equipos. Hay dos sillas cerca del (de la) profesor(a): una tiene la etiqueta «Verdad» y la otra «Mentira». Un(a) estudiante de cada equipo se levanta y se pone de pie *(stands)* delante de la clase. El (La) profesor(a) hace una serie de afirmaciones usando la voz pasiva. Algunas son verdaderas y otras, falsas. Si la afirmación es verdadera, el (la) primer(a) estudiante en llegar a la silla y sentarse gana un punto. Si se sienta en la silla equivocada *(wrong),* el otro equipo gana un punto. El (La) profesor(a) decidirá cuántos puntos hay que tener para ganar el juego.

10-28 Mercado al aire libre. Este juego es para toda la clase.

1. Cada persona trae uno o dos objetos para «vender» en el mercado (un libro, una planta o cualquier objeto).

2. Dos tercios (2/3) de la clase son los «turistas» que miran los objetos y regatean el precio de los que quieren. Los otros tratan de vender su mercancía. Refiérase a «Para regatear y hacer una compra» en la sección **En otras palabras.**

3. Después de un rato, cada persona «compra» algo y explica por qué. Luego llega otro grupo de «turistas».

Students can invent a short script for either a radio or a TV ad. As preparation, they could search ads by famous Hispanics in addition to Penélope Cruz (suggested in the **Presentación del tema**), many of which use verbs in the present perfect. You might want to have them do this activity as an alternative to the composition topic.

10-27. You can use information you have covered in class (items from activity 10-21, for instance), common knowledge (**La Declaración de Independencia de Estados Unidos fue escrita en 1776**), or insider knowledge such as circumstances of class members well known by all.

Composición

Recomendaciones para hacer compras en mi pueblo (ciudad)

Have students write their paragraphs and, if you have time in class, peer edit them. In peer editing, tell them to look for one or two specific things, such as use of past participles. After peer editing, they submit their final paragraphs.

Uno de sus amigos hispanos le manda un e-mail y le pide información. Va a estar en su pueblo o su ciudad y quiere hacer unas compras. Quiere comprar unos discos compactos para su papá, unos libros para su mamá, ropa para su hermana, unos juguetes para su hermanito y recuerdos para sus amigos. Le pregunta adónde y cuándo ir para hacer compras, qué marcas comprar y cómo ahorrar dinero. Escríbale un e-mail con algunas recomendaciones. Podría mencionar las tiendas de segunda mano, los mercados de pulga *(flea)* y sus tiendas y marcas favoritas. También podría usar algunas ideas de las actividades 10-1, 10-10 y 10-25. Trate de usar por lo menos tres participios pasados.

Tema alternativo: Si hay alguna tienda o algún mercado en su pueblo donde el (la) vendedor(a) hable español, vaya allí para hacer un breve reportaje. ¿Qué clase de artículos se venden? ¿Cómo es el (la) vendedor(a)? Describa una compra típica.

Opción: Escriba un diálogo o haga un pequeño video sobre una compra típica. Podría usar algunas ideas de las actividades 10-7, 10-10 y 10-23.

CAPÍTULO 11

¡Adiós, distancias!

METAS

En este capítulo vamos a aprender a...

▶ expresar alivio *(relief)*, gratitud y comprensión

▶ expresar incredulidad y enojo

▶ hablar de la tecnología

Image © Yuri Arcurs. Used under license from Shutterstock.com

Internet ha revolucionado las relaciones humanas. El mundo es una arroba (@).

LENGUA VIVA

Expresiones de alivio, gratitud y comprensión

Expresiones de incredulidad y enojo

GRAMÁTICA

Los tiempos del subjuntivo: resumen

Las cláusulas con **si** (2)

Las conjunciones

Contraste entre **por** y **para**

VOCABULARIO

La computadora y la comunicación

Expresiones con **por** y **para**

LECTURAS

«¿Hacia un planeta unido por la tecnología?»

«Hablan los usuarios de Internet» (encuesta)

El Reino del Dragón de Oro (fragmento) de Isabel Allende

Presentación del tema

Los medios sociales y los nuevos «prosumidores»

Parece que el mundo es cada vez más pequeño. Las nuevas tecnologías basadas en Internet representan un fenómeno sin igual en la historia de las comunicaciones. Nos ayudan a mantenernos en contacto con los amigos y familiares, hacer nuevas amistades, anunciar eventos sociales, conseguir empleo e informarnos sobre una variedad de temas. Hoy la misma gente que consume el contenido de Internet también lo produce. Estos «prosumidores» (productores-consumidores) suben contenido en cualquier lugar y a cualquier hora. Actualizan sus páginas principales con fotos y noticias del día; suben videos en YouTube™; escriben artículos en Wikipedia™ y hacen blogs sobre millones de temas. También se comunican con servicios de «microblogging» como Twitter™ y expresan sus opiniones sobre una gran variedad de productos. (La gente confía más en las opiniones de sus colegas en la Red que en los anuncios que pueden ver en la televisión.) Los «prosumidores» de hoy también producen literatura, utilizando sus celulares: microcuentos que llegan a un público mundial en cuestión de minutos.

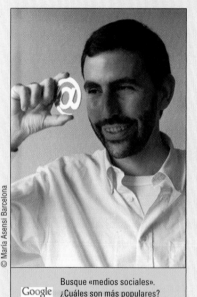

© María Asensi Barcelona

Google Busque «medios sociales». ¿Cuáles son más populares? ¿Cuáles conoce usted?

Dice el doctor ingeniero Andreu Veà, de Barcelona, España: «Se calcula que una persona bien interconectada puede llegar a recibir tanta información en un solo día como una persona del siglo XVII recibió a lo largo de toda su vida. Tenemos que tener en mente que "Todo va a cambiar"; la música ya lo ha hecho, la telefonía *(telephone systems)* y los periódicos están transformándose rápidamente y los libros son los siguientes en la lista. Además vamos a realizar un montón de actividades que hasta ahora nos parecían inimaginables».*

11-1 Preguntas

1. ¿Qué es un «prosumidor» de Internet?

2. ¿Utiliza usted los medios sociales (como Facebook™)? ¿Cómo los utiliza? ¿Cuántas veces por día los consulta?

3. ¿Manda usted muchos mensajes de texto todos los días? ¿Tiene un teléfono inteligente *(smart phone)*? ¿Con quiénes se comunica más a menudo? ¿En qué situaciones?

4. ¿Cree usted que los jóvenes de hoy tienen una perspectiva más global o internacional que sus padres o abuelos? ¿Consulta usted sitios web internacionales a veces (para ver noticias, anuncios de empleo, recetas de cocina, por ejemplo)? ¿Tiene ciberamigos de otros países?

5. ¿Cómo ha cambiado la tecnología la manera en que la gente se divierte hoy en día? ¿la manera en que trabaja? ¿estudia? ¿recibe noticias?

*Entrevista con el doctor Veà el 20 de abril de 2010.

VOCABULARIO ÚTIL

LA COMPUTADORA Y LA COMUNICACIÓN

Point out to students that many words taken from English are masculine: **el e-mail, el chat, el fútbol, el suéter. La webcam** is feminine because **cam** is short for **cámara.** In online discussion, the **arroba** is often used for words referring to people of either gender, like **usuari@.**

COGNADOS

la aplicación	(el / la) Internet*
el blog	el sitio web
checar *(Mexico)*, chequear	el (teléfono) móvil *(Spain)*, el celular
el documento	la webcam
escanear	

VERBOS

actualizar	*to update*
archivar	*to file*
bajar / descargar *(e.g., archivos)*	*to download (e.g., files)*
comprobar *(Spain)*, revisar *(e.g., el mail)*	*to check (e.g., e-mail)*
enviar por correo electrónico, mailear, emailear	*to send by e-mail*
guardar *(e.g., archivos)*	*to save (e.g., files)*
hacer una copia de seguridad (un backup)	*to make a backup*
imprimir	*to print, print out*
recorrer la Red	*to search (go through) the Net*
registrarse	*to log in*
salir del sistema	*to log off, quit*
subir *(e.g., archivos)*	*to upload (e.g., files)*

OTRAS PALABRAS

el buscador	*search engine*
el ciberamigo (la ciberamiga)	*cyberfriend*
la computadora portátil	*laptop*
la dirección de correo electrónico, la dirección electrónica	*e-mail address*
la impresora (láser)	*(laser) printer*
el ordenador	*(Spain) computer*
la pantalla (táctil)	*(touch) screen*
el programa informático	*computer program*
los programas	*software*
el ratón	*mouse*
el salvapantallas, el fondo de pantalla	*screensaver*
el tono	*ringtone*
el usuario (la usuaria)	*user*

---

*While often no article is used with the word **Internet**, in Mexico the article **el** is sometimes used and the article **la** is used among many Latin Americans. Words like **mailear** or **emailear** (pronounced maintaining the vowel sounds of "e-mail" in English) also come from English, as do words like **flamear** *(to flame),* **formatear** *(to format),* **faxear** *(to fax),* **cliquear** *(to click),* **hacer un backup,** and **hacer un download.**

¡OJO!

el cibercafé (*also:* **el ciber**) *Internet café* / **el locutorio** *(Spain) small Internet café that often has telephones also, usually less expensive than a* **cibercafé**

enviar un mail o un e-mail *to send e-mail* / **enviar correo postal** *to send regular mail*

enviar un mensaje de texto *to send a text message, IM* / **enviar un SMS** *(Spain, for short message system) to send a text message, IM*

la página personal *personal home page* / **la página principal** *home page or main page*

entrar al chat, estar en un grupo de chat o foro de discusión *to go into a chatroom, be in a chat group or discussion group*

PRÁCTICA

11-2 Fuera de lugar. Para cada grupo, indique cuál de las palabras está fuera de lugar *(doesn't belong)*.

> ⚙ **MODELO** usuario / «prosumidor» / locutorio / ingeniero
> *locutorio*

1. navegar / bajar / viajar / recorrer

2. pantalla / ratón / dirección / impresora

3. enviar / mandar / actualizar / mailear

4. guardar / dar / archivar / conservar

5. el tono / el móvil / el buscador / el celular

6. chequear / revisar / registrarse / comprobar

11-3 Entrevista. Entreviste a un(a) compañero(a), usando las siguientes preguntas. Después, su compañero(a) lo (la) entrevista a usted.

1. ¿Cómo es el salvapantallas de tu computadora? ¿de tu celular? ¿Lo cambias a menudo?

2. ¿Participas en algún grupo de chat o foro de discusión? ¿Tienes un blog? ¿Participa mucha gente?

3. ¿Pasas mucho tiempo recorriendo la Red? ¿Cuáles son algunas de tus páginas favoritas?

4. ¿Tienes una página en la Red o has participado en algún grupo que tenga una página? ¿Qué información incluye?

5. ¿Tienes una webcam? Si es así, ¿para qué la usas? ¿Participas en videoconferencias a veces?

6. ¿Cuál es el peor problema que has tenido con las computadoras? Por ejemplo, ¿has perdido algún trabajo o archivo que habías hecho en la computadora? ¿Eres adicto(a) a la Red? ¿Tienes amigos con esta adicción?

YA HE COMPROBADO EL CORREO ELECTRÓNICO, LOS COMENTARIOS DE MI BLOG, LOS DE MI FLICKR, LOS MENSAJES DE MIS LISTAS DE CORREO Y MIS FOROS HABITUALES

ME HA LLEVADO TODO UNAS DOS HORAS. QUIZÁS DEBERÍA PONERME...

UN MOMENTO... SI HAN PASADO YA DOS HORAS... ¡SEGURO QUE HAY ALGÚN MAIL O COMENTARIO NUEVO!

¡VOY A COMPROBARLO!

© Mauro Entrialgo

currar *to work (Spain, colloquial)*

LENGUA VIVA

Julia Gutiérrez, estudiante colombiana

Mike Martin, estudiante norteamericano

Susana Gutiérrez, la madre de Julia

Gabriel López, agente de aerolíneas en el aeropuerto de Bucaramanga

Audioviñetas: En Bucaramanga

Conversación 1: Para expresar alivio, gratitud y comprensión. Mike y Julia hablan con la señora Gutiérrez, la mamá de Julia.

CD 2, Track 11

11-4 Escuche la **Conversación 1.** ¿Cuál es el dibujo que muestra el lugar donde están?

1.

2.

11-5 Escuche la **Conversación 1** otra vez. Conteste **V** (verdad) o **F** (falso).

___V___ **1.** La señora Gutiérrez está esperando a Julia desde las diez.

___F___ **2.** Los jóvenes llegaron temprano.

___F___ **3.** Mike y la señora Gutiérrez ya se conocían.

___F___ **4.** Los jóvenes viajaron por autobús.

___F___ **5.** Fue un viaje muy largo y aburrido.

___V___ **6.** Mike le dice a la señora Gutiérrez: «Habrá estado muy preocupada».

CD 2,
Track 12

Conversación 2: Para expresar incredulidad y enojo. Julia está en el aeropuerto. Va de regreso a Bogotá, donde tiene que asistir a un congreso. Le da el boleto a un agente de la aerolínea. Vocabulario: se venció *expired*

ANS 11-6
Julia está enojada porque tiene que ir a Bogotá y no hay asientos en el avión; la aerolínea cometió un error y no le cambió su reservación.

11-6 Escuche la **Conversación 2** y conteste la pregunta que sigue: ¿Por qué está enojada Julia?

11-7 Escuche la **Conversación 2** una vez más. ¿Qué expresiones se usan para expresar incredulidad o enojo?

_____ **1.** ¿Está bromeando?

___✓___ **2.** ¡Qué barbaridad!

_____ **3.** ¡Solo esto me faltaba!

_____ **4.** ¡Pero lo dice en broma!

___✓___ **5.** ¡No puede ser!

_____ **6.** ¡Qué ridículo!

___✓___ **7.** ¿Habla en serio?

___✓___ **8.** ¡Esto es el colmo!

En otras palabras

Para expresar alivio, gratitud y comprensión

In Chapter 3, you saw various ways to express approval, disapproval, and surprise. You have also looked at various ways of expressing emotions such as fear, hope, surprise, and so on that require the subjunctive (Chapter 5). Here are some ways to express other kinds of emotion:

Mire el video en el sitio **www.cengagebrain.com/ shop/ISBN/0495912654** y haga las actividades que lo acompañan.

© Anna Pérez

Rafael y Sandra tienen que terminar un trabajo y mandarlo a tiempo para aprobar una clase, o asignatura. ¿Qué problema tienen? ¿Lo resuelven?

1. alivio *(relief)*

¡Qué bien!	**¡Cuánto me alegro!**
	¡Qué alegría!
¡Qué alivio!	**¡Menos mal!**
¡Gracias a Dios!	**¡Por fin!** *(when something good has finally happened)*

2. gratitud

Gracias. Mil (Muchas) gracias.   **Muy agradecido(a).** *I'm very grateful.*
(Usted es) Muy amable.

3. comprensión *(empathy)*

> **Debe(s) estar muy contento(a).** *You must be very happy.*
> **Estará(s) muy orgulloso(a).** *You must be very proud.*
> **Se (Te) sentirá(s) muy decepcionado(a).** *You must feel very disappointed.*

Note that expressing empathy (that you understand what someone else is feeling) is different from expressing sympathy, discussed in Chapter 9.

Para expresar incredulidad y enojo

1. incredulidad *(disbelief)*

> **¿Habla(s) en broma?**   **Increíble.**
> **¿Está(s) bromeando?**   **Imposible.**
> **¡Pero lo dice(s) en broma!**   **No puede ser.**
> **¡Pero no habla(s) en serio!**   **¡No me diga(s)!**
> **¡Qué ridículo!**   **Vaya. ¡Qué va!** *Come on now!*

2. enojo *(anger)*

> **¡Esto es el colmo!**   **¡Qué barbaridad!**
> **¡Esto es demasiado!**   **¡Solo eso nos faltaba! (¡Solo nos faltaba eso!)** *That's all we needed!*

PRÁCTICA

 11-8 Situaciones. Trabaje con un(a) compañero(a). Dé la respuesta apropiada de acuerdo con cada una de las siguientes situaciones.

> ⚙ **MODELO**   alguien le dice que ganó un premio por su microcuento celular
> *¡Qué bien! ¡Estarás muy contento(a)! (¡Te sentirás muy feliz!)*

1. alguien le cuenta que su mamá está en el hospital

2. alguien le dice que se va a casar

3. su hermana se lleva el coche de usted sin pedirle permiso; es la tercera vez que hace lo mismo este mes

4. hay un accidente de avión; usted teme que sea el mismo avión en que viaja su papá, pero resulta que no lo es

5. alguien le regala unos chocolates muy ricos

 11-9 ¡Eso es increíble! Trabaje con un(a) compañero(a). El (La) estudiante A hace cuatro afirmaciones poco probables. El (La) estudiante B expresa su incredulidad.

Ideas: Mi novio(a) es… (e.g., Míster/Miss Universo), Todos los norteamericanos son… (e.g., materialistas), Todos los profesores de esta universidad son… (e.g., expertos en informática), Mi hermano de doce años es… (e.g., astronauta).

Side notes (right margin):

To say *What do you mean . . .?* Spanish speakers may say **¿Cómo que…?** For example, **¿Cómo que olvidaste la dirección?** You may also hear: **¡Déjese (Déjate) de cuentos!** *That's enough nonsense!* or **No me venga(s) con eso.** *Don't give me that.*

You might give students the Mexican expression **estar como agua para chocolate,** *to be at the boiling point (with anger or passion).* Related expressions used in both Spain and Latin America: **estar bravo(a)** *(to be mad),* **estar hasta la coronilla** *(to be fed up),* **echar chispas** *(to fume—literally, "throw off sparks").*

ANS 11-8
Possible answers:
1. Estarás / Te sentirás muy preocupado(a).
2. Debes estar muy contento(a). ¡Cuánto me alegro! 3. ¡Esto es el colmo! 4. ¡Qué alivio! 5. Gracias. Muy amable.

GRAMÁTICA Y VOCABULARIO
Sequence of Tenses with the Subjunctive: Summary

You have seen that the subjunctive is used in a dependent clause after certain verbs or impersonal expressions that occur in a main clause (for a review of the subjunctive, see Chapters 5 and 7). This chart summarizes the sequence of tenses with the subjunctive:

Main clause (indicative)	Dependent clause (subjunctive)
present (present perfect) future command	present or present perfect subjunctive
past (preterit, imperfect, past perfect) conditional	imperfect or past perfect subjunctive

In general, the *present* or *present perfect subjunctive* is used in a dependent clause that requires the subjunctive when the verb in the main clause is in the:

Give students examples such as: **Me alegro de que hayan comprado la computadora. Dudo que hayan contratado a Alonso.** English speakers might say *I'm glad they bought the computer. I doubt they hired Alonso.* Point out that *had* of *had bought* or *had hired* might not be said. Tell them not to get confused and put (incorrectly) an imperfect subjunctive in the clause following one in the present tense; e.g., **Me alegro de que compraran la computadora,** which is wrong.

1. present tense

Espero que impriman el informe.   *I hope they print out the report.* (*present subjunctive:* **impriman**)

Espero que hayan imprimido el informe.   *I hope they have printed out the report.* (*present perfect subjunctive:* **hayan imprimido**)

2. present perfect tense

La directora ha pedido que lleguemos a las ocho.   *The director has requested that we be there at eight.*

3. future tense

El jefe insistirá en que aprendas el nuevo sistema.   *The boss will insist that you learn the new system.*

4. imperative

Dígale que me lo envíe hoy.   *Tell him (her) to send it to me today.*

In general, the *imperfect* or *past perfect subjunctive* is used in a dependent clause that requires the subjunctive when the verb in the main clause is in the:

1. preterit

Me alegré de que hicieras una copia de seguridad. ¡Qué alivio!

I was happy that you made a backup file. What a relief! (imperfect subjunctive: hicieras)

Me alegré de que hubieras hecho una copia de seguridad. ¡Qué alivio!

I was happy that you had made a backup file. (past perfect subjunctive: hubieras hecho)

2. imperfect

Dudaba que Ana hubiera subido las fotos.

I doubted that Ana had uploaded the photos.

3. past perfect

La universidad no había permitido que hiciéramos copias de los programas.

The university hadn't permitted us to make copies of the software.

4. conditional

Mis padres me aconsejarían que estudiara informática.

My parents would advise me to study computer science.

As you will remember from Chapter 10, compound tenses are generally used in Spanish just as they are in English. In the example **Espero que impriman el informe,** for instance, you use **impriman** if you mean *print* and **hayan imprimido** if you mean *have printed.* The progressive tenses (formed with **estar**) are practiced in Chapter 12.

PRÁCTICA

11-10 Breves conversaciones. Las siguientes conversaciones tienen lugar en Honduras, donde la moneda se llama la **lempira,** en conmemoración del héroe indígena Lempira. Complete las oraciones con la forma apropiada del modo subjuntivo de los verbos indicados.

CLIENTE: Buenas tardes. ¿Cuánto cuesta usar el Internet?

DEPENDIENTE: Cien lempiras la hora.

CLIENTE: Solo necesito unos diez minutos para revisar el e-mail. Pero después de que (1) [yo] _____termine_____ (terminar), mi hija también quiere chequear rápidamente su e-mail.

DEPENDIENTE: Pues, en ese caso le recomiendo que (2) _____pague_____ (pagar) solo media hora. Serán sesenta lempiras. En caso de que (3) _____necesite_____ (necesitar) más tiempo, le cobro solamente cien la hora.

★ ★ ★

In Honduras, people say **el Internet** and **chequear.** They also use **usted** much more than **tú,** like many other Central Americans.

This activity provides active review of the subjunctive forms; the section is a general verb review.

ALBA: ¡Caray! El jefe me dijo que (4) _____bajara_____ (bajar) unos archivos, que (5) _____hiciera_____ (hacer) una copia de seguridad y que (6) _____imprimiera_____ (imprimir) un montón de documentos, pero mi computadora no funciona.

ANTONIO: Pídale al jefe que le (7) _____preste_____ (prestar) a usted su computadora portátil.

* * *

MARINA: ¿Quiere que la (8) _____ayude_____ (ayudar) a crear una página personal, Marta?

MARTA: Prefiero que me (9) _____arregle_____ (arreglar) la impresora y que me (10) _____escanee_____ (escanear) estas fotos.

MARINA: Sería mejor que le (11) _____enseñara_____ (enseñar) a hacer esas cosas, ¿no cree?

MARTA: Bueno, es que temo que (12) _____pierda_____ (perder) la paciencia conmigo.

* * *

BEATRIZ: Inés me vuelve loca. Ayer quería que le (13) _____creara_____ (crear) un anuncio de trabajo y después insistió en que (14) _____recorriera_____ (recorrer) la Red para encontrar los vuelos más baratos a Miami. Me alegro de que hoy no (15) _____haya venido (venga)_____ (venir).

ÁNGELA: Pues, sí. Si ella (16) _____estuviera_____ (estar) aquí hoy, tendríamos mucho más trabajo.

11-11 Antes y ahora. Trabaje con un(a) compañero(a). Turnándose, contesten las siguientes preguntas, usando los tiempos verbales apropiados del subjuntivo. Pueden usar las ideas que se dan entre paréntesis o sus propias ideas. Después, compartan algunas de sus respuestas con la clase.

Cuando eras pequeño(a), …

1. ¿qué querías que tus amigos hicieran por ti? (jugar contigo, compartir sus dulces, ir contigo a patinar)

2. ¿qué les pedías a tus papás que hicieran por ti? (comprarte juguetes, llevarte al parque, pagar tus lecciones de natación)

3. ¿qué te gustaba que tus maestros hicieran? (mostrar películas, dejarte salir temprano, llevar a la clase a alguna excursión)

Y ahora…

¿qué quieres que hagan? (dejarte en paz cuando necesitas estudiar, compartir sus apuntes, ir contigo al cine)

¿qué les pides que hagan? (comprarte ropa, mandarte dinero, pagarte la matrícula)

¿qué te gusta que tus profesores hagan? (explicar las tareas claramente, repasar [review] antes de los exámenes, ser generosos con las notas)

4. ¿qué **no** querías que la gente hiciera? (decirte «¡Qué grande estás!», tratarte como un bebé, comprarte libros o ropa para tu cumpleaños)

¿qué **no** quieres que la gente haga? (mandarte correo electrónico descortés, enviarte chistes tontos, insultarte en el foro de discusión)

ESE CONTROL NO ES PARA EL TELEVISOR PAPÁ... ¡ES LA LLAVE DEL AUTOMÓVIL!

© Oscar Sierra Quintero (OKI)

If Clauses (2)

1. When an *if* clause expresses something hypothetical or contrary to fact, a past subjunctive is used. The conditional or conditional perfect is generally used in the main clause (if there is a main clause).

Si + imperfect subjunctive, … conditional…:

Si ella estuviera aquí, ¿qué haría?

If she were here, what would she do? (Fact: she isn't here.)

Si + past perfect subjunctive, … conditional perfect…:

Si hubiéramos usado otro buscador, habríamos encontrado la información.

If we had used another search engine, we would have found the information. (Fact: we didn't use another search engine.)

To get across the idea of the contrary-to-fact *if* clauses, bring in pictures of famous people or characters (Jon Stewart, Dracula, Julia Roberts, King Kong) and ask: **Si _____ estuviera aquí, ¿qué haría? (¿qué pasaría?, ¿qué diría?)** If you don't have pictures, write these (and other) names on the board and point to them.

If a student argues that a verb after **si** should be in the present subjunctive because the action is uncertain, explain that it is expressing only the logical consequence of what happens when something else happens: cause and effect (*If this, then that*).

2. **Como si** always requires a past subjunctive form:

Verónica habla con orgullo de
sus 545 ciberamigos de
Facebook como si fueran
personas que conociera
en persona.

*Verónica talks proudly about her 545
cyberfriends on Facebook as if they
were people she knew in person.
(Fact: They are not people she knows
in person.)*

¡Como si (yo) no me hubiera
registrado!

*As if I had never logged in! (Fact: I did
log in.)*

3. However, if the speaker or writer is not discussing something contrary to fact, if
the statement is assumed to be true, the indicative is used. After **si,** a verb in the
present tense is always in the indicative (never the present subjunctive).

Compare:

Si lo mandan por e-mail, llegará
en seguida.

*If they send it by e-mail, it will arrive
immediately. (simple statement,
assumed to be true)*

Si lo mandaran por e-mail,
llegaría en seguida.

*If they sent it by e-mail, it would arrive
immediately. (Note that both clauses
use a simple verb form.)*

Si lo hubieran mandado por
e-mail, habría llegado en seguida.

*If they had sent it by e-mail, it would
have arrived immediately. (Note that
both clauses use a compound verb
form.)*

PRÁCTICA

The activities in this
section serve as a general
verb review.

11-12 En el congreso de informática. Complete las siguientes oraciones con las
formas apropiadas de los verbos que están entre paréntesis.

MARTA: ¿Qué tal el congreso, Susana?

SUSANA: Pues, acabo de escuchar una conferencia muy interesante. ¿Sabías
que si se (1) _____utilizara_____ (utilizar) la energía solar, se podría
tener cibercafés portátiles en medio del Sahara y que ya hay planes
para instalar Internet en unos pueblos muy remotos de África?

MARTA: Nunca pensé en eso. Bueno… yo también he aprendido mucho.
Fui a una conferencia sobre los biochips y parece que si alguien
(2) _____quiere_____ (querer) saber si tiene cierto tipo de cáncer, ya
hay un biochip que le dará la respuesta instantáneamente.

* * *

JOSÉ: Si te (3) _____doy_____ (dar) mi dirección electrónica, ¿me manda-
rás una copia de tus apuntes?

EDUARDO: Claro, y también te (4) _____enviaré_____ (enviar) ese artículo sobre
buscadores.

* * *

ANA: Carlos, si no (5) ___hubieras venido___ (venir) al congreso, ¿qué habrías hecho este fin de semana?

CARLOS: No sé. Quizás (6) ___habría actualizado___ (actualizar) mi blog.

* * *

EDUARDO: ¿Qué habría pasado si este congreso (7) ___hubiera tenido___ (tener) lugar en Buenos Aires?

SILVIA: Pues, yo estaría paseando ahora, visitando los sitios de interés. Creo que nadie (8) ___asistiría___ (asistir) a ninguna conferencia si pudiera ver «el París de Sudamérica».

 11-13 Mi celular y yo.

Paso 1. Complete las siguientes oraciones. Vocabulario: sonar *to ring*; apagar *to turn off*

1. Si [yo] pudiera tener el número del celular personal de cualquier persona del mundo, …

2. Perder el celular es un problema. Una vez perdí mi celular y si…, habría tenido que pagar las llamadas que no había hecho.

3. A veces el celular me ayuda mucho. Por ejemplo, un día… Si no hubiera tenido un celular, …

4. Pero otras veces es un problema. Por ejemplo, un día sonó cuando… Si no quiero que la gente me llame, …

5. Le dejo a alguien usar mi celular si…

6. Pero no dejaría que una persona usara mi celular si…

Paso 2. Trabaje con un(a) compañero(a). Describan el teléfono inteligente ideal. ¿Tendría pantalla táctil? ¿Cómo sería el tono? ¿el salvapantallas? ¿Qué aplicaciones tendría? Por ejemplo, si quisieran saber dónde se encuentra la pizzería más cercana (la gasolina más barata, su música favorita, etcétera), ¿tendría una aplicación? Si quisieran describir un día fatal, buscar apuntes para una clase, hacer un presupuesto, ¿podrían hacerlo? Traten de usar la imaginación y escriban por lo menos dos cláusulas con el **si** condicional en su descripción.

 11-14 Entrevista. Entreviste a un(a) compañero(a), usando las siguientes preguntas. Después, su compañero(a) lo (la) entrevista a usted.

1. ¿En qué aspectos sería diferente tu vida si no existieran los medios sociales? ¿Qué otra invención cambió la vida de los seres humanos? ¿Cómo habría sido diferente tu vida si no la hubieran inventado?

2. ¿Conoces a alguien que haya conocido a su novio(a) por Internet? Si tú buscaras novio(a), ¿usarías los medios sociales?

3. Si pudieras tener una videoconferencia con cualquier persona del mundo, ¿con quién hablarías? ¿Qué le dirías? ¿Cómo te vestirías?

Write on the board some names of people or fictional characters who made mistakes or did things that they probably regretted. Examples: **el general Custer, Napoleón, Otelo, Tiger Woods, Britney Spears,** etc. You might want to use examples from current events. Have students make up sentences: **Si no hubiera…, no habría….**

11-15 Una reunión de amigos. Haga una pregunta, usando una cláusula con el **si** condicional y escríbala en una tarjeta. (Por ejemplo, «Si pudieras seguir todas tus clases por Internet, ¿lo harías?» o «Si fueras Bill Gates, ¿qué comprarías?») Levántese y hágale la pregunta a otro(a) estudiante. Después de contestar, el (la) otro(a) estudiante le hará una pregunta a usted. Intercambien las tarjetas. Hágale la pregunta que ha recibido a otro(a) estudiante. Haga y conteste por lo menos seis preguntas. ¿Cuál es la pregunta más interesante de todas?

Conjunctions

Y to *E*, *O* to *U*

Use **e** instead of **y** when the following word begins with **i-** or **hi-** (but not when it begins with **hie-**).

padre e hijo	*father and son*
Fernando e Isabel	*Ferdinand and Isabella*
fuego y hielo	*fire and ice*
gracia e ironía	*humor and irony*
verano e invierno	*summer and winter*

Use **u** instead of **o** when the following word begins with **o-** or **ho-**.

plata u oro	*silver or gold*
uno u otro	*one or another*
dinero u honor	*money or honor*

Pero versus *Sino*

Pero is generally used to mean *but*; however, if the first phrase or clause is negative and the second phrase or clause contradicts the first, **sino** or **sino que** is used. **Sino** means *but on the contrary* or *but rather* and is followed by information that contradicts and replaces the previous information.

Tomás no llegó temprano, sino tarde.	*Tomás didn't arrive early, but late.*
Tomás no llegó temprano, pero por lo menos vino.	*Tomás didn't arrive early, but at least he came.*
Papá no está en su oficina, sino en casa.	*Papa isn't in his office, but at home.*
Papá no está en casa, pero no sé dónde está.	*Papa isn't at home, but I don't know where he is.*

Sino que, not **sino,** is often used to introduce a clause (which by definition contains a conjugated verb):

Rosalba no parecía triste, sino que sonreía.	*Rosalba didn't seem sad; (but rather) she was smiling.*

lentejas *lentils*
te grabo y lo cuelgo *I'll record you and put it up*

© Mauro Entrialgo

PRÁCTICA

11-16 Combinaciones. Una (Combine) las siguientes palabras con **y** o **e**.

⚙ **MODELOS**   chistes / anécdotas   genial / inteligente
               chistes y anécdotas   *genial e inteligente*

1. ida / vuelta
2. español / inglés
3. anglos / hispanos
4. nieve / hielo
5. carne / hueso
6. inmigrantes / emigrantes

ANS 11-16
1. ida y vuelta 2. español e inglés 3. anglos e hispanos 4. nieve y hielo 5. carne y hueso 6. inmigrantes y emigrantes

11-17 …y más combinaciones. Una las siguientes palabras con **o** o **u**.

⚙ **MODELOS**   gracia / humor   invierno / otoño
               gracia o humor   *invierno u otoño*

1. oreja / ojo
2. oro / plata
3. espalda / hombro
4. unos / otros
5. ayer / hoy
6. mujer / hombre

ANS 11-17
1. oreja u ojo 2. oro o plata 3. espalda u hombro 4. unos u otros 5. ayer u hoy 6. mujer u hombre

11-18 Las comunicaciones del Imperio inca. Los incas del siglo XV podían mandar un mensaje de Quito, Ecuador, a Cuzco, Perú —una distancia de dos mil kilómetros— en solo cinco días. Complete las siguientes oraciones sobre su sistema de comunicaciones con **pero**, **sino** o **sino que**.

1. El sistema de comunicación más rápido del siglo XV no se encontraba en Europa, ___sino___ en Perú.

2. Los incas de Perú tenían un sistema de carreteras muy avanzado, ___pero___ no conocían la rueda *(wheel).*

3. Por eso, en sus grandes carreteras, no siempre usaban rampas para subir y bajar, ___sino que___ tenían escaleras en los caminos.

4. No tenían caballos, ___sino que___ usaban llamas para transportar materiales.

5. La capital de su imperio no era Machu Picchu, ___sino___ Cuzco.

6. Los caminos del Imperio romano eran extensos, ___pero___ no tanto como los del Imperio inca.

© Robin and Leslie Webster

The **Enfoque del tema** includes a number of examples of **por** and **para**. You might want to have students skim the **Enfoque del tema** section and try to explain why **por** or **para** is used before this explanation is given.

The use of **por** to express the agent in a passive construction was discussed in Chapter 10, but students may need a reminder.

Por versus Para

The most common meaning of both **por** and **para** in English is *for*. In general, **por** often has to do with source, cause, or motive, whereas **para** has to do with intended destination, purpose, or use.

La página principal fue creada por Carlos para los otros estudiantes.

The home page was created by Carlos for the other students.

—¿Por qué nací, padre? —Pregunte más bien para qué nació. —Miguel de Unamuno, *Abel Sánchez*

Why was I born, father (for what reason)? Ask instead for what purpose you were born. —Miguel de Unamuno, Abel Sánchez

Para is used to express:

1. direction or destination *(toward)*

    Salieron para Colombia ayer.

    They left for Colombia yesterday.

2. intended recipient *(for someone or something)*

    Estas flores son para ti. —Gracias. Muy agradecida.

    These flowers are for you. —Thank you. I'm very grateful.

    ¿Trabaja usted para ellos?

    Do you work for them?

3. purpose *(in order to)*

    Para encontrar información rápidamente, recorra la Red.

    (In order) To find information fast, search the Net.

4. a specific point in time

    Tengo que contestar para el viernes.

    I have to answer by Friday.

    Vamos a casa de mis abuelos para Semana Santa.

    We're going to my grandparents' house for Easter (Holy Week).

5. lack of correspondence in a comparison

Para su edad, el niño es muy fuerte. *For his age, the child is very strong.*
Ella es muy joven para José. *She's very young for José.*

6. intended use

Utilizamos una webcam para comunicarnos con la familia. *We used a webcam to communicate with our family.*

Este papel es para la impresora. *This paper is for the printer.*

Por is used to express:

1. cause, motive (*on account of, for the sake of, because of*)

¿Por qué salieron del sistema? ¿Por frustración? *Why did they log out? Out of frustration?*

2. *through, along, by, by means of* (a mode of transportation or communication)

Todos los domingos damos un paseo por esta calle y por la plaza principal. *Every Sunday we take a walk along this street and through the main square.*

El mensaje fue mandado por e-mail por José Luis. Mandó el paquete por avión. *The message was sent by e-mail by José Luis. He sent the package by airmail.*

3. *in exchange for*

En 1763 los españoles cambiaron la Florida por La Habana (que había sido capturada por los ingleses en 1762). *In 1763 the Spanish exchanged Florida for Havana (which had been captured by the English in 1762).*

Pepito, ¡esto es el colmo! ¿Pagaste tres mil pesos por esos dulces? *Pepito, this is the last straw! You paid three thousand pesos for those candies?*

4. the object of an errand

Armando fue a la tienda por papel. *Armando went to the store for paper.*

5. *in place of* (as a substitute for, on behalf of)

Acepté el premio por José; él está enfermo. *I accepted the prize for José; he's sick.*

Hoy Isabel trabaja por mí en el banco. *Today Isabel is working instead of me (taking my place) in the bank.*

6. duration or length of time

¿Por cuántas semanas te vas de vacaciones? —Por dos semanas. *For how many weeks are you going on vacation? —For two weeks.*

7. unit of measure, *per*

Iban a cien kilómetros por hora. *They were going 100 kilometers an hour.*

¿Cuánto gastas por mes en alquiler? *How much do you spend per month on rent?*

¡**OJO!** Notice the difference between **trabajar por** in the example on the left and **trabajar para** in the example ¿**Trabaja usted para ellos?**

For some uses of **por** and **para,** it helps to write the two words on the board and draw an arrow in front of **por** pointing to the left and another after **para** pointing to the right (← **por** / **para** →). Then give examples. The motive, reason, or object of an errand are "before the action": **Murió por amor. Lo hizo por estar enojado. Fue a la tienda por leche (porque no tenía leche).** But the goal, destination, resultant act, or point in the future comes "after the action": **Esta carta es para ti. Se van para México. Trabajan para ganar dinero. Lo tendrán listo para el martes.**

Write sentences on the board such as: **Trabajo por el señor García. / Trabajo para el señor García. Sufre mucho por su hijo mayor. / Busca ayuda para su hijo mayor.** Or use the Unamuno quotation at the beginning of the section. Ask students to explain the meanings.

VOCABULARIO ÚTIL

EXPRESIONES CON *POR* Y *PARA*

darse por vencido(a)	*to give up, surrender*
estar por (salir, comer, etcétera**)**	*to be about to (leave, eat, etc.)*
para mí (ti, etcétera**)**	*as far as I'm (you're, etc.) concerned*
para siempre	*forever*
por completo	*totally, completely*
por eso	*for that reason*
por desgracia	*unfortunately*
por lo menos	*at least*
por otra parte	*on the other hand*
por primera vez	*for the first time*
por si acaso	*just in case*
por todos lados, por todas partes	*everywhere*

© Edward P. Faith

No nos demos por vencidos, cariño. Podemos comunicarnos por Skype. Para el amor, no hay nada imposible.

PRÁCTICA

11-19 *¿Por o para?* Haga oraciones con **por** o **para.**

⚙ **MODELO** Mandé el mensaje / correo electrónico
Mandé el mensaje por correo electrónico.

1. Esa computadora es demasiado grande / el escritorio
2. Estaremos en Barcelona / el sábado
3. Vamos a Toledo / una semana

4. Olvidé su nombre / estar muy nervioso

5. Fue a la sala / hablar con los invitados

6. Pagué demasiado / la impresora

7. Tengo el dinero / comprar la videocámara

8. Dimos un paseo / el centro

11-20 Dos chistes. Complete los párrafos con **por** o **para.**

Una pareja decide ir (1) __por__ dos semanas a pasar vacaciones en Miami. El señor va (2) __por__ avión dos días antes que su esposa porque tiene negocios allí. En el hotel el marido decide enviarle a su esposa un e-mail (3) __para__ decirle que ha llegado sin problemas. Le envía un mensaje (4) __por__ correo electrónico. (5) __Por__ desgracia, la dirección de correo que escribe no es la correcta y el mensaje le llega a una viuda. Cuando la viuda ve su e-mail, grita y se desmaya *(she cries out and faints).* Sus hijos entran y miran la computadora donde está escrito lo siguiente:

Cariño,

Todo está listo (6) __para__ tu llegada.

Tu marido que te quiere mucho.

P.D. Hace mucho calor aquí.

* * *

Un ingeniero informático viaja con dos amigos, un ingeniero mecánico y un ingeniero eléctrico, (7) __para__ asistir a un congreso. Van (8) __por__ la carretera de León a la capital. Después de media hora, el motor del coche se para *(stops)* y el coche no quiere moverse. El ingeniero eléctrico dice: «Creo que el problema debe ser (9) __por__ el sistema eléctrico; hay que limpiar los contactos». El ingeniero mecánico dice: «Será un problema con el motor, quizás los pistones». El ingeniero informático dice: «Yo creo que la solución es más fácil. ¿(10) __Por__ qué no nos bajamos? Después, esperemos un par de minutos, nos subimos de nuevo y el coche deberá arrancar *(start up)*».

 11-21 Opiniones. Trabaje con un(a) compañero(a). Hágale por lo menos tres preguntas, usando **por** o **para.** Consulte la lista de **Vocabulario útil** en esta sección. Esté preparado(a) para compartir la información con la clase.

⚙ **MODELOS**   *¿Crees que dos personas pueden estar enamorados «para siempre» o no? ¿Por qué?*
¿En qué ocasión te has dado por vencido(a)?
Para ti, ¿cuál es el momento más agradable del día? ¿Por qué?

EN CONTACTO

 Videocultura: Los cibercafés

Mucha gente latinoamericana va a los cibercafés. Mire el video y conteste esta pregunta: ¿Por qué es el cibercafé tan importante en Latinoamérica?

Vocabulario: la alta tecnología *high technology;* amplio *broad, large;* digamos *let's say;* degustar *to taste, sample;* plática *chat;* juntarse *to get together*

Google Busque «cibercafés» para saber más sobre este fenómeno en Latinoamérica.

© Heinle, Cengage Learning

11-22 Comprensión. Conteste las siguientes preguntas después de ver el video.

1. ¿Qué posibilidades le da el cibercafé al público?
2. ¿Dónde se encuentran los cibercafés? ¿Cómo son?
3. ¿Se enseña más sobre alta tecnología en la escuela pública o en la privada? Explique.
4. ¿Qué tareas hace la gente en el cibercafé? ¿Cómo se divierte allí?
5. ¿Qué consigue la gente a través del chat o de la plática en Internet?

11-23 Puntos de vista. Compare sus opiniones con las de dos o tres compañeros.

1. ¿Ha ido usted alguna vez a un cibercafé? ¿Cómo era el ambiente?
2. ¿Prefiere trabajar en casa, en la biblioteca, en un cibercafé o…? ¿Por qué?
3. Si usted pudiera abrir un cibercafé, ¿dónde lo haría? (¿en Latinoamérica?) ¿Cómo sería?
4. Si usted conociera a alguien en un chat o en una plática, ¿iría a una cita con esa persona? ¿Por qué sí o por qué no?

Síntesis

11-24 Busco a… Busque a un(a) compañero(a) que haga las siguientes cosas. Debe hablar con varios compañeros. Puede hacerle solo una pregunta a cada persona.

⚙ **MODELO** actualizar un blog todos los días
A: *¿Actualiza un blog todos los días?*
B: *Sí, actualizo… No, no actualizo…*

(Si la respuesta es afirmativa, el [la] estudiante B firma abajo.)

	Firma
1. ve programas de televisión por Internet a menudo	
2. ha escrito un «post» o entrada en Wikipedia™	
3. ha comprado por lo menos dos cosas por Internet recientemente	
4. sube videos a YouTube™ con frecuencia	
5. usa el celular más de treinta veces al día	
6. ha trabajado para una compañía u organización que no tenga sitio web	
7. usó una webcam por primera vez hace poco	
8. va de vacaciones por más de dos meses este verano	

11-25 ¿Quién es? Este juego es para grupos de cuatro jugadores o más.

1. Una persona sale de la sala de clase mientras las otras escogen a alguien del grupo o a alguna persona conocida de todos.
2. La persona que está afuera vuelve al grupo y trata de adivinar quién es el individuo que han escogido, haciendo preguntas que empiezan con **Si**. Ejemplos: **Si esta persona se casara, ¿con qué tipo de hombre (mujer) se casaría? Si fuera una máquina (un país, un edificio), ¿qué máquina sería? Si escribiera un cuento, ¿qué tipo de cuento escribiría?**
3. Las otras personas del grupo deben turnarse para contestar hasta que la persona que juega adivina correctamente o se da por vencida.

11-26 Los medios sociales y nosotros. Entreviste a un(a) compañero(a), usando las preguntas que siguen. Después, su compañero(a) lo (la) entrevista a usted.

1. ¿Cuáles son algunas ventajas de los medios sociales? ¿Cómo los utilizamos para comunicarnos? ¿para conseguir información? ¿para divertirnos?

2. ¿Cuáles son las desventajas de los medios sociales? Por ejemplo, ¿nos hacen perder tiempo? ¿Hay problemas cuando los criminales los utilizan para conseguir información sobre sus víctimas? ¿Causan problemas por el correo basura o mensajes no solicitados? ¿Hay mucha gente adicta a estas redes de comunicación?

Composición

Los medios sociales

Usando la lista de vocabulario de este capítulo, escriba un párrafo sobre los medios sociales. En general, ¿cree que representan una ventaja o una desventaja para la sociedad? Puede usar algunas de las ideas de las actividades 11-1, 11-3, 11-14 y 11-26.

1. Escriba una oración que presente su punto de vista. Por ejemplo: **Según mi opinión, los medios sociales han mejorado la vida de mi generación y de la sociedad en general** (o, **Los medios sociales han creado muchos problemas que nuestros antepasados no tenían**).

2. En cinco o más oraciones, explique su punto de vista. Dé ejemplos concretos.

3. Termine con una oración de conclusión: ¿Por qué representan una ventaja o una desventaja los medios sociales?

Tema alternativo: Haga un «wiki» con otros compañeros de clase. Hay varios sitios «wiki» gratuitos; para encontrar uno, busque en Internet o pídale ayuda a su profesor(a). Primero, en grupos de tres o cuatro estudiantes, escojan un tema. Una persona del grupo va al sitio «wiki» y escribe una entrada. La segunda persona edita la página y hace una contribución. Túrnense y sigan así hasta que cada persona del grupo haya contribuido algo sobre el tema que escogieron y todos estén contentos con el resultado. Pueden incluir videos, fotos, enlaces (links) a sitios en Internet o cualquier cosa de interés.

CAPÍTULO 12

¡Viva la imaginación!

METAS

En este capítulo vamos a aprender a...

▶ disculparnos

▶ expresar vacilación (*hesitation*)

▶ resumir una idea

▶ cambiar de tema

▶ hablar de personas creativas

▶ expresar acciones en progreso

© Rufino Tamayo/Art Resource, NY

Vendedora de toronjas (grapefruit), Rufino Tamayo

LENGUA VIVA

Expresiones para disculparse, expresar vacilación, resumir una idea, cambiar de tema

VOCABULARIO

La creación humana

El mundo literario

GRAMÁTICA

Los participios presentes y las formas progresivas

Los pronombres relativos

Los diminutivos

L LECTURAS

«La tradición literaria en España y Latinoamérica»

«Coplas *(Verses)* a la muerte de su padre» de Jorge Manrique

«Nada te turbe» *("Let nothing disturb you")* de Teresa de Ávila

«Cuadros y ángulos» y «Hombre» de Alfonsina Storni

«Defensa de la alegría» de Mario Benedetti

«Mujeres de ojos grandes» de Ángeles Mastretta

«La peste *(plague)* del insomnio» (episodio) de *Cien años de soledad* de Gabriel García Márquez

Presentación del tema

Arte y artesanía

Hay muchos ejemplos de la imaginación creadora en el mundo hispano. Entre los pintores, dibujantes y escultores hay nombres tan conocidos mundialmente como Fernando Botero, Pablo Picasso y Frida Kahlo. En la página anterior se ve un cuadro del pintor mexicano Rufino Tamayo (1899–1991). Sus cuadros son famosos por la intensidad y belleza de sus colores. Muestran una fuerte influencia del arte indígena de su tierra natal. Tamayo es famoso por sus retratos de temas esencialmente simples y humanísticos y por su habilidad para evocar las texturas y los colores de la naturaleza. De niño, Tamayo trabajó en un puesto de fruta, y la fruta es un tema recurrente en sus obras.

Latinoamérica tiene una larga tradición de artesanía, desde las cerámicas precolombinas hasta los artículos finos de cuero *(leather)*, plata o cobre *(copper)* que se encuentran en las boutiques modernas. En los mercados tradicionales se ven, entre muchas otras cosas, canastas *(baskets)*, tejidos, cerámicas, esculturas, encaje *(lace)* y tallados en madera.

Guatemala tiene una de las tradiciones textiles más ricas del mundo, con cientos de trajes típicos diferentes. Los tejidos guatemaltecos son famosos por sus diseños imaginativos y sus colores vivos.

© Jan Butchofsky/Corbis

Google Para ver ejemplos de artesanías de Latinoamérica, busque «textiles guatemaltecos», «oro precolombino» y «tallados en madera».

12-1 Preguntas.

1. Describa el cuadro *Vendedora de toronjas*. ¿Le gusta a usted esta obra? ¿Conoce otras obras de Rufino Tamayo?

2. ¿Por qué son famosos los tejidos guatemaltecos? ¿Tiene usted algunas artesanías hechas en España o Latinoamérica?

3. Dé un ejemplo de alguien que usted conozca que sea creativo(a) en la vida diaria; por ejemplo, alguien que sepa cocinar, sacar fotos, tejer, coser, dibujar, hacer carpintería... ¿Puede dar algún ejemplo de algo que usted o alguna otra persona haya creado o inventado recientemente?

4. ¿Se considera usted una persona creativa? Explique.

VOCABULARIO ÚTIL

LA CREACIÓN HUMANA

COGNADOS

el artesano (la artesana)	la escultura
la carpintería	el fotógrafo (la fotógrafa)
el carpintero (la carpintera)	el invento
la colección de estampillas (antigüedades)	el inventor (la inventora)
creativo(a)	el pintor (la pintora)
el escultor (la escultora)	

VERBOS

adornar	to decorate
coser	to sew, stitch
crear	to create
dibujar	to draw
diseñar	to design; to draw
entusiasmarse por	to be (get) enthusiastic about
ilustrar	to illustrate
inventar	to invent
investigar	to research
producir (zc)	to produce
tejer	to weave; to knit

OTRAS PALABRAS

la artesanía	handicrafts
creador(a)	creative (of artistic work)
el, la dibujante	illustrator, drawer of pictures
el dibujo	drawing
la investigación	research
la joyería (el collar, la pulsera, el pendiente)	jewelry (necklace, bracelet, earring)
la obra	work (of art, literature)
la pintura	painting
el retrato	portrait
el tallado en madera	wood carving
el tejido	weaving
la tela	fabric

PRÁCTICA

12-2 ¿Quién es? Para cada uno de los siguientes sustantivos, dé el sustantivo derivado que se aplique a los profesionales en ese campo.

 MODELO la escultura
el escultor (la escultora)

1. la pintura
2. la carpintería
3. la fotografía
4. el invento
5. el dibujo
6. la artesanía

 12-3 Entrevista. Entreviste a un(a) compañero(a), usando las siguientes preguntas. Después, su compañero(a) lo (la) entrevista a usted.

1. ¿Sabes coser? ¿tejer? ¿Diseñas la ropa que coses o tejes?
2. ¿Tienes una colección de estampillas? ¿de monedas? ¿de alguna otra cosa?
3. ¿A ti te interesa la fotografía? ¿Salen bien las fotos que sacas? ¿De qué o de quién sacas fotos, generalmente?
4. ¿Te entusiasmas por la carpintería? ¿la jardinería?
5. ¿Te gusta hacer cosas de cerámica? ¿hacer collares, pendientes o pulseras?
6. ¿Sabes dibujar? ¿pintar? ¿Seguiste una clase de arte alguna vez?

LENGUA VIVA

Julia Gutiérrez

Mike Martin

Audioviñetas: El arte y la imaginación

 Conversación: Para disculparse; para expresar vacilación; para cambiar de tema. Mike y Julia se reúnen en la Plaza Bolívar.

CD 2, Track 13

Julia va a estar en Florencia, y Mike va a estar en Brasil.

12-4 Escuche la conversación. ¿Dónde va a estar Julia en el verano? ¿y Mike?

12-5 Escuche la conversación otra vez. Conteste **V** (verdad) o **F** (falso).

___V___ **1.** Mike recibió una carta de un fotógrafo que está en Brasil y va a ir allí a trabajar con él.

___F___ **2.** Va a hacer un reportaje fotográfico acerca de Río de Janeiro.

___F___ **3.** Julia va a ir a Italia a estudiar literatura italiana.

___F___ **4.** Julia piensa mucho en el matrimonio.

___V___ **5.** Mike y Julia van a celebrar las fiestas navideñas en Colombia.

En otras palabras

Para disculparse

How do you excuse yourself or apologize for something? How do you express forgiveness if someone apologizes to you? Here are some ways to do that:

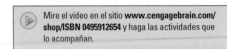
Mire el video en el sitio **www.cengagebrain.com/ shop/ISBN 0495912654** y haga las actividades que lo acompañan.

> **Lo siento (mucho). Siento mucho que (+ *subj.*)...**
>
> **Perdón. Perdóneme. (Perdóname.)**
>
> **Discúlpeme. (Discúlpame.)**
>
> **La culpa fue mía.** *It was my fault.*
>
> **No se preocupe. (No te preocupes.)**
>
> **No importa. No hay problema.**
>
> **No tenga(s) pena.** *No need to be embarrassed.* (*Mexico, Central America*)

¿Por qué se reúnen Sandra, Ana, Javier, Rafael y los padres de Javier?

Para expresar vacilación

Here are some phrases you can use when you need time to think (hesitation phrases).

> **Pues... / Bueno... / Este...**
>
> **A ver.** *Let's see.*
>
> **Buena pregunta.**
>
> **Depende (de)...** *It depends (on) . . .*
>
> **Yo diría... / ¿Cómo diría?**
>
> **Tendría que pensarlo.**

Para resumir una idea

Summarizing, or drawing conclusions, is important in both speaking and writing. Here are some ways to indicate that you are coming to the point, expressing a conclusion.

> **A fin de cuentas..., Al fin y al cabo...** *In the end . . ., After all is said and done . . ., In the final analysis . . .*
>
> **Después de todo...** *After all . . .*
>
> **Total (que)...** *So . . .*
>
> **En conclusión..., En resumen...** *(formal) In summary . . .*
>
> **En síntesis...** *In short . . .*

Para cambiar de tema

The ability to make a transition, or change of subject, is also important in both speaking and writing. Here are some ways to do this in Spanish.

> **En cambio...** *On the other hand . . ., In contrast . . .*
>
> **Por el contrario...** *However . . ., On the contrary . . .*
>
> **Por otra parte...** *On the other hand . . .*
>
> **Sin embargo...** *However . . .*
>
> **Cambiando de tema...** *To change the subject . . .*
>
> **A propósito, ...** *By the way, . . .*
>
> **A propósito de...** *Regarding . . ., Talking about . . .*
>
> **En cuanto a..., Con respecto a...** *As far as . . . is concerned . . .*

PRÁCTICA

12-6 Disculpas. Dé la respuesta apropiada de acuerdo con cada una de las siguientes situaciones.

1. Su mamá le dice: «Siento mucho que tu papá y yo no te podamos acompañar al cine».
2. Usted llega media hora tarde a una reunión en casa de su hermano.
3. Usted llega media hora tarde a una cita que tiene con un profesor.
4. Usted tropieza con *(bump against)* alguien en el cine.
5. Alguien le dice: «Me olvidé de presentarte a María en la fiesta de anoche. Lo siento mucho».

12-7 Entrevista. Trabaje con un(a) compañero(a). Usted tiene una entrevista para conseguir un trabajo de verano y piensa mucho antes de responder a las preguntas que le hacen. Utilice las frases que sirven para expresar vacilación.

1. ¿Por qué cree usted que tiene las cualidades necesarias para hacer este tipo de trabajo?
2. ¿Para qué tipo de persona desea usted trabajar?
3. ¿Podría usted trabajar para una persona un poco exigente y agresiva?
4. Una de sus cartas de recomendación dice que usted es inteligente pero no muy trabajador(a). ¿Qué dice usted?
5. ¿Qué tipo de trabajo piensa usted tener dentro de diez años?

12-8 ¡Socorro! (*Help!*) La siguiente composición está incompleta; necesita frases de transición. Ayude a quien la escribe a sacar mejor nota, completándola con las expresiones apropiadas.

Estatuas de don Quijote, Sancho Panza y Miguel de Cervantes
en la Plaza de España, Madrid

© Roger Antrobus/Corbis

To find out more about Cervantes and his famous book, have students look at don Quijote's adventure involving the liberation of the galley slaves (Chapter 7) and the introduction that precedes it.

(1) _____ la literatura española del siglo XVI, no hay duda de que el escritor más famoso de entonces es Miguel de Cervantes. Su conocido *Don Quijote* es una parodia de las novelas de caballería. En esas novelas, el caballero andante *(knight errant)* siempre es una encarnación del héroe típico. (2) _____, don Quijote y su amigo Sancho Panza son fieles retratos humanos, y la novela muestra la realidad cotidiana *(daily)* de la época. (3) _____ de Sancho Panza, la obra lo presenta como un personaje materialista cuya idiosincrasia contrasta con el idealismo de don Quijote. Los dos personajes reflejan un extenso panorama de cualidades humanas que van de lo ridículo a lo sublime. La novela trata algunas cuestiones fundamentales. ¿Qué somos los seres humanos: lo que creemos ser o lo que los demás *(other people)* creen que somos? ¿Existe una verdad ideal, como cree don Quijote en su locura, o no hay más realidad que la que percibimos *(we perceive)* por los sentidos *(senses)*? (4) _____, Cervantes no nos da la respuesta. (5) _____, nos hace pensar y nos obliga a buscar la respuesta por nosotros mismos.

GRAMÁTICA Y VOCABULARIO
The Present Participle and the Progressive Forms

The Present Participle

🔵 You may want to quote the first five verses of *Coplas a la muerte de su padre* by Jorge Manrique. These are some of the most famous and often quoted lines of classical poetry in Spanish, and they derive much of their power from the rhyming finish of the two **-ando** endings.

1. To form present participles, add **-ando** to the stems of **-ar** verbs and **-iendo** to the stems of **-er** and **-ir** verbs.

   hablar → habl**ando**   comer → com**iendo**   vivir → viv**iendo**

2. If the **-er** or **-ir** verb stem ends in a vowel, add **-yendo** rather than **-iendo** (since an unaccented **i** between two vowels becomes a **y**).

   creyendo   cayendo   oyendo   trayendo

   The present participle of **ir**, **yendo**, is rarely used.

3. In stem-changing **-er** and **-ir** verbs, the stem changes from **e** to **i** or **o** to **u** (as in the third-person singular and plural of the preterit).

   diciendo   durmiendo   siguiendo
   pidiendo   muriendo   sintiendo
   prefiriendo   pudiendo   viniendo

4. Present participles are invariable except that reflexive or object pronouns can follow and be attached to them.

Clara se despertó creyendo que había oído algo.	*Clara woke up thinking she'd heard something.*
No conociéndolos bien, decidí no hablarles de política.	*Not knowing them well, I decided not to talk politics with them.*

   Note that when pronouns are attached an accent is required to maintain the syllable stressed in the infinitive, as in the preceding example.

5. Sometimes the present participle can be used to mean *by* plus a present participle in English.

No vas a solucionar nada llorando, Martita.	*You're not going to solve anything by crying, Martita.*

The Progressive Forms

1. The progressive forms, **estar** plus a present participle, are used when attention to a specific moment is emphasized. They indicate that an action *is (was, would be) taking place or in progress* at a specific time, at this or that moment in time.

Estoy adornando la sala para la fiesta.	*I'm decorating the room for the party.*
Ana estaba cosiendo una blusa para su hija.	*Ana was sewing a blouse for her daughter.*
Cristina estará pintando ahora.	*Cristina must be painting now.*
Estaría bailando ahora si no tuviera que estudiar. —¡Así es la vida!	*I would be dancing now if I didn't have to study. —That's life!*

The progressive is used far less in Spanish than in English, since the simple forms in Spanish (for instance, the present) are preferred. It is generally used in reference to a very specific time frame. The use of the preterit progressive is especially rare.

2. The present progressive is never used for future or anticipated actions, when the simple present is often used.

El martes salgo para Montevideo.	*Tuesday I'm leaving for Montevideo.* (*not* estoy saliendo)

3. **Andar, ir, seguir,** and **venir** can also be used to form the progressive, although these constructions are not as common as the progressive with **estar.** In general, they imply a repeated or sustained action or situation.

Bárbara anda investigando las telas tradicionales de Guatemala.	*Bárbara's (going around) researching traditional fabrics from Guatemala.*
Iban cantando por la calle.	*They went singing down the street.*
El muchachito seguía mirándola. ¡Qué mujer más rara!	*The little boy kept watching her. What a strange woman!*
Viene componiendo música desde que tenía quince años.	*She's been composing music since she was fifteen years old.*

¡OJO! Seguir + present participle is often translated with the verb *keep* in English.

vago *lazy*

© Mauro Entrialgo

PRÁCTICA

12-9 Pablo Picasso: una persona creadora. Picasso nació en 1881; a la edad de 92 años, en 1973, todavía se mantenía activo y creador. Diga qué estaba haciendo en los años siguientes.

> **MODELO** 1897 / estudiar en la Real Academia de Bellas Artes de Madrid (a la edad de dieciséis años)
>
> *En 1897 estaba estudiando en la Real Academia de Bellas Artes de Madrid.*

1. 1900 / vivir en París; descubrir las obras de Toulouse-Lautrec y de otros pintores
2. 1907 / trabajar con los «Ballets Rusos»; hacer el montaje de escenarios *(sets)*
3. 1908 / desarrollar el estilo cubista
4. entre 1930 y 1935 / ilustrar obras literarias y hacer esculturas
5. 1937 / pintar *Guernica,* que trata de la Guerra Civil Española
6. entre 1937 y 1944, durante la Segunda Guerra Mundial / sufrir hambre y miseria
7. 1947 / producir cerámica muy original
8. entre 1955 y 1973 / todavía crear nuevos estilos y técnicas artísticas

12-10 ¡Ajá! Trabaje con un(a) compañero(a). Describa un incidente en que usted tuvo una idea original o una inspiración. ¿Dónde estaba? ¿Qué estaba haciendo? ¿Había otras personas con usted? ¿Quiénes? ¿Qué estaban haciendo ellos?

> **MODELO** *Un día hace muchos años estaba en la sala de clase del primer grado. Estaba lloviendo. Estábamos leyendo un libro; unos alumnos estaban leyendo muy despacio. La maestra estaba repitiendo lo que leían. De repente se me ocurrió que el libro era una manera en que una persona se comunica con otra. Y empecé a leer a una velocidad normal.*

12-11 ¿Qué estarías haciendo si...?

Paso 1. En una tarjeta, va a escribir dos preguntas. Empiece con estas frases:

¿Qué estarías haciendo si...?

¿Qué estarás haciendo...?

Paso 2. Levántese y hágale las preguntas a otro(a) estudiante. Después de contestar, el (la) otro(a) estudiante le hará sus preguntas a usted. Intercambien las tarjetas. Hágale las preguntas que ha recibido a otro(a) estudiante. Haga y conteste por lo menos seis preguntas. ¿Cuál es la pregunta más interesante de todas?

12-12 ¿Qué estoy haciendo? Piense en una acción que sepa decir en español: por ejemplo, **Estoy cosiendo, jugando al tenis, abriendo un paquete, tocando el trombón.** Exprese la acción con gestos para que la vean los otros miembros del grupo. (Habrá que repetir la acción varias veces.) Después, la persona que adivine lo que usted está haciendo debe expresar otra acción con gestos, etcétera.

Estas mujeres hondureñas están haciendo tallados en madera.
Pasamos entre ocho y nueve años de nuestra vida trabajando.

TABLA DE TIEMPOS	
Estar de pie	30 años
Dormir	23 años
Estar sentado	17 años
Caminar	16 años
Trabajar	8-9 años
Comer	6-7 años
Soñar	4 años
Transporte colectivo	3 años
Ver televisión	5 años + 303 días
Hablar y escuchar	2 años
Reír	1 año + 258 días
Cocinar	1 año + 195 días
Estar resfriado	1 año + 135 días
Cortejar y ser cortejado	1 año + 139 días
Correr	1 año + 75 días
Estar enfermo	1 año + 55 días
Ir a la escuela	1 año + 40 días
Festejar	1 año + 10 días
Hacer colas	500 días
Rellenar formularios	305 días
Leer	250 días
Telefonear	180 días
Vestirse (hombre)	177 días
(mujer)	531 días
Hacer las compras	140 días
Afeitarse	140 días
Lavarse (hombre)	117 días
(mujer)	2 años
Peinarse	108 días
Cepillarse los dientes	92 días
Depilarse (mujer)	72 días
Llorar	50 días
Saludar	8 días
Rellenar formas fiscales	3- 6 días
Consultar el reloj	3 días

FUENTE: SCIENCE ET VIE

Paso 1. Primero, lea la siguiente información: «Si tomamos como referencia a un ciudadano mexicano que viva setenta años, y calculamos lo que le ocupan las más diversas tareas cotidianas [*daily*], comprobaremos [*we'll find*] que emplea un año en correr, otro en divertirse, y siete los dedica a comer... Así gastamos el tiempo del que disponemos [*that we have available*]». —Elena García de Guinea, *Muy interesante,* año XVI, número 7, páginas 68–72.

Paso 2. Con un(a) compañero(a), háganse y contesten preguntas acerca de las actividades del cuadro, usando participios presentes. ¿Hay algunos datos que les sorprendan? ¿Cuáles?

Vocabulario: resfriado *ill with a cold,* cortejar *to court,* festejar *to celebrate,* rellenar *to fill out,* afeitarse *to shave,* peinarse *to comb or brush one's hair,* depilarse *to remove unwanted hair*

⚙ **MODELO** A: *¿Cuánto tiempo se pasa viendo televisión?*
B: *Cinco años, 303 días.*

Paso 3. Hagan y contesten preguntas acerca de su propia rutina.

⚙ **MODELOS** *En un día típico, ¿cuánto tiempo pasas viendo televisión?*
¿Crees que vas a pasar un año y 195 días de tu vida cocinando?
En una semana típica, ¿cuánto tiempo pasas cocinando?

Courtesy of Gloria Achucarro

Gloria Achucarro, escultora y dibujante argentina cuyas obras expresan mucho amor por la vida

12-14 ¿Qué están haciendo? Escoja una foto de este libro (una de las que aparcen a continuación u otra en este u otro capítulo) y escriba por lo menos dos oraciones, usando el tiempo progresivo. ¿Qué están haciendo las personas de la foto?

Donna Coveney/MIT

Mario Molina, científico mexicano que ganó el Premio Nobel de Química por sus investigaciones acerca de la capa de ozono

Pierre Philippe Marrow/AFP/Getty Images

Ferrán Adriá, el innovador chef de Barcelona (La revista *Gourmet* lo llama «El Dalí de la cocina», haciendo referencia al famoso artista catalán Salvador Dalí.)

Relative Pronouns; The Neuter *Lo, Lo que*

Google Para saber más sobre esta celebración de arte popular en Oaxaca, México, busque «La Noche de Rábanos».

© Marina Brodskaya

© Marina Brodskaya

Según mi amiga de Oaxaca, hay un festival allí el 23 de diciembre. Se llama «La Noche de Rábanos *(Radishes)*». → Según mi amiga de Oaxaca hay un festival allí el 23 de diciembre **que** se llama «La Noche de Rábanos».

Me hablaba de una artesana. La artesana es su abuela. → La artesana de **quien** me hablaba es su abuela.

1. Relative pronouns replace nouns and are used to join simple sentences. The relative pronoun **que** *(that, which, who, whom)* can refer to either people or things.

El pastel que hiciste y adornaste estaba muy rico.	*The cake (that) you made and decorated was very delicious.*
El poeta que escribió «La hora cero» se llama Ernesto Cardenal.	*The poet who wrote "Zero Hour" is Ernesto Cardenal.*

Quien cannot be used in the preceding example—**que** is essential. Note that relative pronouns cannot be omitted in Spanish as they often are in English.

2. **Quien** (plural **quienes**), meaning *who* or *whom,* is used to refer to people. It is frequently used after prepositions (often the preposition **a**).

Los amigos a quienes busco son periodistas.	*The friends I'm looking for (for whom I'm looking) are journalists.*
El inventor de quien me hablabas vive en Madrid, ¿no?	*The inventor you were talking to me about (about whom you were talking) lives in Madrid, doesn't he?*

Que is not used after a preposition to refer to people; **quien(es)** must be used in the preceding examples and has the meaning *whom.* Notice that although in informal English a sentence can end with a preposition, this is not possible in Spanish.

¿Cómo se llama el estudiante con quien habla el profesor?	*What's the name of the student the teacher is talking to (to whom the teacher is talking)?*

3. **Cuyo** *(whose, of which)* agrees in gender and number with the noun it modifies (person or thing), not with the possessor.

El inventor cuyas investigaciones lo llevaron a...	*The inventor whose research led him to . . .*
Una novela cuyos personajes viven en Macondo...	*A novel whose characters (the characters of which) live in Macondo . . .*

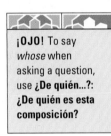

¡**OJO!** To say *whose* when asking a question, use **¿De quién...?**: **¿De quién es esta composición?**

4. **El cual (que), la cual (que), los cuales (que),** and **las cuales (que)** are sometimes used instead of **que** or **quien** after prepositional phrases or prepositions with two or more syllables (e.g., **hacia, para, detrás, contra**) and after **por** and **sin** to avoid confusion with the conjunctions **porque** and **sin que.**

La joyería detrás de la cual (la que) hay un museo de arte...	*The jewelry store behind which there is an art museum . . .*
Las antigüedades por las cuales (las que) pagamos cien mil pesos...	*The antiques for which we paid one hundred thousand pesos . . .*
La hermana de Luis, para la que compré el collar...	*Luis's sister, for whom I bought the necklace . . .*

5. **El (la) que** and **los (las) que** have a use that **el cual** does not have. These forms can mean *he (she, the one) who (that)* or *those who (that).*

Uno de mis primos, el que vive en México, viene a visitarnos el domingo.	*One of my cousins, the one who lives in Mexico, is coming to visit us on Sunday.*
Los que no ayudan, no comen.	*Those who don't help don't eat.*

Quien can also mean *he (she) who;* it is often used in proverbs.

Quien habla dos lenguas vale
por dos.

*He (She) who speaks two languages
is worth two people.*

6. The neuter **lo** can be used with a masculine singular adjective to express an abstract idea or quality.

Lo único que comprendí de esa
obra fue el título.

*The only thing I understood about that
play (work) was the title.*

7. **Lo** can also refer to an idea or quality already mentioned.

¡Esas fotos de mí son horribles!
—No, querida, no lo son.

*Those photos of me are terrible! —No,
dear, they aren't.*

Marisa se entusiasma mucho por
el diseño de ropa con telas
naturales. —Sí, lo sé.

*Marisa's very enthusiastic about
designing clothing with natural
fabrics. —Yes, I know.*

8. **Lo que** expresses the English relative pronoun *what* or, less often, *that which.*

No entiendo lo que quiere decir,
señor.

I don't understand what you mean, sir.

VOCABULARIO ÚTIL

EL MUNDO LITERARIO

COGNADOS

el autor (la autora)	el, la novelista
la (auto)biografía	la poesía
la ciencia ficción	el, la poeta (*also,* la poetisa)
la fantasía (fantástica)	publicar
la novela (romántica, histórica, policíaca, de misterio)	satírico(a)

OTRAS PALABRAS

el cuento	*story*
el ensayo	*essay*
el escritor (la escritora)	*writer*

¡OJO!

el personaje *character in film or literature; personage* / **el carácter** *character, personality, temper*

el tiempo *time (as an abstract concept)* / **la hora** *time (of day)* / **la vez** *time (instance)* / **el rato** *short time or while*

PRÁCTICA

12-15 La creación literaria. Combine las oraciones, usando **que** o **quien(es)**, de acuerdo con los modelos.

> ⚙ **MODELOS** Junot Díaz es un autor dominico-americano. Escribió *La breve y maravillosa vida de Óscar Wao.*
> *Junot Díaz es el autor dominico-americano que escribió* La breve y maravillosa vida de Óscar Wao.
>
> Isabel Allende es una escritora chilena. El profesor habló de ella ayer.
> *Isabel Allende es la escritora chilena de quien el profesor habló ayer.*

1. Estoy buscando un libro de poemas. Se llama *Rimas.*
2. Pablo Neruda era un poeta chileno. Ganó el Premio Nobel.
3. Son novelistas chicanos. Hablé con ellos en el congreso.
4. Voy a una conferencia sobre Gabriela Mistral. Empieza a las dos.
5. Cervantes era un escritor excepcional. Se dijo de él: «Él es la vida y la naturaleza».

12-16 Escritores hispanos. Combine las oraciones con la forma correcta del relativo **cuyo,** de acuerdo con el modelo.

> ⚙ **MODELO** Gabriel García Márquez es un escritor colombiano. Su autobiografía se llama *Vivir para contarla.*
> *Gabriel García Márquez es el escritor colombiano cuya autobiografía se llama* Vivir para contarla.

1. Ángeles Mastretta es una autora mexicana. Sus libros tratan de mujeres fuertes e independientes.
2. Arturo Pérez-Reverte es un escritor español. Sus novelas son muy imaginativas.
3. Jorge Luis Borges era un escritor argentino. Sus cuentos son muy populares en todo el mundo.
4. Tino Villanueva es un escritor chicano. Su poesía es satírica.
5. José Martí era un poeta cubano. Sus *Versos sencillos* son muy famosos.

12-17 Proverbios. Complete los siguientes proverbios con **lo que** o **el que.**

1. Ni __el que__ ama ni __el que__ manda quieren compañía.
2. __Lo que__ saben tres, público es *(is public knowledge).*
3. __El que__ espera, desespera, si no alcanza __lo que__ desea.
4. Paga __lo que__ debes y sabrás __lo que__ tienes.
5. No hay peor sordo *(deaf person)* que __el que__ no quiere oír.

Después, invente su propio proverbio con **lo que** o **el que.**

> ⚙ **MODELOS** *El que nunca ama, nunca sufre.*
> *El que se queja de lo que le falta, no sabe apreciar lo que tiene.*

ANS 12-15
1. Estoy buscando un libro de poemas que se llama *Rimas.* 2. Pablo Neruda era un poeta chileno que ganó el Premio Nobel. 3. Son los novelistas chicanos con quienes hablé en el congreso. 4. Voy a una conferencia sobre Gabriela Mistral que empieza a las dos. 5. Cervantes era el escritor excepcional de quien se dijo: «Él es la vida y la naturaleza».

ANS 12-16
1. Ángeles Mastretta es una autora mexicana cuyos libros tratan de mujeres fuertes e independientes. 2. Arturo Pérez-Reverte es un escritor español cuyas novelas son muy imaginativas. 3. Jorge Luis Borges era un escritor argentino cuyos cuentos son muy populares en todo el mundo. 4. Tino Villanueva es un escritor chicano cuya poesía es satírica. 5. José Martí era un poeta cubano cuyos *Versos sencillos* son muy famosos.

▲ The touching short story **«Mujeres de ojos grandes»,** by Ángeles Mastretta, is included in the section **El cuento.**

12-18 «Cosas que me molestan» y «Cosas que me encantan». Trabaje con un(a) compañero(a). Haga y conteste preguntas sobre sus gustos y sobre las cosas que de veras lo (la) vuelven loco(a). Ayude a su compañero(a) a crear dos listas, una con varias cosas que le molestan y otra con varias cosas que le encantan. Use pronombres relativos.

⚙ **MODELOS** *Lo que me molesta:*
(1) *la gente que habla en el cine durante una película*
(2) *las personas a quienes siempre hay que esperar porque siempre llegan tarde*
(3) *los profesores cuya escritura no se puede leer…*

12-19 ¿Qué te gusta leer? Entreviste a un(a) compañero(a) sobre sus gustos literarios, usando las preguntas que siguen. Después, su compañero(a) lo (la) entrevista a usted. Esté preparado(a) para compartir la información con la clase.

1. ¿Cuál es el nombre de un(a) novelista cuyas obras te gustan mucho? ¿Por qué te gustan? Entre sus obras, ¿cuál fue la que más te gustó? ¿Hay un personaje con quien te identifiques?

2. En Estados Unidos y Canadá, la gran mayoría de los libros que se venden son novelas románticas, policíacas o de misterio. Para mucha gente representan un escape de la realidad. ¿A ti te gustan estas clases de libros o prefieres leer libros que traten de la vida real?

3. ¿Lees biografías o autobiografías? Entre las que has leído, ¿cuáles eran las más interesantes?

4. ¿Lees poesía? ¿Hay un(a) poeta cuyos versos hayas leído varias veces? ¿Cómo se llama?

5. ¿Qué clase de revistas te gusta leer? ¿Te gustan las revistas que traen información o las que entretienen con humor, artículos sobre deportes, la moda…?

6. En vez de leer libros, ¿escuchas audiolibros a veces? ¿Lees artículos en Internet en vez de comprar revistas? ¿Lees literatura o microcuentos en el celular?

Google

Busque «literatura móvil» para ver ejemplos de microcuentos en español.

No alternamos *We don't mingle*
criados *servants*

¡Hola! *magazine that focuses on celebrities*

Diminutives

1. Diminutives are often used to express smallness in size or to show affection. The most common diminutive endings are **-ito**, **-illo**, **-(e)cito**, and **-(e)cillo** (and their feminine and plural forms). A final vowel is often dropped before a diminutive ending is added.

amiguita	pajarillo	pueblecito	florecilla
muchachito	chiquilla	viajecito	panecillo *(roll)*
ratito	librillo	jovencita	

Notice the words **amiguita** and **chiquilla**. Just as a final **-go** (**-ga**) becomes **gu** and a final **-co** (**-ca**) becomes **qu** in verb forms you have studied (e.g., **sigo** becomes **sigue** or **toca** becomes **toque** in the subjunctive), this spelling change occurs also with diminutives.

2. Sometimes diminutives can express ridicule—the ending **-illo** or **-ecillo** is sometimes used for this purpose.

No he leído los ensayos de ese autorcillo.	*I haven't read the essays of that author (implying dislike).*
¡Qué carácter más fuerte! Pero ¡qué coquetilla!	*What a strong personality! But what a little flirt!*

PRÁCTICA

12-20 Un chiste. Para cada diminutivo en negrilla, dé la palabra base.

⚙ **MODELO** florecilla
flor

Una mujer mexicana que tiene tendencia a usar muchos diminutivos se casa con un hombre venezolano. Se van a vivir a Venezuela. Un día están almorzando cuando la mujer le dice a su marido: «Ay, mi (1) **amorcito,** ¡cómo extraño a mi querida familia en México! Quisiera ver a mamá, a papá, a mis (2) **hermanitos** y a sus (3) **chiquillos**... ¿No podríamos hacer un (4) **viajecito** para verlos? Podríamos quedarnos allí en la (5) **casita** de mi (6) **abuelita** para no gastar en hoteles. Tú sabes que ella tiene sus 80 años y está muy (7) **viejita** ahora... ¿Me pasas un (8) **panecillo,** por favor?» El hombre, cansado ya de oír tantos diminutivos, le dice, «Mi amor, ¿qué es esto de "abuelita", "viajecito", "chiquillos"? ¿No puedes hablar como todo el mundo?» La mujer se calla, y después de un rato él nota que ella no ha comido nada. «Y ahora, ¿qué te pasa, cariño? ¿No quieres comer?», le dice. Y ella responde: «Bueno, es que ya no tengo mucho... apeto».

 12-21 Use la imaginación. Escriba una oración, usando tantos diminutivos como le sea posible.

⚙ **MODELO** *El perrito estaba jugando con los zapatitos de mi hermanita en el jardincito.*

To reinforce the change from **-go(a)** to **-gu(a)** or **-co(a)** to **-quo(a)**, put a couple of words on the board like **manguito** and **poquito** and ask students to explain the spelling, based on their knowledge of verb formation.

Mention that certain diminutives are used more in some countries than others. For instance, the **-illo** forms are used more in some parts of Spain. The **-ico** forms are used in Colombia, Venezuela, and parts of Central America; in fact, they are used so much in Costa Rica that the Costa Ricans are often called **ticos** because of it.

Linguists have noted that women tend to use more diminutives than men. For instance, in English a woman is much more likely to say *nightie* or *cutie* or *tummy* than a man is.

ANS 12-20
1. amor 2. hermanos
3. chicos 4. viaje 5. casa
6. abuela 7. vieja 8. pan

12-21. Make this a contest to see who can produce the sentence with the most diminutives. Provide help as needed.

You might want to discuss augmentatives briefly if you have time. A common ending is **-ote** or **-ota**: **amigote** (*pal*), **feote** (*big and ugly*), **grandote** (*large*), **perrote** (*big dog*). Many end in **-ón** or **-ona** and can be pejorative: **caserón** (*big, run-down house*), **sillón** (*armchair*), **zapatón** (*large shoe*), **narizón** (*with a big nose*), **orejón** (*with big ears*), or **panzón** (*with a large stomach*). The ending **-udo(a)** implies a big or a large amount of something, for instance: **manudo** (*with large hands*), **peludo** (*hairy*), **huesudo** (*bony*).

EN CONTACTO

 Videocultura: El Nuyorican Poets Café

Los puertorriqueños han creado en Nueva York instituciones culturales como el Museo del Barrio, teatros en español y un café que funciona como salón literario, el Nuyorican Poets Café. A Miguel Algarín, fundador *(founder)* del café, le encanta recitar sus obras para el público. El café se ha convertido en *(has become)* un centro internacional. Mire el video y conteste esta pregunta: ¿Cuál es la importancia del Nuyorican Poets Café para los poetas jóvenes y para la cultura puertorriqueña?

Vocabulario: acude a *comes to;* lograron habituarse *managed to get accustomed;* me crié *I grew up;* en búsqueda de *in search of;* sin pretensión *unpretentious;* oralidad *oral expression;* la nobleza *nobility, integrity;* arrimarse *to move or draw near to*

> **You Tube** Busque «Nuyorican Poets Café» para ver videos de algunas actuaciones.

© Heinle, Cengage Learning

12-22 Comprensión. Conteste las siguientes preguntas después de ver el video.

1. ¿Dónde se crió (creció) Miguel Algarín?
2. ¿Qué significa el Nuyorican Poets Café para él?
3. ¿Cómo era el café cuando se abrió? ¿En qué se convirtió?
4. Cuente lo de la visita de los poetas japoneses. ¿Cómo los recibió el público?

 12-23 Puntos de vista. Compare sus opiniones con las de dos o tres compañeros.

1. ¿Qué contactos tiene usted con la poesía? ¿La escucha en rap o en canciones? ¿La lee en tarjetas o en libros? ¿La inventa?
2. ¿Qué lugares hay en su ciudad donde se recite poesía? ¿Cuál es su poema favorito?
3. Miguel Algarín dice que «estoy en casa» en el café. ¿Qué significa? ¿En qué lugares se siente usted en casa?

Síntesis

12-24 Las mejores películas de todos los tiempos. Haga una lista de tres películas que para usted sean las más interesantes de todos los tiempos. Después, hable con un(a) compañero(a). Juntos, escojan los tres filmes que consideren los más interesantes. Luego hablen con otra pareja de estudiantes y, entre los cuatro, hagan una lista final, escogiendo tres películas. Los cuatro tienen que estar de acuerdo. Cuando tengan su lista, escriban tres oraciones acerca de sus selecciones, usando pronombres relativos y **lo** o **lo que.** ¿Qué grupo puede usar más pronombres relativos?

Cecilia Roth y Penélope Cruz en *Todo sobre mi madre,* del director Pedro Almodóvar

> ⚙ **MODELOS** *La película más interesante para nosotros es ___; es la que...*
> *Es una película cuyo...*
> *Lo que más nos gusta de esta película es...*
> *Otra película que nos hizo reír (pensar) fue...*

12-25 Entrevista. ¿Qué lo (la) ayuda a ser más creativo(a)? Para el autor alemán Federico Schiller era el aroma de las manzanas podridas *(rotten)*. Ernest Hemingway necesitaba «un lugar limpio y bien iluminado». Honorato de Balzac se vestía de monje *(monk)* para buscar inspiración. Entreviste a un(a) compañero(a), usando las siguientes preguntas. Después, su compañero(a) lo (la) entrevista a usted.

1. ¿Qué te ayuda a ser creativo(a)? ¿Alguna comida? ¿bebida? ¿cierto tipo de música? ¿ejercicio físico?

2. ¿Existe cierto lugar en el cual trabajas mejor o algún momento del día durante el cual se te ocurren las ideas más creativas? ¿Dónde o cuándo?

3. ¿Conoces a alguien a quien tú consideres muy creativo(a)? ¿Quién? ¿Qué hace?

12-26 La poesía «concreta». La poesía «concreta» es una combinación de palabras y diseños o imágenes que ilustran una cosa o un concepto. Con un(a) compañero(a), escriba un poema «concreto». Hay algunos ejemplos a la derecha.

Composición

Una persona creadora

Usando las listas de vocabulario de este capítulo y algunas ideas de las actividades 12-1, 12-9, 12-14, 12-15, 12-16, 12-19, 12-24 y 12-25, escriba un párrafo sobre una persona que, según su opinión, es muy creativa. Trate de usar pronombres relativos y algunas expresiones de la sección **En otras palabras** de este capítulo. Siga estas instrucciones.

1. Escriba una oración que presente a la persona que escogió. Por ejemplo:
   Según mi opinión, la pintora cubana Alicia Leal es una persona muy creativa.

2. En por lo menos cinco oraciones, describa lo que hace la persona que escogió. Si sabe algo sobre su vida, cuéntelo en dos o tres oraciones, diciendo dónde nació, dónde vive (o vivía), algún hecho que influyó en su vida, etcétera.

3. Termine con una oración de conclusión: ¿Por qué escogió usted a esta persona?

Opción: Utilizando un sitio en Internet como «Comic Life» o sus propios dibujos, haga una tira cómica para ilustrar su composición.

Capitalization, Punctuation, Syllabication, and Word Stress

Capitalization

A. Names of languages and adjectives or nouns of nationality are not capitalized in Spanish; names of countries are.

> Robin es inglés, pero habla muy bien el español. Pasó varios años en Panamá.

> *Robin is English, but he speaks Spanish very well. He spent several years in Panama.*

B. The first-person singular **yo** is not capitalized, as *I* is in English. Days of the week and names of months are also lowercased in Spanish.

> En enero, durante el verano, yo voy a la playa todos los domingos por la tarde.

> *In January, during the summer, I go to the beach every Sunday afternoon.*

C. In Spanish titles, with rare exceptions, only the first word and any subsequent proper nouns are capitalized.

> *El amor en los tiempos del cólera*　　Love in the Time of Cholera
> *La casa de Bernarda Alba*　　The House of Bernarda Alba

D. **Usted** and **ustedes** are capitalized only when abbreviated: **Ud. (Vd.), Uds. (Vds.).** Similarly, **señor (Sr.), señora (Sra.),** and **señorita (Srta.)** are capitalized only in abbreviations.

Punctuation

A. The question mark and exclamation mark appear, in inverted form, at the beginning of a question or exclamation. They are not always placed at the beginning of a sentence but, rather, at the beginning of the actual question or exclamation.

> ¡Hola! ¿Cómo estás?

> *Hi! How are you?*

> Si usted pudiera viajar a Sudamérica, ¿a qué país viajaría?

> *If you could travel to South America, to what country would you travel?*

B. Guillemets (« ») are used instead of the quotation marks used in English.

> «¡Felicitaciones!» me dijo.

> *"Congratulations!" he said to me.*

Syllabication

A. A single consonant forms a syllable with the following vowel(s), as do the letters **ch, ll,** and **rr.**

co-ci-na	ba-rrio	lla-ma
mu-cha-cha	de-sa-rro-lla-do	hu-ma-ni-dad

B. Syllables are usually divided between two consonants.

Mar-ta	sal-go	gen-te	ár-bol

C. However, most consonants with **l** or **r** form a consonant group that can't be divided.

a-bril	so-pra-no	de-mo-cra-cia
re-gla	a-gra-da-ble	ha-bla-dor

D. Groups of two or more consonants are normally divided so that the final consonant goes with the following vowel(s): pe**rs-p**ec-ti-va, i**ns-t**an-te. However, if there is a combination of consonants that can't be divided (one of the consonants is **r** or **l**), this rule does not apply: mo**ns-tr**uo (**tr** can't be divided), so**r-pr**en-der (**pr** can't be divided).

E. Combinations of strong vowels (**a, e, o**) are divided to form separate syllables.

ca-es	le-er	ca-no-a	pa-se-o

However, a weak vowel (**i** or **u**) combines with a strong vowel or with another weak vowel to form a diphthong, which functions with a consonant or consonants as a single syllable if unaccented.

ciu-dad	puer-to	bai-lar	au-di-to-rio

Note that in combinations of a weak and strong vowel where the weak vowel is accented, the two vowels are divided into separate syllables.

mí-o	pa-ís	re-ír	po-li-cí-a

Word Stress

A. Words that end in a vowel, **n,** or **s** are stressed on the next-to-the-last syllable.

dul-ce	**dis**-co	man-**za**-nas	o-**ri**-gen

B. Words that end in a consonant other than **n** or **s** are stressed on the final syllable.

ju-ven-**tud**	ve-**jez**	pa-**pel**	ad-mi-**rar**

C. An accent changes the pattern; a word is always stressed on a syllable with an accent.

a-**diós**	**ár**-bol	**pá**-ja-ro	**ó**-pe-ra

Numbers, Dates, and Time

Cardinal Numbers

0	cero	29	veintinueve (veinte y nueve)
1	uno, una	30	treinta
2	dos	31	treinta y un(o), una
3	tres	40	cuarenta
4	cuatro	50	cincuenta
5	cinco	60	sesenta
6	seis	70	setenta
7	siete	80	ochenta
8	ocho	90	noventa
9	nueve	100	ciento (cien)
10	diez	101	ciento un(o, a)
11	once	110	ciento diez
12	doce	200	doscientos(as)
13	trece	300	trescientos(as)
14	catorce	400	cuatrocientos(as)
15	quince	500	quinientos(as)
16	dieciséis (diez y seis)	600	seiscientos(as)
17	diecisiete (diez y siete)	700	setecientos(as)
18	dieciocho (diez y ocho)	800	ochocientos(as)
19	diecinueve (diez y nueve)	900	novecientos(as)
20	veinte	1000	mil
21	veintiún, veintiuno, veintiuna (veinte y un[o, a])	1100	mil ciento (mil cien)
22	veintidós (veinte y dos)	1500	mil quinientos(as)
23	veintitrés (veinte y tres)	2000	dos mil
24	veinticuatro (veinte y cuatro)	100 000	cien mil
25	veinticinco (veinte y cinco)	200 000	doscientos(as) mil
26	veintiséis (veinte y seis)	1 000 000	un millón (de)
27	veintisiete (veinte y siete)	2 000 000	dos millones (de)
28	veintiocho (veinte y ocho)	2 500 000	dos millones quinientos(as) mil

Ordinal Numbers

1st	primer(o, a)	6th	sexto(a)
2nd	segundo(a)	7th	séptimo(a)
3rd	tercer(o, a)	8th	octavo(a)
4th	cuarto(a)	9th	noveno(a)
5th	quinto(a)	10th	décimo(a)

A. Cardinal numbers are invariable …

cuatro hermanas y cinco hermanos	*four sisters and five brothers*

except **ciento** and **uno** and their compound forms:

doscientas personas	*two hundred people*
un viudo y una viuda	*a widower and a widow*
treinta y una familias	*thirty-one families*
veintiún maridos y veintiuna esposas	*twenty-one husbands and twenty-one wives*

B. Ciento becomes **cien** before a noun or before **mil** or **millones.**

Cien años de soledad es una novela famosa de Gabriel García Márquez.	*One Hundred Years of Solitude is a famous novel by Gabriel García Márquez.*
Hace cien mil años el hombre neandertal vivía en España.	*One hundred thousand years ago Neanderthal man lived in Spain.*

C. Above 999 **mil** must be used.

En mil novecientos cincuenta y nueve Fidel Castro llegó al poder en Cuba.	*In nineteen (hundred) fifty-nine Fidel Castro came to power in Cuba.*

D. Un millón de (**dos millones de,** etc.) are used for millions.

España tiene unos 46 millones de habitantes.	*Spain has about 46 million inhabitants.*

E. Ordinal numbers have to agree in gender with the nouns they modify.

la décima vez	*the tenth time*
el noveno día	*the ninth day*

F. The final **o** of **primero** and **tercero** is dropped before a masculine singular noun.

¿Es el primer o el tercer día del mes?	*Is it the first or third day of the month?*

G. El primero is used in dates for the first of the month; cardinal numbers are used for other days of the month.

El primero de mayo es el Día del Trabajo; el cinco de mayo es el día de la batalla de Puebla contra los franceses en México.	*The first of May is Labor Day; the fifth of May is the day of the battle of Puebla against the French in Mexico.*

Simple Tenses

	Present Subjunctive	Imperfect Subjunctive	Imperative
hablar	hable	hablara (se)	—
	hables	hablaras (ses)	habla (no hables)
	hable	hablara (se)	hable
	hablemos	habláramos (semos)	hablemos
	habléis	hablarais (seis)	hablad (no habléis)
	hablen	hablaran (sen)	hablen
comer	coma	comiera (se)	—
	comas	comieras (ses)	come (no comas)
	coma	comiera (se)	coma
	comamos	comiéramos (semos)	comamos
	comáis	comierais (seis)	comed (no comáis)
	coman	comieran (sen)	coman
vivir	viva	viviera (se)	—
	vivas	vivieras (ses)	vive (no vivas)
	viva	viviera (se)	viva
	vivamos	viviéramos (semos)	vivamos
	viváis	vivierais (seis)	vivid (no viváis)
	vivan	vivieran (sen)	vivan

Perfect Tenses

	Present Perfect	Past Perfect	Future Perfect	Conditional Perfect
hablado	he hablado	había hablado	habré hablado	habría hablado
	has hablado	habías hablado	habrás hablado	habrías hablado
	ha hablado	había hablado	habrá hablado	habría hablado
	hemos hablado	habíamos hablado	habremos hablado	habríamos hablado
	habéis hablado	habíais hablado	habréis hablado	habríais hablado
	han hablado	habían hablado	habrán hablado	habrían hablado
comido	he comido	había comido	habré comido	habría comido
	has comido	habías comido	habrás comido	habrías comido
	ha comido	había comido	habrá comido	habría comido
	hemos comido	habíamos comido	habremos comido	habríamos comido
	habéis comido	habíais comido	habréis comido	habríais comido
	han comido	habían comido	habrán comido	habrían comido
vivido	he vivido	había vivido	habré vivido	habría vivido
	has vivido	habías vivido	habrás vivido	habrías vivido
	ha vivido	había vivido	habrá vivido	habría vivido
	hemos vivido	habíamos vivido	habremos vivido	habríamos vivido
	habéis vivido	habíais vivido	habréis vivido	habríais vivido
	han vivido	habían vivido	habrán vivido	habrían vivido

Progressive Tenses

	Present Progressive	Past Progressive		Present Progressive
hablando	estoy hablando	estaba hablando	**comiendo**	estoy comiendo
	estás hablando	estabas hablando		estás comiendo
	está hablando	estaba hablando		está comiendo
	estamos hablando	estábamos hablando		estamos comiendo
	estáis hablando	estabais hablando		estáis comiendo
	están hablando	estaban hablando		están comiendo

Perfect Tenses

Present Perfect Subjunctive	Past Perfect Subjunctive
haya hablado	hubiera (se) hablado
hayas hablado	hubieras (ses) hablado
haya hablado	hubiera (se) hablado
hayamos hablado	hubiéramos (semos) hablado
hayáis hablado	hubierais (seis) hablado
hayan hablado	hubieran (sen) hablado
haya comido	hubiera (se) comido
hayas comido	hubieras (ses) comido
haya comido	hubiera (se) comido
hayamos comido	hubiéramos (semos) comido
hayáis comido	hubierais (seis) comido
hayan comido	hubieran (sen) comido
haya vivido	hubiera (se) vivido
hayas vivido	hubieras (ses) vivido
haya vivido	hubiera (se) vivido
hayamos vivido	hubiéramos (semos) vivido
hayáis vivido	hubierais (seis) vivido
hayan vivido	hubieran (sen) vivido

Progressive Tenses

Past Progressive		Present Progressive	Past Progressive
estaba comiendo	**vivendo**	estoy viviendo	estaba viviendo
estabas comiendo		estás viviendo	estabas viviendo
estaba comiendo		está viviendo	estaba viviendo
estábamos comiendo		estamos viviendo	estábamos viviendo
estabais comiendo		estáis viviendo	estabais viviendo
estaban comiendo		están viviendo	estaban viviendo

Spelling-Changing, Stem-Changing, and Irregular Verbs

Orthographic Changes

Some rules to help you conjugate verbs that have orthographic (spelling) changes are:

1. A **c** before **a, o,** or **u** is pronounced like a *k* in English; a **c** before **e** or **i** is pronounced like *s* (except in certain parts of Spain, where it is pronounced like *th*). A **c** changes to **qu** before **e** or **i** to preserve the *k* sound.

2. A **g** before **a, o,** or **u** is pronounced like a *g* in English, but before **e** or **i** it is pronounced like a Spanish **j** (*h* in English). Before **e** or **i, g** is often changed to **gu** to preserve the *g* sound. Similarly, a **g** may be changed to **j** to preserve the *h* sound before **a, o,** or **u.**

3. A **z** is changed to **c** before **e** or **i.**

4. An unstressed **i** between two vowels is changed to **y.**

Examples of orthographic changes are noted in the list of verbs that follows.

Verb Index

In the following list, the numbers in parentheses refer to the verbs conjugated in the charts on pages 304–315. Footnotes are on page 315.

acordar o *to* ue (*see* contar)
acostar o *to* ue (*see* contar)
adquirir i *to* ie, i (*see* sentir)
agradecer c *to* zc (*see* conocer)
alargar g *to* gu[1]
almorzar o *to* ue, z *to* c[2] (*see* contar)
analizar z *to* c[2]
andar (1)
apagar g *to* gu[1]
aparecer c *to* zc (*see* conocer)
aplicar c *to* qu[3]
aprobar o *to* ue (*see* contar)
arrepentirse e *to* ie, i (*see* sentir)
atacar c *to* qu[3]
atender e *to* ie (*see* perder)
buscar c *to* qu[3]

caber (2)
caer (3)
cerrar e *to* ie (*see* pensar)
comenzar e *to* ie, z *to* c[2] (*see* pensar)
componer (*see* poner)
concluir y[4] (*see* huir)
conducir (4) c *to* zc, j
confiar (*see* enviar)
conocer (5) c *to* zc
conseguir[6] (*see* seguir)
construir y[4] (*see* huir)
contar (6) o *to* ue
contribuir y[4] (*see* huir)
costar o *to* ue (*see* contar)
crecer c *to* zc
creer (7) i *to* y[5]

criticar c *to* qu[3]
cruzar z *to* c[2]
dar (8)
decir (9)
defender e *to* ie (*see* perder)
demostrar o *to* ue (*see* contar)
desaparecer c *to* zc (*see* conocer)
despedir e *to* i (*see* pedir)
despertar e *to* ie (*see* pensar)
destruir y[4] (*see* huir)
detener (*see* tener)
diagnosticar c *to* qu[3]
dirigir g *to* j
divertirse e *to* ie, i (*see* sentir)
doler o *to* ue (*see* volver)
dormir (10) o *to* ue, u

elegir e *to* ie, j (*see* pedir)
empezar e *to* ie, z *to* c^2 (*see* pensar)
encontrar o *to* ue (*see* contar)
enriquecer c *to* zc (*see* conocer)
entender e *to* ie (*see* perder)
enviar (11)
envolver o *to* ue (*see* volver)
escoger g *to* j
establecer c *to* zc (*see* conocer)
estar (12)
exigir g *to* j
explicar c *to* qu^3
extender e *to* ie (*see* perder)
favorecer c *to* zc (*see* conocer)
gozar z *to* c^2
haber (13)
hacer (14)
herir e *to* ie, i (*see* sentir)
hervir e *to* i (*see* pedir)
huir (15) y^4
impedir e *to* i (*see* pedir)
influir y^4 (*see* huir)
intervenir (*see* venir)
introducir c *to* zc, j (*see* conducir)
invertir e *to* ie, i (*see* sentir)
ir (16)
jugar (17) g *to* gu^1
justificar c *to* qu^3
juzgar g *to* gu^1
leer i *to* y^5 (*see* creer)
llegar g *to* gu^1
llover o *to* ue (*see* volver)

mantener (*see* tener)
mentir e *to* ie, i (*see* sentir)
merecer c *to* zc (*see* conocer)
morir o *to* ue, u (*see* dormir)
mostrar o *to* ue (*see* contar)
nacer c *to* zc (*see* conocer)
negar e *to* ie, g *to* gu^1 (*see* pensar)
nevar e *to* ie (*see* pensar)
obtener (*see* tener)
ofrecer c *to* zc (*see* conocer)
oír (18)
oponer (*see* poner)
padecer c *to* zc (*see* conocer)
pagar g *to* gu^1
parecer c *to* zc (*see* conocer)
pedir (19) e *to* i
pensar (20) e *to* ie
perder (21) e *to* ie
pertenecer c *to* zc (*see* conocer)
poder (22)
poner (23)
preferir e *to* ie, i (*see* sentir)
probar o *to* ue (*see* contar)
producir c *to* zc, j (*see* conducir)
publicar c *to* qu^3
quebrar e *to* ie (*see* pensar)
querer (24)
reaparecer c *to* zc (*see* conocer)
reconocer c *to* zc (*see* conocer)
recordar o *to* ue (*see* contar)
reducir c *to* zc, j (*see* conducir)
reír (25)

renacer c *to* zc (*see* conocer)
repetir e *to* i (*see* pedir)
resolver o *to* ue (*see* volver)
rezar z *to* c^2
rogar o *to* ue, g *to* gu^1 (*see* contar)
saber (26)
salir (27)
seguir e *to* i, gu *to* g^6 (*see* pedir)
sembrar e *to* ie (*see* pensar)
sentar e *to* ie (*see* pensar)
sentir (28) e *to* ie, i
ser (29)
servir e *to* i (*see* pedir)
sonreír (*see* reír)
soñar o *to* ue (*see* contar)
sostener (*see* tener)
sugerir e *to* ie, i (*see* sentir)
tener (30)
tocar c *to* qu^3
traducir c *to* zc, j (*see* conducir)
traer (31)
tropezar e *to* ie, z *to* c^2 (*see* pensar)
utilizar z *to* c^2
valer (32)
vencer c *to* z
venir (33)
ver (34)
vestir e *to* i (*see* pedir)
visualizar z *to* c^2
volar o *to* ue (*see* contar)
volver (35) o *to* ue

Verb Conjugations

Infinitive	Indicative				
	Present	**Imperfect**	**Preterit**	**Future**	**Conditional**
1. andar	ando	andaba	anduve	andaré	andaría
	andas	andabas	anduviste	andarás	andarías
	anda	andaba	anduvo	andará	andaría
	andamos	andábamos	anduvimos	andaremos	andaríamos
	andáis	andabais	anduvisteis	andaréis	andaríais
	andan	andaban	anduvieron	andarán	andarían
2. caber	quepo	cabía	cupe	cabré	cabría
	cabes	cabías	cupiste	cabrás	cabrías
	cabe	cabía	cupo	cabrá	cabría
	cabemos	cabíamos	cupimos	cabremos	cabríamos
	cabéis	cabíais	cupisteis	cabréis	cabríais
	caben	cabían	cupieron	cabrán	cabrían
3. caer	caigo	caía	caí	caeré	caería
	caes	caías	caíste	caerás	caerías
	cae	caía	cayó	caerá	caería
	caemos	caíamos	caímos	caeremos	caeríamos
	caéis	caíais	caísteis	caeréis	caeríais
	caen	caían	cayeron	caerán	caerían
4. conducir	conduzco	conducía	conduje	conduciré	conduciría
	conduces	conducías	condujiste	conducirás	conducirías
	conduce	conducía	condujo	conducirá	conduciría
	conducimos	conducíamos	condujimos	conduciremos	conduciríamos
	conducís	conducíais	condujisteis	conduciréis	conduciríais
	conducen	conducían	condujeron	conducirán	conducirían
5. conocer	conozco	conocía	conocí	conoceré	conocería
	conoces	conocías	conociste	conocerás	conocerías
	conoce	conocía	conoció	conocerá	conocería
	conocemos	conocíamos	conocimos	conoceremos	conoceríamos
	conocéis	conocíais	conocisteis	conoceréis	conoceríais
	conocen	conocían	conocieron	conocerán	conocerían
6. contar	cuento	contaba	conté	contaré	contaría
	cuentas	contabas	contaste	contarás	contarías
	cuenta	contaba	contó	contará	contaría
	contamos	contábamos	contamos	contaremos	contaríamos
	contáis	contabais	contasteis	contaréis	contaríais
	cuentan	contaban	contaron	contarán	contarían

Subjunctive			Participles	
Present	Imperfect	Commands	Present	Past
ande	anduviera (se)	—	andando	andado
andes	anduvieras (ses)	anda (no andes)		
ande	anduviera (se)	ande		
andemos	anduviéramos (semos)	andemos		
andéis	anduvierais (seis)	andad (no andéis)		
anden	anduvieran (sen)	anden		
quepa	cupiera (se)	—	cabiendo	cabido
quepas	cupieras (ses)	cabe (no quepas)		
quepa	cupiera (se)	quepa		
quepamos	cupiéramos (semos)	quepamos		
quepáis	cupierais (seis)	cabed (no quepáis)		
quepan	cupieran (sen)	quepan		
caiga	cayera (se)	—	cayendo	caído
caigas	cayeras (ses)	cae (no caigas)		
caiga	cayera (se)	caiga		
caigamos	cayéramos (semos)	caigamos		
caigáis	cayerais (seis)	caed (no caigáis)		
caigan	cayeran (sen)	caigan		
conduzca	condujera (se)	—	conduciendo	conducido
conduzcas	condujeras (ses)	conduce (no conduzcas)		
conduzca	condujera (se)	conduzca		
conduzcamos	condujéramos (semos)	conduzcamos		
conduzcáis	condujerais (seis)	conducid (no conduzcáis)		
conduzcan	condujeran (sen)	conduzcan		
conozca	conociera (se)	—	conociendo	conocido
conozcas	conocieras (ses)	conoce (no conozcas)		
conozca	conociera (se)	conozca		
conozcamos	conociéramos (semos)	conozcamos		
conozcáis	conocierais (seis)	conoced (no conozcáis)		
conozcan	conocieran (sen)	conozcan		
cuente	contara (se)	—	contando	contado
cuentes	contaras (ses)	cuenta (no cuentes)		
cuente	contara (se)	cuente		
contemos	contáramos (semos)	contemos		
contéis	contarais (seis)	contad (no contéis)		
cuenten	contaran (sen)	cuenten		

Infinitive			Indicative		
	Present	Imperfect	Preterit	Future	Conditional
7. creer	creo	creía	creí	creeré	creería
	crees	creías	creíste	creerás	creerías
	cree	creía	creyó	creerá	creería
	creemos	creíamos	creímos	creeremos	creeríamos
	creéis	creíais	creísteis	creeréis	creeríais
	creen	creían	creyeron	creerán	creerían
8. dar	doy	daba	di	daré	daría
	das	dabas	diste	darás	darías
	da	daba	dio	dará	daría
	damos	dábamos	dimos	daremos	daríamos
	dais	dabais	disteis	daréis	daríais
	dan	daban	dieron	darán	darían
9. decir	digo	decía	dije	diré	diría
	dices	decías	dijiste	dirás	dirías
	dice	decía	dijo	dirá	diría
	decimos	decíamos	dijimos	diremos	diríamos
	decís	decíais	dijisteis	diréis	diríais
	dicen	decían	dijeron	dirán	dirían
10. dormir	duermo	dormía	dormí	dormiré	dormiría
	duermes	dormías	dormiste	dormirás	dormirías
	duerme	dormía	durmió	dormirá	dormiría
	dormimos	dormíamos	dormimos	dormiremos	dormiríamos
	dormís	dormíais	dormisteis	dormiréis	dormiríais
	duermen	dormían	durmieron	dormirán	dormirían
11. enviar	envío	enviaba	envié	enviaré	enviaría
	envías	enviabas	enviaste	enviarás	enviarías
	envía	enviaba	envió	enviará	enviaría
	enviamos	enviábamos	enviamos	enviaremos	enviaríamos
	enviáis	enviabais	enviasteis	enviaréis	enviaríais
	envían	enviaban	enviaron	enviarán	enviarían
12. estar	estoy	estaba	estuve	estaré	estaría
	estás	estabas	estuviste	estarás	estarías
	está	estaba	estuvo	estará	estaría
	estamos	estábamos	estuvimos	estaremos	estaríamos
	estáis	estabais	estuvisteis	estaréis	estaríais
	están	estaban	estuvieron	estarán	estarían

Subjunctive		Commands	Participles	
Present	Imperfect		Present	Past
crea	creyera (se)	—	creyendo	creído
creas	creyeras (ses)	cree (no creas)		
crea	creyera (se)	crea		
creamos	creyéramos (semos)	creamos		
creáis	creyerais (seis)	creed (no creáis)		
crean	creyeran (sen)	crean		
dé	diera (se)	—	dando	dado
des	dieras (ses)	da (no des)		
dé	diera (se)	dé		
demos	diéramos (semos)	demos		
deis	dierais (seis)	dad (no deis)		
den	dieran (sen)	den		
diga	dijera (se)	—	diciendo	dicho
digas	dijeras (ses)	di (no digas)		
diga	dijera (se)	diga		
digamos	dijéramos (semos)	digamos		
digáis	dijerais (seis)	decid (no digáis)		
digan	dijeran (sen)	digan		
duerma	durmiera (se)	—	durmiendo	dormido
duermas	durmieras (ses)	duerme (no duermas)		
duerma	durmiera (se)	duerma		
durmamos	durmiéramos (semos)	durmamos		
durmáis	durmierais (seis)	dormid (no durmáis)		
duerman	durmieran (sen)	duerman		
envíe	enviara (se)	—	enviando	enviado
envíes	enviaras (ses)	envía (no envíes)		
envíe	enviara (se)	envíe		
enviemos	enviáramos (semos)	enviemos		
enviéis	enviarais (seis)	enviad (no enviéis)		
envíen	enviaran (sen)	envíen		
esté	estuviera (se)	—	estando	estado
estés	estuvieras (ses)	está (no estés)		
esté	estuviera (se)	esté		
estemos	estuviéramos (semos)	estemos		
estéis	estuvierais (seis)	estad (no estéis)		
estén	estuvieran (sen)	estén		

Infinitive	Indicative				
	Present	**Imperfect**	**Preterit**	**Future**	**Conditional**
13. haber	he	había	hube	habré	habría
	has	habías	hubiste	habrás	habrías
	ha	había	hubo	habrá	habría
	hemos	habíamos	hubimos	habremos	habríamos
	habéis	habíais	hubisteis	habréis	habríais
	han	habían	hubieron	habrán	habrían
14. hacer	hago	hacía	hice	haré	haría
	haces	hacías	hiciste	harás	harías
	hace	hacía	hizo	hará	haría
	hacemos	hacíamos	hicimos	haremos	haríamos
	hacéis	hacíais	hicisteis	haréis	haríais
	hacen	hacían	hicieron	harán	harían
15. huir	huyo	huía	huí	huiré	huiría
	huyes	huías	huiste	huirás	huirías
	huye	huía	huyó	huirá	huiría
	huimos	huíamos	huimos	huiremos	huiríamos
	huís	huíais	huisteis	huiréis	huiríais
	huyen	huían	huyeron	huirán	huirían
16. ir	voy	iba	fui	iré	iría
	vas	ibas	fuiste	irás	irías
	va	iba	fue	irá	iría
	vamos	íbamos	fuimos	iremos	iríamos
	vais	ibais	fuisteis	iréis	iríais
	van	iban	fueron	irán	irían
17. jugar	juego	jugaba	jugué	jugaré	jugaría
	juegas	jugabas	jugaste	jugarás	jugarías
	juega	jugaba	jugó	jugará	jugaría
	jugamos	jugábamos	jugamos	jugaremos	jugaríamos
	jugáis	jugabais	jugasteis	jugaréis	jugaríais
	juegan	jugaban	jugaron	jugarán	jugarían
18. oír	oigo	oía	oí	oiré	oiría
	oyes	oías	oíste	oirás	oirías
	oye	oía	oyó	oirá	oiría
	oímos	oíamos	oímos	oiremos	oiríamos
	oís	oíais	oísteis	oiréis	oiríais
	oyen	oían	oyeron	oirán	oirían

Subjunctive			Participles	
Present	**Imperfect**	**Commands**	**Present**	**Past**
ría	riera (se)	—	riendo	reído
rías	rieras (ses)	ríe (no rías)		
ría	riera (se)	ría		
riamos	riéramos (semos)	riamos		
riáis	rierais (seis)	reíd (no riáis)		
rían	rieran (sen)	rían		
sepa	supiera (se)	—	sabiendo	sabido
sepas	supieras (ses)	sabe (no sepas)		
sepa	supiera (se)	sepa		
sepamos	supiéramos (semos)	sepamos		
sepáis	supierais (seis)	sabed (no sepáis)		
sepan	supieran (sen)	sepan		
salga	saliera (se)	—	saliendo	salido
salgas	salieras (ses)	sal (no salgas)		
salga	saliera (se)	salga		
salgamos	saliéramos (semos)	salgamos		
salgáis	salierais (seis)	salid (no salgáis)		
salgan	salieran (sen)	salgan		
sienta	sintiera (se)	—	sintiendo	sentido
sientas	sintieras (ses)	siente (no sientas)		
sienta	sintiera (se)	sienta		
sintamos	sintiéramos (semos)	sintamos		
sintáis	sintierais (seis)	sentid (no sintáis)		
sientan	sintieran (sen)	sientan		
sea	fuera (se)	—	siendo	sido
seas	fueras (ses)	sé (no seas)		
sea	fuera (se)	sea		
seamos	fuéramos (semos)	seamos		
seáis	fuerais (seis)	sed (no seáis)		
sean	fueran (sen)	sean		
tenga	tuviera (se)	—	teniendo	tenido
tengas	tuvieras (ses)	ten (no tengas)		
tenga	tuviera (se)	tenga		
tengamos	tuviéramos (semos)	tengamos		
tengáis	tuvierais (seis)	tened (no tengáis)		
tengan	tuvieran (sen)	tengan		

Spelling-Changing, Stem-Changing, and Irregular Verbs

Infinitive	Indicative				
	Present	Imperfect	Preterit	Future	Conditional
31. traer	traigo	traía	traje	traeré	traería
	traes	traías	trajiste	traerás	traerías
	trae	traía	trajo	traerá	traería
	traemos	traíamos	trajimos	traeremos	traeríamos
	traéis	traíais	trajisteis	traeréis	traeríais
	traen	traían	trajeron	traerán	traerían
32. valer	valgo	valía	valí	valdré	valdría
	vales	valías	valiste	valdrás	valdrías
	vale	valía	valió	valdrá	valdría
	valemos	valíamos	valimos	valdremos	valdríamos
	valéis	valíais	valisteis	valdréis	valdríais
	valen	valían	valieron	valdrán	valdrían
33. venir	vengo	venía	vine	vendré	vendría
	vienes	venías	viniste	vendrás	vendrías
	viene	venía	vino	vendrá	vendría
	venimos	veníamos	vinimos	vendremos	vendríamos
	venís	veníais	vinisteis	vendréis	vendríais
	vienen	venían	vinieron	vendrán	vendrían
34. ver	veo	veía	vi	veré	vería
	ves	veías	viste	verás	verías
	ve	veía	vio	verá	vería
	vemos	veíamos	vimos	veremos	veríamos
	veis	veíais	visteis	veréis	veríais
	ven	veían	vieron	verán	verían
35. volver	vuelvo	volvía	volví	volveré	volvería
	vuelves	volvías	volviste	volverás	volverías
	vuelve	volvía	volvió	volverá	volvería
	volvemos	volvíamos	volvimos	volveremos	volveríamos
	volvéis	volvíais	volvisteis	volveréis	volveríais
	vuelven	volvían	volvieron	volverán	volverían

Subjunctive		Commands	Participles	
Present	Imperfect		Present	Past
traiga	trajera (se)	—	trayendo	traído
traigas	trajeras (ses)	trae (no traigas)		
traiga	trajera (se)	traiga		
traigamos	trajéramos (semos)	traigamos		
traigáis	trajerais (seis)	traed (no traigáis)		
traigan	trajeran (sen)	traigan		
valga	valiera (se)	—	valiendo	valido
valgas	valieras (ses)	val (no valgas)		
valga	valiera (se)	valga		
valgamos	valiéramos (semos)	valgamos		
valgáis	valierais (seis)	valed (no valgáis)		
valgan	valieran (sen)	valgan		
venga	viniera (se)	—	viniendo	venido
vengas	vinieras (ses)	ven (no vengas)		
venga	viniera (se)	venga		
vengamos	viniéramos (semos)	vengamos		
vengáis	vinierais (seis)	venid (no vengáis)		
vengan	vinieran (sen)	vengan		
vea	viera (se)	—	viendo	visto
veas	vieras (ses)	ve (no veas)		
vea	viera (se)	vea		
veamos	viéramos (semos)	veamos		
veáis	vierais (seis)	ved (no veáis)		
vean	vieran (sen)	vean		
vuelva	volviera (se)	—	volviendo	vuelto
vuelvas	volvieras (ses)	vuelve (no vuelvas)		
vuelva	volviera (se)	vuelva		
volvamos	volviéramos (semos)	volvamos		
volváis	volvierais (seis)	volved (no volváis)		
vuelvan	volvieran (sen)	vuelvan		

[1] In verbs ending in **-gar**, the **g** is changed to **gu** before **e**: **jugué, llegué, negué, pagué, rogué.**
[2] In verbs ending in **-zar**, the **z** is changed to **c** before **e**: **almorcé, analicé, comencé, empecé, especialicé, gocé, recé.**
[3] In verbs ending in **-car**, the **c** is changed to **qu** before an **e**: **ataqué, busqué, critiqué, equivoqué, publiqué.**
[4] In verbs like **concluir**, a **y** is inserted before any ending that does not begin with **i**: **concluyo, construyo, contribuyo, destruyo, huyo.**
[5] An unstressed **i** between two vowels is changed to **y**: **creyó, leyó.**
[6] In verbs ending in **-guir**, the **gu** is changed to **g** before **a** and **o**: **sigo (siga).**

Vocabulary

Spanish-English Vocabulary

The following vocabulary includes all Spanish words used in this text except exact or certain very close cognates, cognates ending in -**ción** or -**sión,** most proper nouns, most numbers, most conjugated verb forms, regular past participles when the infinitive is listed, and adverbs ending in -**mente** when the corresponding adjective is listed. Stem-changing verbs are indicated by (**ie**), (**ue**), or (**i**) following the infinitive. A (**zc**) after an infinitive indicates that **c** is changed to **zc** in the first-person singular form of the present tense; similarly, (**z**) indicates a change from **c** to **z**. The following abbreviations are used:

abbr. abbreviation	*obj. of prep.* object of a preposition
adj. adjective	*obj. pron.* object pronoun
adv. adverb	*p. part.* past participle
coll. colloquial	*pl.* plural
conj. conjunction	*prep.* preposition
dir. obj. direct object	*pron.* pronoun
f. feminine	*recip. reflex.* reciprocal reflexive
fam. familiar (**tú** or **vosotros**)	*refl. pron.* reflexive pronoun
indir. obj. indirect object	*rel. pron.* relative pronoun
inf. infinitive	*sing.* singular
m. masculine	*subj. pron.* subject pronoun
n. noun	

Note also that in Spanish **ñ**—a separate letter of the alphabet—follows **n** in dictionaries, so that, for example, **bañar** would occur after **bandera.**

A

a at; to; for; from; on
abajo below, underneath
abandonar to abandon, leave
la **abeja** bee
abierto open
el **abogado** (la **abogada**) lawyer
abrazar to embrace
el **abrazo** hug
abrigado heavy, warm
el **abrigo** coat, overcoat
abril April
abrir to open
absoluto absolute; **no... en absoluto** not ... at all

absurdo absurd, ridiculous
la **abuela** grandmother
el **abuelo** grandfather; *pl.* grandparents
la **abundancia** abundance
abundante abundant
aburrido bored; boring
aburrir to bore; **aburrirse** to get bored
el **abuso** abuse
acá here
acabar to end, finish, run out; **acabar bien (mal)** to end well (badly), have a happy (sad) ending; **acabar de** + *inf.* to have just (done something)
la **academia** academy

académico academic
acaso perhaps
acceder a to get into
el **acceso** access
el **accidente** accident
la **acción** action; **Día de Acción de Gracias** Thanksgiving Day
el **aceite** oil
acelerado accelerated, hurried
el **acento** accent
aceptar to accept
acerca (de) concerning, about
acercarse (a) to approach
acompañar to accompany, go with
acondicionado: aire acondicionado air conditioning

aconsejar   to advise, counsel
acordar (ue)   to agree; **acordarse de**   to remember
acortar   to shorten
acostar (ue)   to put to bed; **acostarse**   to go to bed
acostumbrarse (a)   to become accustomed to, get used to
la **actitud**   attitude, position
la **actividad**   activity
activo   active
el **acto**   act
el **actor**   actor
la **actriz**   actress
actual   current, present day
la **actualidad**   present, present time
actualizar   to update
actualmente   currently
actuar   to act (out), play a role
el **acuario**   aquarium
acuático   aquatic
acudir a   to go (come) to
el **acueducto**   aqueduct
el **acuerdo**   agreement; **¿de acuerdo?** okay?; **estar de acuerdo con**   to agree with, be in agreement with; **ponerse de acuerdo**   to come to an agreement; **Sí, de acuerdo.**   All right, okay.
acumular   to accumulate
acusar   to accuse
la **adaptación**   adjustment, adaptation
adaptarse a   to adapt to
adecuado   adequate
adelantado   ahead
adelante   forward; **adelante con...** on with . . .; **desde ese día en adelante**   from that day on; **salir adelante**   to get ahead, make progress; **seguir adelante**   to proceed straight ahead
además   besides; also, in addition; **además de**   in addition to
adentro   inside
adicional   additional
adicto a   addicted to
adiós   good-bye
adivinar   to guess
el **adjetivo**   adjective
la **administración de empresas**   business administration
administrar   to administer, keep account of

admirar   to admire
el, la **adolescente**   adolescent
adonde   where
¿adónde?   (to) where?
adoptar   to adopt
adorar   to adore
adornar   to adorn, decorate
adquirir (ie)   to acquire
la **aduana**   customs (office)
adulto   adult
el **adverbio**   adverb
aéreo   *adj.* air
aeróbico   aerobic
la **aerolínea**   airline
el **aeropuerto**   airport
afectar   to affect
el **aficionado** (la **aficionada**)   fan
la **afirmación**   statement
afirmar   to state, affirm
afirmativo   affirmative
afortunadamente   fortunately
africano   African
afrocubano   Afro-Cuban
afuera   outside
la **agencia**   agency; **agencia de empleos**   employment agency
la **agenda**   calendar
el, la **agente**   agent; **agente de viajes** travel agent
agosto   August
agradable   pleasant
agradar   to give pleasure, please
agradecer (zc)   to thank
agradecido   grateful, thankful
agregar   to add
agresivo   aggressive
agrícola   agricultural
el **agricultor** (la **agricultora**)   farmer
la **agricultura**   agriculture
el **agua**   *f.* water
ahora   now, currently, at present; **ahora más que nunca**   now more than ever; **ahora mismo**   right away, immediately
ahorrar   to save (money, time, etc.)
el **ahorro**   saving(s)
el **aire**   air; **al aire libre**   in the open air
aislado   isolated
el **ajo**   garlic
al   (*contraction of* **a** + **el**); **al** + *inf.* on or upon doing something; **al aire libre**   in the open air; **al amanecer**   at dawn;

al contrario   on the contrary; **al fin**   finally; **al final de**   at the end of; **al mismo tiempo**   at the same time; **al peso**   by the weight; **de al lado**   next door
alargar   to lengthen
la **alberca**   swimming pool
el **albergue**   inn, hostel
alcanzar   to catch; to reach; to be enough; **No me alcanza el dinero.**   My money won't reach—or stretch—that far.
la **alcoba**   bedroom
alcohólico   alcoholic
alegrar   to make happy: **alegrar la vida**   to cheer up
alegrarse (de)   to be glad, happy; **¡Cuánto me alegro!**   How happy I am!
alegre   cheerful, happy
la **alegría**   joy, happiness; **¡Qué alegría!** How terrific!; **¡Qué alegría verte!** How nice to see you!
alemán   German
el **alfabeto**   alphabet
algo   *pron.* something, anything; *adv.* somewhat; **tener algo que ver con**   to have something to do with
alguien   someone, somebody; anyone, anybody
algún, alguno   some; any; some sort of; *pl.* some; a few; some people; **a (en) alguna parte**   somewhere; **alguna vez**   ever; **algunas veces**   sometimes; **de alguna manera**   in some way, somehow; **en algunas partes**   in some places, somewhere; **sin duda alguna**   with no doubt
la **alimentación**   food
alimentarse (de)   to nourish oneself (by)
el **alimento**   nourishment, food
el **alivio**   relief; **¡Qué alivio!**   What a relief!
allá   there
allí   there; **Sigan por allí.**   Continue that way (direction).
el **alma**   *f.* soul, spirit, heart
la **almeja**   clam
el **almirante**   admiral
almorzar (ue)   to have lunch, a large midday meal
el **almuerzo**   lunch
Aló.   Hello. (*on telephone*)

el **alojamiento** lodging, boarding
el **alpinismo** climbing, hiking
alquilar to rent
el **alquiler** rent
alrededor (de) around
alternado; en forma
    alternada alternating, taking turns
alternativo alternative
la **alternativa** alternative, choice
los **altibajos** ups and downs
la **altitud** height
alto tall, high; **la clase alta** upper
    class
la **altura** height; **tener seis pies de**
    altura to be six feet tall
la **alucinación** hallucination
el **aluminio** aluminum
el **alumno (la alumna)** student
el **ama de casa** *f.* housewife
la **amabilidad** friendliness
amable kind
amanecer to dawn; to get up;
    m. n. dawn, daybreak
el, la **amante** lover
amar to love
amarillo yellow
la **Amazonia** the Amazon (region)
ambiental environmental
el **ambiente** environment; setting,
    ambience; **medio ambiente**
    (natural) environment
ambos both
americano American; **fútbol**
    americano football
el **amigo (la amiga)** friend; **ser muy**
    amigo de to be a good friend of
la **amistad** friendship
amistosamente in a friendly way
el **amor** love
amoroso loving, affectionate;
    amorous
ancho wide; **tener 50 pies de**
    ancho to be 50 feet wide
el **anciano (la anciana)** elderly person
anciano old, aged, elderly
andaluz Andalusian
andar to walk; to ride in; to function
andino Andean, in the Andes
la **anécdota** anecdote
la angustia anxiety, anguish
animado animated, lively
el **ánimo** spirit
el **aniversario** anniversary
anoche last night

anochecer to get dark; *m. n.* dusk,
    nightfall
ante before; in the presence of
el **antepasado (la antepasada)**
    ancestor
anterior preceding; **anterior**
    a before
antes before, first; **antes de**
    (que) before
el **antibiótico** antibiotic
la **antigüedad** antique
antiguo old, ancient; former
antipático(a) unfriendly, not nice,
    unlikeable
el **antónimo** antonym
la **antropología** anthropology
el **antropólogo (la antropóloga)**
    anthropologist
anunciar to announce
el **anuncio** announcement,
    advertisement
el **año** year; **a fines del año** at the
    end of the year; **a los siete años**
    at the age of seven; **celebrar tus**
    80 años to celebrate your 80th
    birthday; **durante dos años** for
    two years; **el año pasado** last year;
    el año que viene next year; **los**
    años 70 the seventies; **hace un**
    año a year ago; **tener 19 años**
    to be 19 years old
apagar to turn off
el **aparato** appliance
aparecer (zc) to appear
la **apariencia** appearance
el **apartamento** apartment
aparte apart
el **apellido** last name
el **apéndice** appendix
el **aperitivo** aperitif, appetizer
el **apetito** appetite
aplicar to apply
la **aplicación** application, app
aportar to bring
apoyar to support, back
el **apoyo** support
apreciar to appreciate
aprender to learn
aprobar (ue) to pass (e.g., an exam)
apropiado appropriate
aproximadamente approximately
aproximarse a to approach, move
    near
apuntar to make a note of

el **apunte** note; **tomar apuntes** to
    take notes
aquel, aquella *adj., pron.* that (one)
aquello *pron.* that
aquellos, aquellas *adj., pron.* those
aquí here; **aquí cerca** nearby; **Aquí**
    tienes. Here you are.
el, la **árabe** Arab
el **árbol** tree
archivar to file
el **archivo** file
el **área** *f.* area
la **arepa** corn pancake
argentino Argentinean
la **armonía** harmony
la **aromaterapia** aromatherapy
el **arquitecto (la arquitecta)**
    architect
la **arquitectura** architecture
arreglar to fix
arrepentirse (ie) to repent;
    arrepentirse de to regret
arriba on top; up; **de arriba** above
la **arroba** @ or at sign
el **arroz** rice
arruinar to ruin
el **arte** art; *pl.* **las artes** arts; **bellas**
    artes fine arts
la **artesanía** handicrafts
el **artesano (la artesana)** artisan,
    craftsperson
el **artículo** article; **artículo**
    definido definite article; **artículo**
    indefinido indefinite article
el, la **artista** artist; actor, actress
artístico artistic
asar to roast
la **ascendencia** descent, origin
ascender to ascend, go up
el **ascensor** elevator
asegurar(se) to make sure
así in this way; like this (that); so;
    thus; **así que** so, in that way; **si es**
    así if so
asiático Asian
el **asiento** seat; **tomar asiento** to
    take a seat
la **asignatura** subject, class
asistir (a) to attend
asociado associate(d)
asociarse to be associated
el **aspecto** aspect
la **astronauta** astronaut
el **asunto** matter, subject, issue, affair

atacar to attack

el ataque attack

la atención attention; **prestar atención** to pay attention

atender (ie) to attend to; to wait on, respond

el, la atleta athlete

atlético athletic

la atmósfera atmosphere, air

atmosférico atmospheric

la atracción attraction; **el parque de atracciones** amusement park

atractivo attractive

atraer to attract

atrás behind

atreverse a to dare

el audiolibro audiobook

la audioviñeta audiovignette

el auditorio auditorium

aumentar to go up; to increase; **aumentar de peso** to gain weight; **aumentar el doble** to double

el aumento increase; **aumento de sueldo** increase in salary, raise

aun even

aún still, yet

aunque even though, although

auténtico authentic

la autoayuda self help

la autobiografía autobiography

el autobús bus; **en autobús** by bus

automático automatic

el automóvil automobile, car

la autonomía autonomy, independence

el autor (la autora) author

la autoridad authority

autoritario authoritarian

el autostop hitchhiking; **hacer autostop** to hitchhike

avanzado advanced

avanzar to advance

la avenida avenue

la aventura adventure

aventurero adventurous

avergonzado embarrassed

averiguar to find out

el avión plane; **en avión** by plane

¡Ay! Ouch! Oh!

ayer yesterday

la ayuda help

el, la ayudante helper, assistant

ayudar to help, assist

azteca Aztec

el azúcar sugar

azul blue

B

el bachillerato secondary school degree

el bailador (la bailadora) dancer

bailar to dance

el bailarín (la bailarina) dancer

el baile dance

bajar to descend; to go down; **bajar de peso** to lose weight; **bajar un archivo** to download a file; **bajarse de** to get off

bajo *prep.* under; *adj.* short; low; **a precio más bajo** at a lower price

el balcón balcony

el banco bank; bench

la bandera flag

el bandido bandit

bañar to bathe; **bañarse** to take a bath

el baño bath; bathroom

el bar bar

barato cheap

la barbaridad atrocity; **¡Qué barbaridad!** Good grief! How awful!

barcelonés of or from Barcelona, Spain

el barco boat

la barra bar

el barrio neighborhood

basar (en) to base (on)

la base staple, basis; **a base de** based on

básico basic

el básquetbol basketball

bastante *adj.* enough; *adv.* rather; quite a bit; **bastante bien** pretty good

bastar to be enough, suffice; **¡Basta!** That's enough!

la basura garbage

el basurero garbage can

la batalla battle

el bautismo baptism

el bebé baby

beber to drink

la bebida drink, beverage

la beca scholarship

el béisbol baseball

la belleza beauty

bello beautiful; **bellas artes** fine arts

el beneficio benefit

besar to kiss

el beso kiss

la biblioteca library

la bicicleta bicycle; **andar en bicicleta** to go by bicycle

bien well; very; good, fine; **acabar bien** to have a happy ending; **bastante bien** pretty good; **¿Está bien que** + *subjunctive…* ? Is it okay to … ?; **pasarlo bien** to have a good time

la bienvenida welcome; **dar la bienvenida a** to welcome

bienvenido welcome

bilingüe bilingual

el billete *(Spain)* ticket

la biografía biography

la biología biology

el biólogo (la bióloga) biologist

la bisabuela great-grandmother

el bisabuelo great-grandfather; *pl.* great-grandparents

la bisnieta great-granddaughter

el bisnieto great-grandson; *pl.* great-grandchildren

blanco white; **en blanco** blank

la blusa blouse

la boca mouth

la boda wedding

el bolero slow-tempo Latin music

el boleto ticket

el bolígrafo ballpoint pen

la bolsa bag; **bolsa de valores** stock market

el bolsillo pocket

el bolso bag, purse

bombardear to bombard

bonito pretty

borracho drunk

el bosque forest

la botella bottle

el Brasil Brazil

brasileño Brazilian

breve brief, short

brillante brilliant

la brillantez brilliance

la broma joke; **en broma** in fun, jokingly

bromear to joke

bucear to dive, go diving

el **buceo** (scuba) diving; **hacer buceo** to go diving

buen, bueno good, nice; well, okay; **¡Buen provecho!** Enjoy your meal!; **¡Buen viaje!** Have a good trip; **¡Buena lección!** That will teach you (him, her, etc.)!; **Bueno.** Hello. (*Mexico, used as telephone greeting*); Well...; **Hace buen tiempo.** The weather is nice.; **¡Qué buenas noticias!** What good news!; **¡Qué bueno!** Great!

el **búho** owl

burlarse de to mock; to make fun of

la **burra** female donkey

el **burrito** large tortilla rolled around meat, beans, etc.

el **buscador** search engine

buscar to look for; **en busca de** in search of

la **búsqueda** search; **en búsqueda de** in search of

el **buzón** mailbox

C

caballeresco knightly, chivalrous

la **caballería** chivalry

el **caballero** gentleman

el **caballo** horse; **montar a caballo** to go horseback riding

caber to fit

la **cabeza** head; **de cabeza** on its head; **le duele la cabeza** his (her) head aches

el **cabo** end; **al fin y al cabo** in the end

el **cacao** cacao tree or bean; chocolate, cocoa bean

cada each, every

caer(se) to fall (off)

el **café** coffee; café

la **cafeína** caffeine

la **caja** box; (cash) register

el **cajero** (la **cajera**) cashier

el **calcetín** sock

la **calculadora** calculator

calcular to calculate

el **calendario** calendar

la **calidad** quality

caliente hot (temperature)

la **calificación** grade

callar to quiet, silence; **callarse** to keep quiet

la **calle** street; **calle principal** main street

la **calma** calmness, composure; **con calma** calmly

el **calor** heat, warmth; **hace calor** the weather is hot; **tener calor** to be warm, hot

la **caloría** calorie

la **cama** bed

la **cámara** camera

el **camarero** (la **camarera**) *(Spain)* waiter (waitress)

el **camarón** shrimp

cambiar to change; to exchange; **Cambiando de tema...** Changing the subject . . .; **cambiar de opinión** to change one's mind; **cambiar de residencia** to move; **cambiar de trabajo** to change jobs

el **cambio** change; **en cambio** on the other hand, in contrast; **la casa de cambio** place for currency exchange; **la tasa de cambio** rate of exchange

caminar to walk

la **caminata** walk; **hacer una caminata** to take a walk

el **camino** road

el **camión** truck

la **camisa** shirt

la **camiseta** T-shirt

el **campamento** camp; **ir de campamento** to go camping

la **campaña** campaign

el **campeón** (la **campeona**) champion

el **campeonato** championship

el **campesino** (la **campesina**) country person, peasant, farmer

el **campo** country; field

canadiense Canadian

el **canal** channel

la **canción** song

la **canoa** canoe

cansado tired

cansar to tire out; **cansarse** to become tired

el, la **cantante** singer

cantar to sing

la **cantidad** quantity; **cantidad** *coll.* a whole lot

el **cañón** canyon; cannon

la **capa (de ozono)** (ozone) layer

la **capacidad** capacity

capaz able, capable

Caperucita Roja Little Red Riding Hood

el **capítulo** chapter

capturar to capture

la **cara** face

el **carácter** character; nature; **de buen carácter** good-natured

la **característica** characteristic

caracterizar to characterize

¡Caramba! Good grief!

el **caramelo** sweet, candy

¡Caray! Good grief! Wow!

carecer de to lack; to be without

el **cargo: a cargo de** in charge of

el **Caribe** Caribbean

caribeño Caribbean

el **cariño** affection

cariñoso affectionate, loving

carismático charismatic

Carnaval Mardi Gras celebration

la **carne** meat; **carne de vaca (de res)** beef

caro expensive

la **carpintería** carpentry

el **carpintero** (la **carpintera**) carpenter

la **carrera** career; race; course of study; **estudiar a la carrera** to cram

la **carretera** highway

la **carta** letter; card

la **cartera** small purse; *(Mexico)* wallet

el **cartón** cardboard

el **cartonero** (la **cartonera**) *(Colombia)* person who collects recyclable materials from garbage bins or cans

la **casa** house; **en casa** in the home, at home; **fuera de casa** outside the home, out; **casa de cambio** place for currency exchange

el **casamiento** wedding

casar to marry; **casarse (con)** to get married (to)

casi almost

el **caso** case; **en caso de que** in case; **hacer caso** to pay attention

el **castellano** Castilian, Spanish (language)

el **castillo** castle

catalán of or from Catalonia, Spain

la **catarata** waterfall

la **catedral** cathedral

la **categoría** category, class

católico Catholic

la **causa** cause; **a causa de** because of

causar to cause
la cebolla onion
ceder to cede, give up
celebrar to celebrate
célebre famous
el celo jealousy; tener celos to be jealous
celoso jealous
celta Celtic
celtíbero Celtiberian
celular: el (teléfono) celular cell (phone)
el cementerio cemetery
la cena dinner
cenar to eat dinner
el censo census
el centavo cent
céntrico central
el centro center; downtown; centro comercial shopping center
Centroamérica Central America
centroamericano Central American
cepillar: cepillarse los dientes to brush one's teeth
la cerámica ceramics
cerca (de) near; aquí cerca nearby
cercano(a) nearby
el cerdo pork
el cereal grain
el cerebro brain
la ceremonia ceremony
cero zero
cerrar (ie) to close; cerrar con llave to lock
el cerro hill
la cerveza beer
el chaleco vest
la chaqueta jacket
la charla talk, chat
charlar to chat, talk
el chat chatroom
¡Chau! (Southern Cone of South America, from Italian "ciao") So long!, Bye!
checar (Mexico, Anglicism) to check
el cheque check; cheque de viajero traveler's check
chequear (parts of L. America, Anglicism) to check
la chica girl
el chico boy; pl. boys or boys and girls
chico small
el chile chili pepper
chileno Chilean
¡Chin chin! Cheers! (said when clinking glasses together)

chino Chinese
el chiste joke
chistoso amusing, witty, funny
el ciberamigo (la ciberamiga) cyberfriend
el cibercafé cybercafé
el ciclismo cycling
el, la ciclista cyclist
ciego blind
el cielo sky, heaven
cien, ciento one hundred; por ciento per cent
la ciencia science; ciencias de computación computer science; ciencia ficción science fiction; ciencias políticas political science; ciencias sociales social sciences
el científico (la científica) scientist
cierto adj. certain, a certain; true; adv. of course, certainly; lo cierto es que the fact is that
el cine cinema, movie theater
el círculo circle
la cita appointment; date
la ciudad city
el ciudadano (la ciudadana) citizen
el clarinete clarinet
claro clear; light; ¡Claro! Of course! ¡Claro que no! Of course not!
la clase class; kind, type; clase alta upper class; compañero(a) de clase classmate
clásico classical
la cláusula clause
el, la cliente customer
el clima climate
climático climate; el cambio climático climate change
la clínica clinic
cobrar to charge
el coca-colero Coca-Cola man
la cocaína cocaine
el coche car; en coche by car
la cocina cuisine, cooking; kitchen; stove
cocinar to cook
el cocinero (la cocinera) cook, chef
el coco coconut
el cocodrilo crocodile
el cognado cognate
la coincidencia coincidence
la cola line; hacer cola to stand in line
colaborar to collaborate
colectivo collective
el, la colega colleague

el colegio (elementary or secondary) school, usually private
el collar necklace
el colmo height, limit; ¡Esto es el colmo! This is the last straw!
colocar to place
colombiano Colombian
la colonia colony
coloquial colloquial, informal
la columna column
la comadre close family friend; godmother of one's child
el, la comandante commander
combinar to combine
el comediante (la comedianta) comedian (comedienne)
el comedor dining room
comentar to comment (on)
el comentario comment; commentary
comenzar (ie) to begin
comer to eat
comercial commercial
el, la comerciante businessperson
el comercio commerce, business
cometer to commit, make
cómico comical, funny; la tira cómica cartoon, comic strip
la comida food; meal
el comienzo beginning; a comienzos de at the beginning of
como adv. as, as though; like, such as; how; conj. since, as long as; cómo how (to); como quieras as you like; como si as if; tan... como as . . . as; tanto (...) como as much (. . .) as
¿cómo? (¡cómo!) how? (how); what? what did you say? what is it?; ¡cómo no! of course!; ¿Cómo se dirá...? How does one say . . . ?; ¿Cómo te va? How's it going?
cómodo comfortable
el compa' short for compadre
el compadre close family friend; godfather of one's child
el compañero (la compañera) companion; compañero(a) de clase classmate; compañero(a) de cuarto roommate
la compañía company; malas compañías bad company
la comparación comparison
comparar to compare
comparativo comparative
compartir to share

la **compasión** compassion, pity, sympathy

la **competencia** competition

el **complemento** object (grammar)

completar to complete

completo complete; full (i.e., no vacancies)

complicado complicated

componer to compose

comportarse to behave

el **compositor** (la **compositora**) composer

la **compra** purchase; **ir de compras** to go shopping

el **comprador** (la **compradora**) buyer

comprar to buy

comprender to understand

la **comprensión** understanding, comprehension; empathy

comprensivo understanding

comprobar (ue) (Spain) to check (e-mail)

compuesto adj. composed; compound

la **computación** computation; **las ciencias de computación** computer science

la **computadora** computer; **computadora portátil** laptop computer

común common; **en común** in common

la **comunicación** communication

comunicar(se) to communicate

la **comunidad** community

comunista communist

con with; **con gran interés en** greatly interested in; **con más razón** all the more reason; **con mucho gusto** gladly; **con permiso** excuse me, with your permission; **con respecto a** with respect to, in reference to; **con tal (de) que** provided that

concentrarse en to be centered in

el **concepto** concept

la **conciencia** conscience; consciousness

el **concierto** concert

concluir to finish

concreto concrete

conducir (zc) to drive (Spain); to lead, conduct

el **conejo** rabbit, bunny

la **conferencia** lecture

confesar (ie) to confess

la **confianza** confidence, trust

confiar (en) to trust

el **congreso** congress, conference

el **conjunto** band

conmemorar to commemorate

conmigo with me

conocer (zc) to meet; to know; to know about, be familiar with; (preterit) to meet for the first time; **¡Qué gusto conocerlo(la)!** Nice to meet you! Pleasure to meet you!

el **conocido** (la **conocida**) acquaintance; adj. known, well known

el **conocimiento** knowledge

la **conquista** conquest

el **conquistador** conqueror

la **consecuencia** consequence

consecutivo consecutive

conseguir (i) to obtain, get

el **consejero** (la **consejera**) adviser; counselor

el **consejo** piece of advice; **dar consejos** to advise

conservador conservative

conservar to conserve; save

considerar to consider

consigo pron. with you (him, her, them, yourself, yourselves, himself, herself, oneself, themselves)

consistir (en) to consist (of)

consolado consoled

constante constant

construir to build

el **consuelo** consolation

consultar to consult

el **consumidor** (la **consumidora**) consumer

consumir to consume

el **consumo** consumption

el **contacto** contact; **los datos de contacto** contact information; **en contacto** in touch

contado: pagar al contado to pay cash

la **contaduría** accounting

contagioso contagious

la **contaminación** pollution

contaminante contaminating, polluting

contaminar to pollute

contar (ue) to tell; **contar (con)** to count (on)

contemplar to contemplate

contemporáneo contemporary

contener (ie) to contain

el **contenido** contents

contento happy

el **contestador** answering machine

contestar to answer, respond

el **contexto** context

contigo with you (fam. sing.)

el **continente** continent

continuación: a continuación immediately after(wards), following

continuar to continue

contra against

contrario: al contrario on the contrary; **por el contrario** on the contrary, however

contrastar to contrast

el **contraste** contrast

contratar to hire, employ

el **contrato** contract

contribuir (con) to contribute

controlar to control; to check

convencer (z) to convince

convenir (ie) to be convenient, suitable

el **convento** convent

conversar to converse

convertir (ie, i) to convert, change; **convertirse en** to become

convivir to live together, live with

la **copa** drink, cup; **tomar una copa** to have a drink (usually alcoholic)

la **copia** copy; **copia de seguridad** backup copy or file

copiar to copy

coqueto flirtatious

el **corazón** heart

la **corbata** necktie

la **cordillera** range, chain (of mountains)

el **coro** chorus

Correcaminos Roadrunner

correcto correct, right

corregir (i) to correct

el **correo** post office; mail; **correo postal** regular mail (through the post office)

correr to run

corresponder to correspond

cortar to cut

la **corte** court (royal or of justice)

cortés courteous

la **cortesía** courtesy, politeness

corto short, brief

la **cosa** thing

coser to sew

la **costa** coast; **costa marítima** seacoast

costar (ue) to cost

el **costo** cost; **costo de vida** cost of living

la **costumbre** custom, habit

el **creador** (la **creadora**) creator; *adj.* creative

crear to create

la **creatividad** creativity

creativo creative

crecer (zc) to grow; to grow up

el **crecimiento** growth

el **crédito** credit; **la tarjeta de crédito** credit card

la **creencia** belief

creer to believe, think; **Creo que no.** I don't think so.; **¿No crees?** Don't you think so?; **¡Ya lo creo!** I believe it!

criarse to grow up, be brought up

el **crimen** crime; murder

el **cristal** glass, crystal

cristiano Christian

criticar to criticize

la **crónica** chronicle

la **cruz** cross

cruzar to cross

el **cuaderno** notebook

la **cuadra** city block

el **cuadro** picture, painting; chart; square

cual, cuales: el (la) cual, los (las) cuales which, whom; **lo cual** which

¿cuál? ¿cuáles? which? which one(s)? what?

la **cualidad** quality, attribute, characteristic

cualquier any; **cualquiera** anyone

cuando when, whenever

¿cuándo? when?

cuanto: en cuanto as soon as; **en cuanto a** as far as . . . is concerned; **unos cuantos** a few

¿cuánto? how much? how many?; **¡Cuánto me alegro!** How happy I am!; **¡Cuánto lo siento!** How sorry I am! I'm very sorry!; **¿cuánto tiempo?** how long?

el **cuarto** room; quarter; fourth; **cuarto de baño** bathroom; **cuarto doble** double room; **cuarto sencillo (individual)** single room

cubano Cuban

cubierto (de) covered (with); *m.* tableware

cubista cubist (art)

cubrir to cover

la **cuchara** spoon

el **cuchillo** knife

la **cuenta** bill, check; **a fin de cuentas** in the final analysis; **darse cuenta de** to realize

el **cuento** story

el **cuerpo** body

la **cuestión** question, matter, issue

el **cuestionario** questionnaire

el **cuidado** care; **Cuidado.** Be careful.; **tener cuidado** to be careful

cuidadoso careful

cuidar(se) to take care of (oneself)

la **culpa** blame, guilt; **La culpa fue mía.** It was my fault.; **por culpa de** because of; **tener la culpa** to be guilty

culpable guilty

cultivar to cultivate

el **cultivo** cultivation

culto well educated, cultured

la **cultura** culture

el **cumpleaños** birthday

cumplir to reach; fulfill; **cumplir... años** to be . . . years old

la **cuna** cradle

la **cuota** fee; installment, payment

el **cura** priest

la **cura** cure

curar(se) to cure (oneself)

la **curiosidad** curiosity

curioso curious, strange

el **curso** course; **seguir un curso** to take a course

cuyo *rel pron.* whose, of whom, of which

D

dado given

la **danza** dance

el **daño** harm; **hacer daño** to harm

dar to give; **dar a** to face, be on; **dar la bienvenida a** to welcome; **dar consejos** to give advice; **dar importancia a** to consider (something) important; **dar un paseo** to take a walk; **dar un paso** to take a step; **dar una vuelta** to go for a walk; **darse cuenta de** to realize; **darse la mano** to shake hands; **darse por vencido** to give up, surrender; **darse prisa** to be in a hurry; **¿Qué más da?** So what?

los **datos** data; **datos de contacto** contact information

de of, from, about; in; on *(after a superlative)*; by; made of; as, with; **De nada.** You're welcome.; **de veras** really; **más de** more than *(before a number)*

debajo de underneath

deber to owe; to be obliged to, have to, ought to, should; *m. n.* duty; *pl.* homework

debido: debido a due to

débil weak

la **década** decade

la **decepción** disappointment

decepcionado disappointed

decidir to decide

decir (i) to say, tell; **¿Cómo se dice (dirá)... ?** How does one say . . . ?; **es decir, ...** that is, . . .; **¿Es decir que... ?** Is that to say . . . ? Do you mean . . . ?; **querer decir** to mean

la **decisión** decision; **tomar una decisión** to make a decision

declarar to declare

dedicar to dedicate; **dedicarse a** to dedicate oneself to

el **defecto** defect

defender (ie) to defend

la **defensa** defense

definido definite

degustar to taste, try

dejar to leave (something behind); to let, allow; **dejar de** to stop; **Déjeme presentarme.** Allow me to introduce myself.; **dejar caer** to let fall; to drop

del *contraction of* **de** + **el**

delante (de) in front of, before

el **delfín** dolphin

delgado slender

delicado delicate

delicioso delicious

demás rest, remaining; **lo demás** the rest; **los demás** (the) others

demasiado too, too much; *pl.* too many

la **democracia** democracy

el, la **demócrata** democrat

democrático democratic

demográfico: la explosión demográfica population explosion

demostrar (ue) to demonstrate, show

el **demostrativo** demonstrative

el, la **dentista** dentist

dentro (de) inside; within

depender (de) to depend (on)

el, la **dependiente** clerk

el **deporte** sport; **hacer deportes** to play sports

el, la **deportista** athlete

deportivo *adj.* relating to sports

deprimido depressed

derecho straight; right; **a la derecha** to the right; **seguir derecho** to proceed straight ahead

el **derecho** right; law (as a field)

derivar to derive

el **desacuerdo** disagreement; **estar en desacuerdo con** to disagree with

desafortunadamente unfortunately

desagradable unpleasant

desaparecer (zc) to disappear

la **desaprobación** disapproval

desarrollar to develop; to unfold

el **desarrollo** development; growth; evolution

el **desastre** disaster

desayunar(se) to have breakfast

el **desayuno** breakfast; **tomar el desayuno** to have breakfast

descansar to rest

descargar to download (e.g., files)

descender (ie) to descend

el, la **descendiente** descendent

descomponer to break down

desconectar to disconnect

desconocido unfamiliar, not known; *n.* stranger

descontento unhappy

descortés impolite, rude

describir to describe

descriptivo descriptive

descubierto discovered

el **descubrimiento** discovery

descubrir to discover

el **descuento** discount

desde since; from; **desde chico** since childhood; **desde ese día en adelante** from that day on; **desde hace mucho tiempo** for a long time; **desde hace muchos años** for many years

deseable desirable

desear to wish, want

el **desempleo** unemployment

el **deseo** wish

desesperar to despair, lose hope

la **desgracia** misfortune; **¡Qué desgracia!** What bad luck!

deshacer to undo, take apart

deshonesto dishonest

el **desierto** desert; *adj.* deserted, desert

la **desigualdad** inequality

desorganizado disorganized

despacio slow

la **despedida** farewell, good-bye

despedir (i) to fire; **despedirse (de)** to say goodbye (to), take leave (of)

desperdiciar to waste

despertar (ie) to waken; **despertarse** to wake up, awaken

despierto awake; alert; bright

después (de) after, afterwards; **después (de) que** *conj.* after; **después de todo** after all, in the end; **poco después** shortly afterwards

destruir to destroy

la **desventaja** disadvantage

el **detalle** detail

determinar to determine, fix

detestar to hate, detest

detrás de behind

la **deuda** debt

devastar to devastate

devolver (ue) to return, give back

el **día** day; **al día siguiente** on the following day; **Buenos días.** Good morning.; **de día** by day; **día de fiesta** holiday; **el Día de Acción de Gracias** Thanksgiving Day; **el Día de Año Nuevo** New Year's Day; **el Día de la Independencia** Independence Day; **el Día de la Madre** Mother's Day; **el Día de los Muertos** All Souls' Day, Day of the Dead; **el Día de la Raza (o Día de la Hispanidad)** Columbus Day; **el Día de los Reyes Magos** Epiphany; **el Día de San Valentín** Valentine's Day; **el Día del Trabajo** Labor Day; **hoy (en) día** today, nowadays; *pl.* **en aquellos días** in those days; **en unos días** in a few days; **todos los días** every day

el **diablo** devil

el **diálogo** dialogue

diario daily; *m. n.* newspaper, diary

el, la **dibujante** illustrator

dibujar to draw

el **dibujo** drawing

el **diccionario** dictionary

el **dicho** saying; *p. part.* said, told

diciembre December

el **dictador** dictator

el **diente** tooth

la **dieta** diet; **estar a dieta** to be on a diet

la **diferencia** difference

diferente different

difícil difficult, hard

la **dificultad** difficulty

la **dignidad** dignity

el **diminutivo** diminutive; *adj.* tiny

dinámico dynamic, energetic

el **dinero** money; **dinero en efectivo** cash; **¡Ni por todo el dinero del mundo!** Not (even) for all the money in the world!

el **dios (la diosa)** god (goddess); **¡Dios mío!** My goodness!; **si Dios quiere** God willing

diplomático diplomatic

el **diputado (la diputada)** representative

la **dirección** address, direction; **dirección electrónica o de correo electrónico** e-mail address

directo direct

el **director (la directora)** conductor; director

dirigir to direct

la **disciplina** discipline

el **disco** record; disk; **disco compacto** compact disc; **disco duro** hard disk

la **discoteca** discotheque

discreto discreet

discriminar (a) to discriminate (against)

la **disculpa** excuse

disculpar to excuse, forgive; **disculparse** to apologize

la **discusión** argument; discussion

discutir to discuss; to argue

diseñar to design, draw

el **diseño** design, drawing

disfrutar (de) to enjoy

disminuir to go down, decrease

la disputa fight, argument

la distancia distance; **larga distancia** long-distance

distinguir to distinguish

distinto different, distinct, peculiar

la diversidad diversity

la diversión entertainment, diversion

diverso diverse, different; *pl.* several

divertido amusing, funny; amused

divertir (ie) to amuse, entertain; **divertirse** to have a good time

dividir to divide, separate, part; **dividirse en** to be divided into

divorciar to divorce; **divorciarse** to get a divorce

el divorcio divorce

doblar to double; to fold; to turn

el doble double; **aumentar el doble** to double

la docena dozen

el doctor (la doctora) doctor

el doctorado doctorate

documentar to document

el documento document

el dólar dollar

doler (ue) to hurt, ache; **Me duele la cabeza.** My head aches.

el dolor pain, ache; regret, sorrow

doméstico domestic; **animal doméstico** pet

dominante dominating

dominar to dominate, control, rule, master

el domingo Sunday

dominicano Dominican; of the Dominican Republic

dominico-americano Dominican American

don, doña titles of respect or affection used before a first name

donde where

¿dónde? where?; **¿de dónde?** from where?

dormido asleep

dormir (ue) to sleep; **dormirse** to fall asleep

el dormitorio bedroom

dramático dramatic

drástico drastic

la droga drug(s)

la ducha shower

ducharse to take a shower

la duda doubt

dudar to doubt

dudoso doubtful, dubious

el dueño (la dueña) owner, proprietor

el dulce sweet, piece of candy; *adj.* sweet; fresh

durante for; during; **¿durante cuánto tiempo?** for how long?

durar to last; to take (time)

durmiente: la Bella Durmiente Sleeping Beauty

duro hard; difficult

E

e and (*replaces* **y** *before words beginning with* **i-** *or* **hi-**)

echar to throw (out)

la ecología ecology

el ecólogo (la ecóloga) ecologist

la economía economics; economy

económico economic

el, la economista economist

el ecoturismo ecotourism

el ecuador equator

ecuatoriano Ecuadorian

la edad age; **la Edad Media** Middle Ages; **¿Qué edad tienes?** How old are you?; **tener... años de edad** to be . . . years old

el edificio building; **edificio de apartamentos** apartment building

editar to publish

la educación upbringing; education

educado brought up; educated; **bien educado** well brought up; **mal educado** badly brought up, rude, spoiled

educar to bring up; to educate

efectivo actual, real; **dinero en efectivo** cash

el efecto effect; **efecto de sonido** sound effect

eficiente efficient

el egoísmo selfishness

egoísta selfish

ejecutivo executive

el ejemplo example; **por ejemplo** for example

el ejercicio exercise; **hacer ejercicio** to exercise

el the; **el que** he who, the one who

él *subj. pron.* he; *obj. of prep.* him, it; **de él** (of) his

la elección choice; *pl.* election

la electricidad electricity

eléctrico electric

la elegancia elegance

elegante elegant, stylish

elegir (i) to elect; to choose

el elemento element

elevar to raise, elevate

eliminar to eliminate

ella *subj. pron.* she; *obj. of prep.* her, it; **de ella** her, (of) hers

ellos, ellas *subj. pron.* they; *obj. of prep.* them; **de ellos (ellas)** their, (of) theirs

emailear *coll.* to e-mail

embarazada pregnant

embargo: sin embargo however

la emergencia emergency

el, la emigrante emigrant

emocional emotional

emocionante exciting, moving

emotivo emotional

empeorar(se) to become worse

el emperador (la emperadora) emperor (empress)

empezar (ie) to begin, start, initiate

el empleado (la empleada) employee

el empleador (la empleadora) employer

emplear to use; to employ

el empleo employment, job; **la agencia de empleos** employment agency; **dar empleo** to employ, hire

la empresa company, business; **administración de empresas** business administration

en in; into; at; on; **en busca (búsqueda) de** in search of; **en cambio** on the other hand, in contrast; **en casa** at home; **en caso (de) que** in case; **en cuanto** as soon as; **en cuanto a** as far as . . . is concerned; **en la gloria** in seventh heaven; **en punto** on the dot; **en realidad** in reality; **en resumen** in summary; **en seguida** at once; **en serio** seriously; **en síntesis** in short; **en vez de** instead of; **en vivo** live (performance); **pensar en** to think about

enamorado (de) in love (with)

enamorarse (de)   to fall in love (with)

encantador   charming, enchanting

encantar   to delight, enchant; **Encantado.**   Delighted.; Glad to meet you.; **Me encanta(n)...**   I love . . .

el encanto   enchantment, charm

encargarse de   to be in charge of

la enchilada   enchilada (a tortilla wrapped around meat or cheese and served with a rich sauce)

encima (de)   above, on top (of)

encontrar (ue)   to find, encounter; **encontrarse con**   to meet, run across

la encuesta   poll

enemigo   hostile; *n.* enemy

la energía   energy

enero   January

enfermarse   to become ill, get sick

la enfermedad   illness

la enfermería   nursing

el enfermo (la enferma)   sick person; *adj.* sick, ill

el enfoque   focus

enfrentar   to confront, face

enfrente de   in front of

el enlace   link

enojado   angry

enojar   to anger; **enojarse**   to become angry, get mad

enorme   enormous

enriquecer (zc)   to enrich; **enriquecerse**   to be enriched; to get rich

la ensalada   salad

el ensayo   essay

la enseñanza   teaching; education; instruction

enseñar   to teach; to show

entender (ie)   to understand; to hear

entero   whole, entire

el entierro   funeral, burial

la entomología   entomology, study of insects

entonces   then; and so

la entrada   entrance, entry; **el salón de entrada**   lobby

entrado: entrado en años   getting on in years

entrar   to enter, go or come into; **entrar al chat**   to go into a chatroom

entre   between; among; **entre tanto**   in the meantime

el entremés   appetizer

entretener (ie)   to entertain

el entretenimiento   entertainment

la entrevista   interview

entrevistar   to interview

entusiasmado (con)   excited, enthusiastic (about)

entusiasmarse por   to be (get) enthusiastic about

el envase (retornable)   (returnable) container

enviar   to send

la envidia   envy

envolver (ue)   to wrap

la epidemia   epidemic

el episodio   episode

la época   age, time

el equipaje   luggage; equipment

el equipo   team; equipment

equivalente   equivalent

equivocar   to mistake, get wrong; **equivocarse**   to be mistaken, be wrong; to make a mistake

la escalera   stairs; ladder

el escándalo   scandal

escanear   to scan

escaparse de   to escape from, get out of

el (tubo de) escape   exhaust pipe

la escena   scene

el escenario   stage, set

el esclavo (la esclava)   slave

escoger   to choose, select

escolar   school

esconder   to hide

escribir   to write

escrito   *p. part. of* **escribir**   written

el escritor (la escritora)   writer

el escritorio   desk

la escritura   writing

el escuadrón   squad; **escuadrón de la muerte**   death squad

escuchar   to listen to

la escuela   school; **escuela primaria**   elementary school; **escuela secundaria**   high school

el escultor (la escultora)   sculptor

la escultura   sculpture

ese, esa   *adj., pron.* that (one)

el esfuerzo   effort

la esmeralda   emerald

eso   *pron.* that; **a eso de**   at around (time of day); **Eso es.**   That's right.;

Eso no se hace.   That's not allowed (done).; **por eso**   that's why, for that reason

esos, esas   *adj., pron.* those

el espacio   space; **espacio en blanco**   blank

la espalda   back

español   Spanish

especial   special

la especialidad   specialty; major

especializarse en   to major in; to specialize in

especialmente   especially

la especie   species; type, kind

específico   specific

el espectáculo   show

el espejo   mirror

la esperanza   hope

esperar   to wait for; to hope; to expect; **Es de esperar.**   It's to be expected.; **¡No esperaba esto!**   I didn't expect this!; **¿Qué esperabas?**   What did you expect?

el espíritu   spirit, soul

espiritual   spiritual

espléndido   splendid

espontáneo   spontaneous

la esposa   wife

el esposo   husband; *pl.* husband and wife, spouses

el esquí   ski

esquiar   to ski

la esquina   corner

la estabilidad   stability

estable   stable

establecer (zc)   to establish

la estación   season; station

el estadio   stadium

la estadística   statistic(s)

el estado   state; status; **estado libre asociado**   free associated state; **Estados Unidos**   United States

estadounidense   of or from the United States

la estampilla   stamp

estar   to be; **¿Está bien que +** *subjunctive***... ?**   Is it okay to . . . ?; **estar cansado**   to be tired; **estar de acuerdo con**   to be in agreement with; **estar de buen (mal) humor**   to be in a good (bad) mood; **estar de visita**   to be visiting; **estar despierto**   to be alert, awake;

estar por salir (comer)   to be about to leave (eat)

la **estatua**   statue

este, esta   *adj., pron.* this (one); **Este…**   Uh . . . *(hesitation word)*

el **este**   east

el **estereotipo**   stereotype

el **estilo**   style; **estilo de vida**   lifestyle

estimado   esteemed; dear

estimulante   stimulating

estimular   to stimulate

el **estímulo**   stimulant

esto   *pron.* this (one)

el **estómago**   stomach

la **estrategia**   strategy

estrecho   narrow, closed in; *n. m.* straits

la **estrella**   star

el **estrés**   stress *(Anglicism)*

estricto   strict

la **estructura**   structure

el, la **estudiante**   student

estudiantil   *adj.* student; **la residencia estudiantil**   dorm

estudiar   to study

el **estudio**   study; survey

estupendo   wonderful, great

eterno   eternal

la **etiqueta**   label

étnico   ethnic

el **euro**   unit of money in Europe

europeo   European

el **evento**   event, happening

evidente   evident, obvious

evitar   to avoid, keep away from

evocar   to evoke

exacto   exact; **¡Exacto!**   Right! Precisely!

exagerar   to exaggerate

el **examen**   examination, test; **fracasar en un examen**   to fail an exam; **hacer (presentar) un examen**   to take an exam

examinar   to examine

excelente   excellent

excepto   except

exceso: en exceso   excessively

exclamar   to exclaim

exclusivo   exclusive

la **excusa**   excuse

exigente   demanding

exigir   to demand

la **existencia**   existence

existente   existing

existir   to exist, be

el **éxito**   success; **tener éxito**   to be successful

exitoso   successful

exótico   exotic

expensas: a expensas de   at the expense of

la **experiencia**   experience

experimentar   to experience

el **experto (la experta)**   expert

la **explicación**   explanation

explicar   to explain

el **explorador (la exploradora)**   explorer

explorar   to explore

exponer   to exhibit

exportar   to export

la **exposición**   exhibit

expresar(se)   to express (oneself)

extender (ie)   to extend

extenso   extended; extensive

externo   foreign; outer

el **extranjero (la extranjera)**   foreigner; *adj.* foreign; **en el extranjero**   abroad

extrañar   to miss

extraño   strange, odd

extraordinario   extraordinary

extremo   extreme

extrovertido   extroverted

F

la **fábrica**   factory

fabuloso   fabulous, unreal

fácil   easy, simple

la **facultad**   school (of a university), department

la **falda**   skirt

falso   false

la **falta**   lack; **sin falta**   without fail

faltar   to be lacking; **Me falta(n)…**   I need . . .; **¡No faltaba más!**   That's all we need!

la **fama**   fame

la **familia**   family

familiar   *adj.* family; *n.* family member

famoso   famous

la **fantasía**   fantasy

fantástico   fantastic, unreal

la **farmacia**   pharmacy; pharmacology

la **farra**   *(coll., Spain)* party; **montar una farra**   to have a party

fascinante   fascinating

fascinar   to fascinate

la **fase**   phase

fatal   *coll.* horrible, awful

el **favor**   favor; **por favor**   please; **favor de…**   please . . .

favorito   favorite

febrero   February

la **fecha**   date

la **felicidad**   happiness; *pl.* congratulations

las **felicitaciones**   congratulations

feliz   happy; **Feliz fin de semana.**   Have a nice weekend.

femenino   feminine

fenicio   Phoenician

fenomenal   phenomenal, terrific

el **fenómeno**   phenomenon

feo   ugly

ficticio   fictitious

la **fidelidad**   loyalty

la **fiebre**   fever

fiel   faithful

la **fiesta**   party; **día de fiesta**   holiday; **hacer una fiesta**   to have a party

fijar   to affix; **fijarse (en)**   to notice

fijo   fixed, set

filmar   to film

la **filosofía**   philosophy

el **fin**   end; **a fin de cuentas**   in the final analysis; **a fines de**   at the end of; **al fin**   finally; **al fin y al cabo**   in the end (to make a long story short); **fin de semana**   weekend; **poner fin a**   to put an end to; **por fin**   finally

el **final**   end; **al final (de)**   at the end (of); **dejarlo todo para el final**   to leave it all until the end or last minute

finalizar   to finalize

finalmente   finally

financiar   to finance

financiero   financial

fino   fine

la **firma**   signature

firmar   to sign

firme   firm; hard

la **física**   physics

el **físico (la física)**   physicist; *adj.* physical

flamenco   pertaining to Gypsy music

el **flan**   dessert somewhat like a custard

la **flauta**   flute

la **flor**   flower

folklórico   folk (music), folkloric

el **fondo de pantalla**   screensaver

fonético   phonetic
la forma   form; type; shape
la formación   education, training
formar   to form, make
el formulario   form
el foro de discusión   chat or discussion group
la foto(grafía)   photo(graph); photography; sacar fotos   to take pictures
el fotógrafo (la fotógrafa)   photographer
fracasar (en)   to fail
el fragmento   fragment
francés   French
la frase   sentence, phrase
la frecuencia: con frecuencia   frequently
frecuente   frequent
frente a   opposite, facing
fresco   fresh; cool; hace fresco   the weather is cool
el frijol   bean
el frío   cold; hace frío   the weather is cold; tener frío   to be cold
frito   fried
la frontera   border; frontier
frustrado   frustrated
la fruta   fruit
el fuego   fire; fuegos artificiales   fireworks
la fuente   source; fountain
fuera (de)   outside (of)
fuerte   strong; intense; loud; el plato fuerte   main course
la fuerza   force, power
fumar   to smoke
funcionar   to function; Esto no funciona.   This doesn't work (is out of order).
la fundación   foundation
el fundador (la fundadora)   founder
fundar   to found, establish
furioso   furious
el fútbol   soccer; fútbol americano   football
el, la futbolista   soccer player
el futuro   future

G

la galaxia   galaxy
el gallo   rooster
el galón   gallon

el ganador (la ganadora)   winner
ganar   to earn; to win
las ganas: tener ganas de + inf.   to feel like (doing something)
la gasolina   gasoline
gastar   to spend (money, for instance)
el gasto   expenditure, expense
el gato   cat
general   general, usual; por lo general   in general, generally
generalizar   to generalize
generar   to generate
el género   gender; genre, type
generoso   generous
genial   brilliant (having genius); coll. great
la gente   people
la geografía   geography
geográfico   geographic
el, la gerente   manager
el gesto   gesture, expression
el gigante   giant
el gimnasio   gym
la gira   tour
girar   (Spain) to turn
gitano   Gypsy
la gloria: estar en la gloria   to be in seventh heaven
el gobernador (la gobernadora)   governor
el gobierno   government
el golpe   blow, hit
gordo   fat
gozar (de)   to enjoy; gozar de buena salud   to enjoy good health
la gracia   grace, charm; humor, quality of being funny or amusing; pl. thanks; el Día de Acción de Gracias   Thanksgiving Day; ¡Gracias!   Thank you! Thanks!; Gracias por llamar (venir).   Thanks for calling (coming).
gracioso   funny, amusing
el grado   degree; grade
graduarse   to graduate
gráfico   graphic; n. graphic
la gramática   grammar
el gramo   gram
gran (apocope of grande)   great, large; la Gran Bretaña   Great Britain; gran parte   a large part
grande   big, large; great
el grano   grain, bean
gratis   free of charge

gratuito   free of charge
grave   grave, serious
griego   Greek
gritar   to shout
el grupo   group
guapo   good-looking
guardar   to keep; to put away; to save (e.g., files)
guatemalteco   Guatemalan
la guerra   war
el, la guía   guide; la guía   guidebook
el guión   script
la guitarra   guitar
gustar   to please, be pleasing to; Me gusta(n)...   I like . . .; Si gusta...   If you like . . .
el gusto   pleasure; taste; con mucho gusto   gladly; ¡Cuánto gusto de verte!   How nice to see you!; El gusto es mío.   The pleasure is mine.; Mucho (Tanto) gusto.   Pleased to meet you.; No he tenido el gusto.   I haven't had the pleasure.; ¡Qué gusto!   What a pleasure!

H

haber   to have (auxiliary verb to form compound tenses); to be (impersonal); haber de + inf.   to be supposed to, be expected to; había   there was (were); habrá   there will be; hay   there is (are); hay que + inf.   it is necessary to, one must (should); No hay de qué.   You're welcome. Don't mention it.; ¿Qué hay?   What's up?; What's the matter?; ¿Qué hay de nuevo?   What's new?
la habilidad   ability; skill
la habitación   room
el, la habitante   inhabitant
habitar   to inhabit, live
habituarse a   to get used to, accustomed to
el habla: de habla hispana   Spanish-speaking
hablador   talkative
hablar   to talk, speak; hablando de todo un poco   to change the subject; ¡Ni hablar!   Don't even mention it!

hace (*with a verb in the past tense*) ago; **hace dos años** two years ago; **¿cuánto tiempo hace que... ?** how long has . . .?; **hace** + *time period* **que** + *present tense* something has been going on for + *time period*

hacer to make; to do; **hacer** + *inf.* to have something done; **hacer buen (mal) tiempo** to be good (bad) weather; **hacer calor (frío, sol, viento)** to be hot (cold, sunny, windy); **hacer cola** to stand in line; **hacerle compañía a alguien** to keep someone company; **hacer deportes** to play sports; **hacer ejercicio** to exercise; **hacer un examen** to take a test; **hacer falta** to be lacking, missing (*often translated as to need*); **hacer una fiesta** to have a party; **hacer mal a alguien** to harm someone; **hacer un papel** to play a role; **hacer una pregunta** to ask a question; **hacer trampa** to cheat; **hacer uso de** to make use of; **hacer un viaje** to take a trip; **hacerse** + *noun* (or *adj.*) to become; **Eso no se hace.** That's not allowed (done).

hacia toward

hacía: hacía + *time period* **que** (+ *imperfect*) something had been going on for + *time period*

hallar to find

el **hambre** *f.* hunger; **tener hambre** to be hungry

la **hamburguesa** hamburger

hasta until; as far as; up to; even; **desde... hasta** from . . . to; **Hasta luego.** See you later.; **Hasta pronto.** See you soon.; **Hasta la vista.** See you.; **hasta que** *conj.* until

hecho made; *m. n.* event; fact

el **helado** ice cream

el **helicóptero** helicopter

la **hembra** female

la **herencia** heritage; inheritance

la **hermana** sister

el **hermano** brother; *pl.* brothers, brothers and sisters

hermoso beautiful, handsome

el **héroe** hero

la **heroína** heroine

híbrido hybrid

el **hidalgo** (la **hidalga**) nobleman (noblewoman)

el **hielo** ice

la **hierba** herb; grass

el **hierro** iron

la **hija** daughter

el **hijo** son; *pl.* children, sons and daughters

hipotético hypothetical

hispánico Hispanic

hispano Hispanic

hispanoamericano Hispanic American

la **historia** story; history

el **historiador** (la **historiadora**) historian

histórico historic

el **hogar** home

la **hoja** leaf; sheet (of paper)

¡Hola! Hello! Hi!

holandés Dutch

el **hombre** man; **¡Hombre!** *coll.* Wow! Man! (*used as a form of address for women or men*)

el **hombro** shoulder

homogéneo homogeneous, similar

hondureño Honduran

honesto honest

la **hora** hour; time; **a la hora de irse** when it is (was) time to go; **durante una hora** for an hour; **Es hora de...** It's time to . . .; **hora de partida** time of departure; **No veo la hora** + *inf...* I can't wait to . . .; **¿Qué hora es?** What time is it?

el **horario** schedule, timetable

la **hormona** hormone

la **hostería** inn, hostel

el **hotel** hotel; **hotel de lujo** luxury hotel

la **hotelería** hotel business

hoy today; **hoy (en) día** these days, nowadays; **hoy mismo** this very day

la **huelga** strike; **hacer huelga** to be on strike

la **huerta** fruit or vegetable garden

el **hueso** bone

el, la **huésped** guest

el **huevo** egg

huir to flee

humanístico humanistic

humano human

el **humor** humor; mood; **estar de buen (mal) humor** to be in a good (bad) mood

humorístico humorous

el **huracán** hurricane

¡Huy! Ow!

I

ibérico Iberian

el **ibero** (la **ibera**) Iberian (Spanish or Portuguese)

iberoamericano Iberian American

ida: de ida y vuelta roundtrip

el **idealismo** idealism

la **identidad** identity

identificarse (con) to identify oneself (with)

ideográfico ideographic, using symbols

el **idioma** language

la **idiosincrasia** idiosyncrasy

la **iglesia** church

ignorar to ignore, not know

igual the same; equal; **igual que** the same as

la **igualdad** equality

igualmente equally; likewise; **Igualmente.** Same to you. You too.

ilegal illegal

iluminar to illuminate

ilustrar to illustrate

la **imagen** image, picture; **dar una buena imagen** to make a good impression

imaginar(se) to imagine; **¡Imagínese! ¡Imagínate!** Just imagine!

imaginativo imaginative

imitar to imitate

impaciente impatient

impartir to impart (e.g., knowledge)

imperativo imperative, command

imperfecto imperfect

el **imperio** empire

el **impermeable** raincoat

la **importancia** importance; **dar importancia a** to consider (something) important; **¿Qué importancia tiene?** So what?

importante important

importar to matter, be important; to import; **No importa.** It doesn't matter.

la **imposibilidad** impossibility
imposible impossible
impresionante impressive
impresionar to impress
impresionista impressionist
la **impresora** printer
imprimir to print
improvisar to improvise
el **impuesto** tax; *p. part. of* **imponer**
inca Inca
el **incidente** incident
incierto unsure, uncertain
incluir to include
incluso including; even
incómodo uncomfortable
incompleto incomplete
la **incredulidad** disbelief
increíble incredible; **¡Qué increíble!**
   How amazing!
indeciso indecisive
indefinido indefinite
la **independencia** independence
independiente independent
independizarse to become
   independent, self-sufficient
indeseable undesirable
la **indicación** direction, instruction
indicar to indicate; to note
indicativo indicative
indiferente indifferent
indígena native; indigenous
indio Indian
indirecto indirect
el **individuo** individual
indocumentado undocumented
la **industria** industry
inesperado unexpected
inexplicable unexplainable
el **infierno** hell
el **infinitivo** infinitive
la **influencia** influence
influir to influence
informarse to get information
la **informática** computer science
informático *adj.* computer science
el **informe** report
la **ingeniería** engineering
el **ingeniero** (la **ingeniera**) engineer
ingenioso ingenious
Inglaterra England
inglés English
el **ingrediente** ingredient
los **ingresos** income
iniciar to initiate, strike up

inimaginable unimaginable
la **injusticia** injustice
injusto unfair; unjust
inmediato immediate
inmenso immense
el, la **inmigrante** immigrant
inmigrar to immigrate
innecesario unnecessary
innovador innovative
innumerable numerous
inocente innocent
inolvidable unforgettable
el **insecto** insect
la **inseguridad** insecurity
insistir en to insist on
insociable unsociable
el **insomnio** insomnia
insoportable unbearable
inspirar to inspire
instalar to install
instantáneamente instantaneously
el **instrumento** instrument
insultante insulting
insultar to insult
el **insulto** insult
intelectual intellectual
la **inteligencia** intelligence
inteligente intelligent
la **intensidad** intensity
intensivo intensive
intenso intense
intentar to try
intercambiar to exchange
el **intercambio** exchange
interconectar to interconnect
el **interés** interest
interesante interesting
interesar to interest; **interesarse** to
   be interested
interior: venir del interior to come
   from within
intermedio intermediate
internacional international
interpretar to interpret
interrogar to interrogate, question
interrumpir to interrupt
íntimo intimate, close
intolerante intolerant
introducir (zc) to introduce
introvertido introverted
inútil useless
inventar to invent
el **invento** invention
el **inventor** (la **inventora**) inventor

el **invernadero** greenhouse
invertir (ie) to invest
la **investigación** research; investigation
investigar to research
el **invierno** winter
el **invitado** (la **invitada**) guest
invitar to invite; to treat
ir to go; **ir a** + *inf.* to be going to
   + *inf.*; **ir a pie** to go by foot; **ir de
   campamento** to go camping; **ir
   de compras** to go shopping; **ir
   de paseo** to go for a stroll; **ir de
   regreso** to go back; **ir en avión
   (tren, barco,** etc.) to go by plane
   (train, boat, etc.); **irse** to go (away),
   leave; **¡Qué va!, ¡Vaya!** Come on
   now!
la **ironía** irony
irresponsable irresponsible
la **irritabilidad** irritability
la **isla** island
islámico Islamic
el **istmo** isthmus
italiano Italian
el **itinerario** schedule
izquierdo left; **a la izquierda** on
   (to) the left

J

jamás never, (not) ever
el **jamón** ham
japonés Japanese
el **jardín** garden
la **jardinería** gardening
el, la **jefe** (*also* la **jefa**) boss, leader
el, la **joven** young person; *adj.* young
la **joyería** jewelry store; jewelry
judío Jewish
el **juego** (type of) game
el **jueves** Thursday
el **juez** (la **jueza**) judge
el **jugador** (la **jugadora**) player
jugar (ue) (a) to play (sports, games);
   to gamble
el **jugo** juice
el **juguete** toy
julio July
junio June
la **junta** junta; board, council;
   meeting
juntarse to get together
junto together, near

justificar to justify
justo fair, just
la **juventud** youth

K

el **kilo(gramo)** kilo(gram)
el **kilómetro** kilometer

L

la the (*f. sing.*); *dir. obj.* her, it, you (**Ud.**); **la de** that of; **la que** the one that
laboral work
laboralmente in terms of work
el **laboratorio** laboratory
el **lado** side; **al lado de** next to, next door to; **al otro lado** on the other side; **de al lado** next door; **del lado de** on the side of; **por todos lados** everywhere
el **ladrón** thief
el **lago** lake
lamentar to lament, be sad
lanzar to throw
el **lápiz** pencil
largo long; **a lo largo de** along, throughout
las the (*f. pl*); *dir. obj.* them, you (**Uds.**); **las de** those of; **las que** the ones (those) that
la **lástima** pity; **¡Qué lástima!** What a shame! How unfortunate!
lastimar to hurt, injure; **lastimarse** to hurt oneself
la **lata** tin (can); **¡Qué lata!** *coll.* What a pain!
el **latín** Latin (language)
latino Latin; Latino
latinoamericano Latin American
lavar to wash; **lavarse** to get washed, wash up; **lavarse las manos** to wash one's hands
le *indir. obj.* (to, for, from) him, her, it, you (**Ud.**)
la **lección** lesson
la **leche** milk
la **lectura** reading
leer to read
legalizar to legalize
la **legumbre** vegetable, legume

lejos far; far away
la **lengua** language; tongue; **lengua materna** native language
el **lenguaje** language, terminology
lento slow
les *indir. obj.* (to, for, from) them, you (**Uds.**)
la **letra** letter; lyrics; *pl.* letters; literature
levantar to raise; to lift up; **levantarse** to get up; to stand up
la **ley** law
libanés Lebanese
la **libertad** liberty; freedom
libertar to free; to liberate
la **libra** pound
libre free, at liberty; unoccupied, not in use; **al aire libre** in the open air; **los ratos libres** free time
la **librería** bookstore
el **libro** book; **libro de texto** textbook
la **licencia** license; **licencia de manejar** driver's license
el **liceo** high school
el **líder** leader
ligero light
limitar to limit
la **limosina** limousine
limpiar to clean (up)
limpio clean
lindo pretty
la **línea** line; **en línea** on line
el **lío** mess, confusion
la **lista** list
listo ready; clever; **estar listo** to be ready; **ser listo** to be clever; to be quick
literario literary
la **literatura** literature
el **litro** liter
la **llamada** call
llamar to call; **llamar la atención** to get (one's) attention; **llamarse** to be called or named; **¿Cómo se llama usted?** What is your name?
la **llave** key; **cerrar con llave** to lock
la **llegada** arrival
llegar to arrive; **llegar a** + *inf.* to end up; **llegar a ser** to become; **llegar a tener fama** to become famous
llenar to fill, fill out
lleno (de) full; filled (with)

llevar to carry; to take; to wear; **llevar una vida feliz** to have a happy life; **llevarse bien** to get along well
llorar to cry
llover (ue) to rain
la **lluvia** rain
lo *dir. obj.* him, it, you (**Ud.**); the (*neuter*): **lo antes posible** as soon as possible; **lo cual** which; **lo máximo** *coll.* the greatest; **lo mejor** the best thing; **lo mismo** the same thing; **lo que** what, that which; **lo siento** I'm sorry
loco mad; crazy; **estar loco por** to be crazy about; **volver loco** to drive (someone) crazy; **volverse loco** to go crazy
la **locura** craziness, madness; weakness
el **locutorio** (*Spain*) small Internet café that often has telephones, usually less expensive than a **cibercafé**
lógico logical, reasonable
lograr to achieve; to obtain; to manage to; to succeed in
los the (*m. pl.*); *dir. obj.* them, you (**Uds.**); **los de** those of; **los que** the ones (those) that (who)
la **lucha** struggle, fight
luchar (por) to fight (for); to struggle
lucrativo lucrative
luego then; afterwards; **luego que** *conj.* as soon as
el **lugar** place; **fuera de lugar** out of place; **tener lugar** to take place
el **lujo** luxury; **el hotel de lujo** luxury hotel
la **luna** moon
el **lunes** Monday
la **luz** light; traffic light

M

machista (male) chauvinistic
el **macho** male
la **madera** wood
la **madre** mother
madrileño of or from Madrid
la **madrina** godmother
la **madrugada** early morning, dawn
maduro ripe; mature

el **maestro** (la **maestra**)   teacher; master

mágico   magic, magical

magnífico   magnificent

el **mago**   magician; **los (Reyes) Magos** Three Kings, Wise Men

mailear   to e-mail

el **maíz**   corn, maize

majestuoso   majestic

mal   *adv.* badly, poorly; **acabar mal** to have an unhappy ending; **mal educado**   rude, spoiled

el **mal**   evil; **Nunca hizo mal a nadie.**   He never harmed anyone.

mal, malo   *adj.* bad, naughty; sick, in poor health; **estar de mal humor**   to be in a bad mood; **hace mal tiempo**   the weather is bad; **¡Menos mal!**   That's a relief! Just as well!

la **maleta**   suitcase

malgastar   to waste

mandar   to order; to send; to command; **¿Mande?**   *(Mexico)* Pardon?, Sorry?

el **mandato**   order, command

manejar   to drive; to manage, handle, speak (a language)

la **manera**   way; **de alguna manera** somehow; **de esta manera**   in this way; **de ninguna manera**   (in) no way; **¡De ninguna manera!**   No way!; **¿De qué manera?**   In what way? How?

la **mano**   hand; **darse la mano** to shake hands; **en manos de**   in the hands of; **hecho a mano**   handmade

mantener (ie)   to maintain; to support; to keep

la **mantequilla**   butter

la **manzana**   apple; *(Spain)* block

la **mañana**   morning; *adv.* tomorrow; **de la mañana**   a.m.; **por la mañana**   in the morning

el **mapa**   map

la **máquina**   machine; **a máquina** by machine

el **mar**   sea; ocean

el **maratón**   marathon

la **maravilla**   wonder, marvel

maravilloso   wonderful

la **marca**   brand

marcado   noticeable, obvious

la **marcha**   march

marchar   to go; **marcharse**   to leave, depart

el **marido**   husband

marino   marine, sea

la **mariposa**   butterfly

el **marisco**   shellfish

marítimo   maritime; **la costa marítima** seacoast

el **martes**   Tuesday

marzo   March

más   *adv.* more; any more; most; *prep.* plus; **ahora más que nunca** now more than ever; **con más razón** all the more reason; **más adelante** farther on; **más bien**   rather; **más de** + *number* more than...; **más que**   more than; **más o menos** more or less; okay; **más tarde**   later; **más vale**   it is better; **no tener más remedio**   to have no other recourse; **¡Qué ciudad más bonita!**   What a lovely city!; **¿Qué más da?**   So what?

el **masaje**   massage

la **máscara**   mask

la **mascota**   pet

masculino   masculine

matar   to kill

las **matemáticas**   mathematics

el, la **matemático**   mathematician

la **materia**   subject, field of study

materialista   materialistic

materno   maternal; **lengua materna** native language

la **matrícula**   registration; tuition

matricularse   to register

el **matrimonio**   married couple; matrimony; marriage

máximo: al máximo   to the maximum; **lo máximo**   *coll.* the greatest

maya   Maya

mayo   May

mayor   greater; older; **el (la) mayor** the greatest; the oldest; **la mayor parte de**   most of; **los mayores** older people, elders

la **mayoría**   majority

me   (to, for, from) me; myself

la **mecánica**   mechanics

mecánico   mechanical

la **medianoche**   midnight

mediante   by means of

las **medias**   stockings

la **medicina**   medicine

el, la **médico**   *(also* la **médica**) physician; *adj.* medical

la **medida**   measure; measurement; size; **¿Cuál es su medida?**   What size are you?

medio   half; middle; average; **la clase media**   middle class; **la Edad Media**   Middle Ages; **media mañana**   in the late morning; **el medio ambiente**   environment; **el Medio Oriente**   Middle East

el **medio**   medium; media; mean(s); **por medio de**   by means of

el **mediodía**   noon

mediterráneo   *adj.* Mediterranean

mejor   better; best; **lo mejor**   the best part or thing

mejorar   to improve; **mejorarse**   to get better

la **memoria**   memory; remembrance; *pl.* memoirs

mencionar   to mention, tell

menor   smaller; younger; smallest; youngest

menos   less; least; except; **a menos que**   unless; **al menos**   at least; **más o menos**   more or less; okay; **menos de**   less than; **¡Menos mal!** That's a relief! Just as well!; **por lo menos**   at least

el **mensaje**   message; **mensaje de texto**   text message

la **mente**   mind; **tener en mente**   to keep in mind

mentir (ie)   to lie

la **mentira**   lie

el **menudo**   tripe soup

menudo: a menudo   often

el **mercado**   market

la **mercancía**   merchandise

merecer (zc)   to deserve

el **merenguero** (la **merenguera**) merengue musician

el **mes**   month; **hace un mes**   a month ago; **el mes pasado**   last month; **por mes**   monthly

la **mesa**   table

el **mesero** (la **mesera**)   *(Latin America)* waiter (waitress)

el **mestizaje**   mixing, combination

mestizo   mestizo, Indian and European

la **meta**   goal, aim

meter   to put, place

el **método**   method

el **metro**   meter
mexicano   Mexican
mexicano-americano   Mexican-American
la **mezcla**   mixture
mezclar(se)   to mix (become mixed)
mi, mis   my
mí   *obj. of prep.* me; myself
el **microcuento**   very short story
el **miedo**   fear; **tener (sentir) miedo**   to be afraid
el **miembro**   member
mientras (que)   while; **mientras tanto**   in the meantime
el **miércoles**   Wednesday
mil   (one) thousand
militar   military; *n.* soldier
la **milla**   mile
millón   million
mínimo   minimum
el **ministerio**   ministry
el **ministro (la ministra)**   minister
la **minoría**   minority
minoritario   minority
el **minuto**   minute
mío(s), mía(s)   *adj.* my, (of) mine; **el mío (la mía, los míos, las mías)** *pron.* mine; **¡Dios mío!** My goodness!
mirar   to watch, look (at)
la **misa**   mass (religious)
la **miseria**   extreme poverty
mismo   same; very; right; **ahora mismo**   right now, immediately; **hoy mismo**   this very day; **lo mismo**   the same (thing); myself, yourself, himself, herself, itself, ourselves, yourselves, themselves
el **misterio**   mystery
misterioso   mysterious
la **mitad**   half
la **mochila**   backpack
la **moda**   fashion, style; **estar de moda**   to be in style
el **modelo**   model, style
moderado   moderate(d)
moderno   modern
modificar   to change, modify
el **modismo**   idiom
el **modo**   style; way; mood *(grammar)*; **de todos modos**   anyway; **¡Ni modo!** No way!
el **mole**   spicy Mexican sauce
molestar   to bother, annoy

la **molestia**   bother, trouble; **¡Qué molestia!**   What a pain!
molesto   upset
el **molino**   mill; **molino de viento**   windmill
el **momento**   moment
la **moneda**   coin
la **monja**   nun
el **monje**   monk
el **mono**   monkey
el **montaje**   setting up
la **montaña**   mountain
montar: montar a caballo   to ride horseback, go horseback riding; **montar una farra**   *(coll., Spain)* to have a party
montón: un montón de   a lot *(literally,* pile) of
moralista   moralistic
morir (ue)   to die
el **moro (la mora)**   Moor (referring to North Africans)
la **mortalidad**   mortality
el **mosaico**   mosaic
mostrar (ue)   to show
el **motivo**   reason; **por algún motivo**   for some reason
la **motocicleta**   motorcycle
mover (ue)   to move
el **móvil**   mobile or cell phone
el **movimiento**   movement
el **mozo (la moza)**   *(Peru, Southern Cone)* waiter (waitress)
la **muchacha**   girl
el **muchacho**   boy; *pl.* children
mucho   *adj.* much; a lot; a great deal; very; *pl.* many; *adv.* very much; **muchas gracias**   thanks; **muchas veces**   many times, often; **Mucho gusto.** Nice to meet you.; **mucho tiempo**   a long time
mudarse   to move
el **mueble**   piece of furniture
la **muerte**   death
muerto   dead; deceased
la **muestra**   sign; sample
la **mujer**   woman
mundial   *adj.* world; **Segunda Guerra Mundial**   Second World War
el **mundo**   world; **todo el mundo**   everybody
la **muralla**   wall
el **músculo**   muscle
el **museo**   museum

la **música**   music
el, la **músico**   musician; *adj.* musical
el **musulmán (la musulmana)**   Muslim
mutuo   mutual
muy   very

N

nacer (zc)   to be born
el **nacimiento**   birth
nacional   national
la **nacionalidad**   nationality
nada   nothing; (not) anything; *adv.* not at all; **De nada.** You're welcome. Don't mention it.
nadar   to swim
nadie   nobody; no one; (not) anybody
la **naranja**   orange
narrar   to relate; narrate
la **natación**   swimming
natal   of birth, native
la **natalidad**   birth; **el control de la natalidad**   birth control
nativo   native
natural   natural; illegitimate
la **naturaleza**   nature
navegar (por)   to navigate; **navegar por la Red**   to surf the Web
la **Navidad**   Christmas, Nativity; *pl.* Christmas
navideño   Christmas
necesario   necessary
la **necesidad**   need; necessity
necesitar   to need
negar (ie)   to deny
negativo   negative
negociar   to negotiate, do business
el **negocio**   business; **poner un negocio**   to start a business
la **negrilla**   bold type
negro   black; *n.* black person
neoyorkino   of or from New York
nervioso   nervous
nevar (ie)   to snow
ni   nor; not even; **¡Ni a la fuerza!**   No way!; **¡Ni a palos!**   No way!; **¡Ni hablar!**   Don't even mention it!; **¡Ni loco(a)!**   No way!; **¡Ni modo!**   No way!; **ni... ni**   neither . . . nor; **¡Ni por todo el dinero del mundo!**   Not (even) for all the money in the world!
la **niebla**   fog; **haber niebla**   to be foggy
la **nieta**   granddaughter

el **nieto** grandson; *pl.* grandchildren
la **nieve** snow
ningún, ninguno not one; not
  any; none, no, neither (of them);
  de ninguna manera by no
  means, (in) no way; **¡De ninguna
  manera!** No way!
la **niña** girl
la **niñez** childhood
el **niño** boy; *pl.* children; **de niño** as
  a child
el **nivel** level; **nivel de vida** standard
  of living
no no; not; **¿no?** right?
la **noche** night; evening; **buenas
  noches** good night, good evening;
  de la noche p.m.; **de noche** at
  night; **esta noche** tonight; **por la
  noche** at night; **toda la noche** all
  night
la **Nochebuena** Christmas Eve
la **Nochevieja** New Year's Eve
nocturno nocturnal, night
nombrar to name
el **nombre** name
el **norte** north
norteamericano North American
nos (to, for, from) us, ourselves
nosotros, nosotras *subj. pron.* we;
  obj. of prep. us, ourselves
la **nota** note; grade; **sacar buenas
  (malas) notas** to get good (bad)
  grades
notar to note; to observe
la **noticia** news, notice; *pl.* news;
  ¡Qué buena noticia! What good
  news!
el **noticiero** news program
la **novedad** (piece of) news
la **novela** novel; **novela de
  misterio** mystery
el, la **novelista** novelist
el **novenario** nine-day period of
  mourning
noveno ninth
la **novia** girlfriend; fiancée; bride
el **noviazgo** engagement
noviembre November
el **novio** boyfriend; fiancé;
  bridegroom
la **nube** cloud
nublado cloudy
nuestro *adj.* our, of ours; **el nuestro**
  pron. ours

nuevo new; **de nuevo** again; **¿Qué
  hay de nuevo?** What's new?
la **nuez** (*pl.* **nueces**) nut
el **número** number; size (e.g., shoes)
numeroso numerous
nunca never, (not) ever
nupcial nuptial, wedding
nutrir to nourish, feed

O

o or; **o... o** either . . . or
obedecer (zc) to obey
el **objeto** object
obligar to obligate; to compel
obligatorio obligatory
la **obra** work
observar to observe
el **observatorio** observatory
obtener to obtain
obvio obvious; evident
la **ocasión** occasion
el **océano** ocean
octubre October
ocupado busy; occupied
ocupar to occupy
ocurrir to occur, happen; to take place
odiar to hate
el **oeste** west
ofender (ie) to offend
ofensivo offensive
la **oferta** offer; **en oferta** on sale;
  oferta de trabajo job offer
la **oficina** office, bureau
ofrecer (zc) to offer; to present
oír to hear; **¡Oiga!** word used to get
  someone's attention
Ojalá (que)... I wish (that) . . ., I hope
  that . . .; **¡Ojalá que nos veamos
  pronto!** I hope (that) we see each
  other soon!
el **ojo** eye; **¡Ojo!** Take notice!
la **ola** wave
oler (present: **huelo, hueles, huele...**)
  to smell
olvidar(se) (de) to forget
omitir to omit
la **onda** sound wave; **¿Qué onda(s)?**
  What's up?
la **opción** option; choice
opinar to give an opinion; to think or
  have an opinion
oponer(se) to oppose

la **oportunidad** opportunity
oportunista opportunistic
el, la **optimista** optimist; *adj.* optimistic
opuesto opposite
la **oración** sentence; prayer
el **orden** order; sequence
la **orden** order, command
el **ordenador** *(Spain)* computer
ordinario common, ordinary (can be
  pejorative)
la **oreja** ear
orgánico organic
organizar to organize
el **orgullo** pride
orgulloso proud
el **origen** origin, source
la **originalidad** originality
originar to originate
el **oro** gold
la **orquídea** orchid
la **ortografía** spelling
la **oruga** caterpillar
os (to, for, from) you, yourselves
oscuro obscure; dark
el **oso** bear
el **otoño** autumn; fall
otro another; other; **en otras palabras**
  in other words; **otra vez** again
el **ozono** ozone

P

la **Pacha Mama** Andean goddess
la **paciencia** patience
el, la **paciente** patient; *adj.* patient
pacífico peaceful
padecer (zc) to suffer
el **padre** father; *pl.* parents; **¡Qué
  padre!** *(Mexico)* Great! How
  terrific!
el **padrino** godfather; *pl.* godparents
la **paella** paella, Spanish dish of
  saffroned rice, usually with seafood
  or chicken
pagano pagan
pagar to pay (for)
la **página** page; **página personal**
  personal home page; **página
  principal** home or main page
el **pago** pay
el **país** country
el **pájaro** bird
el **paisaje** landscape

la **palabra**   word; **en otras palabras**   in other words

el **palacio**   palace

el **palo**   stick

el **pan**   bread

el **panecillo**   roll (bread)

el **panfleto**   pamphlet

la **pantalla (táctil)**   (touch) screen

los **pantalones**   pants, trousers

la **papa**   potato

el **papá**   dad, papa

el **papel**   paper; role; **hacer (tener) un papel**   to play a role

el **paquete**   package

el **par**   pair; couple

para   for; for the purpose of; in order to; by (a certain time); toward, in the direction of; **estar para**   to be about to, to be in the mood for; **para mí**   as far as I'm concerned; **para que**   so that; **¿para qué?**   why?; **para siempre**   forever

la **parada**   stop

el **parador**   government-operated hotel in Spain

el **paraguas**   umbrella

el **paraíso**   paradise

parar   to stop

parcial   partial; **tiempo parcial**   part time

parecer (zc)   to appear; to seem, look like; **¿Qué te parece?**   What do you think (about it)?

la **pared**   wall

la **pareja**   couple; one person of a couple

el **paréntesis**   parenthesis

el **pariente (la parienta)**   relative

la **parodia**   parody

el **parque**   park

el **párrafo**   paragraph

la **parranda**   partying; **la noche de parranda**   a night of partying

la **parte**   part; place; **a todas partes**   everywhere; **¿De parte de quién?**   On whose behalf? Who is calling?; **en alguna parte**   somewhere; **en algunas partes**   in some places; **en otra parte**   somewhere else; **en/ por todas partes**   everywhere; **la mayor parte de**   most of; **por otra parte**   on the other hand; **la tercera parte**   one third

el, la **participante**   participant

participar   to participate

el, la **partícipe**   participant

el **participio**   participle

particular   particular, special

la **partida**   departure

el **partido**   political party; game, match

partir   to part; to leave, depart

el **pasado**   past; last; *adj.* past; **el tiempo pasado**   past tense, past

el **pasaje**   passage; fare, ticket

el **pasajero (la pasajera)**   passenger

el **pasaporte**   passport

pasar   to pass; to pass along; to spend (time); to happen; **pasar a ser**   to become; **pasarlo bien**   to have a good time

el **pasatiempo**   pastime

la **Pascua**   Passover; Easter

pasear   to take a walk; to stroll; to take for a walk (e.g., a dog)

el **paseo**   walk, stroll; drive, ride; **paseo a caballo**   horseback ride; **dar un paseo**   to take a walk, ride

pasivo   passive

el **paso**   step; pace; **dar un paso**   to take a step

el **pastel**   pastry; pie; cake

la **pata**   foot, leg (of animal)

la **patata**   *(Spain)* potato

patinar   to skate; **patinar sobre hielo**   to ice skate

la **patria**   homeland

el **pavo**   turkey

la **paz**   peace

el **pedazo**   piece

el **pedido**   request

pedir (i)   to ask (someone to do something), ask for, request; to order (in a restaurant)

la **pelea**   fight; quarrel

pelear   to fight

la **película**   film; movie; **de película**   great, super

el **peligro**   danger

peligroso   dangerous

el **pelo**   hair; **no verle el pelo**   to not see hide nor hair

la **pena**   punishment; penalty; sorrow; embarrassment; **No tenga(s) pena.** *(Mexico, Central America)* No need to be embarrassed.; **¡Qué pena!**   What a shame!

el **pendiente**   earring

pensar (ie)   to think; to plan; **pensar en**   to think about

la **pensión**   small and usually economical hotel that may offer meals; room and board

peor   worse; worst; **lo peor**   the worst thing or part; **Tanto peor.**   So much the worse.

pequeño   small, little

perder (ie)   to lose; to miss; **perder (el) tiempo**   to waste time; **perderse**   to get lost; **¡No se puede perder!**   You can't miss it!

la **pérdida**   loss

el **perdón**   pardon; forgiveness; **Perdón.**   Pardon.; I'm sorry.

perdonar   to pardon; to forgive

perfecto   perfect

el **perfil**   profile

el **periódico**   newspaper

el, la **periodista**   journalist

el **permiso**   permission; **Con permiso.**   Excuse me.

permitir   to permit; to allow; **¿Me permite... ?**   May I . . . ? Will you permit me to . . . ?

pero   but

perpetuar   to perpetuate

el **perro**   dog

perseguir (i)   to pursue; to persecute; to follow

la **persona**   person

el **personaje**   character (in a film or literary work)

la **personalidad**   personality

la **perspectiva**   perspective

pertenecer (zc) a   to belong to

peruano   Peruvian

pesado   heavy; tiresome, boring

pesar   to weigh

pesar: a pesar de (que)   in spite of (the fact that)

el **pescado**   fish

el **pescador (la pescadora)**   fisherman (fisherwoman)

pescar   to fish

la **peseta**   peseta (unit of money in Spain before the **euro**)

el, la **pesimista**   pessimist

el **peso**   weight; peso (unit of money); **bajar de peso**   to lose weight

la **pesticida**   pesticide

la **petición**   petition; request

el **petróleo**   oil; petroleum

petrolero *adj.* petroleum, oil

el **pez** fish

picante highly seasoned, hot, spicy

picar to mince; to nibble, snack

el **pie** foot; **con el pie izquierdo** with (on) the left foot, left foot first; **ir a pie** to walk; **ponerse de pie** to stand up; **tener... pies de altura** to be . . . feet tall (high)

la **piedra** rock, stone

la **piel** skin; fur

la **pierna** leg

la **pieza** room; part

la **pila** battery

la **pimienta** pepper

el **pingüino** penguin

pintar to paint

el **pintor** (la **pintora**) painter

pintoresco picturesque

la **pintura** painting

la **piñata** papier-mâché figure filled with candies, fruits, and gifts and hung high to be broken by a blindfolded person with a stick

la **piragua** *(Puerto Rico)* snow cone

la **pirámide** pyramid

el **pirata** pirate

la **piscina** swimming pool

el **piso** floor, story

la **pistola** pistol

la **pizarra** blackboard, whiteboard

el **placer** pleasure

planear to plan

el **planeta** planet

la **planificación** planning

el **plano** (city) map

la **planta** plant

plantar to plant

el **plástico** plastic

la **plata** silver; money

la **plataforma** platform

el **plátano** banana

la **platería** silver work

la **plática** chat

el **plato** dish; plate; **plato fuerte** main course

la **playa** beach

la **plaza** plaza, square; **plaza principal** main square

la **población** population

poblano of or from Puebla (a central Mexican state)

pobre poor; needy; **¡Pobre de ti!** Poor you!

la **pobreza** poverty

poco little (in amount); *pl.* few; *adv.* not very; **en poco tiempo** in a short while; **poco después** shortly afterwards; **un poco** a little (bit)

poder (ue) to be able, can; **Podría ser.** Could be.; **Querer es poder.** Where there's a will there's a way.

el **poder** power; authority

poderoso powerful

podrido rotten

el **poema** poem

la **poesía** poetry

el, la **poeta** poet; *also,* la **poetisa**

el **policía** policeman; *f.* policewoman; police force; police station

policíaco police, detective

la **política** politics; policy

el, la **político** politician; *adj.* political; in-law

el **pollo** chicken

el **polo** pole; **polo norte (sur)** North (South) Pole

poner to put, place; **poner la mesa** to set the table; **poner un negocio** to start a business; **ponerse** to put on (clothing); **ponerse de acuerdo** to come to an agreement, agree; **ponerse + *adj.*** to become; **ponerse de pie** to stand up

poquísimo (*superlative of* **poco**) very little; *pl.* very few

por for; because of, on account of; for the sake of; by; per; through; throughout; along; around; in place of; in exchange for; during; in; **darse por vencido** to give up, surrender; **estar loco por** to be crazy about; **estar por** to be in favor of; **por algún motivo** for some reason; **por ciento** percent; **por completo** completely; **por el contrario** on the contrary, however; **por debajo de** underneath; **por desgracia** unfortunately; **por Dios** for goodness sake; **por ejemplo** for example; **por eso** for that reason; **por favor** please; **por fin** finally; **por lo general** generally; **por la mañana (tarde, noche)** in the morning (afternoon, evening); **por medio de** through, by means of;

por lo menos at least; **por otra parte** on the other hand; **por primera vez** for the first time; **¿por qué?** why?; **por si acaso** just in case; **por suerte** luckily; **por supuesto** of course; **por lo tanto** therefore; **por temor que** for fear that; **por todas partes (todos lados)** everywhere; **por lo visto** evidently

el **porcentaje** percentage

pornográfico pornographic

porque because

portarse to behave

portátil portable; **la computadora portátil** laptop

porteño of or from Buenos Aires

portugués Portuguese

poseer to possess

posesivo possessive

la **posibilidad** possibility

posible possible; **todo lo posible** everything possible

la **posición** position; status; stance

positivo positive

postal: el correo postal regular mail; **la tarjeta postal** postcard

el **postre** dessert

la **práctica** practice

practicar to practice; to perform

práctico practical

pragmático pragmatic

el **precio** price; **a precio más bajo** at a lower price; **a precio reducido (rebajado)** at a reduced (lower) price, on sale; **precio fijo** fixed price

precioso precious

preciso precise, exact; **es preciso que...** it's necessary (essential) that . . .

precolombino pre-Columbian, before Columbus

la **preferencia** preference

preferible preferable

preferido favorite

preferir (ie) to prefer

la **pregunta** question; **hacer una pregunta** to ask a question

preguntar to ask; **preguntarse** to wonder

prehispánico pre-Hispanic

el **prejuicio** prejudice

el **premio** prize

la **prensa** press

la **preocupación** worry

preocupar to worry, concern, preoccupy; **preocuparse** to worry, be concerned

preparar to prepare

la **presencia** presence

la **presentación** presentation; introduction

presentar to present; to introduce; **Déjeme presentarme.** Allow me to introduce myself.; **presentar un examen** to take a test

presente present

preservar to preserve

el, la **presidente** (la **presidenta**) president

la **presión** pressure

prestar to lend, loan; **prestar atención** to pay attention

el **prestigio** prestige

el **presupuesto** budget

el **pretérito** preterit

prevenir (ie) to prevent

primaria: la escuela primaria elementary school

la **primavera** spring

primer, primero first; **lo primero** the first thing

el **primo** (la **prima**) cousin

principal main

principio: a principios de at the beginning of; **al principio** at the beginning

la **prisa** haste; **darse prisa** to hurry; **tener prisa** to be in a hurry

privado private

el **privilegio** privilege

pro pro, for

la **probabilidad** probability

probable probable, likely; **Es probable que no.** That's probably not so; **Es probable que sí.** That's most likely true.

probablemente probably, in all likelihood; **Probablemente no.** Probably not.; **Probablemente sí.** Probably.

probar (ue) to try, taste; **probarse** to try on or out

el **problema** problem

procesar to process

proclamar to proclaim

producir (zc) to produce

el **producto** product

el **productor** (la **productora**) producer

la **profesión** profession

profesional professional

el **profesor** (la **profesora**) teacher, instructor, professor

profundo deep, profound

el **programa** program; *pl.* software; **programa informático** computer program

la **programación** programming

programar to program

progresivo progressive

el **progreso** progress

prohibir to forbid, prohibit

la **promesa** promise

prometer to promise

promocionar to promote

el **pronombre** pronoun

pronto soon; fast; **tan pronto como** as soon as

pronunciar to pronounce

la **propina** tip

propio own

el **propósito** resolution; **a propósito** by the way; **a propósito de...** regarding..., talking about

la **prosa** prose

prosperar to prosper

el **prosumidor** (la **prosumidora**) prosumer, producer-consumer

proteger to protect

protestar to protest

provecho: ¡Buen provecho! Enjoy your meal!

el **proverbio** proverb

la **provincia** province

próximo next, coming

el **proyecto** project

prudente prudent, cautious

la **prueba** test, trial; proof

la **psicología** psychology

publicar to publish

la **publicidad** publicity, advertising

publicitario related to advertising

el **público** public; **un público amplio** wide range of people; *adj.* public

el **pueblo** town; people

la **puerta** door

el **puerto** port

puertorriqueño Puerto Rican

pues well; because

puesto (*p. part. of* **poner**) put, positioned

el **puesto** job, position; stand

la **pulsera** bracelet

el **punto** point; dot; **hasta cierto punto** up to a certain point; **punto de vista** point of view

puro pure; total; mere

Q

que *rel. pron.* that, which, who, whom; *adv.* than; **algo que hacer** something to do; **de lo que** than; **del (de la, de los, de las) que** than; **el (la, los, las) que** that, which, who, the one(s) that, he (she, those) who; **lo que** what, that which; *indirect command* may, let, have + *verb*; **no más que** only

¿qué? what? which?; **¿para qué?** why? for what purpose?; **¿por qué?** why?; **¿Qué hay?** What's up? What's the matter?; **¿Qué hay de nuevo?** What's new?; **¿Qué importancia tiene?** So what?; **¿Qué más da?** So what?; **¿Qué onda?** *coll.* What's up?; **¿Qué tal?** How's it going?; **¿Qué tal el viaje?** How was the trip?; **¿Y qué?** So what?

¡Qué...! What (a)...! How...!; **¡Qué barbaridad!** Good grief! How awful!; **¡Qué buena noticia!** What good news!; **¡Qué ciudad más bonita!** What a lovely city!; **¡Qué gusto!** What a pleasure!; **¡Qué va!** Come on now!; **¡Qu'húbole!** (*coll. salutation*) Hi!

quebrar (ie) to break

quedar to remain, be left; to fit; to go with; **quedar bien (mal)** to fit well (badly); **quedar grande (pequeño)** to be big (small); **quedarse** to stay, remain; to be left (in a state or condition)

la **queja** complaint

quejarse (de) to complain (about)

quemar to burn; **quemarse** to burn oneself

querer (ie) to want, wish; to love; **como quieras** as you like; **querer decir** to mean

querido dear; *m.* dear one

el **queso** cheese

el **símbolo**   symbol
la **simpatía**   empathy
simpático   nice, likeable
simultáneamente   simultaneously
sin   with; **sin embargo**   however, nevertheless; **sin igual**   unparalleled; **sin que**   *conj.* without
sincero   sincere
sino   but, but rather; **sino que** + *clause* but rather
el **sinónimo**   synonym
la **síntesis**   synthesis; **en síntesis**   in short
el **síntoma**   symptom
la **sirena**   siren
sirio   Syrian
el **sirviente** (la **sirvienta**)   servant
el **sistema**   system
el **sitio**   place, spot; site, location; **los sitios**   sights; **sitio web**   website
el **SMS**   *(Spain)* text message, *abbrev.* for short message system
sobre   about; over; on top of; **sobre todo**   especially
la **sobrepoblación**   overpopulation
la **sobrevivencia**   survival
sobrevivir   to survive; to outlive
el **sobrino** (la **sobrina**)   nephew (niece)
la **sociabilidad**   sociability
la **sociedad**   society
la **sociología**   sociology
el **socorro**   help
el **sol**   sun; **al salir el sol**   when the sun rises; **haber sol**   to be sunny; **tomar sol**   to sunbathe
solamente   only
el, la **soldado**   soldier
la **soledad**   loneliness; isolation; solitude
soler (ue)   to do customarily
solicitar   to seek out, ask for
la **solidaridad**   solidarity
el, la **solista**   soloist
solitario   solitary; lone
solo   alone; lone; single; only; **no solo... sino también**   not only . . . but also
sólo   only
soltero   unmarried
solucionar   to solve
el **sombrero**   hat
la **somnolencia**   drowsiness
el **son**   Cuban musical style, precursor of salsa
sonar (ue)   to ring
el **sondeo**   poll

el **sonido**   sound
sonreír   to smile
soñar (ue) (con)   to dream (about)
la **sopa**   soup
soportar   to put up with, stand, to support
sor   *(before the name of a nun)* sister
sorprendente   surprising
sorprender   to surprise
la **sorpresa**   surprise
sostener   to support, maintain
sostenible   sustainable
su, sus   his, her, its, their, your (**Ud., Uds.**)
suave   soft; mild
subir   to go up, climb; **subir(se) a**   to get in or on; **subir un archivo**   to upload a file
el **subjuntivo**   subjunctive
subrayado   underlined
suceder   to happen; to follow in order
sucesivo   successive
sucio   dirty
la **sudadera**   sweatshirt
Sudamérica   South America
sudamericano   South American
el **sueldo**   salary
el **sueño**   dream; sleep; **¡Es un sueño!** It's terrific (a dream)!; **tener sueño** to be sleepy
la **suerte**   fortune, luck; **por suerte** luckily; **¡Qué suerte!**   What luck!
el **suéter**   sweater
sufrir (de)   to suffer (from)
la **sugerencia**   suggestion
sugerir (ie)   to suggest
el **suicidio**   suicide
superlativo   superlative
el **supermercado**   supermarket
supersticioso   superstitious
suponer   to suppose, assume
supuesto   supposed; **por supuesto** of course
sur   south; **América del Sur**   South America
sureste   southeast
suroeste   southwest
el **sustantivo**   noun
la **sustitución**   substitution
suyo(s), suya(s)   *adj.* (of) his, her, of hers, your, of yours (**Ud., Uds.**), their, of theirs; **el suyo (la suya, los suyos, las suyas)**   *pron.* his, hers, yours (**Ud., Uds.**),   theirs

T

el **tabaco**   tobacco
el **taco**   taco, corn tortilla stuffed with cheese, beans, etc.
táctil: la pantalla táctil   touch screen
la **tagua**   kind of tropical nut
tal   such (a); **con tal (de) que** provided that; **¿qué tal?**   How are things?; **¿Qué tal el viaje?**   How was the trip?; **tal como**   such as; **tal vez**   perhaps
talar   to fell, cut (trees)
el **talento**   talent
la **talla**   size
el **tallado**   carving
tallar   to carve
también   too, also
el **tambor**   drum
tampoco   neither, (not) either
tan   so, such; **tan... como**   as . . . as; **tan pronto como**   as soon as
tanto(a, os, as)   *adj. and pron.* so much (many), as much (many); *adv.* as (so) much; **mientras tanto**   in the meantime; **por lo tanto**   however; **tanto como**   as much (many) as; **¡Tanto mejor!**   So much the better!; **¡Tanto peor!**   So much the worse!
la **tapa**   *(Spain)* appetizer
la **tapería**   *(Spain)* small restaurant-bar that serves **tapas**   (appetizers)
la **taquería**   taco restaurant
tardar en + *inf.*   to take (+ *time period*) to
la **tarde**   afternoon or early evening; **Buenas tardes.**   *(used from noon until sundown)* Good afternoon.; Good evening.; **de la tarde**   p.m.; **por la tarde**   in the afternoon
tarde   *adv.* late
la **tarea**   task; *pl.* homework; **tareas del hogar**   housework
la **tarjeta**   card; **tarjeta de crédito**   credit card; **tarjeta postal**   postcard
la **tasa**   rate; **tasa de cambio** exchange rate
el **tatuaje**   tattoo
la **taza**   cup
te   *obj. pron.* to for from you, yourself *(fam. sing)*
el **té**   tea

teatral   theatrical

el **teatro**   theater

la **técnica**   technique

la **tecnología**   technology

tejer   to weave; to knit

el **tejido**   weaving, textile

la **tela**   fabric

telefónico   *adj.* telephone, of the telephone

el **teléfono**   telephone; **número de teléfono**   telephone number; **teléfono inteligente**   smart phone

la **teletutoría**   distance tutoring

el **televisor**   television set

el **tema**   theme, topic, subject; composition; **Cambiando de tema...**   To change the subject . . .

temer   to fear

el **temor**   fear

la **temperatura**   temperature

el **templo**   temple

temporal   temporary; time (e.g., expression)

temprano   early

la **tendencia**   tendency

el **tenedor**   fork

tener (ie)   to have; **¿Qué edad tienes?** How old are you?; **¿Qué importancia tiene?**   So what?; **tener alternativa** to have a choice; **tener... años**   to be ... years old; **tener buena (mala) suerte**   to have good (bad) luck; **tener calor**   to be hot; **tener celos**   to be jealous; **tener cuidado**   to be careful; **tener la culpa**   to be guilty; **tener derecho a**   to have the right to; **tener dolor de cabeza (estómago)**   to have a headache (stomachache); **tener éxito**   to be successful; **tener frío**   to be cold; **tener ganas de** + *inf.* to feel like (doing something); **tener gracia**   to be funny; **tener hambre**   to be hungry; **tener lugar**   to take place; **tener en mente**   to keep in mind; **tener miedo (de) que**   to be afraid that; **tener pena**   *(Mexico, Central America)* to be embarrassed; **tener prisa**   to be in a hurry; **tener que**   + *inf.* to have to (do something); **tener razón**   to be right; **tener sed**   to be thirsty;

tener sueño   to be sleepy; **tener vergüenza**   to be ashamed

el **tenis**   tennis

el **tentempié**   snack

la **teoría**   theory

la **terapia física**   physical therapy

tercer, tercero   third

el **tercio**   third

la **terminación**   ending

terminar   to end, finish

el **territorio**   territory

la **tertulia**   regular meeting of people at a fixed place and time, often for conversation about literary or artistic issues

el **tesoro**   treasure

el **texto**   text; **libro de texto**   textbook

la **textura**   texture

ti   *obj. of prep.* you, yourself *(fam. sing.)*

la **tía**   aunt

el **tiempo**   weather; time; tense (grammatical); **a tiempo**   on time; **al mismo tiempo**   at the same time; **¿Cuánto tiempo hace que... ?**   How long . . . ?; **en poco tiempo**   in a short while; **en tiempos pasados**   in times past; **hace buen (mal) tiempo** the weather is good (bad); **mucho tiempo**   a long time, a great deal of time; **perder (el) tiempo**   to waste time; **¿Qué tiempo hace?** What's the weather like?; **tiempo pasado**   past tense, past; **tiempo completo (parcial)**   full (part) time; **todo el tiempo**   all the time

la **tienda**   shop, store

la **tierra**   land; earth, soil

tímido   shy

tinto   red (wine)

el **tío**   uncle; *pl.* aunt and uncle, uncles

típico   typical

el **tipo**   type, kind; guy

la **tira cómica**   cartoon, comic strip

tirar   to throw; to pull

la **tirolesa**   zip line

titularse   to be titled

el **título**   title, degree

la **toalla**   towel

tocar   to touch; to play (a musical instrument); to knock

todavía   still, yet

todo   *adj.* all, entire, whole; complete;

every; *m. n.* everything; **después de todo**   in the end; after all; **por todas partes (todos lados)**   everywhere; **sobre todo**   especially; **todo el día** all day; **todo el mundo**   everyone; *pl.* all, every; *n.* everyone; **todos los días**   every day

tolerante   tolerant

tomar   to take; to drink; **tomar asiento**   to take a seat; **tomar una copa**   to have a drink; **tomar una decisión**   to make a decision; **tomar el desayuno**   to have breakfast; **tomar una ducha**   to take a shower; **tomar sol**   to sunbathe

el **tomate**   tomato

el **tono**   (ring)tone

la **tontería**   foolishness; **¡Qué tontería(s)!**   What nonsense!

tonto   silly, foolish

el **tormento**   torment

el **toro**   bull

la **toronja**   grapefruit

la **tortilla**   corn or wheat pancake or flat bread *(Mexico)*; omelette *(Spain)*

la **tortuga**   turtle

torturarse   to torture oneself

total   total, complete; **Total (que)...** So . . .

el **trabajador** (la **trabajadora**) worker; *adj.* hard-working

trabajar   to work; **¡A trabajar!**   Get to work!

el **trabajo**   work, job; **cambiar de trabajo**   to change jobs; **el Día del Trabajo**   Labor Day; **la oferta de trabajo**   job offer

tradicional   traditional

la **traducción**   translation

traducir (zc)   to translate

traer   to bring; to carry

el, la **traficante**   trafficker

el **tráfico**   traffic

el **traje**   costume; suit; outfit; **traje de baño**   bathing suit

trampa: hacer trampa   to cheat

la **tranquilidad**   tranquility

tranquilo   quiet

transformarse en   to transform, change into

transmitir   to transmit

transportar   to transport

el **transporte**   transportation
tratar   to treat; **tratar de**   to try to, attempt to; to deal with, be concerned with
través: a través de   across, through
el **tren**   train; **en tren**   by train
el **trimestre**   quarter (of the academic year)
triste   sad
el **trombón**   trombone
la **trompeta**   trumpet
tropezar (ie) con   to bump into
tu, tus   your (*fam. sing.*)
tú   you (*fam. sing.*)
el **tubo**   tube; **tubo de respiración** snorkle
el **turismo**   tourism
el, la **turista**   tourist
turístico   *adj.* tourist
turnarse   to take turns
tuyo(s), tuya(s)   *adj.* your, of yours; **el tuyo (la tuya, los tuyos, las tuyas)**   *pron.* yours (*fam. sing.*)

U

u   or (*used instead of* **o** *before a word beginning with* **o-** *or* **ho-**)
ubicarse   to be located
Ud., Uds.   *abbr. for* **usted, ustedes**
último   last; most recent; latest
único   unique; only
la **unidad**   unit
unido   united; close; **Estados Unidos**   United States
unir   to unite
la **universidad**   university, college
universitario   *adj.* university, college
el **universo**   universe
uno (un), una   one; a, an
unos, unas   some; a few; several; **unos + a number**   about; **unos con otros** with each other
urgente   urgent
uruguayo   Uruguayan
usar   to use; to wear
el **uso**   use
usted (*abbr.* **Ud., Vd.**)   you (*formal*); *pl.* **ustedes** (*abbr.* **Uds., Vds.**)   you (*fam. + formal*)
usualmente   usually

el **usuario** (la **usuaria**)   user
útil   useful
utilizar   to use
la **uva**   grape

V

la **vaca**   cow; **la carne de vaca**   beef
las **vacaciones**   vacation(s); **estar de vacaciones**   to be on vacation
la **vacilación**   hesitation
vacío   empty
valenciano   of or from Valencia, Spain
valer   to be worth; **más vale**   it is better
valiente   brave, valiant
la **valija**   suitcase
valioso   valuable
el **valle**   valley
el **valor**   value; courage
valorar   to value
el **vals**   waltz
variado   varied
variar   to vary; **variar según**   to vary with or according to
la **variedad**   variety
varios   several; various
vasco   Basque
el **vaso**   glass
¡Vaya!   Come on now!; **¡Que le vaya bien!**   May all go well with you!
el **vecindario**   neighborhood
el **vecino** (la **vecina**)   neighbor
el **vegetariano** (la **vegetariana**) vegetarian
el **vehículo**   vehicle
la **vejez**   old age
la **vela**   candle
la **velocidad**   speed
el **velorio**   wake, vigil
vencer (z)   to overcome, triumph, conquer; **darse por vencido**   to give up, surrender
el **vendedor** (la **vendedora**)   seller, trader, salesperson
vender   to sell
venezolano   Venezuelan
venir   to come; **el año que viene**   next year; **Ven acá.**   Come here.
la **venta**   sale; **a la venta**   for sale; **en venta**   for sale
la **ventaja**   advantage
la **ventana**   window

ver   to see; **A ver.**   Let's see; **Bueno, nos vemos.**   Well, see you.; **No veo la hora...**   I can't wait . . .; **Ojalá que nos veamos pronto.**   I hope we see each other soon.; **¡Que alegría verte!**   How nice to see you!; **Te veo pronto.**   See you soon.; **tener algo que ver con**   to have something to do with
el **verano**   summer
veras: ¿de veras?   really?
el **verbo**   verb
la **verdad**   truth; **en verdad**   in fact; **¿verdad?**   right?, isn't that so?
verdadero   true, real
verde   green; unripe
la **verdura**   vegetable
la **vergüenza**   shame; **tener vergüenza** to be ashamed
verificar   to verify
el **verso**   verse
el **vestido**   dress; **estar vestido de**   to be dressed as
vestir (i)   to dress; **vestirse**   to get dressed
el **veterinario** (la **veterinaria**) veterinarian
la **vez**   (*pl.* **veces**)   time, instance, occasion; **a la vez**   at the same time; **a veces**   sometimes; **alguna vez**   ever, at some time; **algunas veces**   sometimes; **de vez en cuando**   from time to time; **en vez de**   instead of; **muchas veces**   often, many times; **otra vez** again, once more; **otra vez más**   one more time; **por primera vez**   for the first time; **tal vez**   perhaps, maybe; **una vez**   once
viajar   to travel
el **viaje**   trip; **agente de viajes**   travel agent; **¡Buen viaje!**   Have a good trip!; **hacer un viaje**   to take a trip
el **viajero** (la **viajera**)   traveler; **el cheque de viajero**   traveler's check
la **víctima**   victim
la **victoria**   victory
la **vida**   life; **el costo de vida**   the cost of living; **gozar de la vida**   to enjoy life; **llevar una vida feliz**   to have a happy life; **el nivel de**

vida standard of living; **la vida familiar** family life; **la vida nocturna** night life

el **video** (*also* **vídeo**) video

la **videocámara** video camera

el **videojuego** video game

viejo old, elderly; *n.* old person

el **viento** wind; **hacer viento** to be windy

el **viernes** Friday; **Viernes Santo** Good Friday

el **vino** wine

la **violencia** violence

violento violent

la **visita** visit; **estar de visita** to be visiting

visitar to visit

la **vista** view; eyesight; **el punto de vista** point of view

el **viudo** (la **viuda**) widower (widow)

¡**Viva...!** Hooray for . . . !, Long live . . . !

vivir (de) to live (from)

vivo alive; bright; living

el **vocabulario** vocabulary

volar (ue) to fly, be in flight

el **volcán** volcano

el **vólibol** volleyball

el **volúmen** volume

la **voluntad** will

el **voluntario** (la **voluntaria**) volunteer

volver (ue) to return; **volver a** + *inf.* to do something again; **volverse loco** to go crazy

vosotros (vosotras) *subj. pron.* you (*fam. pl.*); *obj. of prep.* you, yourselves

la **voz** (*pl.* **voces**) voice; **en voz alta** out loud

el **vuelo** flight

la **vuelta** trip, tour; **de ida y vuelta** roundtrip

vuelto (*p. part. of* **volver**) returned; *m.* change (*e.g. money, from a larger amount*)

vuestro *adj.* your; **el vuestro** *pron.* your, (of) yours (*fam. pl.*)

Y

y and; **¿Y qué?** So what?

ya already; now; **ya no** no longer; ¡**Ya lo creo!** I believe it!

yo (*subj. pron.*) I

Z

la **zanahoria** carrot

la **zapatería** shoe store

el **zapato** shoe

la **zona** zone

Index

A

a (al)
+ infinitive, 216
following certain verbs, 296
personal, 10–11, 165
acabar, 216
adjective clauses with
subjunctive, 165, 207
adjectives
agreement with nouns, 58
comparisons of equality, 88
comparisons of inequality,
88–89
demonstrative, 67
of nationality, 58
past participles used as, 231–32
plural of, 58
position of, 58–59
possessive, 70
with **ser** and **estar**, 63–64
shortened forms of, 59
superlative of, 93
used as nouns, 58
admiration, expressing, 55
adverbial conjunctions with
subjunctive, 168–69, 207
adverbs
comparisons of equality, 88
comparisons of inequality,
88–89
formation of, with -*mente*, 214
position of, 214
superlative of, 93
advice, giving, 204
affirmatives and negatives,
157–58
agreement, expressing, 154
anger, expressing, 255
apologizing, 275
articles
definite, 18–19
gender and number, 17–18

indefinite, 18–19
omission of indefinite, 19
asking for something, 229
assistance, offering, 229
aunque + indicative or
subjunctive, 169

B

bargaining for something, 228
be (**ser** and **estar**), 63–64

C

capitalization, 296
cardinal numbers, 293
with nouns, 58
commands, 139–41
indirect, 141
with *let's*, 141
with object pronouns, 144
with reflexive pronouns, 187
sequence of tenses with, 256
como si, 207, 210, 260
comparisons
of equality, 88
of inequality, 88–89
negative after **que**, 89
compound tenses. *See* perfect
tenses
con, following certain verbs, 296
conclusions, drawing, 276
conditional
formation of, 85–86
with *if*-clauses, 210
uses, including conditional of
probability, 86
conjunctions
imperfect subjunctive with
certain adverbial, 207
indicative vs. subjunctive with
adverbial, 168–69, 207

pero vs. **sino**, 262
y and **e**, **o** and **u**, 262
conmigo, contigo, 78
conocer
in preterit, imperfect, 42
vs. **saber**, 3
contact information,
exchanging, 7
cuyo, 283

D

days of week and dates, 294–95
de
to express *in* or *of* in
superlative, 93
to express *than* in comparisons
of inequality, 88–89
to show possession, origin, or
what something is made of,
with **ser**, 62
verbs followed by, 296–97
demonstrative adjectives and
pronouns, 67
desde (hace), 44
diminutives, 287
directions, asking for and giving, 129
direct object pronouns, 133, 144
disagreement, expressing, 154
disapproval, expressing, 55
disbelief, expressing, 255

E

e for **y**, 262
el que, el cual, 283
empathy, expressing, 255
en, used after certain verbs, 297
estar
distinction between **ser** and
estar, 62–64
with past participle, 232, 244

with present participle in
progressive tenses, 278–79
vs. **ser** with adjectives, 63–64
excusing oneself, 275

F

faltar, 160–61
fractions, 295
future
formation of, 82–83
use of present tense to express
immediate, 9
uses, including future of
probability, 83

G

gender, 17–18
good-bye, saying, 31
gratitude, expressing, 254
greetings, 6
gustar, 8, 160–61

H

haber, 235–36, 240–41
hacer
in time expressions, 44–45
in weather expressions, 211
hesitation, expressing, 275

I

if-clauses, 210, 259–60
imperative. *See* commands
imperfect
contrast with preterit,
40–42
formation, 38
uses of, 38–39
imperfect subjunctive. *See*
subjunctive, imperfect

impersonal expressions
imperfect subjunctive with
certain, 206–07
with indicative, 110, 117
with subjunctive, 109–10
impersonal **se**, 191–93
incomprehension, expressing,
180–81
indicative
with adverbial conjunctions,
168–69
with *if*-clauses, 210, 260
vs. subjunctive, 107, 110, 115,
117, 165, 169, 207, 210,
256–57, 260
indicative, perfect, 235–36
indirect object pronouns,
135–37, 144
infinitives
with adverbial conjunctions,
168–69
after conjugated verbs,
impersonal expressions, 215
after prepositions, 216
use with **al**, 216
use as noun, 216
use with verbs such as **dejar,
permitir, prohibir, hacer,
mandar**, 216
introductions, 7
invitations, making, accepting,
declining, 80–81
irregular verbs, 302–315
-ísimo, 93

L

lo
with adjective to express
abstract idea, quality, 284
as object pronoun, 133, 144
lo que (as relative pronoun), 284

M

months of year, 295

N

negatives, after **que** in
comparisons, 89
negatives and affirmatives,
157–58
nouns
adjectives used as, 58
with cardinal numbers, 58
gender and number, 17–18, 58
numbers, 58, 293–295

O

o changed to **u**, 262
object pronouns
commands with, 144
direct, 133
indirect, 135–36
position in sentences,
136–37
prepositional, 137
ojalá, 111
ordinal numbers, 294–95

P

para, 264-66
participles
past, 231–32
present, 278–79
passive voice
compared with active voice,
243–44
with **se** (**se** for passive),
191–93, 244
with **ser** (true passive),
243–44
perfect tenses
indicative, 235–36
subjunctive, 240–41
permission, asking and
giving, 105
pero vs. **sino**, 262
personal **a**, 10–11, 165